新编21世纪远程教育精

• 公共基础

创新与创业管理

孙 喜 著

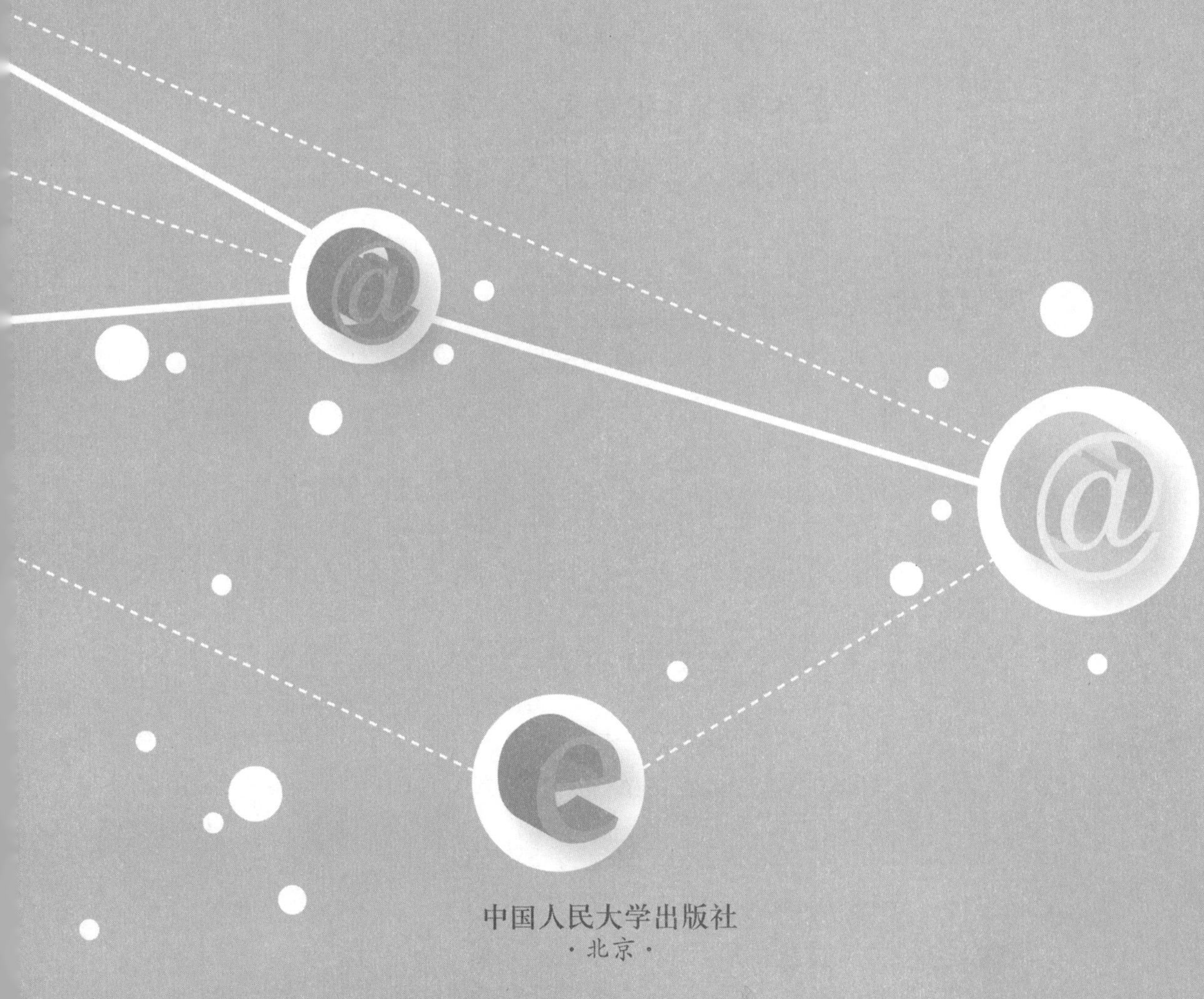

中国人民大学出版社
·北京·

新编 21 世纪远程教育精品教材
编委会

作者简介

孙喜，首都经济贸易大学工商管理学院战略管理系，副教授，长期从事管理学、跨国公司管理、创新管理等专业课程的教学工作。多年来深入一线企业实践，理解中国工业的自主创新与竞争力发展，发表相关论文十余篇，其中多篇引起较大社会反响。

内容简介

本书以技术创新为对象、以本土企业为情境，介绍了创新过程和基于创新的创业过程中的若干管理问题。在对创新、创业和创新型企业给出基本界定（第一章）的前提下，本教材着重介绍了创新过程的基本特征与能力基础（第二章）、约束条件与产业差异（第三章）以及企业创新战略的选择与实施（第四章），并在此基础上讨论了创业管理的若干基本点（第五章）。本教材力求在宏观框架与微观过程、主流理论与中国情境之间寻求必要的平衡，并希望这种努力能够为那些有志于理解和参与今天中国创新驱动发展历史进程的年轻学生提供些许帮助。

总序

我们正处在教育史尤其是高等教育史上的一个重大的转型期。在全球范围内，包括在我们中华大地，以校园课堂面授为特征的工业化社会的近代学校教育体制，正在向基于校园课堂面授的学校教育与基于信息通信技术的远程教育相互补充、相互整合的现代终身教育体制发展。一次性学校教育的理念已经被持续性终身学习的理念所替代。在高等教育领域，从1088年欧洲创立博洛尼亚（Bologna）大学以来，21世纪以前的各国高等教育基本是沿着精英教育的路线发展的，这也包括自19世纪末创办京师大学堂以来我国高等教育短短一百多年的发展史。然而，自20世纪下半叶起，尤其在迈进21世纪时，以多媒体计算机和互联网为主要标志的电子信息通信技术正在引发教育界的一场深刻的革命。高等教育正在从精英教育走向大众化、普及化教育，学校教育体系正在向终身教育体系和学习型社会转变。在我国，党的十六大明确了全面建设小康社会的目标之一就是构建学习型社会，即要构建由国民教育体系和终身教育体系共同组成的有中国特色的现代教育体系。

教育史上的这次革命性转型绝不仅仅是科学技术进步推动的。诚然，以电子信息通信技术为主要代表的现代科学技术的进步，为实现从校园课堂面授向开放远程学习、从近代学校教育体制向现代终身教育体制和学习型社会的转型提供了物质技术基础。但是，教育形态演变的深层次原因在于人类社会经济发展和社会生活变革的需求。恰在这次世纪之交，人类社会开始进入基于知识经济的信息社会。知识创新与传播及应用、人力资源开发与人才培养已经成为各国提高经济实力、综合国力和国际竞争力的关键和基础。而这些仅仅依靠传统学校校园面授教育体制是无法满足的。此外，国际社会面临的能源、环境与生态危机，气候异常，数字鸿沟与文明冲突，对物种多样性与文化多样性的威胁等多重全球挑战，也只有依靠世界各国进一步深化教育改革与创新，促进人与自然的和谐发展才能得到解决。正因为如此，我国党和政府提出了“科教兴国”“可持续发展”“西部大开发”“缩小数字鸿沟”以及“人与自然和谐发展”的“科学发展观”等战略和思想。其中，对教育作为经济建设的重要战略地位和基础性、全局性、前瞻性产业的确认，对高等教育对于知识创新与传播及应用、人力资源开发与人才培养的重大意义的关注，以及对发展现代教育技术、现代远程教育和教育信息化并进而推动国民教育体系现代化，构建终身教育体系和学习型社会的决策更是教育界和全社会的共识。

在上述教育转型与变革时期，中国人民大学一直走在我国大学的前列。中国人民大学是一所以人文、社会科学和经济管理为主，兼有信息科学、环境科学等的综合性、研究型大学。长期以来，中国人民大学充分利用自身的教育资源优势，在办好全日制高等教育的同时，一直积极开展远程教育和继续教育。中国人民大学在我国首创函授高等教育。1952年，校长吴玉章和成仿吾创办函授教育的报告得到了刘少奇的批复，并于1953年率先招生授课，为新建的共和国培养了一大批急需的专门人才。在20世纪90年代末，中国人民大学成立了网络教育学院，成为我国首批现代远程教育试点高校之一。经过短短几年的探索和发展，中国人民大学网络教育学院创建的“网上人大”品牌，被远程教育界、媒体和社会誉为网络远程教育的“人大模式”，即面向在职成人，利用网络学习资源和虚拟学习社区，支持分布式学习和协作学习的现代远程教育模式。成立于1955年的中国人民大学出版社是新中国建立后最早成立的大学出版社之一，是教育部指定的全国高等学校文科教材出版中心。十多年前，中国人民大学出版社与中国人民大学网络教育学院合作，策划出版了国内第一套极富特色的“21世纪远程教育精品教材”。这些凝聚了中国人民大学、北京大学、北京师范大学等北京知名高校学者教授、教育技术专家、软件工程师、教学设计师和编辑们广博才智的精品课程系列教材，以印刷版、光盘版和网络版立体化教材的范式探索构建全新的远程学习优质教育资源，实现先进的教育教学理念与现代信息通信技术的有效结合。这些教材已经被国内其他高校和众多网络教育学院所选用。中国人民大学出版社基于“出教材学术精品，育人文社科英才”理念的努力探索及其初步成果已经得到了我国远程教育界的广泛认同，是值得肯定的。

2005年4月，我被邀请出席《中国远程教育》杂志与中国人民大学出版社联合主办的“远程教育教材的共建共享与一体化设计开发”研讨会并做主旨发言，会后受中国人民大学出版社的委托为“新编21世纪远程教育精品教材”撰写“总序”，这是我的荣幸。近几年来，我一直关注包括中国人民大学网络教育学院在内的我国高校现代远程教育试点工程。这次，更有机会全面了解和近距离接触中国人民大学出版社推出的“新编21世纪远程教育精品教材”及其编创人员。我想将我在上述研讨会上发言的主旨做进一步的发挥，并概括为若干原则作为我对包括中国人民大学出版社、中国人民大学网络教育学院在内的我国远程教学优质教学资源建设的期待和展望：

● 新编21世纪远程教育精品教材的教学内容要更加适应大众化高等教育面对在职成人、定位在应用型人才培养上的需要。

● 新编21世纪远程教育精品教材的教学设计要更加适应地域分散、特征多样的远程学生自主学习的需要，培养适应学习型社会的终身学习者。

● 在我国网络教学环境渐趋完善之前，印刷教材及其配套教学光盘依然是远程教材的主体，是多种媒体教材的基础和纽带，其教学设计应该给予充分的重视。要在印刷教材的显要位置对课程教学目标和要求做明确、具体、可操作的陈述，要清晰地指导远程学生利用多种媒体教材进行自主学习和协作学习。

● 应组织相关人员对多媒体的远程教材进行一体化设计和开发，要注重发挥多媒体教材各自独特的教学功能，实现优势互补。要特别注重对学生学习活动、教学交互、学习评价及其反馈的设计和实现。

● 要将对多媒体远程教材的创作纳入对整个远程教育课程教学系统的一体化设计和开发中去，以便使优质的教材资源在优化的教学系统、平台和环境中，在有效的教学模式、学习策略和学习自助服务的支撑下获得最佳的学习成效。

● 要充分发挥现代远程教育工程试点高校各自的学科资源优势，积极探索远程教育优质教材资源共建共享的机制和途径。

中华人民共和国教育部远程教育专家顾问
丁兴富

自序

要写一本有关创新管理教材的想法，起始于2017年秋天。当时我正在给新招来的研究生选购图书，用于专业“扫盲”，却发现创新管理领域的一大批经典著作已经绝版，近的如《制造繁荣》，远的如《牛津创新手册》，更早些的《走向自主创新》则早就在淘宝上卖出了几大百的价钱。到了2018年春天，中国人民大学网络教育学院约我录制一门“创新与创业管理”课程，我才下定决心把近几年给MBA上课所用的“创新管理”讲义梳理一番，把课上留作阅读讨论的内容稍作丰富，又加入了一部分创业学的内容，最终硬着头皮录完了这门课。此后的五个月时间（2018年7月至11月），这份讲义终于变成了一份24万字的书稿，其间还夹杂着完成指定教学任务、企业调研、撰写调研报告等一系列工作。

说来风轻云淡，但这个过程留给我的真实感受却是痛苦。痛苦的一个重要原因，诚如巴顿（D. Leonard-Barton）在*Wellsprings of Knowledge*（中译本名为《知识与创新》，新华出版社2000年版）序言中所说，当你开始写书的时候，你才会发现自己手头上那点儿“货”总是有些捉襟见肘。何止是“捉襟见肘”，简直是“惨不忍睹”！说来惭愧，正是为了完成这部教材，我这个正经“创新管理”专业毕业的“废柴”博士才会把读书时候“翻”过的经典文献扒出来精读一番，才有机会、有动力第一次翻开早前囤积的很多专业书耐下性子学习一番，真应了那句老话，“学然后知不足，教然后知困”。

折腾得如此费劲，很大程度上是因为我自己对这部教材的一些基本要求，或者说，我希望它能够具备的一些特点。比如：

1. 准确

概念明晰、术语精准是教材编著的“起步价”，但近年来这个“起步价”的估值似乎被严重压低，其缩水程度甚至远超2018年动荡不堪的A股市场。尤其是在创新与创业管理教育领域，面对这样一个被自上而下“点名”无数次的“重点”和“风口”，动了“淘金”念头的外行人不在少数。偏偏今天中国高校绩效评估的“指挥棒”和“风向标”，还远远没有高级到对教材的“准确”表达必要而应有的尊重：如果说教书是个“良心活”，写一部“准确”的教材则是“良心活”的最高级，没有之一。但这个“良心活”却在现实中遭遇了“奈何明月照沟渠”的尴尬与套路。面对这样的困局，尽管“废柴”，也只能横下一条心，迎难而上，回归经典与原著，追寻“原汁原味”，毕竟要对得起博士学位证上

“创新管理学科（专业）”这几个字，毕竟当年上理论课时的最爱是正值盛年的郭德纲，是那句“再大的腕儿，没有祖宗，你也不是干这个的”。

2. 系统

之所以要强调“系统”并为此付出精力，很大程度上是由于创新与创业管理学科的特殊性。在创新与创业研究国际学术主流的形成过程中，演化经济学、制度经济学、战略管理、心理学、经济史（企业史与技术史）等领域的学者共同投身其中，在宏观、微观等不同层次贡献了自己的洞见。也正因如此，直到今天，这两个领域各自的研究议程、中心问题、主导范式及其相互关系，仍然吸引着大量的学术精力。由此导致的一个必然后果是，为创新与（或）创业管理教材确定一个完整而系统的框架几乎是一项不可能完成的任务。本教材的框架借鉴了北京大学路风教授“创新管理与经济发展”课程的设计思路，同时参考了麦克劳希尔（McGraw-Hill）《技术与创新的战略管理》教材的整体结构。这两者的共同点在于对微观层面与宏观层面的兼顾：这种兼顾是创新管理教育中奢侈的“必需品”，因为商学院教育往往只关注微观层面，但创新管理复杂的学科背景恰恰体现在那些宏观层面的“道理”（即本书第三章“产业创新：企业创新的铁笼”）上，这决定了勾勒出这个“铁笼”的难度很大；但如果不把这个“铁笼”勾勒清楚，很多创新就会被误读为“超车”、“逆袭”或“跨越”，而失于激进、轻浮或短视。

3. 接地气

理论不仅是灰色的，很多时候还是晦涩的，来源背景复杂的创新创业学科尤其如此。这决定了案例教学在创新创业教育中的重要性。本教材采用了大量国际知名企业和中国本土企业的成功案例，其中大部分源于我个人近年的工业研究实践。绝大多数时候，这些案例都是对现成理论的诠释工具，但其中的一部分也构成了对西方理论的挑战。对这些挑战的回应和解释还需要更多的横向对比，也需要时间的检验。但无论如何，对这些“异常点”的剖析是创新创业理论本土化、中国化的逻辑起点，而准确把握和辨析这些“异常点”则需要以西方现成理论体系“打底”。总之，我希望这部教材能够同时跳开两种“陷阱”，即以西方理论为教条而丧失自主创新勇气的“跟随模式”，以及自外于人类二百年工业化经验的“中国特殊论”。我坚信，摸准、吃透创新与创业管理的基本原理，扎扎实实地钻到中国企业的肚子里去理解它们的发展、学习与创新，以学习为创新，在创新中学习，是发展本土创新创业理论的不二法门；而这一基本原则同样适用于本土工业的转型升级和创新驱动发展。

需要说明的是，对以上三点特色的把握，一方面源于笔者自身的专业基础与教学经验，另一方面则来自“市场”的反馈。在本书尚处于准备阶段的 2018 年 5 月，我通过问卷星向大学教师、大学生和已就业人群（用人单位）发放的调查问卷显示，“框架全面，结构完整”和“概念明晰，术语精准”是读者最关心的价值点。相反，在应试教育中最受关注的“重点突出”和“语言鲜活”——我在本科教学中习惯贬之为“色相”——的排名则很低，这可能与已就业人群（相当一部分是我 MBA 课的学员）在调查样本中的压倒性优势有关。当然，我仍然在一定程度上努力维持着本书的“色相”：因为我相信书是用来读的，而不是用来背的。

有得必有失。毕竟个人能力有限，这部教材难免有些不足之处。虽然名为《创新与创业管理》，但本书的重点显然是放在“创新”上，更准确地说是“工业技术创新”，对“创业”的讨论也多是“基于创新的创业”。从流行观点来看，这一视角稍显狭隘，牺牲了很多内容（如服务创新、管理创新、生存型创业等），但却反映了某种有关技术“自主可控”的价值观和信仰。在微观层面上，本书的关注点集中于企业创新战略的选择，而未涉及如财务分析、研发（团队/项目）管理等更具体的问题。这一方面应当归咎于我个人狭窄的知识面；另一方面则是源于一种基本判断：战略选择是创新与创业管理中的“道”，财务工具、研发管理则是落实这一“道”的“术”，而当前推动中国企业创新驱动发展的首要环节是回答好战略选择的“道”，找回自主创新的信念、勇气与方向，对“术”的理解则是这一过程的结果而非原因。我相信，随着中国企业创新实践的不断深入以及学界同仁对这些伟大实践的不断理解，这些方向都会成为本书将来升级和扩展的重要选项。

研究对象的持续演进和涌现翻新，恰恰是工业创新研究与教学的最大魅力。路风教授是带领我领略这种魅力的“引路人”。十年前，在他“创新管理与经济发展”的课堂上，我这个科学院的旁听生真正认识到理论基础的重要性和经验研究的吸引力，由此“入坑”而至今不能自拔。两年博士后经历更让我有机会近距离地去感受这种魅力是如何“炼成”的：“我让你看看我是怎么做理论工作的”“我让你看看我是怎么开发产品的”。正是在路老师指导下的这两年，为我此后的学术独立打下了坚实基础，让我在这条路上毅然向前。而在找到这条道路之前，我也曾经在羊肠小路上迷失良久，也曾找不到“接地气”的方向，是中国科学院的顾淑林先生，以当头棒喝为我廓清疑云，指明出路。在此唯有向二位前辈致以最深挚的谢意，他们是我走上教师之路，拿起教鞭、发育万物的精神导师。

需要感谢的人还有很多。感谢我的工作单位首都经济贸易大学，入校从教的五年让我获得很多锻炼。本书使用的很多案例要么在 MBA 课堂上经历过反复探讨，要么源于 MBA 学生在课堂讨论中的无私分享，而 MBA 教育中心各位督学的支持与肯定则是对一位新手教员最大的鼓励与鞭策。我的研究生丁一、梁祎和东南大学经济管理学院的研究生冯太协助我整理了在人民大学的慕课讲义，冯太还为本书绘制了大量插图。在此向他们表示感谢。

最后，必须向奋战在创新驱动发展最前线的朋友致敬。他们的帮助让我难以忘怀，他们的勇气让人肃然起敬，他们的付出让人潸然泪下，他们的成就正在改变世界工业版图。很多企业家和他们为之奋斗终生的事业，都是在思想界一片“比较优势”“财务理性”的投降主义尖叫声中硬着头皮干下来的。这也充分证明社会通常要比社会思想家们聪明得多。或许，对我们这些耍笔杆子的文人来说，最合适的工作就是以各种方式记录、传播和理解这些“中国故事”，并以此激励和感召更多的中国人和中国企业。而实现这一目的的最佳方式就是写一本融汇理论主流、扎根中国实际的教材——它比写给外国人看的那些英文论文实用一万倍。

孙喜

2019 年 1 月 25 日

目录
Contents

第一章　理解创新与创业 …… 1

第一节　什么是创新 …… 2

一、对创新的若干经典定义 …… 2

二、理解创新：基于经典定义的角度 …… 3

第二节　真实世界中的企业经济学：基于创新的L形平均成本曲线 …… 5

一、正统经济学中的平均成本函数：理解U形曲线 …… 5

二、从U形曲线到L形曲线 …… 6

三、技术升级与产业竞争中的L形曲线更迭 …… 8

第三节　创新型企业及其社会条件 …… 12

第四节　对创新型企业社会条件的解剖 …… 19

一、理解战略控制：确立战略性思维 …… 19

二、理解财务承诺：谨防创新杀手 …… 26

三、理解组织整合：确保包容协调 …… 30

第五节　理解创业 …… 35

一、企业家精神：理解创业活动的本质 …… 35

二、在位企业的企业家精神：创业导向 …… 38

第二章　创新过程与能力：企业的创新活动 …… 44

第一节　创新过程：从线性视角到非线性视角 …… 45

一、线性视角 …… 45

二、非线性视角 …… 47

第二节　隐性知识与显性知识：理解创新过程的另一视角 …… 55

一、显性知识与隐性知识 …… 55

二、SECI模型：知识创造的螺旋 …… 57

第三节 从流程到能力 …… 61
一、新产品开发/创新管理流程模型 …… 62
二、吸收能力 …… 65
三、从创新中获利 …… 68
四、核心能力与核心刚性 …… 71
五、马尔科夫过程：VSR 机制 …… 74
第四节 设计驱动的创新 …… 76
一、在解释性对话中确认用户需求 …… 77
二、重新定义产品内在意义 …… 80
第五节 用户创新与开放式创新：内涵与反思 …… 83
一、用户创新：合理性与局限性 …… 84
二、开放式创新：内涵、条件与现实 …… 86

第三章 产业创新：企业创新的铁笼 …… 93

第一节 创新的 SPRU 分类：从渐进创新到发展巨浪 …… 94
一、渐进创新 …… 95
二、重大创新 …… 95
三、技术系统的变革 …… 96
四、技术经济范式的变革 …… 96
第二节 技术进步的若干基本规律：典型事实 …… 99
一、经济发展与产业技术进步的典型事实：总括 …… 100
二、技术进步的不确定性 …… 103
三、技术进步的组织性 …… 107
四、技术进步的累积性 …… 111
五、技术进步的网络性 …… 115
六、技术进步的嵌入性 …… 122
第三节 理解技术进步与创新活动的产业差异与融合 …… 130
一、理解技术体制 …… 131
二、产业发展动力的类型学讨论 …… 132
三、现代产业创新的科学基础与技术融合 …… 139

第四章 创新战略：企业创新的方式、方法与方向 …… 146

第一节 认识技术创新战略 …… 147
一、技术创新与管理创新的双核心驱动：技术创新战略有效的前提条件 …… 147
二、技术创新战略的弗里曼分类 …… 153
三、“干前学”与“干中学”：另一种技术创新战略分类 …… 156
四、全面创新管理：创新战略的中国式总结 …… 158

第二节 系统集成 ······ 162
一、系统集成的内涵与背景 ······ 162
二、系统集成的能力基础及其对产业结构的影响 ······ 168
第三节 技术变化的冲击 ······ 174
一、能力摧毁型创新 ······ 174
二、构架创新 ······ 175
三、破坏性创新 ······ 177
四、应对技术变化的冲击：双元组织 ······ 181
第四节 世界创新地图中的发展中国家 ······ 184
一、朴素式创新 ······ 184
二、反向创新 ······ 187
第五节 创新管理中的企业社会责任 ······ 190
一、绿色创新 ······ 190
二、负责任的创新 ······ 193

第五章 创业管理与企业成长 ······ 201

第一节 从创业管理到企业成长 ······ 202
一、创业过程与流程 ······ 202
二、创业企业成长的不同阶段 ······ 206
第二节 详解蒂蒙斯模型：创业过程中的资源、团队与机会 ······ 209
一、创业的资源拼凑策略 ······ 209
二、创业者与创业团队 ······ 213
三、创业过程中的机会评估 ······ 218
第三节 商业模式创新 ······ 221
一、商业模式：内涵与创新过程 ······ 221
二、创新创业中的互联网：当代商业模式的重要变量 ······ 227
第四节 创业计划与融资 ······ 236
一、撰写商业计划书：超越投资游说 ······ 236
二、创业融资 ······ 239
第五节 中国式创业 ······ 242
一、政治法律环境 ······ 243
二、经济环境 ······ 244
三、社会文化环境 ······ 246
四、技术环境 ······ 247

第一章 理解创新与创业

本章要点提示

- 创新的定义
- 创新与研发、发明、专利的区别
- L 形成本曲线
- 创新型企业的理论
- 战略性思维
- 折现现金流陷阱
- 企业家精神
- 创业导向

引例

在创新管理的课堂上，老师组织大家举例讨论“什么是创新”。有人说 2007 年苹果推出 iPhone 手机是一个创新，有人说 1971 年英特尔发明微处理器是一个创新，还有人说中国的高铁、支付宝、共享单车和网购这所谓的“新四大发明”都属于创新。此时老师问到一位学生，这位学生怯生生地说：“老师，海底捞把他们火锅漏勺的那个把折了一个钩，这样这个勺子能够挂在锅沿上，不至于掉到锅里，这算不算创新?”全班学生听完哄堂大笑，但随即也炸开锅，这算不算创新呢?

“创新”是最近几年在中国非常流行的词汇，那么到底什么是创新？我们如何理解“大众创新，万众创业”？海底捞的漏勺算不算创新？是不是只有那些非常先进的、高度原创的东西才叫创新？其实我们会发现，创新和创业都是有着悠久历史的词语，第二次世界大战以来的 70 年间，学术界对于创新、创业和企业家精神的讨论就从未停止，且颇具愈演愈烈之势。这一章我们就要来深入理解何谓创新，何谓创业，何谓企业家精神。

第一节　什么是创新

一、对创新的若干经典定义

什么是创新？

虽然“创新”是最近几年爆红的热门词汇，但它其实是一个很老的概念：从理论发展脉络上看，当代的创新经济学始于奥地利经济学家约瑟夫·熊彼特（J. Schumpeter）。在他的晚年著作《商业周期》中，熊彼特对“创新”做出了如下的定义：

“创新就是重新设定生产函数的过程。其中包括如下情形：引入一种新产品，引入一种新的组织形式（如并购），开辟新的市场领域，等等。创新意味着以新的方式组合生产要素，但这种组合又并不包括以下情形，即在给定生产函数下，对日常惯例化运行活动的适应性改进。”

从上面这个表述不难看出，熊彼特对于“创新”的理解偏于激进：他甚至将日常的适应性改进（比如引例中提到的海底捞改进漏勺）排除在“创新”之外。其实熊彼特对“创新”的理解一向激进：早在1912年完成的《经济发展理论》中，熊彼特将创新定义为“生产手段的新组合”，并给出了五种具体的形式：（1）采用一种新的产品；（2）采用一种新的生产方法；（3）开辟一个新的市场；（4）掠取或控制原材料或半成品的一种新的供应来源；（5）实现任何一种工业的新的组织。在做出这一界定的时候，熊彼特还特别指出：“每个产业的发展过程都是一部革命史，都是产业巨变，是从既有经济结构中跳出来，将旧的经济结构打破而建立新的结构。”对创新这种充满颠覆性与力量感的认知，贯穿熊彼特的整个学术生涯，从《经济发展理论》到《资本主义、社会主义与民主》直至《商业周期》。

熊彼特从经济活动的角度来理解“创新”，这种洞见具有开创性，也在此后的研究中得到了继承和发展；但后世的创新学者并不像熊彼特这样强调创新的革命性，因此后世学者对创新的理解变得更加宽泛。

弗里曼（C. Freeman）和苏特（L. Soete）在《工业创新经济学》中指出：“从其**经济意义**上看，创新的完成是以首次商业化开发的成功为标志的，这种首次商业化开发可以是新产品、新工艺、新设备；当然，创新也可以用于描述（从研发到商业化的）全过程。”与之相似，法格博格（J. Fagerberg）在《牛津创新手册》中做了如下区分：“发明是有关新产品或新工艺的创意首次出现，而创新则是将这个创意首次**付诸实践**的过程。”

相比之下，伦德瓦尔（B-A. Lundvall）在《创新研究》中对创新的定义颇具新意，也再次体现了熊彼特有关“重新组合生产要素”的思想：“创新始于对现有知识元素的组合，终于新知识的产生与创造。创新可以视为对那些多少有些距离的知识元素的‘重新组合’，而且，这些现有元素之间的距离越大，创新越是激进。”

伦德瓦尔的上述定义对于我们理解今天的创新，尤其是产品创新有着重要的启示意义。正如我们在本章的引例中所举的海底捞火锅漏勺的例子，这一创新两种要素之间的距离很近：我们可以在厨房中找到很多类似的设计。但是随着技术的发展与融合，“创新”内部不同知识要素之间的距离可以变得很远：过去看起来相隔甚远的生物、机械、软件三个完全不同的专业，当我们把相关知识有机地组合到一起，就会诞生现代医疗产品，如生物3D打印。因此，这种“重新组合”的思想是我们理解当代创新的一个重要切入点。用流行的话来说，这种“重新组合”式的创新就是“跨界”，而主导这种跨界的创新者就变成了“斜杠精英（青年）”。用世界顶尖设计咨询公司IDEO首席执行官布朗（T. Brown）的话说，创新者就是要做好不同知识和技术领域之间的“掮客”（brokers），能够在不同类型知识之间架起对接和对话的桥梁。

以上对于创新的定义都一再强调“首次”，无论是首次“商业化”还是首次“付诸实践”。但这种“首次”显然只能在发达国家成立。那么，在中国这种发展中国家的情境中，我们又应当如何理解创新？

《技术、学习与创新》是理解发展中国家技术发展与创新的经典著作。在此书中，两位编者金麟洙（Linsu Kim）和纳尔逊（R. R. Nelson）针对发展中国家的实际情况，重新考虑了“创新”的定义。他们认为，与西方发达国家语境下的创新不同，发展中国家天然就是技术上的后发者和借用者，这决定了其创新的“先驱性”和“原创性”远不如西方。在这种情况下，发展中国家的“创新”已经不能单纯地从“首次”这个角度进行定义。霍布德（M. Hobday）就在他的研究中直截了当地提出，发展中国家企业的创新是**对该企业而言的新产品或新工艺**（new-to-the-firm），而非在更广泛意义上普遍成立的新产品或新工艺（new-to-the-world）。

二、理解创新：基于经典定义的角度

下面我们从上述经典定义出发，进一步剖析“创新”的内涵：创新是什么？创新不是什么？我们不难从上面的经典定义中提炼出两个关键词：

（1）创新是“重新组合”。这是熊彼特和伦德瓦尔对创新的定义中特别强调的。如果创新是一种重新组合，意味着创新主体需要掌握多方面的知识，并且能够对相关知识进行有效的组合与集成；换句话说，创新主体不应该是以知识专业化为原则进行分工的组织。

（2）创新是“经济活动”。正如弗里曼等人对“商业化开发”和“付诸实践”的强调，创新必定有现实用途。这意味着创新一定以特定的市场需求为导向，或是服务于现成的市场需求，或是挖掘用户潜在需求，创造新的市场，成为用户和市场的启蒙者与引领者。基于这一立场，我们甚至可以认为“科技创新”本身就是一个伪命题。

> **大师观点**
>
> 优秀的企业满足需求，杰出的企业创造市场。
>
> ——菲利普·科特勒
>
> （现代营销学之父）

综合以上两点，我们可以将创新定义为**通过重新组合各方面知识与技术，以服务于特定市场需求的经济活动**。这决定了创新者必须具备多方面的知识，并且能够直接面向最终用户。这决定了创新的另一个本质特征与基本要求，即**创新是一种企业行为：只有企业能**

够同时开展“重新组合”和“面向市场”两项活动。这种重新组合不仅涉及与开发和生产直接相关的科学、技术、工程和数学领域的知识（以上四者在西方并称为 STEM，即 science，technology，engineering，mathematics 四个单词的首字母），而且涉及经济学、社会学、管理学等社会科学领域的相关知识①。相比之下，大学等专业科研机构在这两方面都存在缺陷：以学科为基本分工原则的组织结构，决定了大学在“重新组合”方面的缺陷；而“面向市场”也不是这些科研机构的应有职责。正因如此，只有企业才有可能、有资格成为创新的主体。

在以上有关“创新是什么”的讨论的基础上，为了更加清晰地理解和阐明“创新”的内涵，我们可以进一步讨论“创新不是什么”。

（1）创新不是发明：正如法格博格对创新的经典定义所指出的，创新与发明之间存在着明显的区别，这种区别的关键正是弗里曼等人所指出的经济意义，简而言之，我们可以通过非经济手段判断“发明”的优劣（如全国性的发明比赛），但对创新的评价应该也只能通过市场的手段。

（2）创新不是专利：虽然我们可以用专利指标去衡量一个企业、一个国家的创新活跃程度，但专利本身的商业价值与经济意义相当有限，其经济价值的实现只能通过后续一系列商业化开发，包括生产、营销等各个环节。这也印证了弗里曼有关创新是“从研发到商业化的全过程”的论断。于此而言，创新不仅不是专利，而且不是研发。

（3）创新不是论文：因为创新是一种跨学科的重新组合过程，而论文的写作与发表很多时候却是学科分工的结果，这决定了单纯的论文与创新无关，不管论文用何种语言发表。

创新者镜鉴

中兴“断芯”事件倒逼中国重新审视“创新”

2018 年春天，美国商务部对中国通信设备企业中兴通讯公司采取出口管制措施，导致中兴通信设备必需的集成电路元件断供。此事不仅再次警示中国产业界“核心技术是买不来的”，而且引发人们重新审视中国的创新。

中国自 2006 年将“创新”提上国家发展战略议程以来，“科技创新”取得巨大突破，中国学者在国际学术发表中的权重逐年升高，中国的 SCI 论文和 SSCI 论文发文量逐年攀升；然而，与此同时，中国在大多数产业领域仍未实现核心技术的开发与产业化，中国企业的管理本土化和现代化仍然道阻且长。这使得国内高校在英文论文发表上的“执念”招致社会各界日益强烈的质疑，对新时期科技与经济“两张皮”的批评也因为中兴事件而再次浮出水面。

① 如无特殊说明，本教材所讨论的“创新”都是指技术创新，或者说这些创新首先是为了实现技术的经济价值，并首先采取技术手段实现上述目标。

第二节 真实世界中的企业经济学：基于创新的 L 形平均成本曲线

一、正统经济学中的平均成本函数：理解 U 形曲线

我们都知道，正统经济学中的企业都是最优企业，即在给定生产函数下实现利润最大化的企业。这种最优企业的平均成本函数——无论是短期平均成本，还是长期平均成本——都表现为一条 U 形曲线，即企业的平均成本会随着产量的增长而呈现先下降后上升的态势（如图 1-1 所示）。也就是说，在企业的整个生产过程中，存在一个最优产量（$Q\max_c$），在这个最优产量上，企业生产产品的成本达到最低水平（$P\min_c$）。在实现最优产量之前，生产成本高于最低成本水平，此时企业尚未实现**规模经济**；而当企业产量超过最优产量之后，生产成本同样会高于最低成本水平，此时企业处于**规模不经济，或规模经济递减**的阶段。而从图 1-1 中不难发现，在最优产量水平上即规模经济与规模不经济的转折点上，企业生产成本最重要的一个变化就是生产过程的边际成本开始超过其平均成本水平。在这里，边际成本指的是每一单位新增生产的产品（或者购买的产品）带来的总成本的增量。

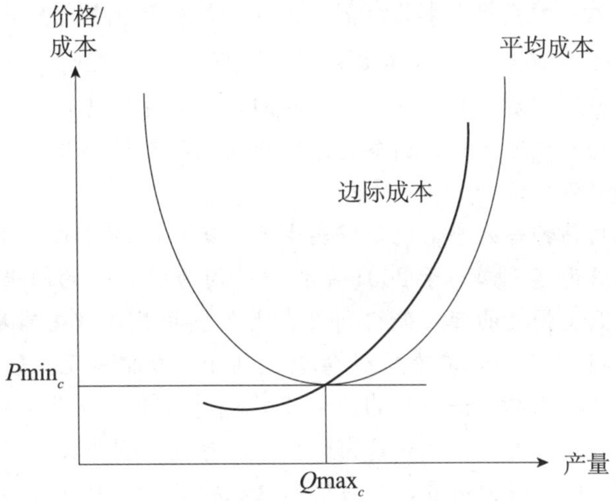

图 1-1 U 形平均成本曲线及其边际成本曲线

边际成本与平均成本的上述关系，是正统经济学成本理论的一个重要组成部分。但是这种关系何时成立？在什么情况下又有可能不成立？这是一个非常重要的问题。理解这一问题的关键，是准确把握最优企业“生产过程中边际成本会（在达到一定产量之后）不断增长”这一现象的本质。

我们会看到，尽可能推迟边际成本由下降转为增长的拐点，或尽可能降低边际成本的增长速度，有利于最优产量的扩张和最低成本的下降。那么，在什么情况下，企业或生产组织会“纵容”边际成本不断增长呢？显然，这种“纵容”只会在两种情况下发生。一是生产组织并不想控制边际成本，此时的企业会尽可能限制在技术和组织等方面的投入，转

而被动维持给定生产条件下的最优。这很像我们今天所说的“僵尸企业”，它们代表着停止的技术、落后的产能和僵化的组织与管理。二是生产组织并不具备控制边际成本的能力，或者说某些对边际成本至关重要的生产要素超出了生产组织的控制能力范围。这种情形最典型的例子就是传统农业。在传统的农业生产中，有很多生产要素是人力无法控制的，如土地肥力、天气情况、病虫灾害等。受到这一系列因素的限制，特定地块确实有可能存在一个最优亩产（如 500 千克/年），而当农民希望获得一个更高产量时，就必须为此花费更多的时间和精力，投入更多的物料（如化肥）。此时，超过土地及天气等资源禀赋条件的生产过程，就导致了更高的边际成本，生产组织只能追求力所能及的“最优”成本与产量。

二、从 U 形曲线到 L 形曲线

但是，当我们从创新的角度重新思考边际成本和平均成本，就会发现通过推动技术进步和组织变革，企业掌握了抑制边际成本上升的主导权。这意味着，在技术进步最为密集、创新活动最为活跃的现代大工业中，U 形平均成本曲线得以成立的前提条件发生了动摇。那么现代大工业的生产与技术活动有哪些特征？成本曲线又表现为什么形态？

创新者案例

从“我不是药神”看现代高技术工业的生产函数与成本函数

2018 年夏季热映的影片《我不是药神》改编自真实人物事件，从一个小人物的视角，揭示了当下“看病难，看病贵”的问题。影片因其强烈的批判现实主义色彩，引起了全社会的广泛讨论，国务院总理李克强甚至为影片热映作出批示，要求加快抗癌药降价保供。

影片中的靶向药物格列宁，就是现实生活中治疗慢性粒细胞白血病的特效药格列卫。原版格列卫由瑞士诺华于 2001 年推出。因为格列卫的问世，慢粒白血病人的存活率大幅提高。强大的疗效使格列卫在上市当年就在欧美市场实现了 2.57 亿美元的销售额，到 2011 年，其全球销售额达到 46.59 亿美元。随着近年来产品专利到期，仿制药迅速崛起，诺华格列卫的全球销售额开始下降，但 2017 年其全球销售额仍达到 19.43 亿美元。也正是由于强大的疗效，诺华公司对格列卫的定价毫不含糊，即便从全球范围内来看，正版格列卫也较昂贵，其在美国的售价（一个月的用量）约为 13 600 元人民币，在韩国也约合 9 720 元人民币。

强大的疗效和高企的药价都源于高昂的成本。像格列卫这种针对重大疾病的特效药，其研发成本通常以 10 亿美元为单位。与此同时，药企还要针对医院、医生协会等机构组织有针对性的营销活动（如各类医学推广研讨会），这类销售成本甚至远远超过了研发成本。所有这些活动都是一个漫长的过程：从编号 STI571 的抑制剂到通过 I 期临床后以“绿色通道”形式直接获批，直至 2001 年正式上市，诺华“等”了格列卫 15 年。这还不包括发现格列卫治疗机制的前期投入：在诺华登场之前，由公共资金支持的慢粒白血病研究历时 20 余年，造就了五位美国科学院院士、五位 Lasker 临床医学研究奖得主和一位美国国家自然科学奖得主。正因如此，在有关格列卫药价的讨论中，有一个非常著名的说法："之所以昂贵到要卖几万元，那是因为你能买到的已经是第二颗药了，第一颗药的价格是数十亿美金。"

制药业的例子虽属特例，但却向我们清晰地刻画了现代大工业的一个典型特征：高资本密集度、高技术密集度，以及由此带来的高进入壁垒。而所有这些特征反映到生产函数和成本函数上，就是高沉没成本或高启动成本。现代大工业的沉没成本如此之高，以至于在很多行业中，后续生产过程中产生的边际成本已经变成了一个常量，而且是一个与沉没成本相比微不足道的常量。这在软件（如微软的视窗 Windows 操作系统）等行业中表现得尤其明显：其产品复制和生产几乎不产生任何成本。更重要的是，企业可以通过创新，改进技术、组织与市场条件，从而利用一个较大的市场容量（如格列卫、Windows 系统即面向全球市场），无限推迟边际成本上升的拐点。

此时，创新就为企业的生产函数与成本函数带来了根本变化：生产要素受创新活动的影响越大，企业对边际成本的控制能力越强，而创新活动的强度又与前期的沉没成本（如研发成本、营销成本和生产设施成本）密切相关。当通过创新产生的知识成为主要生产要素时，前期巨大的沉没成本使企业有能力控制边际成本，从而避免规模不经济与报酬递减的情况，甚至反而有可能因为知识的反复利用而获得报酬递增的收益。此时，企业经营过程中与最低成本相对应的最优产量（拐点）不复存在，其平均成本曲线也就不再是一个 U 形曲线，而变成了一个 L 形曲线：随着产量的扩张，企业的边际成本与平均成本趋于稳定（相等）（如图 1－2 所示）。为了方便后续的讨论，我们在这里以"单位性能的成本"代替传统的"成本"，这意味着创新有可能导致一个非常重要的结果，即原有产品退出市场，而生产性能更高的产品需要更高的成本，但实现单位性能的成本却有可能降低。这也与我们对创新的一种传统观念相对应，即创新就是以更低的成本生产更高质量的产品。

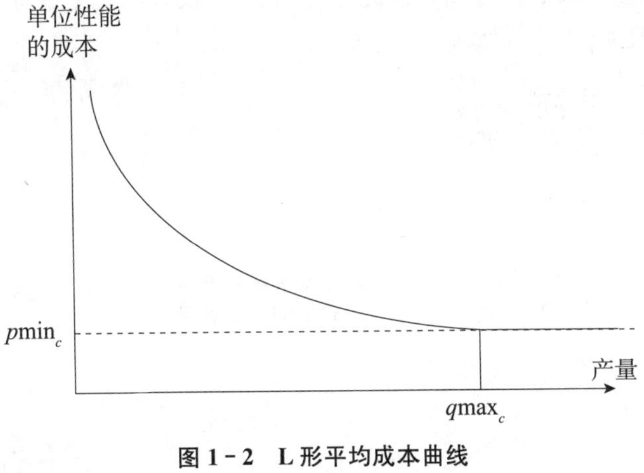

图 1－2　L 形平均成本曲线

现代大工业的上述特征——高技术密集度、高资本密集度、高进入壁垒、高沉没成本——以及与此对应的 L 形平均成本曲线，已经不再是通常意义上所说的高技术工业的专有特征。我们会发现，随着技术融合与产业发展，传统产业的技术密集度和资本密集度也在不断提高，这一方面源于传统产业中产品技术含量的不断提高（如酸奶生产企业对各种新型菌种的开发），另一方面则源于传统产业采用先进技术装备所导致的启动成本不断提高（如牛奶生产企业对无菌包装技术的应用）。

三、技术升级与产业竞争中的L形曲线更迭

在明确了L形平均成本曲线的基本形态之后，我们需要考虑的下一个问题是：在技术升级和产业竞争的过程中，L形成本曲线将会如何移动和变化？

为了更好地理解这个问题，我们回到前面对创新的讨论中有关发达国家与发展中国家创新者与模仿者之间的区分。我们会发现，这两种不同的场景有可能导致不同的成本曲线。

（一）第一种场景：产业升级的一般场景

这种升级是由创新者，尤其是发达国家的创新者主导的。前面的讨论已经指出，包括传统产业在内的越来越多的产业呈现出高资本密集度和高技术密集度的特征，而发达国家主流市场用户对产品性能也往往有着更高的要求。由此导致的一个重要后果是，创新的过程——新一代技术/产品代替老一代技术/产品的过程——往往表现为以更高的资本和技术投入换取更好的性能回报。这就决定了技术升级和产业竞争的过程，往往是一个沉没成本与进入壁垒不断升高的过程。而在市场竞争的过程中，新一代的产品与技术要想获得真正的竞争优势，以代替老一代的产品与技术，就必须获得相应的性价比优势，即不断降低单位性能的成本。而要同时实现“更高的沉没成本”与“更低的单位性能成本”两个技术经济特征，新一代产品与技术就必须实现更大的最小有效规模，以摊销前期不断增大的沉没成本。在图1-3中，上述更迭过程表现为平均成本曲线 B 在成本曲线 A 进入拖尾（大于老一代产品与技术的最小有效规模）之后将其击穿；而在达到最小有效规模之前的很长一段时期内，新的产品与技术因其更高的沉没成本而不具备竞争优势。正因如此，成本曲线 B 在发展初期的下降更为平缓，而成本曲线 A 则显得更加陡峭。图1-4是1850年以来计算能力单位成本不断下降的趋势图，以此作为图1-3模型的一个佐证。

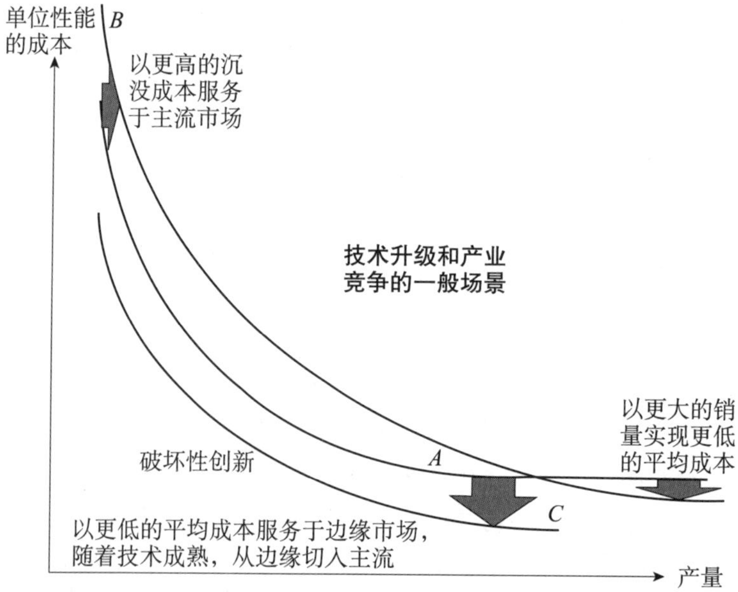

图1-3 技术升级与产业竞争中的成本曲线更迭：理论模型

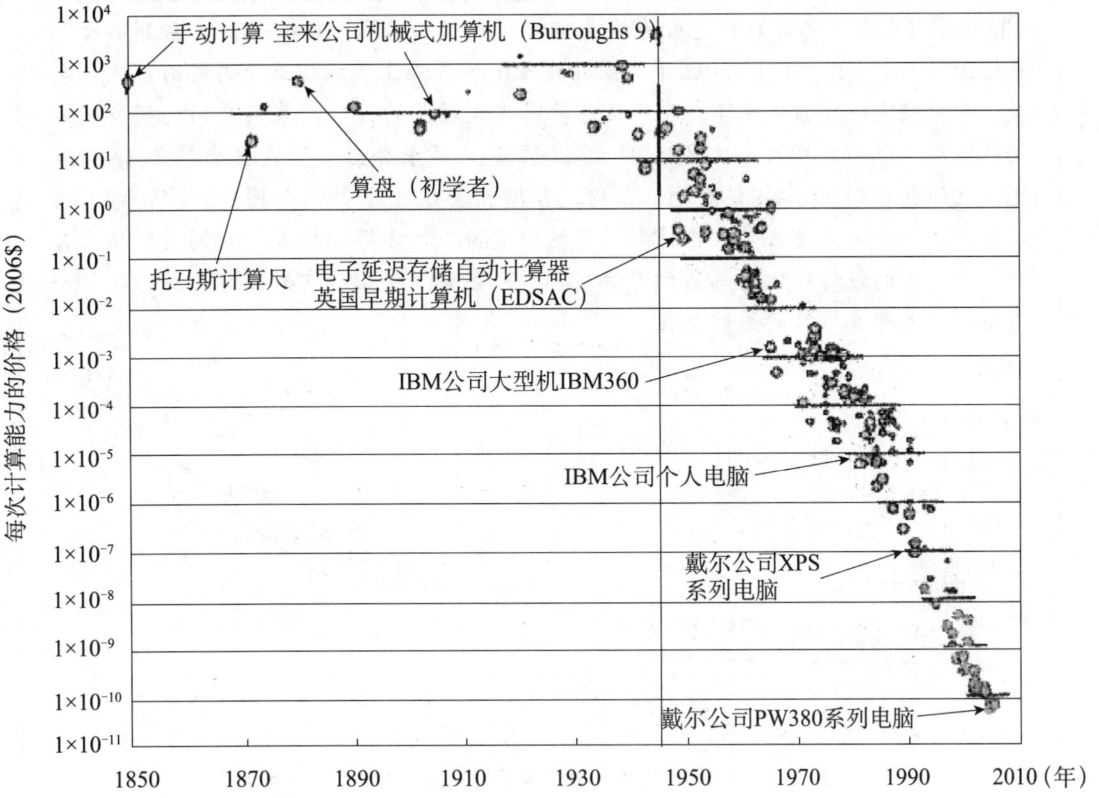

图 1-4　平均成本不断降低的典型事实：以计算能力为例

创新者案例

做面向全球市场的爆款：来自苹果公司的启示

受到工业 4.0 等新一代制造升级动向与舆论的影响，有关定制化产品与服务的讨论越来越多。“一单一品”“高端定制”甚至成了一段时期内最受关注的产业升级方向。作为对此的一种反应，有关量大面广的爆款产品的讨论也成为时下的焦点议题之一。而作为世界上产品线最精简的高科技公司之一，美国苹果公司在做爆款方面的经验无疑值得关注。

进入 21 世纪以来，苹果公司先后推出了 iPod（2001 年）、iPhone（2007 年）和 iPad（2010 年）三个爆款产品，并不断推出新的产品型号和系统版本。凭借着敏锐的市场嗅觉、需求洞察力和技术集成能力，苹果公司的这三个爆款产品在全球市场上获得了巨大的成功，其产品销量和销售额在十几年间呈现了爆炸式增长：2007 年推出的 iPhone 的全球销售量为 610 万部；次年推出的 iPhone3G 的全球销售量达到了 1 500 万部；为苹果引爆全球市场的 iPhone4S，其最终销售量达到9 810 万部，这也是苹果联合创始人史蒂夫·乔布斯生前参与设计的最后一个产品；而

iPhone5 以 1.434 亿部的销量成为苹果首款破亿“街机”；作为 iPhone 系列的十周年纪念版，于 2017 年 10 月底开放预订的 iPhone X 在上市仅仅五个月的时间内，其全球销量就突破 4 100 万部。在产品销量爆炸式增长的背后，苹果公司的研发投入同样经历了爆炸式增长：从 2002 年到 2017 年，苹果公司的研发支出从 4.46 亿美元，飞速扩张到 115.81 亿美元，年均复合增长率超过 24%（如图 1－5 所示）。可以说，苹果公司正是依靠这样持续扩张的研发投入，才得以攻克一系列关键技术难题，将完美的设计转化为真实的产品，而这一款款“爆款”“街机”又成为苹果公司摊销巨大研发投入的关键所在。

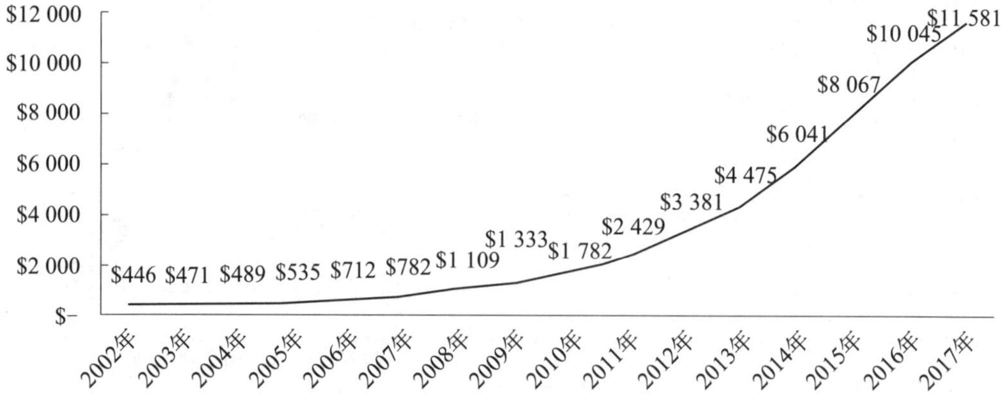

图 1－5　苹果公司 2002—2017 年研发支出（单位：百万美元）

（二）第二种场景：基于破坏性创新的追赶场景

除了上述基于主流市场的一般场景之外，对于发展中国家的追赶者，即技术后进企业，有可能存在另外一条创新通道：以更低的平均成本服务于本土中低端市场，即发达国家领先企业眼中的边缘市场，由此起步后逐渐爬升，努力争取切入主流市场的竞争机会（即图 1－3 中成本曲线 C）。这条“农村包围城市、边缘切入主流、低端杀进高端”的竞争路径，是二战之后日本、韩国以及我国企业发展竞争力的重要选项。而打通这样一条路径，往往需要以下几方面要素的配合：一是发展中国家在本土要素（尤其是技能型、知识型劳动力）成本方面的结构性优势，这决定了发展中国家的企业有可能获得更低的平均成本切入点；二是发展中国家企业与本土用户的深入沟通和由此导致的对本土需求的深入理解，这决定了发展中国家的企业在起步之初就可以获得市场规模优势；三是发达国家的已有产品和技术（即图 1－3 中成本曲线 B 所表示的产品和技术）有充分的性能冗余，这种冗余使发展中国家企业以更低的平均成本、从低端切入成为可能。但仅仅从低端和边缘切入并不是这个故事的全部，真正的升级意味着沿平均成本曲线爬升：产品定位的不断高端化和相应市场规模的逐渐缩小。而当发展中国家的企业从成本曲线 C 的右下角爬升到左上角时，意味着它们掌握了整个行业的全部核心技术，成为高端产品领域的有力竞争者。日本汽车工业从低档轿车起步、逐渐升级，最终发展出雷克萨斯（Lexus）、英菲尼迪（Infinity）和讴歌（Acura）三大高端品牌的例子，以及中国通信设备企业（如华为）从农村通信网起步，逐渐杀入通信核心网，直至在移动通信时代成为全球行业领先者的例子，都充分证明了破坏性创新路径在发展中国家的适用性。

从以上分析不难看出，无论是技术升级与产业竞争的一般场景，还是基于破坏性创新的追赶场景，整个工业发展和产业升级的过程，从其最终结果来看，就是一个沉没成本和进入壁垒不断提高的过程，是资本密集度与技术密集度同步提高的过程。这意味着工业竞争力是高强度的持续资本投入的结果，创新也是高强度的持续资本投入的结果。而发达国家与发展中国家的区别、领先企业与后进企业之间的区别，恰恰是由沉没成本与进入壁垒方面的区别决定的，是由真金白银的密集度决定的。世界经济史方面的证据支持了这一结论。图 1－6 反映了包括中国在内的 47 个国家在 1960 年和 2010 年两个年份的劳均产出（即就业者的人均 GDP）和劳均资本（即就业者的人均分摊资本）的关系（以 2005 年美元计算）。由图中不难看出，资本存量与人均产出之间的正相关关系是普遍成立的。而这种正相关关系意味着，在世界经济发展的真实历史中，并不存在一种与“投资”相脱离的创新驱动的经济发展模式，所有创新都以高质量的投资为前提。而无论何种经济发展方式，资源禀赋、投资、知识（创新）等各种生产要素总是紧密结合在一起，只是各种要素的比例、质量以及要素之间的结合方式存在着结构性差别（即资源禀赋密集度、资本密集度、技术密集度三者的组合处于不同成本曲线上）。而正统经济学对不同生产要素的割裂，以及在此基础上去测度不同要素对经济发展的贡献程度，这只是一种技术处理手段，与经济真实相去甚远。

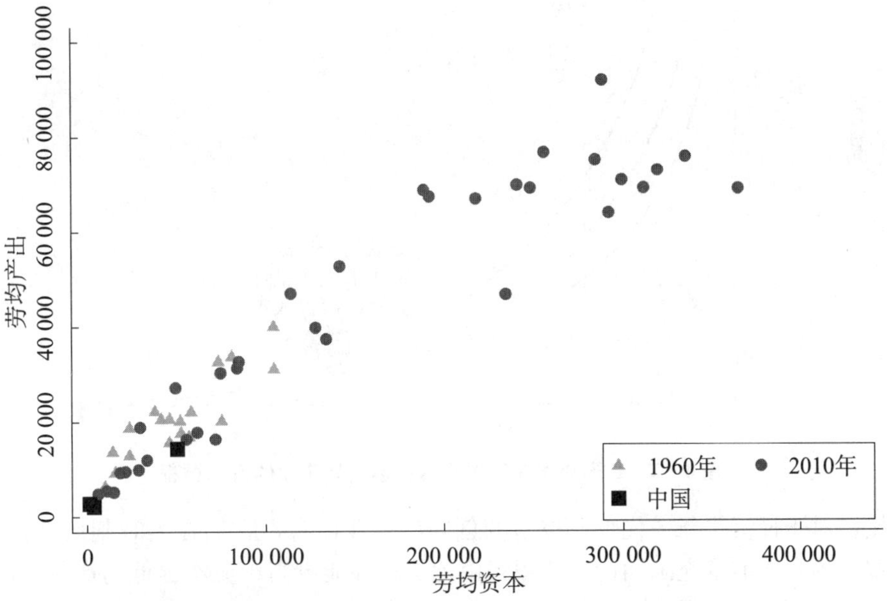

注：数据均以2005年美元计价

图 1－6 劳均产出与劳均资本之间的正相关关系（引自路风，2016）

第三节　创新型企业及其社会条件

上一节讨论了在技术升级与产业竞争的背景下L形平均成本曲线的更迭情形。其中，基于破坏性创新的追赶场景更多地反映了宏观层次上发展中国家向发达国家发起竞争的情况。而当我们回到具体的微观情景时，特定企业的转型升级——包括从最优企业的U形成本曲线转变为L形成本曲线，或以新的L形成本曲线取代老的L形成本曲线——就更多地表现为前述技术升级与产业竞争的一般场景。在这个一般场景下，新一代的产品与技术替代老一代的产品与技术，初始沉没成本和最小有效规模越来越大，而确保新技术获得竞争优势的单位性能成本则不断降低。这个过程对企业的要求显然有别于正统经济学中对最优企业的假设。这意味着，在创新驱动的产业竞争中，参与企业即那些创新者，必定具备某些正统经济学所忽视的特征，使其能够应对成本曲线的不断更迭与产业竞争的日渐升级。下面对创新型企业相关特征的讨论就从图1-7的成本曲线更迭开始。在这里，为了更好地表现技术升级与产业竞争对平均成本、最小有效规模、沉没成本等因素的影响，我们在图中展现两次技术替代与成本曲线更迭的过程，并以 t_0、t_1、t_2 分别表示新一代工业技术从出现到开发，直至最终击穿老一代工业技术的成本曲线、建立竞争优势的三个发展阶段。

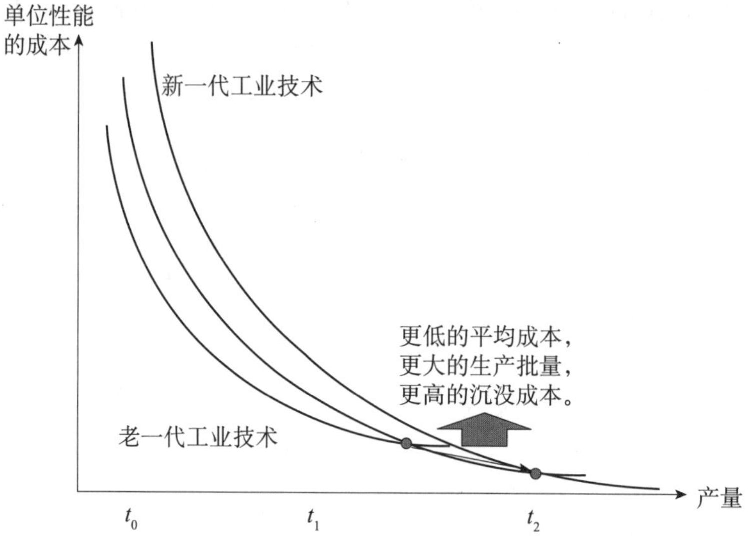

图1-7　L形成本曲线的更迭：创新型企业的行为过程

显然，对于投资于新一代工业技术的创新型企业而言，它们在 t_0 时刻启动投资之际，就对新技术的发展前景充满期待，希望经由此实现性能更高、成本更低的产品与服务，赢得更大的市场份额、获得相应的经济回报。换句话说，早在 t_0 时刻，创新型企业就相信必然存在一个 t_2 时刻使新一代技术的性价比优于老一代技术。虽然在建立这一信念之时，这并不是一个现实，但创新型企业**愿意相信，也敢于相信**创新投资能够创造有利于己的技术与市场条件。

这里的“敢于相信”，就是我们通常所说的创新意识与企业家精神。而一旦“敢”字当头，大规模投资注入之后，实现更高的性价比绝非朝夕之功，建立新技术竞争优势的前提条件是实现比老一代技术更大的生产规模。而在达到这个更大的最小有效规模之前，即 t_1 阶段，新技术的平均成本远远高于老一代技术，甚至为了实现最小有效规模，创新型企业还必须在平均成本已不占优势的情况下进一步加大投资，以改善技术、组织与市场条件。换句话说，此时的创新型企业，需要以更大的投资来追求未来（t_2）更低的平均成本。

这意味着，在击穿老一代技术的成本曲线之前，新技术毫无成本优势（它有可能以极高的成本实现了老一代技术永远无法实现的性能）。此时，如果完全依赖于市场手段，创新型企业往往熬不过这个投资放量、成本递增的“寒冬”。而那些熬过了这个寒冬阶段的创新型企业，最终在 t_2 时刻击穿了老一代技术的成本曲线：它们以更大的沉没成本建立了更大的最小有效规模，并因此实现了更低的平均成本，建立了竞争优势。

在这个过程中，仅仅是“敢于相信”这种信念是远远不够的，创新型企业需要具备一些特征，使它能够在极其困难的 t_1 阶段，坚持改善技术、组织与市场条件，并最终在第二阶段以更大的生产规模实现性价比优势。这些特征有的与新一代工业技术本身有关，还有一些则与技术无关。我们将那些与技术无关的组织特征称为创新型企业的社会条件。具体而言，创新型企业的社会条件包括以下三方面内容：

（1）由不确定性决定的战略控制，这与前面所说的“敢于相信”相关。创新是不确定的，这意味着创新取得成功、获得性价比优势的过程，究竟需要创新型企业学习什么新知识、做出哪些组织和市场方面的改变，只有通过这个过程本身的实践才会为人所知。这意味着从下定决心、投身于技术竞争的那一刻起，创新型企业就必须坚信自己为改造技术、组织与市场条件而进行的所有前期投入终将获得回报。这要求企业决策者将这种对胜利的信念和管理意图转化为具体的控制措施，其中既包括对投资方向、资源配置的控制，也包括对管理实践和生产过程中速度与纪律的控制。换句话说，创新型企业中的战略决策者不仅要敢想，而且能够牢牢控制着整个组织朝着“敢想”的目标去前进。它们要有足够的能力和动机来保证整个组织的资源与努力，始终流向生产性环节和创新性活动。唯有如此，才有可能将 t_0 时刻的“敢想”最终转变为 t_2 时刻的性价比优势。

创新者镜鉴

巨龙的倒下：战略控制不力的恶果

1991 年 10 月，中国通信设备工业迎来了历史性突破，在中国邮电工业总公司（PTIC）的支持下，由邬江兴率领的解放军信息工程学院研发团队完成了我国第一台万门数字程控交换机 HJD-04 机的开发任务。随后，邬江兴凭借 04 机工程性和生产性强的特点，直接将 04 机在 PTIC 下属的几家国有大中型企业投入批量生产。这种运作模式持续到 1994 年年底，04 机的产业化救活了三个国家二级企业，从根本上改善了三个国家大中型企业的经营状况，并新组建了两家股份制公司。

1995年3月2日，国家数字交换系统工程技术研究中心、PTIC和8家生产企业（其中既有邮电部的生产厂，也有电子部的生产厂）共同投资组建了巨龙通信设备有限责任公司（以下简称“巨龙”）。巨龙自此成为04机产业化的正式基地。到1998年4月，04机生产销售超过1 400万线，用户遍及全国的29个省市区和军队、铁路等专用网，网上运行总量占到当时城乡电话网总容量的12%以上。依靠巨龙这一产业化载体，04机迅速崛起，打破了国外交换机对中国市场的垄断，平抑了市场价格。

但是，8家生产企业人为“拼接”也注定了巨龙此后的问题。身为巨龙董事长的邬江兴将主要精力投入到新产品开发上，由PTIC委派的总裁则将工作重点放在市场开发上。市场机构的建立虽然动作很大，但缺乏规划；尤其是老的邮电部、电子部各生产厂划地经营、按区域成立9个事业部的做法使得各生产厂“自相残杀”。当时巨龙的股东企业各有各的“王牌市场”，老的部属企业在甘肃、东北、内蒙古及南方地区各有根基，甚至自己人互打价格战，但这些生产厂又都不具备对产品进行进一步开发的能力，只想拿来现成的产品多生产，因此，尽管从形式上建立了生产计划、销售服务、技术开发、元件采购、质量标准的“五统一”，但仍然无法避免质量和服务方面的缺陷。巨龙内部对发展重心的两种认识形成技术派与大股东两股难以调和的力量，从而威胁到巨龙内部必要的战略控制的建立，竞争力逐渐萎缩。随着90年代中后期其交换网设备接连被华为、中兴收购，巨龙逐渐丧失了在网络上的优势地位；内耗也最终迫使邬江兴去职，巨龙自此在研发上彻底失去优势。此后在经历了多次重组与持续的人员流失之后，巨龙最终退出了中国通信工业的历史舞台。

（2）由累积性导致的财务承诺。因为学习与创新不可能一次完成，而必须不断积累获得（图1-7中t_1阶段）；尤其是面对着不断变化的外部环境，创新型企业需要不断从现有条件出发，不断调整技术、组织与市场各方面的知识与条件。这个不断积累、不断调整的过程，要求创新企业必须获得可依赖或可控制的财务来源，直至创新活动获得经济回报、建立竞争优势。这就要求创新者在进入竞争之后，即便是在最困难也最容易动摇的“寒冬”也必须确保这一“承诺”。因为从长期来看，这种持续投入最终将使创新型企业不断改变，甚至主动塑造行业内的主流技术、产品与组织形式。相反，如果缺少了有承诺、有耐心的财务支持，创新型企业就难免因此损失巨大的前期投入。更重要的问题是：随着越来越多的工业部门的进入壁垒越来越高、资本密集度越来越大，企业一旦选择“退出”，并就此中止技术与创新投入，就很有可能再也无法重回行业竞争舞台的中心。

创新者须知

现代大型工业企业中有目的的投资与建设：三重投资

钱德勒在《规模与范围》中详述了美国大型企业崛起过程中的内部投资逻辑。在他看来，企业家对大规模生产设施、销售系统和管理组织进行互相联系的三重投资，导致了现代大企业的崛起。他还特别强调，对管理组织的投资使前两种投资得以产生预期经济效益。因为先进技术所带来的潜在成本优势未必充分实现，除非通过工厂各环节的流量能够被不断保持。而为了保持能够带来成本优势的最小规模，不仅要求仔细协调通过企业内部各环节的流量，而且要求仔细协调供应商的投入流量和流向中间商及最终用户的流量。但“这样的协调没有也确实不可能自动地产生。它要求管理团队或管理层级的永不中断的全神贯注”。那些完成了这一内部投资与建设的企业，如标准石油公司、卡内基钢铁和福特汽车，迅速成长为全球市场上的先行者。正因如此，钱德勒极富洞见地指出：“关键的企业家行动不是一种新的或经大大改进了的产品或工艺的发明，甚至不是初始的商业化，而是为了充分利用规模经济和（或）范围经济要求而建设一个最佳规模的工厂。然而建设一个最佳规模的工厂必然要对其工厂进行生产设施的投资。”

创新者镜鉴

从运-10 到 C919：轻言退出的历史教训

运-10 项目的初衷是服务于国家领导人的外事访问。1970 年 8 月，国家向上海飞机制造厂下达运-10 研制任务，1972 年审查通过飞机总体设计方案，1975 年 6 月完成全部设计图纸，1980 年 9 月 26 日运-10 首次试飞成功。1982 年起，运-10 研制基本停顿。1983 年冬至 1984 年春，处于试飞期间的运-10 飞机还为深受雪灾困扰的西藏紧急运送了七批救灾物资。1986 年，财政部否决了运-10 3 000 万元人民币的研制费用预算，这宣告了运-10 项目的彻底终止。十余年间，运-10 项目的全部投资不超过 6 亿元（其中研制费 3.34 亿元，基本建设费 1.747 亿元，上海市提供流动资金 0.29 亿元）。

运-10 下马的原因众说纷纭。曾有说法认为运-10 在很大程度上模仿了波音 707。但在运-10 飞机面世之后，波音公司的一位副总裁就曾在美国《航空航天周刊》上撰文指出，“运-10 不是波音 707 的翻版。更确切地说，它是该国发展其设计制造运输机能力十年之久的锻炼成果。”而更重要的是，中国通过运-10 项目发展起一个庞大的大型客机的本土产业链，运-10 飞机上除发动机外的所有部件全部实现国产，上海市甚至都已指定了发动机企业承担相应的配套项目。但所有这些都随着运-10 项目的下马最终烟消云散。

运-10 停飞近 20 年后，中国政府重新启动了大型客机研发项目。2017 年 5 月 5 日，中国自主研发的大型客机 C919 试飞成功。至此，在运-10 下马三十多年之后，中国自主研发的干线客机重新飞上蓝天。而 C919 的研发预算就超过 600 亿元，中国重返世界航空工业竞技场的成本不可谓不高。而中国在半导体等其他高技术工业同样有过类似的遭遇。

（3）由集体性导致的组织整合。我们在第一节中曾经讲到，创新不是研发，也不是专利，绝不是单纯依靠研发工程师就能完成的。创新要对跨职能、跨学科的技术与知识进行重新组合，实现好的创意；要把创意变成实实在在的、能够卖得出去的产品，尤其是批量化生产的爆款。这意味着创新不可能由局部人员甚至个体单独完成，它需要拥有不同技能的人们进行合作。因此，创新型企业拥有战略控制和资金投入之后，就要对参与到创新实践过程中的各方面人员的专业技能和积极性进行整合，要把不同层级、不同工种的劳动者的才能和相应的资源整合进学习与创新过程，其中既包括在横向上打破不同职能部门之间的“部门墙”，建立一种研发－生产－销售全创新链条相互依赖、相互支持、相互信任的环境；也要求在纵向上克服“官本位”思想，鼓励等级链上不同层级的共同参与，从而实现组织内部的包容性发展。

创新者案例

鞍钢宪法：中国式组织整合的起源

1960 年 3 月，毛泽东在中共中央批转《鞍山市委关于工业战线上的技术革新和技术革命运动开展情况的报告》的批示中，强调要实行民主管理，实行干部参加劳动，工人参加管理，改革不合理的规章制度，工人群众、领导干部和技术员三结合，即“两参一改三结合”的制度，并称之为“鞍钢宪法”，以同苏联的“马钢宪法”（指以马格尼托哥尔斯克冶金联合工厂经验为代表的苏联一长制管理方法）相对。1961 年的“工业七十条”正式确认了这一管理制度，并建立了党委领导下的职工代表大会制度，使之成为扩大企业民主，吸引职工参加管理、监督行政的形式。“鞍钢宪法”解除了企业管理中权威主义的束缚，解决了科学管理造成的人际关系紧张问题，缓解了官僚统治与技术自治之间的矛盾，增加了工人与技术人员的自主权，解除了部门对立与决策分割的束缚，增加了员工的自由空间与组织的整体行动能力，充分体现了“以人为本、民主管理、改革创新”等进步精神。

在战略与财务两方面条件齐备之后，创新与学习的过程得以通过跨职能、跨层级的整合方式展开。此后，上述战略、财务、组织三方面环环相扣，构成一个可持续的动态过程，从而为创新从创意变成实践、在实践过程中从成本递增的竞争劣势转变为更低平均成本的竞争优势创造了条件。

你怎么看？

你更支持谁？

浙江富阳，一家普通的仪表厂生产的高温仪表，成功供货神舟五号。这家企业创立至今已有 20 多年，它生产的高温高压、耐磨耐腐蚀的特种仪表，成为中国仪表行业中的明珠。在特种仪表行业，外壳安全是关键；而这家企业的特长恰恰在于厂主老丁能够运用不同配方加工出新材料，进而打造出符合各种极端条件使用的仪表外壳。

工厂正面临接班问题，为此老丁让从国外留学回来的儿子小丁跟自己一起做实验，希望他多掌握一些技术；与此同时，小丁还负责新厂区的建设工作。但是，对于即将接手的企业，小丁有自己的一套想法。为此他常与父亲发生矛盾。这一天，父子二人的矛盾终于因为一台检测设备（特种仪表行业的关键把关设备）的引进决策彻底爆发了。

老丁：有一批设备要商量一下……现在我们的国家级高新技术企业申请下来，……技术问题跟设备是关键。

小丁：你光靠一双手，……但是这个设备太贵了。现在资金这么紧张的话，我经营压力很大的。

老丁：首先，我们现在就要安排，要把钱打算出来，要跟国外去比的话，我一双手是创不出来，我们现在的眼光要放得更远一点。

小丁：钱马上要出来，不是嘴上说说就有钱。你现在用那个钱挤不出来了。

老丁：我们现在的产品出去要绝对的安全，所以说你一定要安排一点时间，尽量地克服困难，把设备考虑进去，……这也是我终身的愿望。

小丁：但是不能拿着愿望来，这个东西还是要考虑一下成本、经营效益的，……这500万你要我买好，还是不买好？

老丁：如果说你没有检验的方法，怎么知道你的产品能不能过关？

在这场父子大战中，你更支持哪一方？为什么？

创新者案例

大连光洋：站在优势门槛上的创新“搅局者”

大连光洋科技集团有限公司是一家成立于20世纪90年代的民营企业。公司成立之初，业务范围包括钣金、工控设备等领域，用户多为外资企业，客户质量和合同质量都很高，短短几年就轻松完成了资本原始积累。但在采购钣金业务所需的高端数控机床时，光洋被日本供应商屡屡“关照”，这让大连光洋的创始人于德海很恼火。后来于德海明白了，因为日本政府常年限制高端数控机床的对华出口。2000年，于德海决定到机床数控系统领域“赌一把”。他把做钣金、工控攒下的一亿积蓄全部砸到了数控系统研发上。

说来也巧，恰恰是这股“匹夫有责”的冲动，使光洋这个机床工业的“门外汉”在十几年的艰难前行中始终保持着强大的战略信念和战略自主，而不必像行业内的其他企业那样，或是长期受制于“改制”和“做大”的国企政策导向，或是在追逐快钱的过程中沉迷于低端红海而无法自拔。光洋的定位很明确，就是要攻克高档数控机床控制系统（后来这个目标又逐渐延伸到了机床整机和关键功能部件），其主要竞争对手都是有着几十年历史的西方领先企业（如西门子、发那科）。这要求光洋必须高度扬长避短，发展出有自身特色的性价比优势。为此，光洋非常重视各部门协同作战，把从实验室到车间的每个环节都做出特点。在这一过程中，公平、公正、公开的企业文化和对工匠精神的高度重视，是这种跨部门合作、自上而下联动获得成功的必要保证。但光洋的财务情况却并不乐观，于德海几乎把在钣金、工控领域挣到的每一分钱都投入到了机床控制系统和高档数控机床的研发过程中。2008年金融危机之后，光洋的资金链濒于断裂，就在这时，光洋等到了国家数控机床重大专项（04专项）的支持。作为自主创新战略和中长期发展规划的重要组成部分，04专项不仅为中高端产品的自主创新提供了政治支持，更为光洋这样的自主创新企业与本土高端用户战略合作提供了制度化平台。这极大地降低了光洋产品进入市场、获取用户信任的门槛。从这个意义上讲，可以说是国家意志打造的国家平台，创造了光洋这个高档数控的国家品牌。

经过十多年的不懈努力，大连光洋旗下的科德数控股份有限公司已经成为国内五轴加工中心产销最大的企业。

创新者案例

济南二机床：跨过优势门槛的“罗汉”

与光洋在世纪之交才半路出家的经历不同，济南二机床集团有限公司（以下简称“济二”）是一家始建于1937年、新中国成立之初就跻身中国机床工业“十八罗汉”的老牌国企。经过了50多年的技术积累与沉淀之后，济二的大型冲压线产品逐渐形成了自己的风格，并获得了国内外市场的高度认同。早在20世纪90年代，济二就成为“中国汽车工业的装备部”。2011年以来，济二更是技压德、日竞争对手，先后拿下福特汽车美国地区的九条高速冲压线，一举打破德国冲压装备对福特北美地区近20年的垄断。如今的济二，已成功跃居“世界两大数控冲压装备制造商”之列，成为中国机床工业转型最成功、最具创新竞争力的“罗汉”企业。

当然，形成这样的创新竞争力绝非朝夕之功。几十年来，济二始终坚持让熟悉工业规律、了解企业实际的人来领导企业、管理企业。无论外部经济大势如何起落，政府和主管部门如何“威逼利诱”，济二始终能够根据自己对企业实际和行业规律的理解，按照自己的节奏前进，稳扎稳打，不疾不徐。管理层对企业发展的战略定位也从20世纪90年代的“跻身世界一流压力机生产企业”过渡到21世纪的“打造国际一流机床制造企业、塑造世界知名品牌”。在这一过程中，熟悉企业情况的管理团队通过承接高标准国际项目、推动事业部制改革和领导干部能上能下等一系列体制机制改革使这个老国企始终朝着既定目标稳步前进。

在研发方面，济二也形成了独具特色的科技经费“饱和投入”原则：以技术开发为投资重点，需要多少，投入多少，每年的开发经费不低于当年销售收入的6%，如果遇到市场不景气的年份，这一比例甚至可以达到20%，其中新产品开发投入占到经费总额的90%以上。正是凭借这样的“饱和投入”，济二才能在1997年之后的市场萎缩中坚持攻关尖端技术，最终于2001年冲破阻碍产品升级的诸多瓶颈，彻底摆脱了“供不所需，需不能供”的困扰，把自主设计制造的、具有国际先进水平的2 000吨重型机械压力机打入美国市场。

管理体制的优化释放了产能，产品竞争力的提升则确保了企业的市场地位。这使济二的现金流水平有了质的飞跃，甚至可以每年拿出上亿现金进行技术改造，进一步放大产能。与此同时，对员工的投资也一刻没有停止。济二奉行的是“大人才观”：讲究“每一个岗位都重要”，鼓励每一个人干好本职工作，不仅是“多劳多得”，还要鼓励“做优多得”“创新多得”，这使济二的质量损失率常年低于0.3%，成为业内的质量效益领先者。此外，济二还为全体员工打通了职业成长通道：2005年至2015年，济二共进行了五次主任（副主任）工程师评聘，两次主任（副主任）管理师、营销师和技师评聘，共评聘主任（副主任）工程师80人、管理师28人、营销师11人、技师31人。此外，在技能人员和技术、管理等专业技术领域实行评聘分离，内部评聘的高层次人才和中高级技能/技术人员占职工总数的比例超过22%。更“刺激”的是，济二竟然还能够以低于市价一半的水平为员工提供优惠住房。这也就难怪在机械工业整体低迷、人员动荡的时期，济二仍然能够傲立潮头，挺进国际先进之列。

第四节　对创新型企业社会条件的解剖

这一节我们将立足于创新型企业理论，进一步解剖战略控制、财务承诺与组织整合这三个创新型企业的社会条件。

一、理解战略控制：确立战略性思维

我们在创新型企业理论中强调“战略控制”，其本质是要强调对创新驱动的高质量发展战略的长期坚持。企业战略质量的根本差别在于思维方式的差别，高质量战略与低质量战略的差别在于战略性思维的有无。战略性思维是企业竞争优势的根本源泉，而竞争优势的本质则是一个组织和其他组织相比的独到之处，即独特性。但独特性不是一朝一夕之间就能实现的，它一定源于对一组逻辑贯通的政策（战略在企业中落地的基本形式）的长期坚持。因此，对战略控制和战略性思维的讨论，就一定包含对时间因素的强调。

根据以上的讨论，战略性思维的核心问题与本质就是寻求和定义组织的独特性，跳出领先者界定的窠臼，即“跳出圈外”（think outside the box）。尤其是对中国这种发展中国家的企业来说，寻求和定义组织独特性的一项重要任务就是跳出对西方领先企业的迷信和盲从，“敢想”。只有敢想，才能使组织有别于竞争对手而独树一帜。结合对时间因素的强调，我们将战略性思维总结为：**“以我为主，放眼长远，立足优势，着眼于赢”**。

以上四点从不同侧面反映了战略性思维“敢想”的本质特征。其中，“以我为主”意味着不要被竞争对手牵着鼻子走，更不能出于自卑、迷信等各种心态而一味模仿竞争对手，要敢于跳出领先者划定的框架。“放眼长远”意味着要敢于为自己的战略路线图设定足够的时间，要有战略定力，而不能急于一时，忽视基础薄弱等问题，正如我们一再强调的，能够带来持续竞争优势的战略资产存量只能是在一段时期内遵循一组连贯政策的累积性结果。“立足优势”与“以我为主”紧密相关，即扬长避短，从自己的条件出发重新定义行业竞争条件和思维方式。“着眼于赢”则是讨论战略性思维的根本目的，这看起来是常识，但很多企业恰恰是在“先生存、后发展”的自我麻痹中逐渐忘记了“发展”和“赢”，也就不可能确立战略性思维，更不可能具备战略定力，更不用说从优势方向上独树一帜、杀出一条血路了。

这种战略性思维在中国思想史上源远流长，并在历代战争史中得到充分体现。对这种战略性思维较早的表述来自《史记》。司马迁在记录汉武帝对匈作战思路转变的时候曾经写道，“寇可为，我复亦为；寇可往，我复亦往”。汉武帝摆脱了被动挨打的传统思路（自刘邦立汉之后延续六十多年）的束缚，放弃了单纯的战略防御，转而采取“我复亦往”的主动出击：既然匈奴可以进入汉地劫掠，那么汉军也可以杀入匈奴。正是这一决策思想的转变，才有后来霍去病长驱直入匈奴腹地两千里，直捣匈奴王廷的重大胜利。毛泽东在长期军事斗争实践中形成的战略性思维与汉武帝的思想有着惊人的相似：从第二次国内革命战争时期游击战“十六字诀”（敌进我退、敌驻我扰、敌疲我打、敌退我追）到解放战争时期的“你打你的，我打我的”，直至朝鲜战争决策过程中“打得一拳开，免得百拳来”的重要思想，其本质都是这种战略性思维的具体体现和不断升华。

而在全球产业竞争实践中，这种战略性思维的重要性更是在全球工业领导权的反复更迭中被体现得淋漓尽致，简要举例如下。

（1）美国与德国在化工行业的统治。化工行业堪称进入壁垒最高的行业。正因如此，化工行业的产业结构非常稳定。20 世纪 20 年代以来，进入全球化工行业和制药行业前 50 名的新建企业少之又少。直到今天，一百多年前的两位领先者——美国和德国——仍然是世界化工行业的霸主。但这两个国家化工业的发展路径大不相同。早在 19 世纪，美国化工行业起步于无机化工，典型产品如化肥、炸药等产品，这与美国巨大的农业需求有关。而德国化工行业的起点则是有机合成，其核心产品是数以千计的染料产品，这得益于当时欧洲发达的棉纺织业。到了 19 世纪末 20 世纪初，美国的无机化工产品已经做到极限，新产品开发的难度越来越大，这就把“向何处去”的问题摆到了美国化工企业面前。如果效仿德国去做有机合成染料，德国拥有的先行者优势将使美国企业难以获利。就在此时，美国西海岸发现了大油田，这让美国化工行业如获至宝。它们立即决定把石油精炼（如汽油、柴油）和石油分离物加工合成（如乙烯）作为转型的重点突破方向，绕开了德国的优势领域另辟战场。而随着染料工业的逐渐成熟，德国也开始面临转型升级的问题。德国的选择是继续发挥自己在“合成”方面的优势，转型从事化学制药工业，尽可能绕开美国在石油精炼方面的优势。

（2）日本汽车工业的崛起。1910 年以来，福特、通用、克莱斯勒相继崛起，使美国成为世界汽车工业大国。二战之后，日本丰田意欲进入乘用车领域，便派遣丰田英二前往美国福特考察。丰田英二没有被福特的上百条冲压线吓住，反而认为福特的做法在日本行不通。因为日本市场容不下这种大批量流水线和数以十万计的同款车，而且也没有这么多资本进行如此大规模的投入。基于这样的自身条件，丰田英二提出多品种、小批量的生产方式，同时努力实现在同一条生产线上快速转产不同车型。此后，丰田对此不断进行改进，最终打造出著名的丰田生产方式，不仅实现了美国汽车企业难以企及的工作效率和质量水准，丰田也因此超过各国同行，成为世界上第一个年产量过千万辆的汽车生产企业。

（3）消费电子。从二战前开始，美国的消费电子工业就称霸全球。这种格局一直维持到 20 世纪六七十年代。进入 20 世纪 70 年代之后，日本消费电子工业开始崛起：考虑到日本国内市场的特点和企业自身的条件，日本消费电子决定绕开由美国统治的大型化道路，转而从微型化方面另辟蹊径。正因如此，在 20 世纪 80 年代之后在全球范围内获得巨大成功的日本消费电子产品几乎都带有这种小型化的影子，其中最典型的就是当年索尼的Walkman随身听。日本借助微电子技术把消费电子产品越做越小，导致了20世纪80年代之后美国消费电子工业的覆灭。此后的十几年间，美国消费电子工业几乎全盘消失。直到20世纪90年代后期，美国消费电子工业在一群软件企业（以苹果公司为代表）手中“复活”，这群企业没有跟随日本企业走上硬件微型化的道路，转而开辟了智能化产品的方向，从而打通了计算、娱乐、通信等多个产业领域，成功地从日本企业手中夺回了部分市场份额。

那么，在战略性思维的具体作用过程中，“敢想”又是如何体现的呢？这就涉及战略管理领域两个非常重要的概念：革命性思维与战略意图。

革命性思维。战略的本质是一种革命，而战略性思维也就在很大程度上反映为革命性的思维方式。这是战略管理领域的大师哈默尔（G. Hamel）提出的一种重要观点。在这项研究中，哈默尔将一个行业中的企业分为三类：规则制定者，它们是那些定义了行业现状甚至创造了行业的在位企业；规则接受者（或规则执行者），它们在规则制定者画好的行业路线上循例前行，并以这种方式表达它们对前者的敬畏之情；规则突破者，它们把在位的规则制定者划定的框架砸烂，转而从自己的优势出发将变革引入这个行业，从而最终导致了颠覆性变化（“敢想”）。此时，“战略”作为一种“革命”发生并影响了整个行业。这种革命性思维的形成过程，被哈默尔总结为四个步骤：（1）识别出那些牢不可破的理念；（2）搜索间断点，寻找突破口；（3）明确自身的核心能力；（4）推动形成革命性的创意。经过以上四个步骤所形成的、颠覆行业原有格局的革命性思维往往具有一种“反方向思维”的特质：这意味着它不是“沿着”原有格局的惯性方向、自然地向前推进，而是以一种意想不到的方式和视角重新理解问题，也只有这样，才能撼动直至击垮行业在位者的那些基本理念。正是出于这样的原因，哈默尔一再强调用新的眼光观察、理解问题的重要性。

创新者案例

乔布斯的革命性思维与苹果iPhone的诞生

2007年，苹果推出iPhone手机，当时乔布斯就曾经断言：“iPhone比任何其他产品领先了五年。”之所以敢这样说，是因为乔布斯为成功开发这款产品所注入的长期专注与非凡洞见。早在20世纪90年代初，乔布斯就一针见血地指出了当时IT行业的思维惯性：

“我们的问题是，比硬件，没有哪家公司的产品能比别人好太多，做这行的人太多了。能稍微好点就不错了，而只需六个月，这种优势就会荡然无存。”

不难发现，无论是苹果起家的个人电脑行业，还是乔布斯重返苹果后进入的便携音乐设备行业（典型如日本消费电子企业的随身听产品），都存在这样的问题。在iPhone之前的很长一段时间，手机行业的思维模式也是这种基于硬件的价格战：所有主流厂商都在比拼屏幕、音效、电池容量、信号强度、物理键盘设计，乃至坚固耐用（如图1-8所示）。

图 1-8 手机中的思维方式差异：按照传统评价标准

从对主流模式的这种强烈抵触出发，乔布斯在 1999 年首先启动了一个“用手指就能直接输入的多点触控屏幕”开发计划（基于软件技术）。经过六个月的紧张开发，在 2000 年初，iPad 的雏形面世。随后，乔布斯又请界面设计师对此进行改进，并得到了增加惯性滚动功能等软件功能方面的建议。这激发了乔布斯做一部手机的灵感。在经过了漫长的开发等待和一轮又一轮的改进之后，iPhone 终于在 2007 年诞生。

后来，乔布斯回忆苹果公司的发展历程时曾经指出：“多年前，我们决定不涉足任何自己不具备核心技术的领域，否则容易输得血本无归。这是我们最重要的前瞻之一。我们意识到，对于绝大多数——也许是全部——的未来消费性电子产品而言，软件都将是核心技术，而软件恰恰是我们的强项。”而像 iPhone 这样的革命性产品，恰恰是在其他竞争产品所体现的硬件设计、工艺设计之外，极大地利用了苹果的软件能力，包括系统编写能力、应用软件编辑能力，并将软硬件“天衣无缝”地集成到一起。

资料来源：史蒂夫·乔布斯，乔治·比姆．乔布斯产品圣经．南京：江苏文艺出版社．2012．

战略意图。“战略意图”的概念与上述“革命性战略”的思想异曲同工。这一概念是由普拉哈拉德和哈默尔两位战略管理理论大家于 1989 年提出的。时值日本企业在全球市场横行之际，这两位学者希望通过日本这面镜子理解一个重要问题：发展中国家那些在全球市场取得成功的企业的秘诀是什么？又是什么原因使发展中国家的绝大多数企业无法获得这样的发展？他们的回答是：战略意图。所谓战略意图，是落后企业对自己在行业竞争中未来地位的宏伟梦想，这是一种与其现有资源和能力并不相称的远大抱负，通常表现为“赢取行业第一”或“取得竞争胜利”，它是企业成长的动力之源。抱有这种野心的企业会更倾向于采用创造性的方式参与到行业竞争中来，从而实现设定目标，迎接各种挑战。这些创造性的竞争方式往往来自它们对竞争对手活动的洞察与批判，从而在其中找出薄弱环节，然后立足于自身的优势条件，发展出新的行业内容，最终成功地改变行业竞争条件。在此过程中，由于企业现状与设定目标差距太大，这种组织上上下下“对胜利的执着”，往往会在企业内部造成一种类似于“知耻而后勇”的“拉伸”，达到“使劲跳，才能够得到”的效果。相比之下，那些在追逐行业领先地位过程中最终落败的落后企业，往往没有以创造性方式参与竞争，而是对领先者一味模仿。

但正是这种一味模仿，使得这样的追随者只能成为规则执行者和现状接受者：因为它们的一切工作都是领先者曾经经历的，它们所做的一切努力，对领先者而言都是透明的，这使它们在竞争中毫无优势可言。

创新者案例

佳能："异想"才能"天开"的复印机行业搅局者

曾几何时，创立于1906年的施乐是复印机行业的全球霸主，它击退了IBM、柯达等大企业的进攻，强势捍卫自己在行业内的地位，甚至其英文品牌（Xerox）都成为"复印"的行业代名词。这种情况直到佳能决定进入这个行业之前。

佳能对自己的战略定位是"打败施乐"，但"打败施乐"并不容易。在传统的复印机行业中，施乐已经把产品和商业模式做到了极限。施乐所定义的复印机行业是这样的：产品大型化且技术复杂（采用图形转印装置），因此定价高昂，这就决定了其商业模式是租赁为主，而且施乐为此准备了庞大的直销队伍和全国性服务网络，以便取得那些大型公司复印部门主管的信任，而为了适应不同企业的不同需求，施乐的产品线复杂多样、型号众多。总之，施乐的整个战略和商业模式高度一致，想以同样的方式掀翻施乐在复印机行业的地位，无疑需要挑战者付出巨大的精力并承担极大的风险。

面对这样的情况，佳能把想象力集中于在施乐的模式中从来不会出现的某种可能性：家用、小型，最好能够放在桌面上，而不必专门设立复印室；廉价，最好1 000美元甚至更低；目标客户不是大型企业的复印部门主管，而是希望拥有独立复印能力的秘书或部门经理；因为产品便宜、适用人群更广、市场容量更大，所以要在机器和元件的标准化上下功夫，以降低产品成本、提高产品可靠性；而商业模式也不再是租赁，而是通过办公产品经销商进行销售，而且只卖不租，这样还不用承担融资负担。在这个过程中，佳能公司的工程师几乎在技术上重新发明了复印机，他们用一次性墨盒代替了施乐的图形转印装置，从而从根本上提高产品性价比、极大地降低了产品维护难度。

总之，在产品技术和商业模式的每一个组成部分，佳能都巧妙地避开了施乐所设置的所有进入壁垒，以一种创造性的方式进入了被施乐统治半个多世纪的复印机行业。

总之，作为战略性思维的核心，"敢想"意味着强大的自信与开拓精神。当然，站在"敢想"对立面上的因素有很多，比如：

（1）自然规律。总会有人以"自然规律"为借口，否定他人的大胆设想，但"自然规律"本身恰恰是历史的产物，是人类知识发展到一定阶段的表现。正因如此，虽然人们在20世纪60年代还会讥笑"大跃进"时期"刻舟称瓜"的宣传画，但在进入新世纪之后却不得不面对通过有机方式种植出的太空南瓜重量屡创新高的事实，如图1-9所示。因为恰恰是在"刻舟称瓜"的"敢想"之后，人们发现了新的、更强大的自然规律。

a 1958年“大跃进”时期“刻舟称瓜”的宣传画

b 2008年北京农交会上300千克的“南瓜王”

图 1-9 用发展的眼光看待“自然规律”

（2）身处劣势。对发展中国家的企业和创业者而言，“身处劣势”是限制他们“敢想”最重要的原因。正如普拉哈拉德和哈默尔在《战略意图》一文中所指出的那样，发展中国家的企业在思维方式上就习惯于模仿先行者的产品与技术，在他们的意识中，模仿是对领先者最好的恭维，但这会使他们永远处于劣势地位。这意味着“身处劣势”与“不敢想”会构成一个将追赶者“锁死”的恶性循环。此时，战略家的首要任务就是使所有组织成员明白：只要有时间，世界上没有什么事情是不可能的。

创新者案例

完美风暴：格力如何掌握核心科技

2010 年，董明珠执意消灭全能王空调关机时在导风板与面板间的缝隙。起初，技术团队对这个要求很不理解。因为在行业历史上，导风板与面板之间的最小缝隙是 1.1mm，此次全能王产品升级已经把这条缝隙缩小到 0.8mm，而“无缝”，或者说“看不出缝隙”，意味着要把这个缝隙缩小到 0.3mm 之内。更重要的是，这样一个调整“牵一发而动全身”，工装设计、加工零件的精度都要跟进提高。但董明珠一再强调，当格力已经成为全球空调行业的领导者、没有参照物的时候，格力应该创造“完美”的空调。在董明珠的严格要求下，新的产品设计历时数月终于完成。但当新的样机摆到董明珠面前的时候，新的要求又来了：取消导风板中间的支撑连杆，因为它给人一种“粗笨”的感觉。这时，技术团队再也承受不住巨大的压力，提出了自己的质疑：他们认为这种想法不切实际。但董明珠立即予以了否定，她告诉技术人员：飞机的机翼十几米长，能在空中飞行；而我们如果在一个墙面上 1.5 米宽的距离都不能实现的话，那么一定是没有认真地研究和创新。世界上没有什么东西是不可能的。不得已，研发部门再次返工：为了解决变形问题，机体材质升级为铝合金；然后再用 3 个月解决了铝合金出风口的凝露问题；用 4 个月时间解决了出风口极寒条件下的稳定性问题。在此期间，模具部门全程配合，部门负责人还多次与研发部门负责人一起找董明珠“论理”（讨论无缝的难点）。在设计和模具问题解决之后，导风板加工问题就摆在设备部面前：使用外购机床，需要“六台日本机床干三分钟”，后来设备部自主开发金属导风板铣削机，加工速度提升到单台设备 15 秒/件。

以“无缝”为核心的“完美风暴”集中体现了格力从产品创新到制造升级一体化战略的优势，而市场对此的回报是：在格力影响下，“无缝”已经成为中国家用空调高端产品的标配。

无论是利用新规律，还是扭转劣势，这一过程中都有一个非常重要的因素：时间。任何敢想的、高质量的战略，都是在一个漫长的时间过程中展开的。创造新变量和消灭老变量都是一个历史过程：一个企业从生存向发展的转型，需要充分的时间积累资源、发展能力、增强信心；与之相反，一个创新型企业的战略衰退也不是在瞬间完成的，资源的消耗、能力的退化、信心的瓦解同样需要一个漫长的过程。因此，创新型企业的转变是一个典型的马尔科夫过程：组织在 $t+1$ 时刻的状态仅与其在 t 时刻的状态有关，而与此前的状态无关（第二章详细介绍）。这意味着，对于一个足够“敢想”的战略，要为其留下足够长的时间：只要将 $t+1$ 时刻充分后推，组织终将在某个 t 时刻到达距离目标最近的位置。中国人把这个过程称为“英雄不问出处”。

但也正是因为 $t+1$ 时刻需要充分后推，所以后发企业更要为自己的发展战略留下充足的时间。之所以如此，是因为：

(1) 资源积累和能力发展的过程存在一些天然的顺序要求。例如，在新产品开发过程中，我们可以通过加强对研发、生产和营销环节的协调，从而在一定程度上缩短开发周期，但在这一过程中仍然存在一些不可避免的滞后和等待，如新产品必须首先经过实验室测试才能投放市场，而产品和服务必须在投放市场若干年后才能建立相应的口碑。这意味着资源积累和能力发展存在着时间依赖性，而由此导致的一个必然结果是工业组织的知识积累水平不仅受到资源投入与存量的影响，而且直接受制于完成相应投入的时间长度。

(2) 发达国家“百年老店”的另一个重要优势是它们在行业进入壁垒相对较低的时候，就建立了在行业内的领先地位。当它们获得先行者优势之后，就会随着时间的推移而不断积累行业经验。在这种情况下，后发企业进入技术与创新竞争的时间越晚，行业资本密集度与技术密集度越高，其面临的进入壁垒就越高。此时，成本曲线的更迭和资本的时间价值同时有利于先行者优势的巩固。

受到上述两方面因素的影响，后发企业在追赶过程中控制边际成本的能力就受到了约束，并因而产生了时间压缩不经济性：**先行者在一段较长的时间内完成相应的人力、财力资源投入，并达到相应的效果；追赶者在一个较短的时间内完成同等资源投入，其效果通常不如前者。**中国创新型企业成长过程中的长期高强度努力正是由于这种时间压缩不经济性，因为领先者的经验积累是“绕也绕不过去的”。

创新者须知

时间有多重要?

提出“时间压缩不经济”概念的 Dierickx and Cool (1989) 曾经以一段对话说明时间的重要性。这段对话发生在一位英国庄园主与一位美国访客之间：

客人：你怎么会有这么漂亮的草坪?

主人：我敢说，土壤的质量是最重要的。
客人：没问题。
主人：此外，还需要最优质的种子和肥料。
客人：了不起！
主人：当然，每天浇水和每周翻土都是非常重要的。
客人：听起来很轻松！我能试试吗？
主人：没问题。
客人：不是开玩笑吧?!
主人：哦，绝对可以。没什么，伙计，只要坚持五个世纪。

二、理解财务承诺：谨防创新杀手

有承诺、有耐心的财务资源对创新的重要性毋庸置疑，但这种财务承诺在今天已经变得越来越奢侈。因此我们集中讨论下影响财务承诺的创新杀手（innovation killers）。

2008 年，哈佛商学院的克里斯坦森（Clayton M. Christensen）及其合作者首次以“创新杀手”的说法，概括了过去 30 年间那些被过度滥用并因而影响到企业创新能力的财务工具。其中，克里斯坦森着重讨论了对折现现金流指标的滥用，并在此提出了“折现现金流陷阱”的概念。他认为，如果企业在制定研发预算时过于严苛、过于关心短期回报，而无视创新的不确定性和创新前期的巨大沉没成本，就有可能因为滥用财务工具而导致研发投入不足。克里斯坦森以图 1－10 来说明这种思路的荒谬之处。在图中，如果企业过于财务理性，并低估竞争对手进行创新投资的决心，就很有可能从短期净现值出发而压缩研发预算，尤其是对颠覆性创新的投资计划，因为他们可能会错误地认为不做创新投资足以保证一个稳定的市场收益（线 B）。但现实是，一旦落入这样的折现现金流陷阱，竞争对手的研发投资就会使不创新企业更快落入不利境地。所谓更快，是说竞争对手的创新举措会让不创新企业的收益从线 B 转为线 C，导致其收益更早下滑；而收益一旦按照线 C 的趋势开始下滑，不创新企业与创新企业之间的收益差距就会进一步拉大，前者就会处于更加不利的境地。

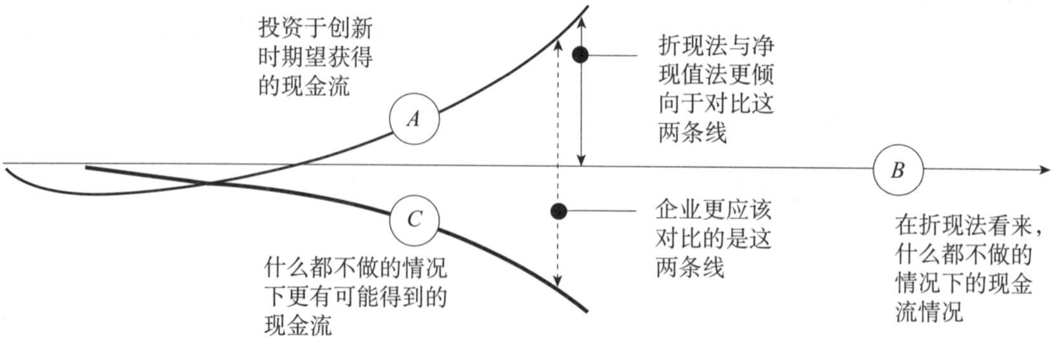

图 1－10　折现现金流陷阱

除此之外，这项研究中还点名批评了另外两个“创新杀手”：一个“杀手”是对沉没成本和固定成本概念的滥用，当企业必须采用新技术或新能力来面对重大创新的挑战时，忌惮于固定成本大额冲销所导致的业绩不佳，使企业锁定在即将过时的资产或能力上；另一个“杀手”则是每股收益率，经理人被迫将其视为公司业绩和股价改善的唯一风向标，却很容易忽视这个“风向标”同市场地位、品牌影响力、知识产权和长期竞争力等其他导向的矛盾。

对上述财务工具的滥用只是创新型企业财务承诺被破坏的一种表象，而引发这种表象的制度基础则是 20 世纪 80 年代以来，机构投资者在发达国家，尤其是美国公司治理中所扮演的日益重要的角色，以及由此决定的“股东价值最大化”公司治理意识形态。机构投资者在公司董事会中占有越来越重要的位置，这使得美国的大型企业从所有权与控制权的“两权分离”转变成资本所有权（私人投资者所有）、资本经营权暨企业所有权（机构投资者控制）和企业经营权（职业经理人控制）的“三权分离”。机构投资者要确保私人投资者的收益，这使他们更倾向于以强硬手段迫使改善公司业绩并“吐出自由现金流”。面对这样的压力，为了取悦机构投资者，管理层必须压缩必要的投资，以确保更多的利润用于分红和股票回购（在公开市场回购股票后注销，能够减少流通股数量、提升每股收益，从而提振市场信心）。正是在这样的制度背景下，美国工业企业的实际研发支出在 1992—1994 年、2000—2004 年出现了两轮连续下滑，重大创新项目占比也从 20.4%下降到 11.5%，重大创新产品因此大幅减少。

早在 20 世纪 90 年代初，美国的老一代学者就对“股东价值最大化”导向可能导致的产业基础掏空问题表示了担忧。1992 年，战略管理领域的著名学者波特（M. Porter）就发现，受“股东价值最大化”价值观的影响，在美国的国家投资系统中，对无形资产投资不足和对无前景的盈利项目投资过度两种情形同时存在。普拉哈拉德也认为“股东价值最大化”的治理模式不过是一种“危机驱动”的应激性反应，无益于“危机预防”所需的能力建设，并直言对短期指标的追求将使企业沉迷于短期行为，甚至把健壮的“肌肉”（优质资产）当作“肥肉”剥离出去。

创新者镜鉴

通用电气（GE）：陷入泥潭的“百年老店”

GE 曾经是美国老一代工业企业的杰出代表。自 1892 年成立之后，GE 就在电灯、大型发电机、电动机、X 射线管等产品线的基础上建立起 M 型组织结构，并在 1900 年设立研发实验室。得益于初期的业务范围和持续的三重投资，GE 又先后进入化工、蒸汽轮机和航空发动机、无线电、柴油电动机车、白色家电，甚至计算机等不同领域。可以说，在 20 世纪 80 年代之前的 90 年间，GE 是率领美国工业走向全球制高点的领头羊企业。

但就是这样一个老牌领头羊，近年来却深陷泥潭。20 世纪 80 年代之后，GE 先后剥离了高资本密集度、高技术密集度的化工、计算机、半导体等业务板块，而在机车和电灯泡这类“无前景的盈利项目”上却维持现状。2015 年 4 月，GE 宣布 2015

年第一季度净亏损 136 亿美元，其中旗下金融公司通用资本营收下降约四成。此外，公司计划以 265 亿美元价格将其商业房地产资产组合以及贷款出售给黑石集团和富国银行，并在未来两年内剥离贷款租赁、房地产等领域近 2 000 亿美元的金融业务，未来仅保留与 GE 的工业产品相关的航空/能源/医疗设备金融服务。在宣布上述计划的当天，GE 股价创六年新高。

之所以遭遇这样的困难并进行相应的战略调整，其根本原因就在于过去 30 多年“股东价值最大化”导向的毒害。为了在尽可能短的时间内提振公司业绩，GE 在韦尔奇时期开始逐渐偏离了工业这些传统优势领域，转而进入了金融服务这类“来钱快”的行业。久而久之，金融部门对 GE 利润总额的贡献越来越大，对工业研发的投入强度则越来越低，而作为“股东价值最大化”导向的一个必然结果，GE 在分红与回购方面的支出更是大手笔不断。如图 1 - 11 所示，在金融危机前夕的狂欢中，GE 的分红与回购支出甚至超过了公司总利润，在危机中稍有收敛后又于 2013 年故态复萌。在 GE 研发投入最艰难的金融危机期间，合同研发金额甚至占到了其研发总投入的 40%，而合同研发的主要甲方则是美国联邦政府的各个部门。作为万亿美国国债的持有者，中国看到这幅图的时候应该高兴还是应该难过？

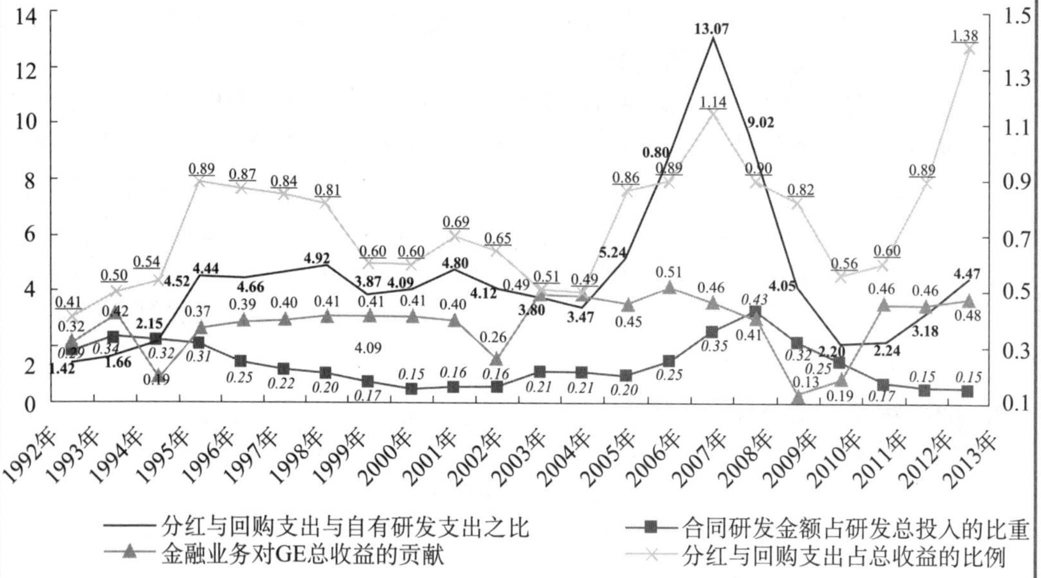

图 1 - 11 通用电气的二十年

覆巢之下，通用电气绝不是孤例，甚至不是美国老牌企业中最惨的。表 1 - 1 向我们展示了 2003—2012 年间美国在公开市场回购股票前十名企业的十年总利润、分红总支出和回购总支出。这个榜单中不乏中国消费者熟悉的品牌，其中包括多家近年来被热议“跌下神坛”的企业。而且，GE 还不是最热衷于分红与回购的企业，它在这两项上的支出尚小于其十年间的总利润，而这个榜单上有七家企业早就为了“股东价值最大化”过上了借债分红的日子，虽然其中个别企业为自己过高的产品定价进行辩护时总会把锅甩到“研发成本”的头上。

表 1-1　　2003—2012 年间美国股票回购前十名企业榜单　　单位：十亿美元

企业	净收益（A）	回购（B）	分红（C）	分红与回购支出与净收益之比（$B+C$）/A
艾克森美孚	347	207	80	0.83
微软	148	114	71	1.25
IBM	117	107	23	1.11
思科系统	64	75	2	1.20
宝洁	93	66	42	1.16
惠普	41	64	9	1.78
沃尔玛	134	62	35	0.72
英特尔	79	60	27	1.10
辉瑞	84	59	63	1.45
GE	165	45	87	0.80

当然，任何事情都有反例，“股东价值最大化”的制度导向可以令职业经理人屈服，但那些有道德领袖背景的企业领导者（如成功企业的创始人）未必乐意屈从于这根指挥棒。所以，贝索斯领导的亚马逊和乔布斯时代的苹果都是零分红、零回购的非典型企业。而在乔布斯逝世之后，库克就很快把苹果引向了大笔分红和回购的方向。表 1-2 是库克时代苹果公司的分红与回购支出。请注意，在乔布斯时代苹果公司的年报中，根本没有这张表。

表 1-2　　库克时代苹果公司的分红与回购支出　　单位：百万美元

年份	分红及分红等价物	加速股票回购支出	公开市场股票回购支出	股权处置收益所得税	总支出
2017	12 769	15 000	18 001	1 874	47 644
2016	12 150	12 000	17 000	1 570	42 720
2015	11 561	6 000	30 026	1 499	49 086
2014	11 126	21 000	24 000	1 158	57 284
2013	10 564	13 950	9 000	1 082	34 596
2012	2 488	—	—	56	2 544

我们在讨论创新型企业的财务承诺时，把滥用财务工具的“创新杀手”及其背后的“股东价值最大化”价值观作为讨论重点，介绍了美国企业近年来在这一问题上走过的弯路和遭遇的问题。这样做的目的是希望中国的企业家、创业者、投资家和政策制定者，能够吸取美国在这方面的历史教训。在今后很长一段时期内，无论是微观的公司治理机制还是宏观的资本市场政策，仍然要服从和服务于中国企业提升创新能力、转变发展方式这个总原则，仍然需要确保高强度的长期投资注入生产性环节和创新性活动。否则，在尚未奠定足够的能力基础之前，中国企业就在“学习国际先进经验”的过程中，滥用与现阶段发展需求不相适应的财务工具，其最终结果只能是对中国经济转型升级的干扰与破坏。

三、理解组织整合：确保包容协调

创新型企业中的组织整合，涉及组织结构设计与人力资源管理两方面的工作。其根本目的是要将跨职能、跨层级的生产性资源和人力资源引向相同的目标，让创新链条每一个环节上的参与者都能够心往一处想、劲往一处使。对组织整合的强调，反映了创新型企业理论对经济发展过程中各生产要素关系的理解。正如我们前面所说，正统经济学以一种非常机械的、割裂的方式来理解经济发展过程和企业生产过程中各生产要素的关系。但在经济真实中，资本、劳动、知识等各种生产要素必须紧密结合到一起，才能够创造价值。而一个企业内部不同职能、不同领域的劳动、知识同样需要紧密结合到一起，才能够创造价值。

这一节我们将进一步理解创新型企业的组织整合。下面的内容在讨论组织内部的整合之外，还要就跨边界整合的问题展开讨论。后者是在中国非常特殊的一种情况。

（一）企业内部的组织整合

在前面的案例中，我们提到了“鞍钢宪法”和济南二机床的“每一个岗位都重要”、大连光洋的“把每一个环节都做出特色”，这些做法都充分反映了组织整合的价值观。在具体践行这种价值观的过程中，存在三个发展阶段或认识层次。

第一个层次：平等对待每一名员工，将每名员工都视作生产过程中的资产，而非负债。

组织都是以目标为导向的、在分工合作的基础上构成的人的集合体。尤其是在现代企业的发展过程中，为了适应生产速度与竞争强度的要求，内部控制逐渐加强，管理层级逐渐增加，劳动分工不断深化。劳动分工的发展客观地决定了每个人的工作内容都有所差异，而如何处理不同工作岗位、工作内容和工作者之间的关系，就成为不同管理模式的重要区别所在。

在美国大工业中发展起来的泰勒制即科学管理方法，在操作过程中变成了一个高度机械化甚至扭曲人性的管理方式：一线操作工人被视为零部件和机器的附属物对待，工厂成了监狱，钟表和职能工长成了狱卒。因此，泰勒制在组织整合方面的表现尚处于史前阶段。诞生于日本汽车工业中的丰田制则是对泰勒制这一缺陷的纠偏。通过终身雇佣制和年功序列工资制等手段，丰田建立了一支稳定的一线工人队伍，车间中的成年男性技术工人获得长达四十年的职业生涯保障，这激励他们不断提高技能、知识和经验。这些经验恰恰构成了企业提高生产效率、保障产品质量最为重要的资产，而且是随着时间推移而不断增值的优质资产。

在中国的国有企业中，车间一线工人曾在很长一段时期内享有主人翁地位。但在 20 世纪 90 年代的国有企业困难时期，仍然有数以千万计的一线工人因“减员增效”的政策离开了原来的工作岗位。从短期来看，“减员”的确提高了国有企业既有产品线的生产效率；但从长期来看，一线员工作业经验的流失，必然影响国有企业的长期创新能力。进入 21 世纪以来，随着经济形势的好转，尤其是 2008 年《劳动合同法》的出台，一线产业工人的合法权益得到了进一步保障；而伴随着创新驱动发展战略的实施、对质量变革的日益强调，工匠精神更成为社会焦点议题，对一线工人权益的保护、经验的传承引发了日益广泛的关注。

现代企业发展到今天，经理人员、研发工程师、车间工人和各职能部门工作人员，不同层级、不同岗位、不同环节的工作经验，都对企业效率的改进、创新的成败起到至关重要的作用。从这个角度来看，企业的管理规章制度——无论是经理人员的退休年龄限制还是一线操作工人的合法权益保障——都应力求普惠、包容，从而最大限度地保留、传承、挖掘和利用这些经验。

第二个层次：注重发挥每一名员工的主观能动性，实现组织目标与个人目标相统一。

平等对待每一名员工是组织整合的起点和必要条件。而真正的目的则是提升组织的创新能力，这就需要激发每一名员工的潜能，发挥他们的主观能动性。在这一过程中，同时发展内部信任与管理制度是激活个体、实现组织目标与个人目标相统一的基本途径，即组织内部的信任——人与人之间的信任、上级与下级之间的信任、组织对个人之间的信任——是激活个体的必要条件，而相应的制度保障和管理创新则是发展内部信任、确保个人目标与组织目标一致性的重要前提。这意味着，组织整合不仅需要通过管理创新使广大员工变“（组织）要我做”为“我要（自己）做”，而且要将“我要（自己）做”升级为“我要（为组织）做”。正如我们前面提到济南二机床的案例，企业不仅奉行“每一个岗位都重要”，鼓励所有员工“多劳多得，做优多得，创新多得”，而且早在20世纪90年代，济二就已经开始逐步建立现代化的企业管理制度，在“四定”（定编、定岗、定员、定责）基础上建立工资分级制度与奖惩机制，在国内机床企业中较早实现了“管理科学”。

换句话说，在推动组织整合的过程中，纪律与信任缺一不可。对中国企业的管理现代化而言，这是一个非常重要的课题，即在建立现代企业制度的过程中，如何在实现“管理科学”、确保战略控制、维护组织战略整体性的同时，最大限度地培育工匠精神，以人为中心，保留和发展一线作业经验和管理经验。如何在集中力量、“朝着一个城头进攻”的战略原则指导下，最大限度地调动一线劳动者的积极性与创造性，这是在技术上处于劣势地位的中国企业应对产业升级和成本曲线更迭，实现创新驱动发展的过程中面对的主要问题。

创新者须知

与你的员工建立“盟约”

对任何岗位的任何从业者而言，积累经验并将之传授给接班人，首先需要的是来自组织的信任。但是，当今世界已不存在终身雇佣与一生不变的忠诚，对二者的强求只会逼迫劳资双方撒谎，反而损害信任。“盟约”则为信任在现实中找到了落脚之地。

雇主和管理人员应该与企业中的重要员工一起会商，设计个性化的、双赢的“盟约”。在目标确定和愿景清晰的情况下，商议固定但具有时间期限的共同承诺。双方在这段关系的目标、预期从对方那里获得的益处，以及规划明确的结束时间上预先达成了一致。在这一过程中，双方都应该扪心自问如何实现互惠发展。而且，一份“盟约”应当尽可能地为员工提供创业机会。这可能会涉及构建、发布新产品，商业流程再造，或是引入组织创新。

“盟约”作为一种为个人定制的就业计划，赋予有价值的员工明确且具有强制性的理由来结束该任期，并建立起清晰的时间框架来探讨这段关系的未来。

创新者案例

海底捞，你学不会

2010年，《海底捞你学不会》一书横空出世，狂印百万册。在此之前，该书作者黄铁鹰主笔的《海底捞的管理智慧》成为《哈佛商业评论》中文版进入中国八年来影响最大的案例。在黄铁鹰讨论的海底捞管理智慧中，第一个主题就是“把他们当人对待”。海底捞所处的餐饮服务业竞争激烈，人员流动率高，而服务员在中国社会地位低下，服务中稍有差池就会引起顾客的不满。为了鼓励服务员尽其所能“一桌一桌抓客人”，海底捞对一线员工进行了充分授权，所有普通服务员都有给客人免单的权力，也可以根据每一桌顾客的具体需要进行定制化服务。与此同时，海底捞的员工福利也是全行业最好的，用人成本是全行业最高的。海底捞在自己的大本营——四川简阳建了一所寄宿学校，海底捞员工的孩子可以在这里就读；海底捞为员工提供集体宿舍，还鼓励员工个人问题“内部消化”，为夫妻提供由公司补贴的夫妻房；海底捞还会为领班以上干部的父母发放月份补助，每年组织优秀员工的家长去海南旅游。但这并不是全部，为了防止员工“吃单”（即客人所结的账单中存在免单项或退菜项，服务员将这一部分菜金昧掉），海底捞还建立了一整套监察流程制度和内部举报制度（包括为举报人保密和奖励举报人的制度）。海底捞另一项不成文的规定更加可怕：当员工的错误达到一定级别时，公司会向家长“告状”……

第三个层次：引导跨职能、跨层级的团队作战，实现组织内部的协调运行。

我们一再强调，创新不等于研发，也不等于专利。在第三章我们还会进一步讨论创新的投资构成，在那里我们会发现非研发性的创新投资的种类和数量要远远多于研发性投资，这些非研发性的创新投资不仅涉及市场调研环节，而且涉及对普通员工的培训、对生产条件的改造，等等。这些非研发性投资类型的存在，提醒创新型企业要避免对研发的迷信，而必须对研发、生产、销售等各个环节进行统筹考虑。

统筹考虑的方式之一是避免研发环节在创新项目前期过分孤军深入。同步工程或并行工程就成为解决这一问题的选项之一。所谓同步工程，是对整个产品开发过程中各子系统同步开发，产品与工艺、工装的开发，产品与质量目标同步规划，使开发者从概念开始就考虑其他子系统的接口和需求，考虑后续工艺和工装的水平和能力，考虑质量目标的实现要求。作为一种管理理念，同步工程在不同企业有着不同的表现形式和组织方式。通常情况下，重量级产品开发团队是推进同步工程的一种重要手段。这种开发团队往往由一个资深的产品经理负责带领，产品经理为新产品的整体成功负总责；团队内部包括来自研发、市场、生产、质量、财务、测试甚至顾客等方面的代表。同步工程不仅可以帮助项目团队在项目确立之初就理清整个产品生命周期内的所有要素（包括质量、成本、进度和用户要求），而且极大地缩短了各职能部门之间的距离，节约了产品开发时间。得益于同步工程理念和重量级产品开发团队的应用，20世纪80年代的日本企业表现出强大的产品创新能力：在汽车工业中，日本企业设计一个新车型的周期为43个月，而美国和西欧企业的设计周期则长达62个月。

创新者案例

松下与宏发在电子工业中的同步工程：五设一体

厦门宏发是中国继电器工业的领军企业，也是世界前三大继电器生产商中唯一一个以继电器为主业的企业。日本松下电器是宏发在技术方面的“老师”，双方从2004年开始进行技术咨询合作，课题涵盖继电器研发、生产的各个环节，包括设计方法、品质改善、异物检测等多个方面，也将“免校正率”“五设一体”等重要概念引入了宏发。在此之前，整个宏发群体内部各条生产线的校正率普遍偏高，通常占产量的50%～70%，甚至“有些产品就没有免校的说法，百分之百人工校正”。所以，当松下提出以“五设一体”推进免校正的时候，就引起了宏发极大的兴趣。

“五设”包括市场设计（市场需求分析和产品定位设计）、产品设计（产品的功能与结构设计）、工艺设计（生产作业流程和操作设计）、模具设计（零部件及其生产模具的设计）、自动化设备设计（装配与检测线的设计）五个方面。“一体”是指一款产品从提出产品概念到最终推向市场的全过程中，上述五个方面必须充分考虑，以一体化的思想推进“五设”相互融合，避免“闭门造车”“老死不相往来”。松下方面告诉宏发，这种“五设一体”的思路是他们组织产品开发项目小组的基本原则，也是他们保障成品免校正率的关键。

但在具体操作过程中，宏发并没有照搬松下那种全流程专职项目小组的模式，而是结合自己在研发队伍规模、项目组织传统等方面的实际情况，开发改进出一种具有宏发特色的“五设一体”，即在项目进行过程中，各方面设计人员并非全时参与其中，他们仍隶属于自己的部门，并同时参与若干不同项目，但在产品结构设计、正样研制鉴定（DV）、模具发图、小批量试制、产线调试，直至投产后一到两年内的生产品质评价等几个关键控制点上，各部门设计人员和公司内部专家就会集中交换意见，对上一轮工作提出修改意见，出具评价报告，并设定下一轮工作的目标。经过几年的消化吸收和摸索试验，“五设一体”给宏发带来的最真实的改变就是“提速”：产品开发“提速”，免校正率和自动化也在“提速”。因为部门间业务并行程度更高，任务各环节衔接更紧凑，不再需要临时排期，虚拟产品的部门间交接、仿真检测也更便捷，宏发的产品开发项目平均周期从此前的两年缩短到一年半以内，缩短30%～40%。

今天，我们强调企业内部的组织整合，其实更多的是在强调一线操作工人在创新过程中的不可或缺，或者说车间的竞争优势对工业竞争力的决定性意义。对这一问题的理解，不仅是一个理论问题，也与社会文化和价值取向有关。“股东价值最大化”的价值观及其塑造的“挣快钱”文化，容易将人们的行为“引向”短期化，引向对权势和金钱的迷恋。正是出于对这种文化走势和价值取向的反应，越来越多的国家开始强调“工匠精神”在制造业发展中的重要性。这是一种有利于创新型企业发展的政策走向与文化趋势。而纪律与信任在激发个体潜能、培育工匠精神过程中的重要性提醒我们，在某种意义上，只有在创新型企业中才能培育出真正的工匠精神，而非相反。

（二）跨边界的组织整合

通常意义上所讲的组织整合都是企业组织内部的整合，也就是上面所说跨层级、跨职能地通过协作方式完成一项创新。在有关西方发达国家企业创新过程集体性的讨论中，很少涉及跨越组织边界的整合问题。这与西方国家社会化分工体系的成熟水平有关。

但是，中国企业的创新过程往往需要跨越组织边界，整合创新努力。换句话说，为了达成创新目标，中国企业往往需要在产业链上下游关系的治理与设计方面投入相当的精力。之所以出现这样的现象，与中国产业体系内的社会化分工发展水平有着直接关系。简而言之，中国的产业体系有两个基本特征：一是底子薄，即企业的创新能力普遍低下；二是碎片化，即上下游企业之间的相互联系不够密切，甚至缺乏互信。这两个特征同时决定了中国产业的社会化分工远远没有达到西方发达国家的水平。在这种情况下，中国的企业要想做好创新，绝不能只是对西方同行有样学样，而必须为产业链上下游很多其他的分外的工作进行投入，才能确保自己研发－生产－销售的链条不至于因为外部原因而中断。因此，很多中国的创新型企业要花费很大的精力去管理供应商，甚至会在供应商不给力的时候亲自上阵。图 1－12 所示企业就是这样的例子。在中国食品工业中，山东德州扒鸡有限公司是为数不多的实现了标准化生产的企业，从原料进厂到成品出厂的每一个环节，几乎都可以用数字化方式进行控制，这也为近年来德州扒鸡的产量扩张创造了条件。但是，德州扒鸡所需要的原料鸡是一种日常存栏量很小的笨鸡，农民自发养殖的规模已经很难跟上其扩张的速度。在这种情况下，为了保证产品质量、支持产品线扩张，企业只能亲自上阵，建立了 2 万亩生态散养基地，以“公司＋基地＋农户”的方式来保障自己的原料鸡供应。而在现实中类似这样的例子还有很多。

图 1－12　德州扒鸡自建散养基地的宣传画

创新者案例

中国领军企业跨边界整合产业链短板的组织、资产与智力投入

1. 大连光洋科技集团在从事数控机床业务之前，在自动化工控系统领域打拼多年。早在 20 世纪 90 年代，光洋设计生产的高端工控产品就打入了很多在华经营的外资企业。但是，高端工控系统离不开高质量的芯片，而国内芯片企业又无法提供光洋所需要的产品。在这种情况下，光洋只能从国外采购芯片。但又由于工控设备对芯片的需求量毕竟不大，所以光洋的采购又只能通过一些中间商。由于采购链条过长，外购芯片的质量就失去了保障，有时买进来的芯片上虽然打着国外品牌的商标，也要着国外品牌的价钱，但其内部结构却根本不是芯片，这也一度给光洋造芯成了很大的困扰。后来，光洋迫于无奈，只能买进一台 X 光机。每次采购进来的片都要经过这台 X 光机，先行确认芯片“有没有内容”，以免其流入下道工序造成更大的损失。

2. 常熟开关制造有限公司（以下简称常开）是国内低压电器行业的龙头企业。

在历史上，常开也曾经遭遇过外协厂和供应商“不给力”甚至“掉链子”的情况。后来，常开采用了一种非常特殊的方式来确保输入端的质量，那就是最大限度地把物料、设备等硬件投入纳入自己的控制体系。比如说，在开关企业需求量极大的轧制铜板环节，常开就与业内绝大多数企业所采用的成品直接采购办法不同，常开不仅负责铜材采购，而且常年承诺外协厂家，只要它们提出合理的设备采购和技改需要，一律出钱支持。常开的负责人很清楚，当“甩手掌柜”看似容易，但却不得不面对质量失控的风险：“2mm 厚的铜板它们（外协厂）最多是 1.5mm”；即便是同样的铜板，如果外协厂出于成本考虑而在应该涂银的地方涂了锡，开关的分断能力也全变了。正是在前馈控制上投入的巨大人力、财力和智力，使得常开有效避免了输入端的质量问题，其产品质量也自然处于全国同行前列。

第五节　理解创业

一、企业家精神：理解创业活动的本质

在英文中，“创业”和“企业家精神”是同一个单词，即 entrepreneurship。我们可以从以下三种不同的角度来理解这个词。

（1）职业性角度：将创业视为一种职业，此时，企业家精神更多地表现为那些创业者即自我雇佣者的一些个性特征，有时我们将这些特征称为“创业者特质”。

（2）结构性视角：更关注于“创业”或“企业家精神”的结果，即新创或中小企业，并将这些企业称为“企业家的企业”或“创业企业”。

（3）职能性视角：将企业家精神或创业视为某种职能、活动或者过程，此时，企业家职能可以通过个人或团队或任何企业类型中体现出来，而不必局限于自我雇佣和新创企业。

背景资料

关于营造企业家健康成长环境弘扬优秀企业家精神更好发挥企业家作用的意见

2017 年 9 月，中共中央国务院授权新华社全文播发了《关于营造企业家健康成长环境弘扬优秀企业家精神更好发挥企业家作用的意见》（以下简称《意见》）。《意见》指出，营造企业家健康成长环境，弘扬优秀企业家精神，更好发挥企业家作用，对深化供给侧结构性改革、激发市场活力、实现经济社会持续健康发展具有重要意义。其中特别强调，“注重示范带动、着力弘扬传承。树立和宣传企业家先进典型，弘扬优秀企业家精神，造就优秀企业家队伍，强化年轻一代企业家的培育，让优秀企业家精神代代传承”。与此同时，媒体也要“加强对优秀企业家先进事迹和突出贡献的宣传报道，展示优秀企业家精神，凝聚崇尚创新创业正能量，营造尊重企业家价值、鼓励企业家创新、发挥企业家作用的舆论氛围”。《意见》一经颁发，就在社会上引起了广泛的讨论。

思考：《意见》中所提到的企业家精神更倾向于上述哪种视角？

从上面的讨论不难看出，从职能、过程的角度来理解创业和企业家精神，可以涵盖多种多样的“创业”类型。那么这些不同种类的创业有哪些共同特点？到底什么是企业家精神和创业的本质？我们从对若干经典定义的讨论入手，尝试回答这一问题。

经典定义1：企业家精神是抢先抓住新机会的能力。

对企业家精神的上述定义来自奥地利学派的著名经济学家柯兹纳（I. Kirzner）。在他看来，企业家就是要通过对利润机会保持警惕性来“矫正”市场，把市场带回均衡状态，并在这一过程中获利。不难看出，“警惕性”对于“抢先抓住新机会”至关重要，正是这种警惕性使企业家发现了市场的不均衡状态，而把不均衡市场带回均衡，自然而然地创造了套利和投机机会。此时的企业家精神甚至可以与技术无关，更多的是一种市场嗅觉；而这里的“套利”和“投机”也不是通常意义上理解的贬义词，因为正是这些活动为消费者带来了福利。

经典定义2：企业家精神是面对稀缺资源配置问题所表现出来的判断力。

这一定义来自《帕尔格雷夫经济学大辞典》中“企业家精神”词条的作者卡森（M. Casson）。与柯兹纳对“警惕性”的强调有所区别，卡森更加看重企业家精神中的“判断力”。这种企业家判断正是履行企业家功能的核心，它是企业家做出稀缺资源配置决策的关键。决策的目的同样是开发市场机会，但这里的市场机会不仅包括不均衡市场中的套利机会，而且包括基于企业家判断、主动创造的市场机会，显然后者的冒险性更大。

经典定义3：企业家精神是一种创新行为，它为现有资源赋予新的创造财富的能力。

管理大师德鲁克（P. Drucker）对“企业家精神”的上述定义在“企业家精神”与“创新”之间建立了联系。这个定义虽然没有涉及“机会”，但却在很大程度上继承了熊彼特对创新和企业家的认识，即建立新的生产函数和生产要素的重新组合。

经典定义4：企业家精神是一种思考、推断和行为模式，是一种追求机会、整体权衡、具有领导能力的行为。

这是百森商学院杰出教授、有“创业教育之父”之称的蒂蒙斯（J. Timmons）对企业家精神的定义。不难看出，这个定义在某种程度上综合了柯兹纳和卡森的讨论，着重强调了企业家精神中的认知成分，即这里所说的“思考、推断和行为模式”。而“追求机会、整体权衡、具有领导能力的行为”必定充满了不确定性、机会成本和次优决策，这决定了“企业家精神”的认知模式不可能以“完全理性”和“利益最大化”为基础，而一定是一种有限理性行为，因为正是有限理性和不确定性使人们形成了像好奇心、想象力、冒险精神一样的品质。

创新者案例

理解有限理性：请给我一次跳楼的机会吧！

管理学中的“有限理性”概念与经济学中“经济人”假设的“完全理性”概念相对，意在指明人类行为中能力的边界。在高度不确定的环境条件下，我们很难根据个人偏好对各种决策方案给出正确排序，因为一方面我们不具备处理如此复杂的信息的智力水平，另一方面我们的经验会限制我们更多地采用熟悉的方式去处理有关信息。因此，每个人、每个组织的思维方式决定着他们解释世界的方式，这就决定了人与人之间、组织之间广泛存在的异质性。这种异质性意味着不同的人、不同的企业和不同的行业对机会的理解是完全不一样的。20 多年前李书福（吉利集团创始人）造车的故事就充分说明了这一点。

在进入汽车行业之前，李书福的创业史是从做装潢材料开始的，后来进入摩托车工业。在这两个领域中，李书福的企业都走在行业的前列，而在摩托车阶段更是成为国内踏板式摩托车的主导厂商（1996 年吉利摩托车产销量突破 20 万辆）。1994 年当吉利摩托车还如火如荼之时，李书福就萌生了进入汽车工业的念头。当他向当地计经委领导表达这个念头时，立刻受到警告：这可是国家政策不允许的，而且不是好干的。但李书福是个不信邪的人。据说李书福为了鼓舞部下树立起从摩托车转向汽车的信心，曾经说过一句话：造汽车有什么难的，不就是给摩托车再加两个轮子吗?!

李书福以民营企业的身份造汽车被认为是不可能的，他曾经带人到对汽车项目拥有生杀予夺权力的国家各部门游说。态度坏者，几句话把来访者打发掉；态度好者，则给予谆谆教导：汽车是资本密集型、技术密集型的工业，你们民营企业干不了，还是好好干摩托车吧。但李书福不屈不挠，使用包括高层公关、媒体放炮的各种手段继续游说，最后因为表现太执着而得了个诨名“李疯子”。据说，当国家某部委的官员告诉李书福，民营企业干汽车无异于自杀时，李书福“诚恳地”答曰：那就请给我一次跳楼的机会吧！

资料来源：路风，封凯栋．发展我国自主知识产权汽车工业的政策选择［M］．北京：北京大学出版社，2005．

经典定义 5：企业家精神就是将机会转变为新产品/服务的发现—评估—开发的全过程。

这个定义来自两位国外学者的研究。“发现—评估—开发的全过程”意味着企业家精神绝不止于单纯的认知，而要付诸行动，即前面所说的职能、过程。正如前面曾经提到的，创新从本质上讲是一种经济活动；同样，企业家精神和创业的本质也是一种经济现象。那么这种经济现象的本质特征何在？不难发现，上述定义已经涵盖了前面几个经典定义中反复出现的两个关键词，“机会”和“创新”。因此，综合以上定义，我们将企业家精神定义为**通过创新实现机会的经济价值的职能过程。**

当我们从职能的角度定义企业家精神时，意味着企业家精神可以在某一个人的脑子里，即特定个体的有限理性；也可以在某一个组织的思维方式中，即特定组织的有限理性。而当它表现为特定组织的思维方式时，就与前面提到的“战略性思维”和“敢想”有着密切联系。这意味着一个人或一个组织在认知或心智方面的某些典型特征，决定了其对机会和创新的理解。是凭借企业家的市场嗅觉去抓住新机会，还是凭借企业家判断力去创造新的市场机会，这反映了对“机会”完全不同的两种理解。前者将机会视为一种与人的主观意志无关的、被动的、实际的客观存在，此时企业家能不能“抓住机会”就变成了创业活动的关键，创业就变成了考察“警惕性”水平（“发现”机会）和“创新”能力（“抓住”机会）的过程。相反，后者更多地受到想象力的影响：个人或企业有没有可能突破惯性思维的限制（“敢想”），通过创新手段开发机会，此时的机会不再是一种客观存在，而有赖于创业者的想象力和信念，或者说，此时的机会取决于创业者的认识论和价值观。市场营销领域中非常著名的“荒岛卖鞋”案例就反映了上述两种对“机会”的不同认识。

创新者案例

荒岛卖鞋

有一个卖鞋的老板派两名业务员 A 和 B 去一个依靠旅游为生的荒岛国家推销鞋。两个卖鞋业务员来到这个原始部落居住的荒岛上，发现岛上居民全都光脚，没有穿鞋。原来这里的人不仅现在不穿鞋，而且祖祖辈辈都不穿鞋，从来就没有穿鞋的历史和文化。

业务员 A 很沮丧，认为那里的市场不需要鞋，那个岛上根本就没有鞋的市场。转了几天以后，哭丧着脸回来说：“老板，那个国家的业务没法谈！因为他们所有的人都不穿鞋！我们卖给谁啊！”老板一听也郁闷坏了。

而业务员 B 异常兴奋，因为那里的人居然到现在还没有穿鞋！是一个空白的市场，他觉得岛上有着巨大的市场，那里的市场没有人去满足，于是对赤脚人开展教育，告诉他们穿鞋的意义，最终给每个人都穿上了鞋。这个业务员兴冲冲地跑回来说：“老板！这次我们要发大财了！那个岛上所有的人都没有鞋穿！这么大一块市场得卖出多少双鞋啊！”

后来老板给 A、B 各 100 双鞋，让他们重新回到小岛上开拓市场。三个月后，A 垂头丧气地回来，还给老板 95 双鞋，告诉老板他曾经让部落的酋长试穿过，酋长反映穿鞋很舒服，但是因为他们祖辈已经习惯光脚了，所以还是没有采购，看在 A 很辛苦的份上，自己买了 5 双。一周后，B 回来，给了老板一份订单，三万双鞋。老板在高兴之余，也很纳闷，就问 B 是如何说服小岛的居民，卖出这么多的鞋？

如果你是业务员 B，你会如何实现这样的销售业绩？

无论是寻找客观存在机会的企业家精神，还是通过主观努力创造机会的企业家精神，创业的过程——通过创新实现机会的经济价值的过程——都对创业者的心智提出了很高的挑战。这种挑战很多时候不是智力层次的，而是来自对意图、信念和激情的坚守。尤其是随着大众创业、万众创新成为一种常态，在有关创业的“神秘化”和“高大上”的认识逐渐祛魅的同时。有关创业的玫瑰色幻想也逐渐褪去。我们见到了越来越多的创业者的艰辛、隐忍和压抑。几乎所有的创业者都经历了电影《中国合伙人》中成东青（原型为新东方教育集团创始人兼董事长俞敏洪）的那种起伏、取舍和痛苦，但取得那样成功的创业者却寥寥无几。而很多失败的创业者走上了连续创业的道路。这也恰恰证明了企业家精神背后那些认知性因素的重要性，其中包括信念、勇气、决心和抱负。

二、在位企业的企业家精神：创业导向

当我们从职能和过程的角度来理解企业家精神时，“企业家精神”就不再是新创或小

微企业的专利，那些已建立企业尤其是在行业中已经颇具影响力的在位企业同样可以成为具有企业家精神的经济活动主体。显然，企业家精神的职能赋予企业更强的机会意识、市场意识、创新意识和风险承担意识，并因此成为企业成长、创新、获得竞争优势的先决条件。对于这种在位企业身上表现出来的企业家精神，我们称之为**创业导向**。西方学界习惯于将其定义为**企业在创新、采取超前行动和承担风险方面的认知倾向和战略导向，在实践环节尤其表现为企业进入新业务的决策活动**。在进一步说明创业导向的具体内涵之前，我们首先需要说明的是那些具有企业家精神的在位企业——创新研究领域称为创新型企业，创业研究领域称为创业型企业——在经济发展过程中的作用。

（一）敢于突破的大企业是产业发展动力之源

敢于突破的大企业，即那些采取创业导向的在位企业是产业发展的动力之源，相比之下，“成功的新创企业几乎总是开始于在大公司（或大学）的研发组织中成熟的想法。如果一个地区没有处于技术前沿的大企业及其研发组织，那么也就很难诞生新创企业或衍生企业。”作出这一结论的正是从创业型企业中出走后成功创业，并为过去 40 年集成电路工业的发展指明方向的摩尔（G. Moore），英特尔公司创始人之一，摩尔定律[①]的提出者。摩尔亲身参与了美国集成电路工业的创立与发展，上述总结恰恰反映了他对行业历史的深刻理解。

创新者案例

美国集成电路工业的发轫：创业型大企业的作用

1947 年，半导体晶体管在美国 AT&T（美国电话电报公司，始创于 1877 年的老牌通信运营商）公司诞生。发明晶体管的贝尔实验室是美国工业史上最具传奇色彩的研究机构，自 1925 年成立以来，贝尔实验室先后获得超过两万件发明专利，其研究人员先后获得八项诺贝尔奖。在发明晶体管之前，贝尔实验室已经为美国工业贡献了远距离电视传输、有声电影、数字计算机等重大创新。发明晶体管的初衷是为了缩小通信交换机的体积，但这样一来，AT&T 的技术优势就从通信运营环节跨入到了通信设备制造。这种潜在的垄断趋势引起了美国政府的反对，因此，美国政府向 AT&T 发起了反托拉斯诉讼，迫于压力，AT&T 在 1949 年决定放弃发展晶体管业务。但技术不能白白研发，于是，贝尔实验室做出了一个改变世界电子工业进程的决定：以研讨会的形式向全行业揭示晶体管技术。其中，1952 年 4 月举行的第三次研讨会，也是最后一次研讨会，吸引了美国国内外 40 家机构的参与。这次为期八天的会议以每人 25 000 美元入场券的价格，向所有参会者发放了 792 页的全套技术资料。这些参会机构中既有通信行业的爱立信，也有 GE、IBM、NCR、西门子、菲利普、德律风根等电子行业的巨擘。其中还有一家名叫德州仪器（TI，现美国苹果公司的主要芯片供应商）的“小不点儿”，但正是这个“小不点儿”在 1954 年生产出第一个成功的晶体管。

---

① 当价格不变时，集成电路上可容纳的元器件的数目，每隔 18～24 个月便会增加一倍，性能也将提升一倍。换言之，每一美元所能买到的电脑性能，将每隔 18～24 个月翻一倍以上。这一定律揭示了信息技术进步的速度。

> 1954年，晶体管的发明人之一肖克利（斯坦福大学毕业生，因发明晶体管于1956年荣获诺贝尔物理学奖）离开贝尔实验室，从事晶体管的商业开发。1955年，肖克利在帕洛阿图组建肖克利晶体管公司（硅谷）。由于在晶体管研究领域的崇高声望，肖克利晶体管公司吸引了一大批青年才俊的加入。但是，肖克利的天才性格也使他和这些年轻人之间出现了隔阂。最终，在诺伊斯（R. Noyce）的带领下，八名年轻研究人员从肖克利公司出走，成立仙童（Fairchild）半导体公司，肖克利将他们称为“八叛将”（The Traitorous Eight）。得益于IBM等公司的订单，仙童的规模很快超过了肖克利公司。1963年，仙童的销售额达到13亿美元。1968年，八位创始人全部离开仙童，其中诺伊斯与摩尔同后来加入的格鲁夫（A. Groove）创建了英特尔。1971年，英特尔发明了微处理器，将集成电路工业带入了一个新时代。整个20世纪60年代，硅谷诞生了31家半导体公司，它们大多都与仙童公司一脉相承，除英特尔外，AMD、美国国家半导体、LSI Logic、Intersil和Altera等众多硅谷巨头也都是“八叛将”开枝散叶的结果。

上面的例子足以揭示在位企业的创业导向对行业发展的重要作用。具体而言：

1. 大企业始终是行业创新最重要的资源投入者与知识储备者

创新型企业的L形成本曲线及其更迭，向我们充分展示了产业升级过程对资源投入和知识储备的需求，这意味着产业升级所需要的知识创造往往只能来自大企业的投资活动。在上面的例子中，从AT&T到肖克利半导体公司直至仙童的经历都证明了这一点。

2. 大企业向相关产业的多元化扩张与创新是新产业衍生的重要动力

创建一个新产业，不仅需要经历L形曲线漫长的高成本阶段，而且需要大量的上下游合作互动，才能够开发出充足的专用技术知识，从而使新的分工与产业在经济体系中获得独立地位。历史上类似的案例有很多，机床工业的专业化分工是其中的典型。美国最早的机械厂就是棉纺厂的机修车间，负责纺织机械的维修和生产，后来，它们以此为基础，向引擎、风机、磨床等领域扩张，并最终成为通用机床厂。20世纪50年代之后，机床的数控化进程同样与大企业的扩张有关：把数控技术做成一个产业的日本Fanuc就是从富士通（Fujitsu）的数控事业部起家（直到1972年才从富士通独立出来），其最早的产品原型是富士通与牧野（Makino）合作开发的数控铣床（1958年），而数控铣床的正式商业化则是在1959年由富士通和日立精机合作完成的。

3. 大企业为创业者功成身退创造了条件：收购

对创业企业而言，被大企业“收购”往往是一个比“上市”更加现实的选项。如果没有大企业的收购能力作为兜底机制，世界上的大多数创业项目最终都会不了了之。而这种兜底机制的存在，也极大地激励了新企业的进入和连续创业的热情。众所周知，美国在20世纪八九十年代出现了一轮生物医药创业的狂潮，那一批生物医药企业中只有极少数的两三家企业最终成功上市，剩余的绝大多数企业都被大型的化学药生产公司清盘收购了。

4. 与小企业相比，大企业更有可能进行基础研究投资

贝尔实验室就是非常典型的例子。之所以出现这样的现象，是因为新创企业更多地是

利用现成知识与技术，“重新组合生产要素”，它们的资金和时间更多地用于打磨产品、优化设计。而真正从基础研究开始，进行底层投入，是一个漫长的过程，是小企业无力承担的。

（二）创业导向与公司创业：内涵与形式

前面给出了“创业导向”的定义：在位企业在创新、采取超前行动和承担风险方面的认知倾向和战略导向，在实践环节表现为企业进入新业务的决策活动。这种创业导向尤其表现为**创新性、先动性、冒险性、自主性和激进性**五个维度，其中前三个维度的共识很高。

创新性：企业致力于推出新产品、新服务，这对应于德鲁克对于企业家精神的定义。

先动性：企业努力寻求先于对手的商业机会，这与柯兹纳对企业家“警惕性”的强调在本质上相通。

冒险性：企业愿意接受合理的失败和不确定的结果，但即便如此仍然愿意承诺资源与投入，这与我们在创新型企业社会条件的讨论中对“战略控制”“敢想”的强调有关，也与“财务承诺”和“有耐心的资本”有关。

创业导向的确立，相关决策的作出，最终要表现为更加具体的战略行为。这种战略行为称为“公司创业”，即与已建企业相关的个体或者由个体组成的团队在企业内部创建新企业（或经营实体），实施战略更新和创新的过程，并因此一度被称为“内部创业”。但随着实践发展，“内部创业”不再是公司创业的唯一形态。图 1－13 就从战略、团队和个体三个层次，向我们展示了多达 18 种的公司创业形式。其中，在战略层次上发起的公司创业存在内部导向和外部导向两个基本发展方向。外部导向的公司创业包括收购、合资、建立创业伙伴关系、独立分拆（企业内部的原有业务部门独立、与母公司脱离关系）、改行（重新界定业务范围）等方式，内部导向的公司创业则包括组织转型、组织重生和确立新的战略发展方向。而驱动这些不同类型公司创业的根本动力则是新产品开发、内部业务部门孵化和持续组织更新（三角形内部的选项）。

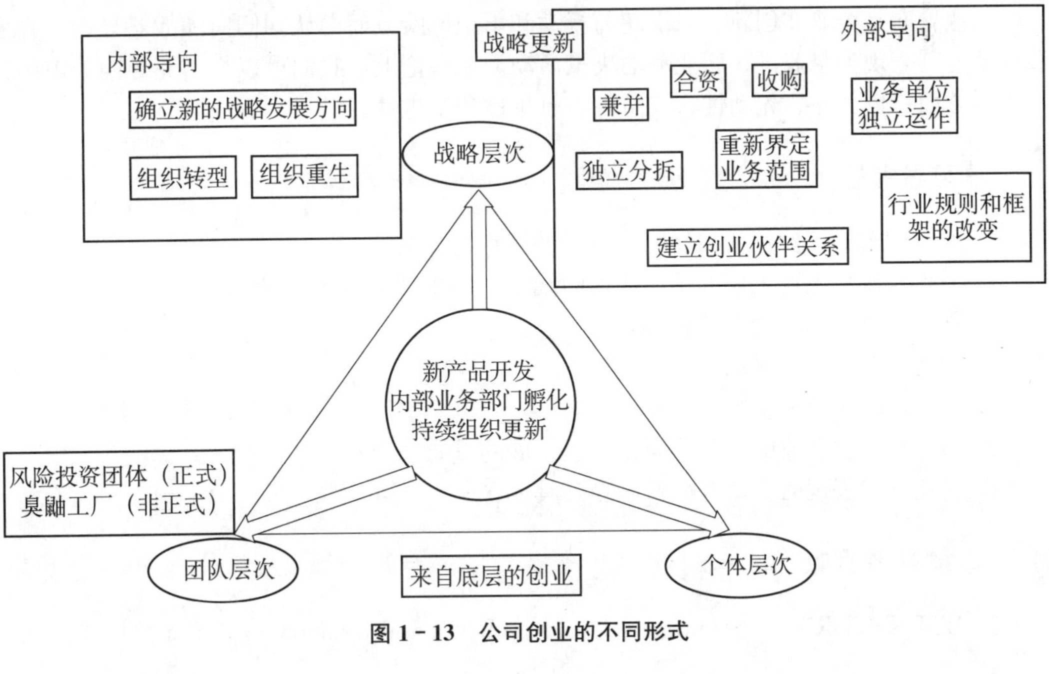

图 1－13　公司创业的不同形式

本章小结

创新是通过重新组合各方面知识与技术，以服务于特定市场需求的经济活动。这也决定了创新是一种企业行为，因为只有企业能够同时开展“重新组合”和“面向市场”两项活动。

现代工业的平均成本曲线为L形曲线，它反映了现代工业高资本密集度和高技术密集度的特征。

区别于正统经济学中的最优企业，为了改变技术和市场条件，创新型企业需要进行持续投资才能取得创新的最终成功。这意味着创新型企业的社会条件包括三方面：战略控制、财务承诺和组织整合。

战略性思维的核心问题与本质就是寻求和定义组织独特性，跳出领先者界定的窠臼。尤其是对发展中国家的企业来说，这集中表现为跳出对西方领先企业的迷信和盲从，即“敢想”。

形成革命性思维的四个步骤：识别出那些牢不可破的理念；搜索间断点，寻找突破口；明确自身的核心能力；推动形成革命性的创意。

时间压缩不经济性：先行者在一段较长的时间内完成相应的人力、财力资源投入，并达到相应的效果；追赶者在一个较短的时间内完成同等资源投入，其效果通常不如前者。

对以下三类财务工具的滥用抑制了企业的创新活动，它们是：折现现金流、沉没成本和固定成本分析以及每股收益率。大规模的分红和公开市场回购会伤害企业的创新投资能力。

创新型企业中的组织整合，涉及组织结构设计与人力资源管理两方面的工作。其根本目的是要将跨职能、跨层级的生产性资源和人力资源引向相同的目标，让创新链条每一个环节上的参与者都能够心往一处想、劲往一处使。

创业导向是企业在创新、采取超前行动和承担风险方面的认知倾向和战略导向，在实践环节尤其表现为企业进入新业务的决策活动。在理论上，我们可以将创业导向分解为以下五个方面：创新性、先动性、冒险性、自主性和激进性。

复习思考题

1. 如何理解创新？创新与发明、研发的区别是什么？
2. 为什么现代工业企业的平均成本曲线是L形曲线而非U形曲线？
3. 创新型企业的社会条件有哪些？
4. 如何理解战略性思维？
5. 如何理解企业家精神？
6. 为什么在位企业的创业导向是产业发展的重要动力？
7. 创业导向表现为哪些方面？阐释其具体含义。

本章参考文献

1. BUENSTORF G. Schumpeterian incumbents and industry evolution [J]. Journal

of evolutionary economics, 2015, 26 (4): 1 - 14.

2. CHRISTENSEN C M , KAUFMAN S P , SHIH W C . Innovation killers: how financial tools destroy your capacity to do new things. [J]. Harvard business review, Jan. 2008: 1 - 8.

3. JAN FAGERBERG, MARTIN B, ANDERSEN E. Innovation studies: evolution and future challenges [C]. Oxford: Oxford University Press, 2013.

4. HAMEL G, PRAHALAD C K. Strategic intent [J]. Harvard business review, May-June. 1989: 63 - 76.

5. LAZONICK W. The Chandlerian corporation and the theory of innovative enterprise [J]. Industrial and corporate change, 2010, 19 (2): 317 - 349.

6. KIM L, NELSON R. Technology, learning and innovation [C]. Cambridge: Cambridge University Press, 2000.

7. NORDHAUS W D. Two centuries of productivity growth in computing [J]. Journal of economic history, 2007, 67 (1): 128 - 159.

8. SAMBROOK S, ROBERTS C. Corporate entrepreneurship and organizational learning: a review of the literature and the development of a conceptual framework [J]. Strategic change, 2005, 14 (3): 141 - 155.

9. VENKATARAMAN S, SARAS D. SARASVATHY. Strategy and entrepreneurship: outlines of an untold story//MICHAEL A. HITT M A, FREEMAN R E, HARRISON J S . The blackwell handbook of strategic management [C]. Blackwell, 2006: 655 - 673.

10. 路风 . 产业升级与中国经济发展的政策选择 [J]. 文化纵横，2016 (4): 80 - 91.

11. 路风，封凯栋 . 发展我国自主知识产权汽车工业的政策选择 [M]. 北京：北京大学出版社，2005.

第二章
创新过程与能力：企业的创新活动

本章要点提示

- 链环回路模型
- 层次递归模型
- 隐性知识
- SECI 模型
- 吸收能力
- 互补资产
- 设计思维

引例

魏建仓是一名高技术创业者，他的公司的主营业务是水下机器人。创业之初，魏建仓和他的小伙伴们只是想建一个水下运动平台，但当他们把平台产品放到用户眼前时，用户很难想象这个东西能干什么。在饱经市场打击之后，这群创业者对自己的产品有了越来越清晰的想法：他们决定把海上养殖业作为主攻方向，通过水下运动平台来采集水温、含氧量等各种信息，也可以实时传输网箱安全状况。在不断改进产品型号的过程中，魏建仓经常带着自己的产品到水产养殖户那里试验、宣传。经过两年的艰苦努力，他们研发的“河豚”小型水下机器人已经在浙江、福建的大型水上养殖场使用。而下一步，魏建仓打算立足于做水下机器人的经验，开发水下滑翔机——一种能够在国防领域大显身手的高端产品。

在现实中，我们经常会听到“科技创新”的说法。但正如上一章所讲的那样，创新在本质上是一种经济活动，而只要是经济活动，就一定会有供给和需求。那么，在创新过程中，供给和需求是如何相互连接、相互作用的？又是否存在那种在没有现实需求的情况下起步、从科学发现一步步演变成经济产出的“创新”？对同一个创新者来说，他们从一个创新到下一个创新的接连努力，难道都是从头再来的吗？上面的例子对我们理解这些问题有一定的启发意义。这一章我们将系统地讨论企业创新的过程与能力。

第一节 创新过程：从线性视角到非线性视角

如前所述，创新是一个充满不确定性的累积过程。那么，这个过程的全貌到底如何？其实，在人们最早意识到创新这种现象时，曾经尝试用一种线性的思维方式去理解它。而随着创新实践的发展以及对创新理解的深入，对线性思维方式的反思和批判不断出现，对创新过程的理解出现了若干种非线性形式。这一节我们将有关创新过程的理论认识分为线性视角和非线性视角，分别予以阐述。

一、线性视角

简而言之，线性视角认为创新是沿固定方向展开的过程，是由前一环节向后一环节不断推进的过程。根据起始环节的不同，线性视角可以分为两个基本类型，即技术推动模型（管道模型）和需求拉动模型。

（一）技术推动模型

技术推动模型又叫管道模型。所谓“管道”，是从基础研究开始的研发过程，直至生产制造和市场销售，视为一个按顺序展开的过程，基础研究产生的知识会在创新的管道中变成滚滚财源（如图 2-1 所示）。在这一过程中，研发是创新的主要来源：只要做好基础研究，就能够有好的应用研究，在此基础上进行好的产品开发设计和生产，这样推向市场的就会是一个爆款产品。用户因此成为创新成果的被动接受者。

图 2-1 技术推动模型（管道模型）

显然，这个模型有两个隐含的假定：(1) 生产阶段所需的所有技术投入都能够在事前准备妥当；(2) 科研成果一定能够应用于技术开发和商品生产。但这些假设显然不成立。因为：(1) 创新充满不确定性，创新者永远无法预知完成特定生产任务的过程中会遇到什么问题，也就不可能“事前准备妥当”；(2) 创新的实现已经不可能依靠单纯的某一种科学或技术，而必定采取某种综合或集成的形态；(3) 作为一种经济现象，创新一定存在成本-收益、投入-产出等方面的考量，以上两点决定了即便某项技术应用于商品，也必须考虑成本因素及其他技术的影响，而绝不可能始终保持实验室状态，这意味着自产品开发到市场营销的后端环节有可能对基础研究和应用研究产生反作用。

总之，创新的一些本质特征决定了创新绝不是基础研究成果在“管道”中顺流而下、自然导致的产出。无论技术进步发展到什么水平，无论云计算、大数据能够在多大程度上帮助我们降低和控制不确定性，我们都无法彻底消除不确定性（有关不确定性的讨论我们将在第三章展开），也就不可能依靠数据技术的进步、以可计划的方式来推进创新。因为我们永远不可能事先想到将来所出现的所有情况。相反，我们发现中国很多创新都不是政府规划出来的，也不是科学进步的自然结果。真正的创新一定需要激发全社会的企业家精神，在承认市场天生不确定性的前提下在动态过程中主动创造。

（二）需求拉动模型

另一种线性模型是从需求端开始的推进过程，我们将其称为需求拉动模型。这个模型认为自发的市场需求为研究开发提供了机会和思路，并经由产品的生产制造，最终通过营销到达用户（如图 2－2 所示）。这一模型认为创新是自发市场需求牵引的结果。

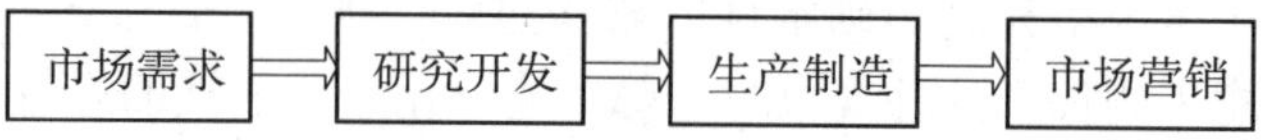

图 2－2　需求拉动模型

那么创新真的是市场需求自发牵引的结果吗？其实熊彼特在《经济发展理论》中已经就这一问题给出了答案：

> **大师观点**
>
> 如果我当年去问顾客他们想要什么，他们肯定会告诉我"一匹更快的马"。
>
> ——亨利·福特
>
> （福特汽车创始人）

"我们必须总是从需求的满足出发，因为需求是所有生产的终点……不过，经济系统中的创新通常不以下面这种方式发生。即：首先，消费者的新需求自发地产生，然后生产工具由于自发需求的压力而转动起来……通常是生产者发起经济的变化，消费者只是在必要的时候受到生产者的启发。"

为什么会出现熊彼特说的这种现象？老福特又为什么会有相近的观点？其实这同管理学中所说的"有限理性"密切相关。在"创新"问题上，"有限理性"集中表现为：无论是创新的生产者（企业），还是创新的消费者，他们对创新的全部想象都一定深刻地局限于自己的所知所见，企业不会创造出一个与自己的经验完全无关的新产品，消费者也很难想象某种自己从来没有用过，也从来没有见过的新事物。但相比之下，消费者的有限理性比企业的有限理性受到的约束更多，尤其是在较为成熟的日用消费品行业中，消费者的有限理性往往囿于他个人的一个角落，而不同消费者的有限理性往往高度特定且高度分散。相比之下，创新型企业的有限理性则有可能是在通盘考虑行业发展趋势（尤其是技术）和大量用户需求的前提下形成的，在此背后是大量信息的汇聚交织。这种信息优势往往使生产者在创新过程中占据着更加主动的位置，正因如此，熊彼特才会说"消费者……受到生产者的启发"。

创新者须知

何谓"有限理性"？

"有限理性"的概念最早由美国学者西蒙提出，这个概念与经济学中的"完全理性"针锋相对，意在指明人类行为中能力的边界。所谓有限理性，简而言之就是在高度不确定的环境条件下，我们很难根据个人偏好对各种决策方案给出正确排序，因为一方面我们不具备处理如此复杂的信息的智力水平，另一方面我们的经验会限制我们更多地采用熟悉的方式去处理有关信息。因此，每个人、每个组织的思维方式决定着他们解释世界的方式。

当然，熊彼特也没有完全否定消费者在创新中的作用，甚至没有将“生产者主导的创新”视为唯一的情形。如上所述，在成熟的消费品工业中，消费者引导创新的力量非常薄弱，但在工业品领域，以及很多产业的发展早期，特定的用户群体会对创新的未来方向提出重要的反馈意见，甚至直接参与到创新过程中去。我们将在本章第四节讨论这种用户创新的情形。

二、非线性视角

对创新过程的线性理解在 20 世纪六七十年代之后逐渐退出了创新研究的主流，取而代之的是一些非线性观点。我们在这里着重讨论四种非线性创新过程理论，它们分别是：链环回路模型、用户-生产者互动模型、层次递归模型和往复实践模型。

(一) 链环回路模型

链环回路模型是有关创新过程的诸多理论模型中最为著名的一个。这一模型由克莱因（S. Kline）和罗森伯格（N. Rosenberg）于 1986 年率先提出。他们强烈批判了创新就是从研发到销售的简单线性观点，指出“成功的创新需要平衡新产品的要求和制造工艺过程、市场需求，并能确保创新企业有条件维持这一系列活动”，这决定了“技术复杂性并不是在市场中天生就有意义”，相反，市场力量和制度因素的调节作用不容小觑，并在创新过程中集中表现为一系列信息反馈。两位作者提出的链环回路模型如图 2-3 所示。

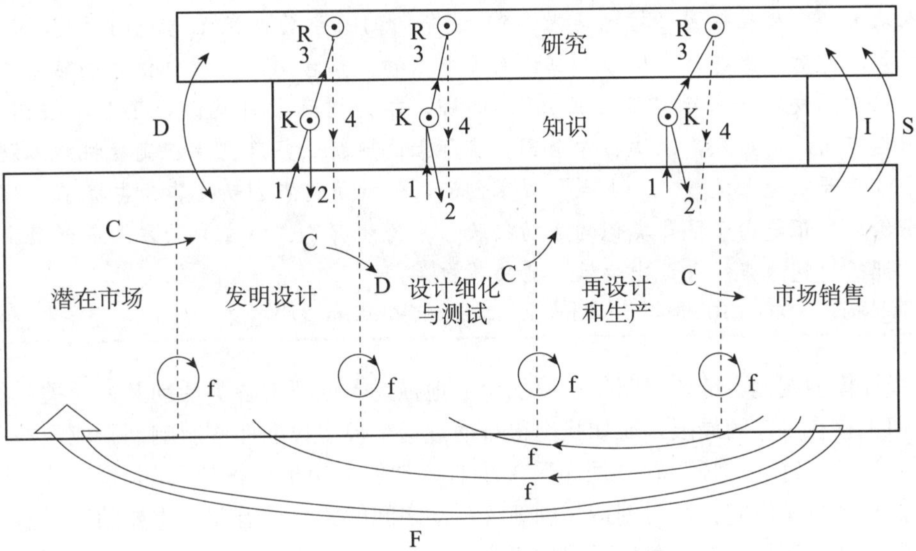

图 2-3 链环回路模型

在这个图中，有一条沿着各环节顺序递进的创新中心链（用 C 表示），这是创新过程的主链条，包括创新过程的五大基本要素：潜在市场、发明设计、设计细化与测试、再设计和生产、市场销售，形成了由市场潜在需求挖掘到市场销售的创新活动主链条。其中心任务是创新设计。与此同时，图中还有一组反馈回路（F-f）：这些反馈回路既存在于相邻上下游环节之间，也可以是销售端对前序环节提出新的要求（在图中均以 f 表示），其中，两位作者认为销售端有可能对消费者的重要意见进行反馈，从而导致新的产品概念的诞生，即挖掘潜在市场，这是一条重要反馈（图中 F）。显然，“链”和“回路”上的活动主体只能是生产者（创新企业），这对应了前述创新绝不是“市场需求自发牵引的结果”。此外，这个图中还有几条很有特色的链接将主链条同研究活动相联系，反映了有别于前述线性模型的认识：

（1）路径 K—R。主链条推进过程中，先到现有知识库中去搜索现成的“家底”（1→K→2），若现有知识库不能解决问题则进行研究，然后返回主链条（1→K→3→R→4），总之，科学研究一定是以创新主链条上一个或多个环节的特定需求为导向的，而且只有当企业中的已有经验或是企业可以获得的外部知识都不足以满足这些特定需求时，才需要开展导向明确的研究工作。

（2）路径 D。基础科学发现导致创新，但这条路径存在情境非常少，一旦发生通常标志着重塑产业的重大技术突破。

（3）路径 I。从创新过程向科学的反馈，由创新过程推动科学研究的发展，这意味着从产业实际需求出发的基础科学进步。这种现象还有一个很特殊的名称，叫做“巴斯德象限”研究。我们将在下一节对这种情形再做深入讨论。

创新者案例

华为 201 卡：重要反馈的产物

201 校园卡的推出得益于华为同天津市电信局的相互启发。1997 年，天津电信的人认为“学生在校园里打电话很困难”。华为的业务员也在无意之间听到了这样的呼声，并对此立即作出反应，征询天津电信的业务意向，天津电信才猛然意识到在不经意间发现了一个“业务孤岛”。随即，华为用两个月就做出了 201 校园卡，推出后市场反应热烈，很快推向全国。实际上这项新业务只需要在交换机原本就有的 200 卡号功能上进行“一点点”技术创新，但就是这点创新使华为占据了 40%的市场份额。正是由于很多类似的成功经验，华为才有了“以客户为本”的经营文化和“让听得见炮声的人做出决策”的决策机制。

资料来源：程东升，刘丽丽．华为真相．北京：当代中国出版社，2003.

与线性模型相比，链环回路模型更加全面地描述了创新中各类活动及彼此关系的动态作用，但也存在一定的局限，比如我们很难通过这个模型找准那些影响创新成败的关键环节，一系列的“链”、“环”和“回路”多少有些“眉毛胡子一把抓”。但是，链环回路模型对我们理清科学研究、发明创造、创新等活动之间的关系有着非常重要的启示意义，而准确把握这些紧密相关但又截然不同的概念，对我们理解今天中国的“大众创业、万众创新”和“科技创新”热潮也不无益处。

（二）用户-生产者互动模型

著名创新经济学家伦德瓦尔（B-A. Lundvall）在其 40 余年的研究生涯中一直将“用户-生产者互动”视为创新过程的关键环节，而那些有利于“用户-生产者互动”的基本条件又从根本上构成了对传统经济学的挑战。

在传统经济学的供需模型中（如图 2－4 所示），供给和需求会在一定市场条件下不断变化，直到达到市场均衡点或市场出清价格 E_1。当企业推出某种创新，由于企业理性比消费者理性更优化，企业供给曲线首先会发生移动，其中，由于创新需要持续不断的投资，所以创新过程的结果往往是产品或服务成本上升、价格升高。此时供给曲线向左上方移动，即由 S_1 转换到 S_2。在企业推出创新产品或服务之后，大部分消费者也愿意为获得创新体验支付更高的价格，所以需求曲线向右上方移动，即由 D_1 移动到 D_2，由此产生了新的均衡点 E_2。

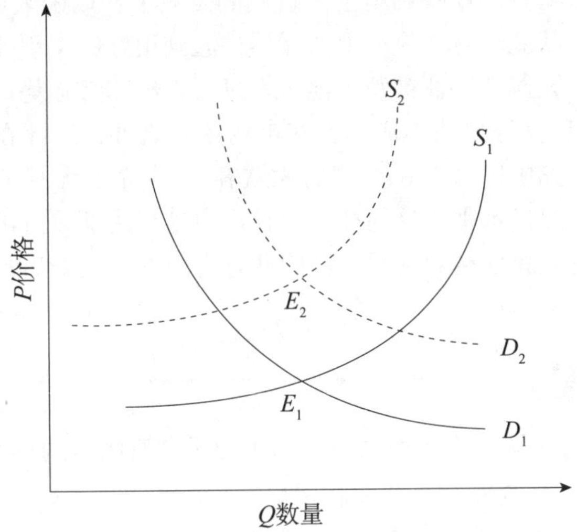

图 2-4 供给-需求模型：创新为何难以发生？

这一过程中的关键问题是：创新供给者在由 $S_1 \rightarrow S_2$ 的过程中，是如何下定决心做出这一投资，并坚信这一投资能够获得用户的积极反应的？而在生产者通过创新投资提升产品性能、致使产品定价提升但性价比却得以改进的条件下，有限理性的消费者又是如何了解这一变化，从而将其需求曲线从 D_1 转换到 D_2 的？

这两者之所以成为关键问题，是因为传统经济学对“市场”的假设认为交易信息只与市场上已有的产品相关，而且只包括有关价格和数量这类定量信息。在这个“市场”中，所有的买家和卖家都是同质化的。但是，同质化就意味着没有“创新”，而以上两个关键问题中促成创新供给者和消费者决策的信息都不是单纯的定量信息。这就使得从 E_1 到 E_2 的转变过程即创新的产生过程在传统经济学理论中变成了一个死局，创新成为均衡框架之外的偶然事件和异常现象：在无法交换定性信息的情况下，生产者在对需求变化一片茫然的情况下**竟然投资**做出了创新，而消费者对新产品或服务性价比同样毫无了解，**竟然**同意支付更高的价格。

显然，打破这个死局意味着生产者与用户的互动，尤其是有关创新的定性信息的交换构成了创新发生的必要条件。与传统市场机制交换的定量信息不同，这种与创新相关定性信息远远超过了结构化的硬数据范围。更重要的是，受到生产者与用户两方面有限理性的影响，这些定性信息（在其初始状态）往往高度模糊：因为双方都要打破惯性，发挥想象，为新产品或服务加入一些经验之外的内容。这些要求决定了有效的“用户-生产者互动”需要在双方之间开发一套通用的“代码”，从而确保彼此“听懂”，否则单一的企业内部视角或用户内心独白都有可能把创新引向失败。开发这套“代码”通常需要耗费大量的时间与精力，这就使彼此的互信和相互尊重成为“用户-生产者互动”的必要条件，而

“同文同种”也会极大地降低双方的互动成本，使信息传递效率大大提升。正因如此，伦德瓦尔将这种基于信任和尊重、孕育了“用户-生产者互动”的市场称为“有组织的市场”(organized market)，以区别于传统经济学中的市场概念。

在有组织的市场中，用户和生产者之间的互动关系一旦建立，就倾向于形成一种自我强化的正反馈。其结果将直接反映到本土产业链的发展上：以个人电脑（PC）行业为例，韩国三星的整机产品，就能够对三星的上游元器件起到很好的牵引作用；而日本整机厂商溃败之后，日本的上游元器件厂商被殃及池鱼，过去曾经非常强势的存储芯片行业就被韩国三星、SK 海力士等厂商打得溃不成军。在市场竞争之外，还存在一些其他因素阻碍这种互动关系的建立，比如中国人常说的“店大欺客”。大企业无视消费者呼声，强行控制创新，降低创新效用和改进水平，这往往会导致用户进行局部改进的冲动；而且用户越专业，因不满意而导致的创新就越容易发生。因此，有力保护消费者的合法权益，实则是促进创新的一种有效手段。

创新者案例

大连光洋：在国家背书支持下建设“有组织的市场”

大连光洋是从数控系统领域进入数控机床工业的，其开发数控机床的初衷是让自己的数控系统能够卖出去。但在开发出数控机床之后，光洋发现事情没有这么简单：在 04 专项和原机械部一批老领导的大力支持下，光洋的数控机床获得了国家政策背书，但用户企业最初并不看好他们的产品。作为光洋数控机床最早的用户之一，无锡透平叶片有限公司（WTB）——国内领先、全球知名的透平叶片专业供应商，亚洲最大的透平叶片生产企业——的车间里是一水儿的德国、瑞士设备，它对于通过 04 专项“塞过来”的光洋设备曾经极度排斥。为了保住这个重要用户，于德海在无锡透平的车间里宣布把早先卖到无锡透平的第一代产品拉回大连，“从头再来”。于德海的这一举动也深深触动了无锡透平，他们将全公司工艺设计能力最强的技术带头人、“国宝级”工程师张家军（原机械部部长陆燕荪对张家军的评价）派到大连，蹲到光洋的实验室和车间里与光洋的工程师一同改进产品设计。从 2007 年到 2017 年，大连光洋和无锡透平历经十年合作开发四代产品，最终成功开发了 KTurboM3000 五轴联动叶片加工中心。这台设备是国内乃至国际上可知的最大规格的大型风电及核电叶片、飞机发动机叶片的专用加工设备，且功能、性能、可靠性等方面均达到进口设备同等水平。

正是在与无锡透平的合作过程中，光洋逐渐形成了与用户“共同创新、共同提升、共同受益”的产品创新理念和“凡是五轴数控机床，其本质上都是专用机床”的认识。也是在这些理念指引下，光洋的“有组织的市场”逐渐扩张，相继打入了北京动力机械研究所、株洲钻石切削刀具股份有限公司、中国航发贵州黎阳航空发动机有限公司等中高端用户。光洋也在这一过程中成为中国最大的中高档五轴数控机床供应商。

（三）层次递归模型

递归（recursion）是计算机科学中的一种思想，在程序设计语言中应用广泛。所谓递归就是把一个大型复杂的问题层层分解，转化为一个与原问题相似的规模较小的问题来求解，直至穷尽最小单位问题的解；然后把所有小问题的解集归并，最终得到的就是原始问题的解决方案。递归示意图如图 2-5 所示。

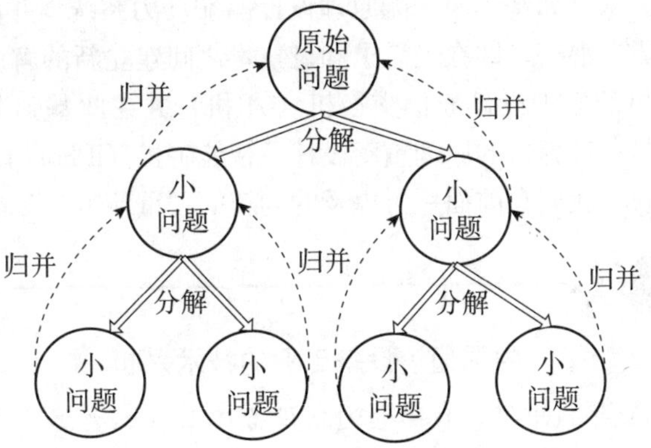

图 2-5 递归示意图

下面这个生活中的小案例就为我们很好地展示了一个递归的过程。

创新者案例

七张火车票“接力回家”过年

这是 2014 年春节期间刷爆中国网络的一则励志传说。在上海工作的林阳阳为了春节回到西宁与家人团聚，于 2014 年 1 月 26 日早上 5：20 从上海虹桥高铁站出发，途径南京、蚌埠、徐州、郑州、西安、兰州，最终在次日早上七点钟坐上了从兰州驶往西宁的 T207 次列车（正常到站时间应为当天 11：35）。林阳阳用七张火车票串起大半个中国，从高铁到普快，从商务座到硬座，7 张票总共花了 1 009.5 元，比起飞机回去省了近千元，沿途还带回了南京盐水鸭等土特产。

从递归视角来理解创新过程的代表人物是著名经济学家阿瑟（B. Arthur）。阿瑟认为，人类现实生活中所有现实需求的满足都与特定的科学原则有关：了解骨折伤情依赖 X 光成像的原则，治疗癌症的靶向药基于对人类基因的理解，前例中的林阳阳能够回家过年则依靠牛顿第二定律（机车的加速与行驶）。而所谓创新，就是要打破特定科学原则与特定现实需求之间的僵化联系，在科学原则与现实需求之间建立新连接的过程，即原则、需求、连接三者至少一者为新，从整体上建立这种新连接的过程就是整个递归过程的原始问题。

在确定了这个原始问题之后，整个递归过程将从头开始：自上而下，由总而分，将原始问题逐级逐层分解，分解所得的每一个子问题都能够找到相应的科学原则予以解决，直至最底层子问题不再可分，其对应的科学原则可以直接实现。反复寻找每个环节的解决方案之后归并集成，形成整体方案。至此，一个创新从原理变成现实。而在实现科学原则、完成解决方案的过程中，每一层、每个环节的解决方案必定是现成的或是可以迅速解决的——这意味着现有技术基础在创新过程中的极端重要性，这与链环回路模型中路径 K—R 的含义相一致。

具体而言，上述建立新连接的过程可以表现为若干种不同形式，既有可能是用传统的科学原则解决了新的需求（如很多药物在面市之后发现某些新的适应证），也有可能是用新的科学原则解决了老的需求（如基于原子能原理设计船舶动力系统，并由此得到核动力航母），还有可能是某种“跨界”混搭，即在老需求和老技术之间建立新的解决通路，其中比较典型的例子如我国用计算机的原理设计通信交换机（04 机）并在此基础上发展起的通信设备工业，美国苹果公司也是用计算机的原理重新设计了智能手机（iPhone）。总之，这些建立新连接的方式都很好地反映了我们在前面一再提及的创新的“重新组合”本质。

创新者案例

中国通信设备工业的技术兴起

早在 20 世纪 80 年代中期，我国的通信设备工业曾远远落后于当时的国际同行。当时中国各地方电信局采购了全球范围内各种品牌最先进的通信交换机，并导致了史称“七国八制”的局面：来自七个国家（分别是日本、美国、瑞典、德国、比利时、加拿大和法国）的八种制式的进口交换机设备占据了中国的国家骨干电话网。

这种局面在 1991 年秋天被打破，打破这种局面的生力军不是那些邮电研究所，而是远离邮电部系统的解放军信息工程学院（现中国人民解放军战略支援部队信息工程大学）研发团队。以邬江兴为首的郑州信院团队开发交换机的知识和能力源于 1968 年立项的五亿次军用浮点计算机开发项目。这个项目在 1983 年的百万大裁军中下马。为了讨生路，邬江兴带领团队把目光投向通信领域：他们从计算机专业的知识出发，将程控交换机理解为一种可以完成电话接续功能的简化计算机系统。从这一思路出发，他们只是稍微借鉴了一下富士通 F150 机，就在 1986 年开发出 1024 门的准数字程控交换机。这个产品成功吸引到中国邮电工业总公司（PTIC）的注意。于是 PTIC“擅自”拿出 300 万资助下属的洛阳电话设备厂（537 厂）与郑州信院合作，开发 2000 门数字程控交换机。在研制过程中，邬江兴团队决定直接上马万门机，但在 1989 年 11 月的立项论证会上，邮电部系统的专家对其方案予以坚决否定，认为它不是交换机，而是计算机。

好在他们最终取得了成功：从获得 PTIC 支持到研制成功万门机（设备型号 HJD-04，简称 04 机），邬江兴团队只用了不到两年时间；相比之下，邮电部系统自己开发的万门机则花了四年时间。更重要的是，完全不同的问题解决思路使他们不受传统思维的束缚，对交换机的整体结构先“破”再“立”，从而使 04 机采用了一些非常巧妙的独创性设计。这些独创性设计使 04 机一面世就刷新了业内记录：6.4 万门的最大容量使它的话务处理能力（忙时最大呼叫）一举超过号称世界最先进的美国 5 号机的数倍。而此后华为、中兴等企业借助农村市场扩张的迅速崛起同样受益于 04 机的这些独创技术。

（四）往复实践模型

在某种意义上，往复实践（recursive practice）模型或往复策略（recursive strategy）是对层次递归模型的一种反方向讨论：层次递归模型强调从原始问题到各级子问题的解决必定依赖于现成技术基础，而往复实践模型则强调所有能够应用的现成技术基础都是经过往复实践、证明其有用性和可靠性的。换句话说，在创新过程中，创新者的实践构成了一个知识集合，虽然这些创新实践略有差别，但其中的某些共性问题往往依赖于同一理论或知识，基于这一理论基础得出的设计可以反复应用于同类产品，而且每次实践应用都会得出相应的结论（基于特定理论的特定设计是否好用的信息），从而推动了设计的不断改进优化。

那些通过往复实践确认其可靠和有效的技术知识，暗含在数量和种类极其可观的设计中，而这些设计又体现在为数更多的设备、产品和实践中。因此，这些在往复实践中获得和确认的知识会表现出某种共性技术特征，它既可以是某一企业用以反复解决某类关键技术问题的核心技术（比如，医药企业基于化学基因组学的知识，确认某类分子结构会对特定的基因片段具有特定活性，然后通过反合成的方式获得相应的药物），也可以跨越行业界限，广泛应用于众多领域，拥有多种产品形态（比如空气动力学理论可以广泛应用于水轮机、汽轮机、内燃机、空气压缩机及航空发动机等一系列领域）。

创新者案例

马应龙：从历史到现实的往复实践

“马应龙”是全国著名的传统成药品牌。今天我们对“马应龙”的熟悉很大程度上源于武汉马应龙药业集团出品的马应龙麝香痔疮膏，而“马应龙”品牌再次被人熟知则是其近年一次非常著名也较为成功的产品线拓展：2009 年之后，做痔疮膏的马应龙推出眼霜、眼膏、眼贴膜、眼部精华等一系列美容产品，主打用户诉求则是“只要黑眼不要（黑眼）圈”。

乍看起来有些好笑，但这才是马应龙对自己历史的回归。始创于 1582 年（明万历十年）的马应龙本是源于河北定州的眼药字号，原名“马氏眼药”，其“杀手锏”是一个基于宫廷秘方开发的“八宝古方”，古方由琥珀、麝香、牛黄、珍珠、冰片、炉甘石、硼砂、硇砂等八味中药组成，专治风火上扰导致的眼睛红肿痛痒、眼睑红烂等症。清光绪年间，马氏眼药的后人从定州迁到北京，并打出了“马应龙”的新品牌。民国初年，马家后人又在汉口开设了汉口马应龙眼药店。新中国成立后，北京、武汉的马应龙分别接受公私合营改造，其中武汉马应龙改为武汉第三制药厂，即今马应龙药业集团的前身。

1980 年，马应龙第十三代传人马惠民在八宝古方基础上研制出八宝眼膏，改变了马应龙眼药沿用四百年的剂型，方便了患者使用。这个不起眼的变化引发了意料之外的结果。当时，我国农村缺医少药，农民遇到蚊虫叮咬、皮肤瘙痒，甚至烧伤烫伤都用马应龙眼膏来治疗，且疗效不凡。后来，有农民患上痔疮，情急之下也将马应龙眼膏用于患处，不想痔疮也被治愈。得知此事之后，当时武汉第三制药厂的负责人立即请马惠民带领科研人员开发专用的痔疮膏。1982 年，“马应龙麝香痔疮膏”问世，其有效成分为（人工）麝香、（人工）牛黄、珍珠、炉甘石（煅）、硼砂、冰片和琥珀，只比四百年前的“八宝古方”少了一味硇砂。至今，马应龙麝香痔疮膏垄断治痔类外用药膏市场已近四十年。

进入 21 世纪之后，“马应龙”开始被人再次用到脸上：凤凰卫视某著名节目主持人因为经常熬夜，黑眼圈严重，助手试着给她用马应龙痔疮膏，效果出奇的好。得知此事之后，马应龙药业顺势而为，历经三年技术攻关，于 2009 年回归四百年前的主业，重推八宝眼霜。直到今天，马应龙的一系列护肤品仍在充分挖掘利用“八宝古方”在活血化瘀、解毒通窍等方面的养分，琥珀、珍珠、冰片仍然必不可少。

显然，对于所有创新者而言，一个至关重要的问题就是其创新活动在多大程度上是“往复”的。即便是在同一行业中，通过不同创新方式（战略）获得的技术知识的可靠性和有效性也存在着明显差别。同样是开发机床数控系统，既可以对竞争对手的控制系统代码进行反汇编，也可以自己动手，把原理性的运动控制函数正向开发地变成源代码，但前者的可靠性和有效性明显低于后者。由此决定的结果就是，通过后一种方式获得的控制系统技术知识可以更快地转移到其他类型的运动控制场景中，如机器人、无人机等，但传统机床的运动控制要求又可能与机器人存在某些细节上的差别，这就迫使往复实践的创新者在技术知识不断复用的过程中超越局部和具体，上升到共性与抽象，从而不断扩展其应用场合。

从往复实践的角度来理解创新过程，可以帮助我们理解很多现实问题。比如，在现代技术创业中特别强调的“快速迭代”（即对创新产品不断进行版本更新），其最基本的原理就是“往复实践”，即创业企业通过不断开发、改进产品，发现自己的技术盲点，在解决这些技术盲点的过程中掌握可靠且有效的知识，将之存储在自己的知识库中，从而可以在未来的创新过程中反复应用。这意味着，一个适度开放的知识产权政策同样是“往复实践”的基本要求：一国范围内的技术人员在不同地区、不同行业、不同时期的创新实践，都因为一个开放性交流系统（如宽松的专利政策、松散合作的行业技术协会等）的存在而扩大了往复实践的范围，大家彼此分化又相互联系，自主实践又相互借鉴，其结果不仅是经济效率的提高，更是一国技术根基的日益巩固。

在以上四个对创新过程的非线性解释中，链环回路模型相当于给出了一个创新影响因素清单，并大致勾勒了这些影响因素的相互关系、前后顺序；用户-生产者互动模型则从这个清单中择出了用户反馈和互动这个关键环节，着重阐述了其机制、条件和重要性；层次递归模型和往复实践模型则互为补充地讨论了创新过程中可靠有效的技术知识的应用方式和基本来源，其中前者突出了原则与需求之间的连接（应用方式），后者则强调了信息与知识在创新实践中的不断继承与抽象。创新过程是创新研究中非常重要的主题，本章的第二节和第三节将继续关注这一问题。

第二节 隐性知识与显性知识：理解创新过程的另一视角

这一节将从技术知识分类的角度继续理解创新过程。具体而言，这里所说的技术知识分类即显性知识与隐性知识之间的区别。因为这两种不同类型的技术知识之间存在着较为复杂的转化关系，所以这一节所讨论的内容就其本质而言仍属创新过程的非线性视角。但在介绍这一特殊的非线性视角之前，我们首先需要了解何为显性知识、何为隐性知识。

一、显性知识与隐性知识

如果说科学的任务在于“求真”，那么技术的任务则是“务实”。而求真与务实两种不同的导向，决定了科学活动与技术活动所产生的知识一定存在某些基本差别：科学知识是高度编码化、明示化的，有时甚至是方程化的，即其中的因果逻辑关系（“求真”的“真”）可以清晰表达出来，这使其表现出“知无不言、言无不尽”的特征；但技术则不然，因为实践环境高度复杂多变，同一个因果逻辑关系在不同环境下往往需要不同的实现方式，在形成不同实现方式的过程中，技术活动总会产生一些无法编码或明示的内容，这就使得技术知识中有了显性知识和隐性知识之分。其中，显性知识（explicit knowledge），又称明言知识，即一项技术中可以清楚表达出来的部分。显性知识高度正规化，能够以科学的语言系统且便利地传播。相比之下，隐性知识（tacit knowledge），又称缄默知识，则是指在一项技术中无法用语言加以明确表达的部分。在日常生活中，我们会用不同的词语来描述这些无法用语言明确表达的技术知识，如个人作业中的“经验”“手感”，团队作业中的“默契”，等等。隐性知识的存在，决定了一项技术中总会有些“只可意会、不可言传”的成分。

技术活动中的隐性知识可能源于三种稍有差别，但又可能彼此交织的情境：

（1）特定操作的步调太快，所要求的信息处理的高速度和同时性迫使“新手”自己摸索各步调协调的细节，结果就变成了高度特定化的协调方式。举例来说，同样是打羽毛球，有的人站位、移动、击球、发力动作标准，一气呵成，完成度高；但也有些人一伸手、一迈步就露出鲜明的“野路子”，虽然不像教科书中那么优雅，但也有可能有效（得分）。显然，后者就是在长期技术实践中形成了自己的协调方式，如果此时将其强行“扳”回标准动作，他反倒有可能不知所措，标准化反而成了东施效颦。

（2）由于特定技术行动嵌入在复杂的背景中，难以充分掌握一项技能所必需的全部信息，这意味着环境变量的巨大变化有可能导致操作失效。很多具有鲜明地域性的技术操作都有这样的特征，最典型的如饮食料理。虽然“舌尖上的中国”令人神往，但都是一方水土养一方美味，例如：由于气候条件变化，在陕北做空心面、在安徽做毛豆腐的技艺搬到山东、河南就会走样；即便是同一批酿酒师，哪怕离开茅台镇几十公里，酿出的酒也无法复制茅台酒的原味，因为微生物环境发生了变化。

（3）一项复杂技能各环节之间的相互关系很难用语言表达出来，因为语言表达讲究“顺序”，但这就无法同时描述多方面的关系并勾画事物的特征。这往往与前述第一点紧密相连，即在较短时间内同时进行多项操作所产生的协调问题，而“顺序”是这种协调的一个特殊方面，游泳时上下肢和身体、呼吸的顺序协调就是其中的典型事例。

总之，“我们心中所领悟的总是比我们能说清道明的要多”。当解决现实问题（“务实”）的过程必然产生隐性知识时，这些隐性知识的存在往往会成为限制特定方案应用范围的关键。自然条件的限制、个体知识的差别以及经验积累的时间压缩不经济性，所有这些因素都决定了很多“好”创新（产品或服务）往往是高度本地化的，比如区域性的美食、民族性的医药以及高度依赖个体操作经验的工艺品。此时，让“好”产品（服务）在更大范围内扩散，从而尽可能实现其规模经济性，就成为创新的一个重要方向。而开辟这一方向的中心任务之一，就是尽可能降低由隐性知识构筑的壁垒，将主观性的、区域性的隐性知识转变成编码化的、可以大规模复制的显性知识，并将这种转变以新的产品（服务）形式表现出来，使之在更大的市场范围内扩散。马应龙用现代科技手段调整八宝古方、延伸产品线就体现了这样的创新方向；德州扒鸡实现全流程标准化生产、迅速扩大产销量同样反映了这一道理。

将隐性知识转化为显性知识，从而为产品创新和规模经济创造条件，是创新过程的要害环节之一。当然，实现这一转换有可能丢失一些关键隐性知识，但对于那些严重依赖个体经验和自然环境等非结构化因素来满足需求、实现效用的技术门类来说，比如中医药这类在悠久历史中传承下来的传统技术，其知识结构多处于前现代阶段，对隐性知识的及时“翻译”将对其技术体系在现代背景下的传承发展起到至关重要的作用。而且，当我们从“务实”的技术端出发，用现代科学手段对隐性知识加以明示转化时，这一过程同样可以对科学知识的发展即“求真”的过程起到推进作用。我们将这种由实际技术需求导致基础研究进展的研发工作称为“巴斯德象限”研究，与之相对的则是“玻尔象限”研究（不考虑实际用途的纯基础研究）和“爱迪生象限”研究（不追求科学原理的纯应用研究），图2-6是研发活动的象限模型。具体而言，“巴斯德象限”研究又包括两个基本方向：(1) 对自然界的反求工程，即对希望加以控制的自然系统进行基于科学的分析，对生物医学领域的研究、对地域性技术（如食品加工技术、酿酒术）的研究均属此类。(2) 分析性解构，即现有技术的基于科学的分析，科学地阐明和解释该技术赖以产生其有效性的原理，如对于成熟经验的方程化。而传统医学的科学化则在这两个方向上都有反映。总之，“巴斯德象限”研究的一个极其重要的特点（或品质），即承认技术进步对科学发现的先导性。

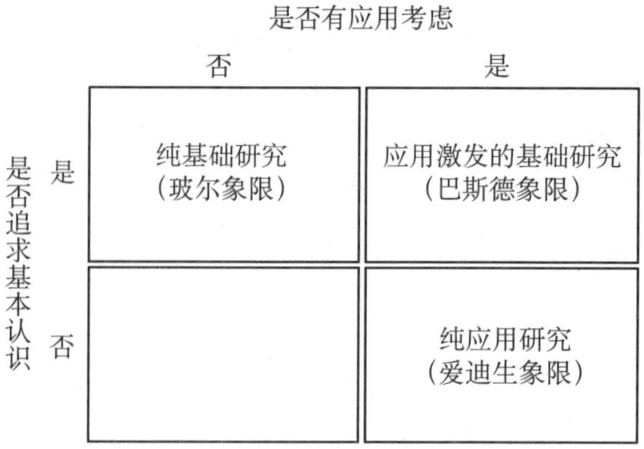

图2-6　研发活动的象限模型

背景资料

巴斯德的“巴斯德象限”研究

路易斯·巴斯德是19世纪最著名的科学家之一。他在一系列“接地气”的研究中，用独特的“实践一理论一实践”的研究方法，完成了近代微生物学的奠基工作。1854年，年仅32岁的巴斯德被任命为里尔工学院院长兼化学系主任。当地的葡萄酒酿酒业者找到他，请求巴斯德为他们找出葡萄酒变酸的原因。在经过反复实验观察之后，巴斯德发现了乳酸杆菌，弄清了发酵的原理，确认乳酸杆菌在葡萄酒里的繁殖是葡萄酒变酸的“罪魁祸首”。在上述科学洞见的基础上，巴斯德开始探索能够消杀乳酸杆菌但又不会破坏葡萄酒的方法。经过反复多次的试验，他终于确认只要把酒放在五六十摄氏度的环境里保持半小时，就可杀死酒里的乳酸杆菌，这就是著名的“巴斯德杀菌法”（又称低温灭菌法）。今天在市场上出售的巴氏消毒奶就是用这种方法进行处理的。

自此之后，巴斯德在响应应用需求同时探究科学原理的道路上越走越远。1865年，巴斯德参与蚕卵病的研究，掀开了动物传染病研究的新篇。1873年，巴斯德开始研究外科手术中病人的败血症，揭示了微生物在传染病和化脓症中的角色。1877年之后，巴斯德又相继研究了炭疽病、狂犬病等传染病的传播，在揭示其传播机理的同时，疫苗的研发与应用得到了巨大推进。

回顾历史，在应用激发的基础研究这条路上，巴斯德并不孤单：与他同时期的著名数学物理学家开尔文也是在回应英国产业与军事的现实需求中取得了纵贯电磁学、热力学、流体力学的伟大成就；德国化学界的崛起则深刻植根于第二次工业革命及其后德国在染料、制药和塑料等一系列产业领域的发展需求。

二、SECI模型：知识创造的螺旋

隐性知识与显性知识之间的转换通道并不是一条单行道。如果我们从一个企业的范围内去考察技术知识产生与转变的途径，就会发现在不同的知识活动主体之间存在着更加复杂的知识转变与创造方式。从这一角度展开研究的代表人物是日本一桥大学的野中郁次郎（I. Nonaka）和竹内弘高（H. Takeuchi）。在长期跟踪日本企业的知识管理和技术创新实践的基础上，他们二人在1995年出版的《创造知识的企业》一书中系统介绍了他们提出的“知识创造的螺旋”，即SECI模型。

SECI是知识创造过程中四个基本步骤——社会化（socialization）、外化（externalization）、整合（combination）、内化（internalization）——英文首字母的缩写。在这个顺序展开的螺旋中，知识活动主体也相应发生了变化：这个螺旋从组织单位层级中逐级扩张，由个体→小组→组织→组织间逐级扩散。下面的图2-7和图2-8分别展示了SECI模型的基本活动及其在知识活动主体上的不断扩张。

（1）社会化：指少数隐性知识向多数隐性知识的转化，是一个通过观察、模仿和实践等共享经历建立隐性知识的过程。在这样潜移默化的过程中，大家开始对某种隐性知识产生共鸣，从而更好地界定隐性知识。

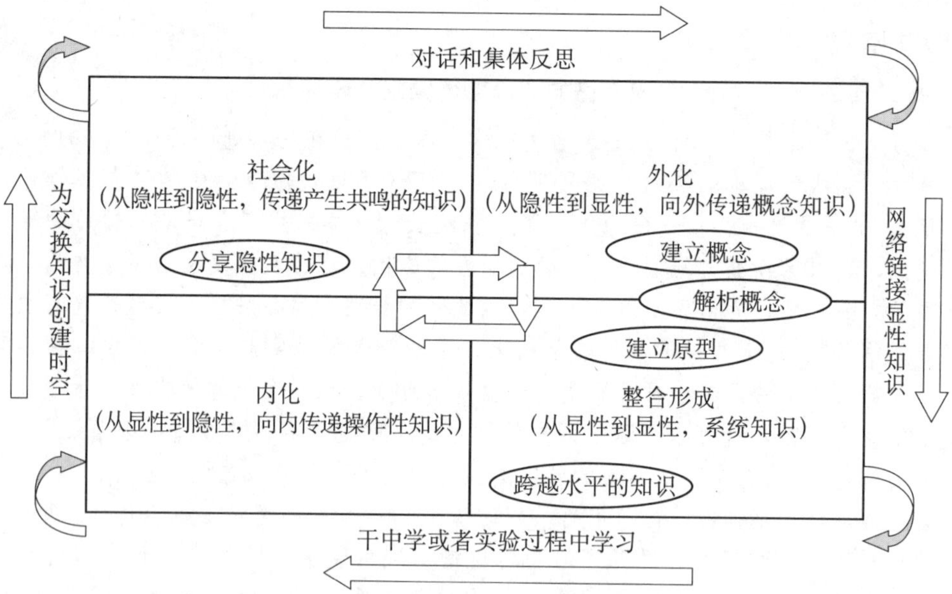

图 2-7　SECI 模型示意图

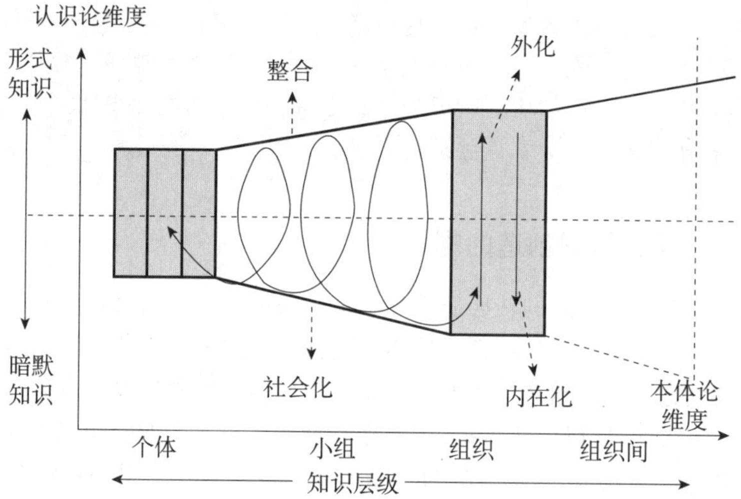

图 2-8　SECI 知识螺旋扩散模型

(2) 外化：人们因某种共鸣获得特定隐性知识之后的对话与集体反思过程，在此期间，大家向外传递概念知识，通过隐喻、类比、概念等表达技术建立模型，将隐性知识用显性化的概念和语言清晰表达，并试着解析这个概念。

(3) 整合：建立创新的概念原型之后，需要通过网络链接把分散的显性知识整合成显性知识系统，将各种显性概念组合化和系统化，这种情境下就形成更高层次的跨越水平的知识。

(4) 内化：从显性知识到隐性知识的内部升华过程，在不断的应用、体会、实习等

“干中学”手段的帮助下，通过“汇总组合”产生新的显性知识，被组织内部员工吸收、消化，并升华成他们自己的隐性知识（操作性知识）。

在更多的人针对同一概念形成自己的隐性知识以后，就会引起更大的共鸣，会为交换知识创建更加广阔的时空，从而为新一轮、更大范围的社会化过程创造条件。

这样一种知识创造的螺旋是在什么样的条件下展开的？野中郁次郎等人进一步提出组织知识创造的五个条件（如图 2-9 所示）。

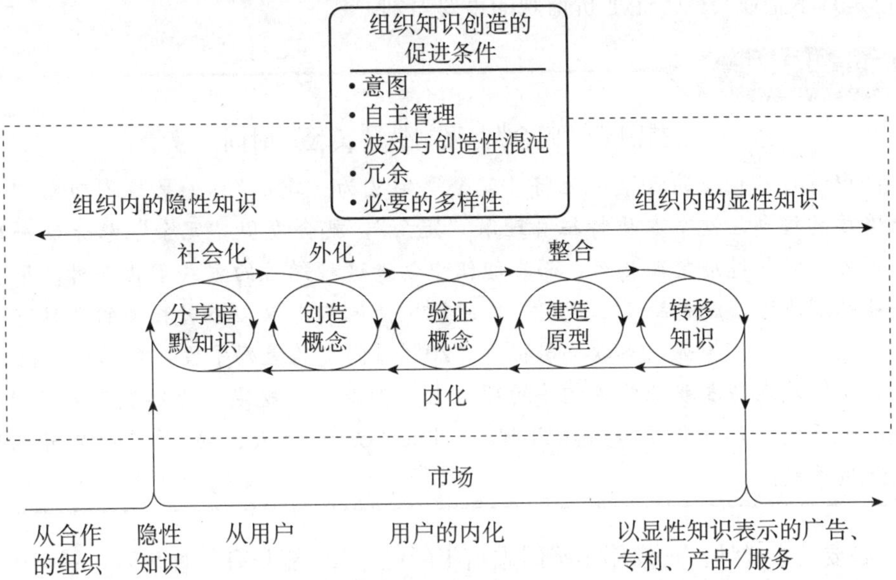

图 2-9 SECI 螺旋的形成条件

（1）意图。类似于前面所讲的“战略性思维”和“敢想”。在这里，意图被定义为组织对其目标的渴望，是知识创造的驱动因素。在企业的经营中，实现组织意图的努力通常是以战略的形式表现的。组织意图为判断已知知识的真实性提供了最重要的基准；缺乏意图的组织则往往无法准确判断信息或知识的价值。因此为了创造知识，企业组织应该制定相应的意图，并向员工推荐这种意图，以便培育员工的献身精神。

（2）自主管理。这意味着，在个体层面，只要条件允许，应该让组织的所有成员自主行动。自主行动不仅可以加强员工个人的自我激励，而且增加了意外机会的可能性。营造个体可以自主行动氛围的有力工具，是建立自组织团队。这种团队应该是跨职能部门的，由具有不同组织活动背景的成员组成。

（3）波动与创造性混沌。这一条件有利于组织同外部环境之间的对话。这里所说的“波动”并不是一种无序状态，其特征是“没有循环的有序”。因为外部环境每天都在波动，因此在组织内导入波动，可以“消解”组织成员在认知模式与行为习惯上的惯性，而启动重新研讨与思考的过程。当组织面对一场真正的危机时，组织又会出现混沌现象。这可能是组织领导人通过提出挑战性目标，试图在组织成员中唤起“危机感”而有目的地制造的结果。这种刻意造成的“创造性混沌”，有利于增强组织内部的张力，将组织成员的注意力集中在分辨问题及解决危机等方面。但是野中也指出，“创造性混沌”的益处只有在组织成员具备对自身行动进行反思能力时才能具体实现。

（4）冗余。简而言之，即组织中存在并非马上需要的信息。野中特别强调了业务活动、管理职责和企业信息方面的“有意识的重叠”。这种知识重叠使得一旦出现问题，大家都可以参与到解决问题的讨论之中。因此信息的冗余有加速创造知识过程的作用。之所以如此，是因为信息冗余能够促使个体“侵入”彼此的职能领域，并以不同的观点提供意见和信息。正因如此，在西方被视为浪费的信息冗余，恰恰成为日本企业知识创造的法宝之一，也是日本企业与西方企业价值观的重要差别。

创新者案例

美国式“冗余”：强制性“实验”时间

野中对日本企业的观察使他将“冗余”定义为“重叠”。如果我们回到“并非马上需要的信息”这个本质特征去理解“冗余”，就会发现“冗余”意味着一种松弛与弹性，它与过度紧绷相对，而在组织中创造这种弹性的方式不止一种。很多美国企业的解决方法就是给员工规定一段时间，使他们得以在公司相关的项目范围内实验自己的创意。例如，谷歌公司拥有“20%时间”的激励手段，鼓励员工把20%的工作时间花在与本职工作不相关的项目上。正是这一规定，为谷歌带来了 Autocomplete 系统、谷歌新闻和 G-mail 邮箱。Facebook、苹果、3M 等其他公司也有类似的激励手段。

（5）必要的多样性。正像邓小平同志当年所说，“不能只有一种声音，最可怕的是鸦雀无声”。如果组织想要迎接环境所带来的各种挑战，其内部多样性必须配得上环境的多样性与复杂性。只有“百花齐放、百家争鸣”，才能以最快的方式、通过最便捷的途径，获取最广泛的必要信息。

在这些条件的支持下，SECI 螺旋得以展开，企业经历分享暗默知识→创造概念→验证概念→建造原型→转移知识五个阶段，逐渐形成显性的广告、专利、产品和服务等。

创新者案例

松下面包机开发历经的三次螺旋

1985 年，在总部位于大阪的松下电器公司，产品开发人员正致力于全球首款家用全自动面包机的开发。在面包机项目所属的烹饪器具事业部，“方便且丰富（easy & rich）”被确立为整个事业部的整体概念。为了充分理解这个整体概念在面包机产品上的体现，开发团队展开了多次讨论，希望能够将“方便且丰富”这句话吃透（共享隐性知识）。在明确了未来产品功能丰富、使用方便的产品概念之后，各位团队成员开始将自己的隐性知识及顾客要求进行外化，使产品特征的描述变得越来越具体。在此基础上，大家开始对这个产品概念进行验证：将相关的显性知识连接起来、建立出产品原型。但非常遗憾的是，他们的产品原型并不能正常工作，面包机无法正确地揉面，尽管每次烤面包都会把面包皮烤煳，但里面几乎还是生的。

开发人员对这个问题进行了详尽分析，他们甚至把机器和专业面包师各自所揉的面团都拍了X光照片，并进行比较，但他们还是没能获得任何有用的数据。

此时，软件开发人员田中郁子（Ikuko Tanaka）提出一个创造性的解决方案：大阪国际饭店烤制的面包享誉大阪，为什么不去那里取经呢？于是，田中郁子和几位管理人员自愿拜该饭店的首席面包师为师，学习他的和面技巧。但面包大师也未必能够说得清自己为什么能做出那样的面包。一天，田中郁子很偶然地发现面包大师不仅拉伸而且还“揉捻”面团，这明显不同于其他面包师拉面团的方法。她通过观察、模仿和练习，终于学到了面包大师的隐性知识（社会化）。不仅如此，她还将这种揉面手法命名为“麻花拉伸”，希望通过这种方式将揉面的经验知识表达出来，使项目工程师能够理解（外化）。这些工作的一个突出成就，就是诞生了面包机内部特殊的肋骨状凸纹，这个部件可以成功模仿“麻花拉伸”的揉面技术。在各方面技术人员的密切配合下，经过一年的试错，这些肋骨状凸纹与其他产品部件完美融合在一起，松下家用烤面包机的第二代原型诞生了，其烤出的面包与大阪国际饭店的面包品质相当（整合）。

终于到了商品化的阶段。此时面临的问题发生了一点变化：开发团队需要在满足原有产品质量的要求下大幅降低成本。此时，团队中来自营销与生产部门的人数开始增加，项目负责人也进行了变动，但此前的十名核心成员仍然留在该团队中。成本上的重点是冷却器，它用来防止在过高温度下加入酵母粉，导致发酵过度。但在团队内部的广泛讨论中（社会化），有人提出可以对揉面的操作顺序稍加调整，在加入其他材料之后再添加酵母粉（外化）。在设计上则需要开发一个新型的由计时器控制的酵母粉盒，同时去掉冷却器（整合）。但这样一来，产品上市的时间就将大大推迟，而这有可能使竞争对手抢占先机。最终，面对产品质量、成本竞争力和上市时机之间的矛盾，烹饪器具事业部部长坚持对“方便且丰富”的承诺（意图），做出了修改产品设计直至成熟再行上市的决定。最终，松下面包机于1987年2月成功上市，并在面市第一年就创造了536 000台的销售纪录。

资料来源：野中郁次郎，竹内弘高．创造知识的企业：日美企业持续创新的动力．李萌，高飞，译．北京：知识产权出版社，2006.

第三节　从流程到能力

我们在前面从线性视角、非线性视角以及技术知识性质的视角多层次、多维度地讨论了创新过程的若干基本特点和方向。上述讨论是为了帮助我们从理论上理解企业设计和开发新产品或服务的方向、重点和难点。在企业的具体实践中，设计和开发新产品或服务即创新的过程将更加具体地体现在一系列设计开发流程上，而这些流程工具的背后则是企业更加具体的创新能力。因此这一节我们将首先介绍新产品（服务）设计开发流程，然后在此基础上去理解维持、运行这些创新流程对企业提出的能力要求。

一、新产品开发/创新管理流程模型

（一）阶段-门模型

阶段-门模型由加拿大的库珀（R. Cooper）于 1991 年提出的。这个流程模型关注的重点是研发项目的筛选和评价：起始于特定的组织创意，这些创意都要经过两轮的筛选和评估、调查之后才能进入到最终的开发决策环节；一旦特定创意项目确定立项，就要进入随后的开发、测试检验和全面生产与市场启动阶段；而每进入下一个阶段之前，都要根据有关准则对项目的阶段活动成果进行评估和分析，即经过一扇“门”，评估结果分为“进入下一阶段继续执行”、“中止”和“返工”。通过这种阶段-门的设计，可以及时发现问题并加以纠正；防止不能创造期望价值或没有前途的项目浪费企业有限资源。每个阶段的评估都由一个跨职能的团队执行，并充分收集与项目有关的技术、市场、财务等信息作为评估的基础。图 2－10 是阶段-门模型的示意图。

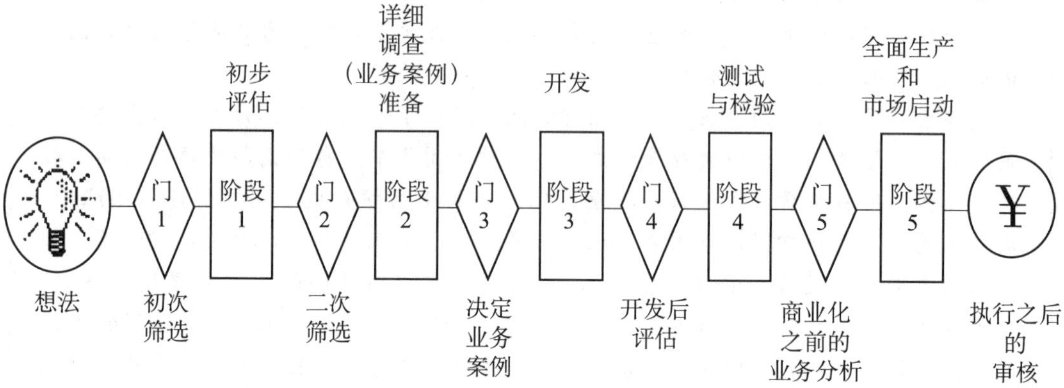

图 2－10　阶段-门模型

（二）3M 创新漏斗模型

3M 创新漏斗模型将创新分成 3 个阶段（见图 2－11）：

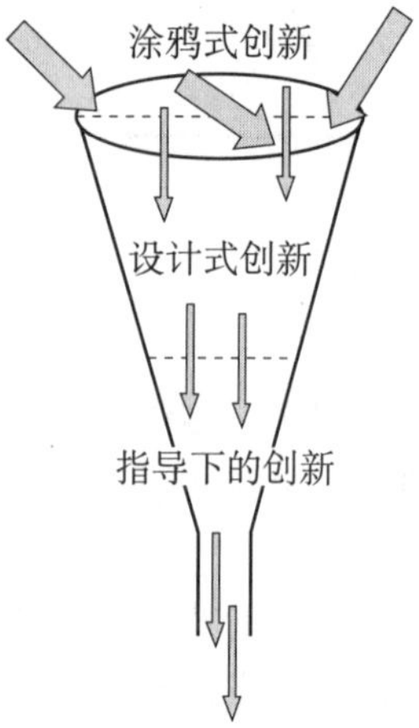

图 2－11　3M 创新漏斗模型

第一阶段叫涂鸦式创新，各组织开展头脑风暴，信马由缰地自由探索、自由创新。组织提供实验室结构与设备，提供技术平台和技术人员的支持，允许 15%规划（允许技术人员拿出 15%的工作时间进行自由的涂鸦式创新思索）。组织提供对盲目行动者的爱护，允许他们犯错，并支持他们自愿参加技术论坛，一旦他们获得突破和进展，就会得到初步的承认和认可。但这个阶段也有很多制约因素，如实验室及个人预算、同事对涂鸦式工作的反响、管理层的容错判断和巡视等。

第二阶段是设计式创新。通过对涂鸦式创新的筛选评估，组织有目的、有意识地将这些创新纳入组织的框架中。这些设计式创新可以获得跨部门组织系统的支持；可以获得业务中心营销计划的支持，进行有针对性的市场推广；可以获得企业主管在发展过程中的不定期关注。这一阶段存在的制约因素有：

部门和实验室预算、管理层的评估和审查、机械性的阶段划分、仅仅开展试探性的研究、难以与组织内外部环境协调等。

第三阶段是指导下的创新。经过设计式创新后，组织逐渐认识到该创新的重要性，于是在发展过程中追加投资，邀请各方面专家进行专业化指导，主动提供供应链端的优惠，并对在市场营销活动中所做的努力进行奖赏。随着指导性创新开展，组织逐步生产并销售新产品，但这个阶段存在市场竞争程度逐步上升、组织容错程度下降、创新有严格的成本控制、新产品与组织绩效有很强的关联度等制约因素。

（三）集成产品开发（IPD）流程

最先将 IPD 付诸实践的是 IBM 公司，1992 年 IBM 在激烈的市场竞争下，遭遇到了严重的财政困难，公司销售收入停止增长，利润急剧下降。经过分析，IBM 发现他们在研发费用、研发损失费用和产品上市时间等几个方面远远落后于业界最佳。为了重新获得市场竞争优势，IBM 提出了在不影响产品开发结果的情况下，将产品上市时间压缩一半，将研发费用减少一半的目标。为了达到这个目标，IBM 公司率先应用了集成产品开发（IPD）的方法，在综合了许多业界最佳实践要素的框架指导下，从流程重整和产品重整两个方面来达到缩短产品上市时间、提高产品利润、有效地进行产品开发、为顾客和股东提供更大价值的目标。

作为一种管理企业研发从创意到现金的理念和方法，IPD 旨在打破闭门研发的“纯技术”路线，转而强调系统地认识产品开发中市场和客户需求的根本性作用。这要求在产品设计时就需要特定的产品开发团队（PDT，product development team；或 TDT，technology development team）规划好产品成本、质量、可制造性和可服务性等方面的优势，并将产品进入市场后可能遇到的障碍考虑全面，尤其防止在产品面市之后被各类特殊要求牵着鼻子走。更重要的是，IPD 摒弃了简单的产品开发观念，它将产品开发作为一项投资进行管理，在产品开发的每一个重要阶段，都要从商业角度而不仅仅是技术角度对产品开发进行评估，以确保产品投资回报的实现或尽可能减少投资失败所造成的损失。

在我国，华为是较早着手建立 IPD 的企业。1999 年，为了优化串行研发流程，应对产品线日益复杂化带来的反应速度下降等一系列挑战，华为拜师 IBM，全面引入 IPD 体系（见图 2-12）。任正非凭借在华为的绝对权威地位，为 IPD 在华为的推行确立了“削足适履”的“先僵化、后优化、再固化”方针。随着 IPD 体系的不断优化，其运行效果逐渐显现，新产品的平均上市周期从 1999 年的 75 周缩短为 2003 年的 48 周。

图 2-12 中，各英文缩写代表一系列虚拟组织，除前述 PDT 外，分别是：经营管理团队（EMT）、产品投资评审委员会（IRB）、公司组合管理团队（C-PMT）、集成技术管理团队（ITMT）、集成产品管理团队（IPMT）、产品线组合管理团队（PL-PMT）、生命周期管理团队（LMT）。其中：

（1）IRB 是 IPD 管理体系的最高决策团队，接受 EMT 的领导，并对 C-PMT、IPMT、ITMT 进行领导。IRB 在 EMT 制定的总体战略方向指导下，以客户需求为导向，进行产品投资决策，并围绕产品投资决策的落实，推动营销、研发、采购认证与供应链、销售、服务部门的协同一致，满足客户需求。

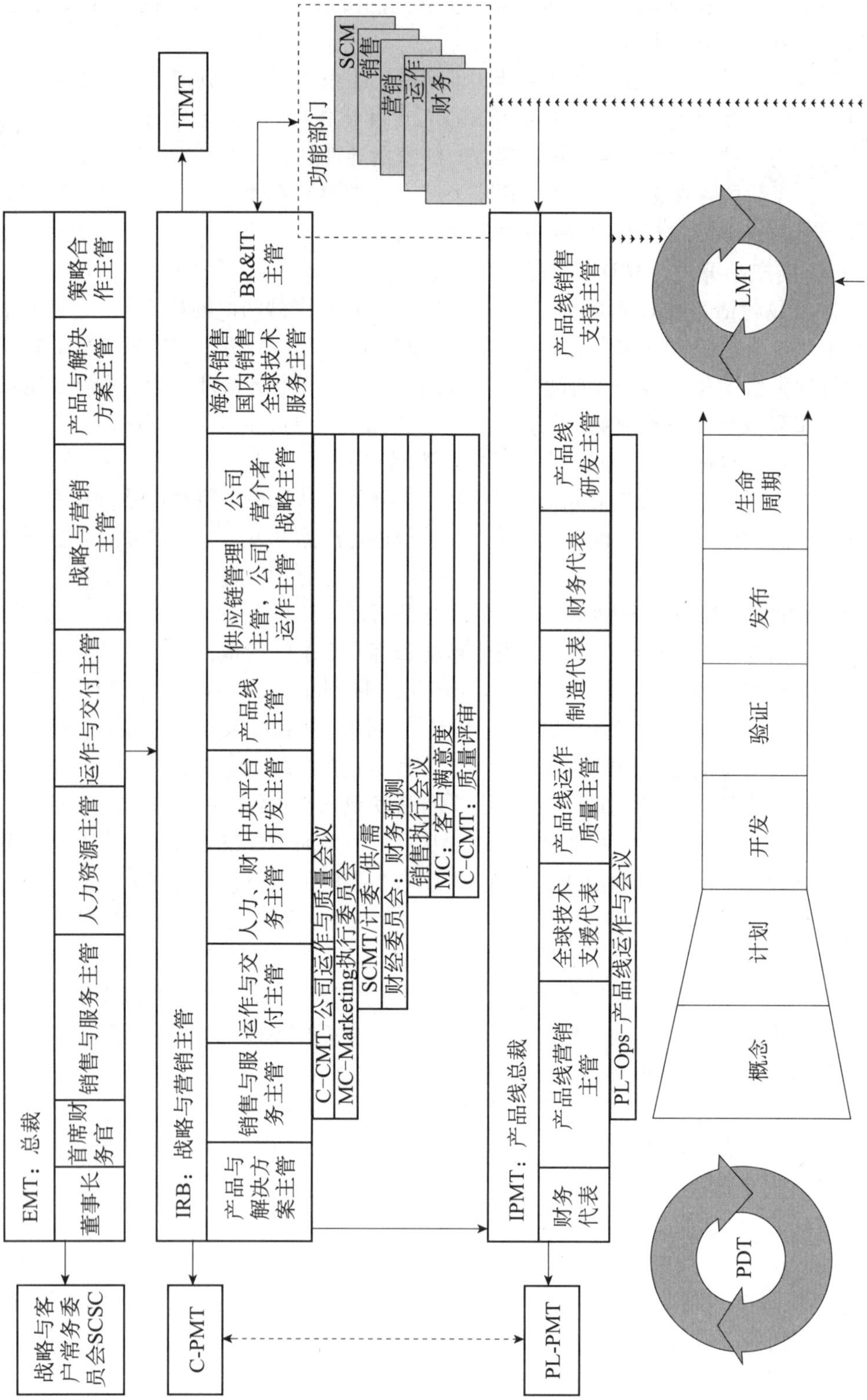

图2-12 华为IPD5.1版管理体系示意图

（2）由公司内专业战略规划人员组成的C-PMT则是IRB的参谋团队，支持IRB进行正确决策并对公司业务计划执行情况进行监控。

（3）ITMT是最高技术管理团队，接受IRB领导，掌握公司技术发展方向；在EMT制定的整体战略框架和目标内以及IRB的具体指导下，负责公司工程与技术能力（现在和未来）的构建及与业界同步，保障产品发展需要的工程和技术能力，避免因技术能力不足或复用水平弱而影响产品市场竞争力和客户需求响应速度。

（4）C-PMT则是ITMT的支撑组织，其在ITMT的指导下，对各产品线及关键技术团队及公司级中长期技术规划战略进行评议。

（5）IPMT的工作是在IRB的领导和ITMT的技术指导下，制定并执行各自产品线的组合路标规划及业务计划，对产品线投资的损益及商业成功负责。

（6）支撑IPMT运作的是PL-PMT，负责制定产品线或子公司的中长期发展规划、年度业务计划和营销计划等，评估中长期发展规划、年度业务计划和营销计划的执行情况，并提出改进措施和计划建议，相当于IPMT等机构的参谋机构。

无论是阶段-门模型，还是3M创新漏斗，抑或华为的IPD流程，都不同程度地反映出一些共性，这些共性正是前述创新过程对创新型企业的能力基础提出的要求，如：

（1）组织不可能完全依靠自身的知识存量进行创新，而必须对外部知识进行筛选、评估，直至学习、利用，这就依赖于组织对外部知识的吸收能力。

（2）无论什么样的创新都不是纯粹的技术问题，都需要综合考虑生产、销售、供应链等多个方面，会在技术环节之外涉及巨量的追加投资，这一现象的本质是从技术创新中获利的方式。

（3）任何创新都要同企业组织的现有框架产生互动，这些互动不仅可以表现为支持，而且可以表现为制约。这就涉及企业现有组织基础的正反两方面作用。

我们下面的讨论就从以上三点出发，从三个方面讨论企业的创新能力，即吸收能力、从创新中获利的机制、核心能力与核心刚性。

二、吸收能力

吸收能力是创新研究中非常重要的概念。这个概念最初由科恩（W. Cohen）和利文索尔（D. Levinthal）于1990年提出。在这项经典研究中，吸收能力被定义为“企业获取、消化和利用外部技术的能力”。

既然是“企业”的能力，那么吸收能力一定是组织性的。这意味着，虽然一个企业的吸收能力的发展建立在组织内部个人吸收能力的基础上，但企业的吸收能力绝不等于其中个体吸收能力的总和。之所以如此，有以下三方面的原因：

（1）不同个体对组织吸收能力发展所发挥的作用是不同的。比如，在吸收外部知识时，企业中一个非常重要的角色是所谓的“守门员”，可以全面观察世界上存在什么，判断什么值得购买和学习，从而成为企业和外部知识环境接触的重要界面，直接决定着“获取、消化和利用外部技术”的输入。“守门员”很多时候并非某个特定的个人，而是指代企业的整个技术监测系统，这个技术监测系统主导着企业的技术搜索和外部信息汇聚。

（2）在个体能力之上，企业吸收能力的关键是那些为组织成员所共享的知识与专长。

这些共享知识与专长是前述技术监测活动获得的信息汇聚在企业内部发挥作用（消化吸收外部知识）的重要前提，也是企业各部门内部以及各部门之间进行知识转移的“共同语言”。这些共同语言不仅包括技术层面的行话、术语与代号，而且包括企业战略与文化层面的愿景、意图与价值观（如前松下面包机案例中烹饪器具事业部“方便且丰富”的整体概念）。此时的吸收能力，在很大程度上表现为一种高度组织性、社会性的隐性知识，具有鲜明的组织特征。

（3）保障内部沟通，同时防止过度分工与过度重叠的组织结构。共享知识与专长并不是从天上掉下来的，也不是组织生来就有的，一个企业历史上形成的共享知识与专长总会反映其组织结构的特点，并反过来沉淀到组织结构中去。总之，一个企业的特色之处，恰恰是其将散乱的、高度差异化的个人能力与知识相互连接的方式，这种连接一旦达成就超越了个人知识。这意味着对一个企业来说，重要知识不只是那些实打实的技术知识，也包括了解何处存在有用的互补知识。

当我们强调组织层面的战略、文化与结构在吸收能力发展过程中的角色时，随之而来的重要结论是：有效的吸收能力绝不只是暴露在相关知识的氛围中就够了，更重要的是组织的知识基础和努力强度。其中前者反映的是组织内部现有的共享知识与组织结构，其多样化水平和丰富程度将直接决定其“吸收”外部知识的难易程度。而后者反映的是组织利用或跳出现有知识基础的期望与承诺，无论是继承、发展现有基础，还是跳出、打破框架束缚，这种努力程度的背后都是组织的战略及战略意图。而在多数时候，这种努力通常都反映了一种“路径依赖”特征：企业往往在自己熟悉的领域投入更多的资源形成自己的吸收能力特色。这种路径依赖导致了马太效应和技术锁定：组织在擅长的领域越做越好，却难有能力着手不擅长的领域和技术；当出现竞争的“蓝海”或破坏性技术创新时，企业只能固守原有领域和技术。这也意味着，企业技术监测系统对外部机会的敏感程度，本身就是反映其求新、求变的战略意图和志向水平的关键指标。

正如我们在前面的企业经济学中所说，整个工业发展和产业升级的过程，就是一个沉没成本和进入壁垒不断提高的过程。那么，面对日益昂贵的外部竞争与学习环境，企业靠哪些手段来构筑、发展自己的吸收能力呢？科恩和利文索尔的回答是内部研发。他们认为，随着学习新技术越来越困难，企业越来越依赖于专门的内部研发活动。在这种情况下，内部研发就通过两种不同的途径作用于企业的技术知识积累：一是由研发活动直接形成的技术知识；二是通过内部研发形成相应的吸收能力，从而帮助企业获得竞争者的知识溢出和行业外知识（见图 2-13）。自主研发对企业消化吸收外部技术具有决定性作用，这是中国创新驱动发展战略形成中一条重要的历史经验教训：改革开放之后的一段时期内，中国一度采取了“市场换技术”的策略，忽视了本土企业的自主研发；直至进入 21 世纪以来，中国上下才日益觉悟，对“核心技术是买不来的”和“自主开发是学习外国技术的有效途径”的认识才逐渐统一。

在 1990 年的经典研究之后，扎赫拉（A. Zahra）和乔治（G. George）于 2002 年对吸收能力主题做了一个系统的梳理，并重新讨论了企业吸收能力的层次与结构。他们认为，吸收能力是企业用于获取、消化、转化和开发知识，以产生动态组织能力的一组组织惯例与流程（见图 2-14）。面对内外部环境中的各种知识来源和互补性经验，在市场竞

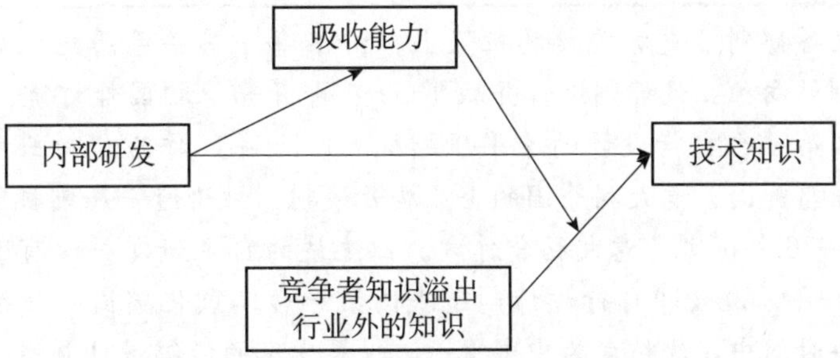

图 2-13 研发-技术知识路径

争、成长需求甚至政治任务等因素的刺激触发之下，企业启动了与吸收能力有关的一系列活动。当市场机制有效，能够保障企业消化吸收外部知识的经济回报时（独占制度），企业将吸收到的技术知识（以产品形式）推向市场的意愿就会更强。但企业消化吸收外部技术知识的活动也不是“一竿子插到底”的过程，它可以分为两个层次：一是潜在的吸收能力，即获取和消化外部知识的能力；二是实现的吸收能力，即转化和开发知识的能力。在这两个层次之间，存在一个效率因子，即实现的吸收能力与潜在吸收能力之比。这二位作者认为，影响这个效率因子的关键是企业内部的社会整合机制，即跨职能的合作水平能否支持企业将获得的外部技术知识高速、高效地转化为参与市场竞争的产品。

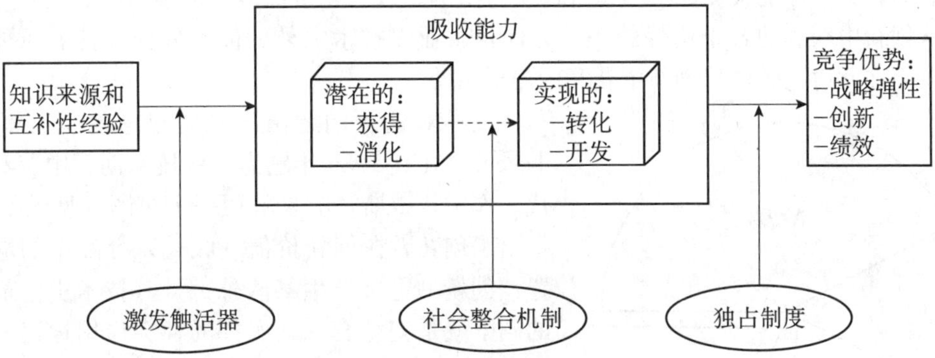

图 2-14 吸收能力作用过程

创新者案例

沈鼓：以国家产业战略作为发展“风向标”的“长子”“重器”

沈阳鼓风机集团股份有限公司（以下简称“沈鼓”）始创于1934年，是新中国第一家风机专业制造厂。沈鼓在风机领域的技术吸收和自主研发起步于1954年，那一年，沈鼓试制成功苏式500型掘进扇风机，全年共试制成功7种12个型号新式扇风机。此后，作为中国风机工业的“长子”企业，沈鼓始终紧跟国家产业发展与升级的步伐，先后重点服务于矿山、冶金、化肥、石化、风电、核电等战略性产业部门。在此期间，沈鼓并没有单纯地追求经济效益，而是把紧跟行业技术前沿、开发关键技术装备摆到了更加重要的位置上。1958 年中苏关系恶化之后，沈鼓很快就从测绘仿制转向独立设计制造，并从 1959 年即开始承担国外订货，1960 年又成功试制了我国第一台自行设计的透平压缩机。1975 年，作为“四三方案”的一部分，沈鼓开始与美国、意大利等国的企业展开谈判，讨论透平压缩机制造技术引进事宜，并于 1976 年确定了意大利合作方。但沈鼓的自主研发并没有因为技术引进而停滞，1986 年，沈鼓即自行设计制造我国第一台二氧化碳离心压缩机组。在此后的三十多年时间中，沈鼓成为中国唯一、世界少有的能够设计制造百万吨乙烯机组、核二级泵产品安全壳喷淋泵、大推力往复式压缩机、20MW 级高速直联变频电驱压缩机组、10 万立方米等级空分装置用空气压缩机组等“国之重器”的企业。

思考：沈鼓的案例在哪些方面体现了图 2-14 的逻辑？又在哪些方面对其形成了挑战？为什么？

三、从创新中获利

创新很重要，创新能够创造价值，但仅是核心技术本身并不足以确保创新的价值能够最大限度地转变为创新型企业的利润。正如图 2-14 所示，企业的技术努力需要在某些独占机制的帮助下才能转变成实验室外面实打实的绩效和竞争优势，但独占机制还只是帮助企业从创新中获利的若干构件的一个方面，企业在技术之外的能力同样发挥着重要的作用。我们在此讨论企业从创新中获利的若干条件。

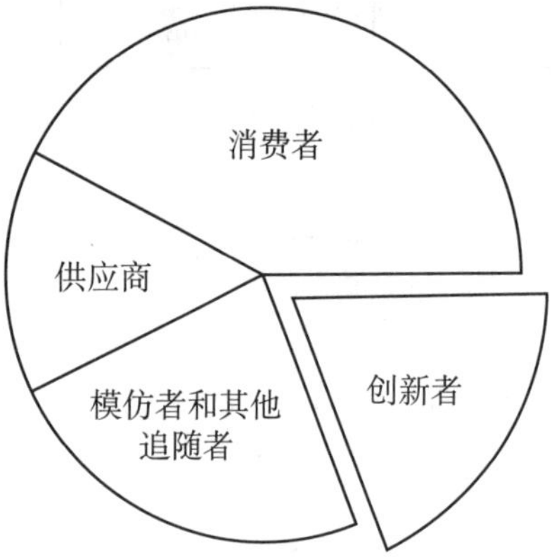

图 2-15 创新利益分配图

较早对这一问题给出系统思考的是蒂斯（D. Teece）。在其 1986 年题为“从技术创新中获利”的代表作中，蒂斯一上来就用一个饼图（见图 2-15）指出了创新者在创新价值（收益）分配中的尴尬位置：创新一定会产生某些外部性（技术史上最著名的例子就是安全套，其发挥的社会作用远远大于其发明者和改进者在其中获得的经济收益），这种外部性首先体现在消费者效用的改善上；但创新者的出现不仅改变了产品市场，也同时改变了要素市场，这意味着那些对创新起到决定性作用的供应商也有可能在创新推向市场的过程中分一杯羹；此外创新还将不可避免地招致模仿和追随，他们同样有可能伴随着新产品市场的扩张而获益。从整体上看，创新者面临着上述三方面分利者与其瓜分创新的全部价值，而创新者在其中到底能够获得多大的份额，则受到多方面因素的制约，其中既包括产品市场和要素市场的结构，也包括创新者自身的能力条件（尤其是相对于模仿者和其他追随者的能力条件）。在工业创新史上，这类因为能力不足使“先驱”变“先烈”的例子数不胜数，最著名的例子莫过于百代唱片（EMI）公司：在 20 世纪 70 年代初，百代的工程技术人员阴差阳错地成功开发了一台 CT（电子计算机 X 射线断层扫描技术）扫描仪，并在较短时间内将其推向市场，但无奈医疗设备行业的进入壁垒太高，技术发展速度太快，尤其是其销售环节的“水”很深，做唱片出身的百代发现自己根本玩不转这个市场，竞争太激烈，政策环境又很陌生，最终百代在 1978 年决定将医疗设备业务卖给 GE（通用电气）。到 1996 年，医疗设备行业的三大老牌企业 GPS（通用电气、飞利浦和西门子）在 CT 扫描仪行业的全球市场占有率已经超过了 65%。

创新者镜鉴

万燕：“先驱”变“先烈”的创新者

1993 年 9 月 4 日，万燕公司在北京国际广播电视展览会上展示了世界上第一台名为 CDK330 的活动图像光盘播放机（即 VCD）样机，在现场引起轰动。同年 10 月，万燕在新建的厂房里开始组装第一批 2000 播放机，一上市便被一抢而空。1994 年，万燕又生产了 2 万台播放机。在此期间，万燕采用美国 C-Cube 公司的 CL450 芯片作为解码芯片，而 C-Cube 却在此过程中开发出更高级的 CL-480 芯片，并将其出售给后来进入 VCD 行业的其他企业。VCD 市场被万燕引爆之后，多家外国企业和几百家中国企业相继涌入中国的 VCD 市场，其中包括后来在业内叱咤风云的爱多、新科等企业。而万燕却苦于无力跟进资金投入，生产规模始终无法做大，甚至由于种种原因，在 VCD 最火爆的 1995—1997 年，万燕的生产处于瘫痪状态，而与此同时新科等企业却迅速将产能规模做到了百万量级，成为这个市场的真正获利者。

资料来源：路风，慕玲．本土创新、能力发展和竞争优势——中国激光视盘播放机工业的发展及其对政府作用的政策含义．管理世界，2003（12）．

显然，要想避免这种“先驱”变“先烈”的尴尬收场，最大限度地保留自己在创新收益分配中的讨价还价能力，创新型企业就必须努力在若干影响收益独占的方面占据有利位置。这些影响收益独占的要件包括三方面：独占机制、主导设计时机和互补资产。

独占机制（appropriability regime）是指那些在企业和市场结构因素之外能够影响企业从创新中获利能力的环境因素。其中，最重要的独占机制就是创新的技术性质及其受法律保护的程度（见表 2－1）。这里需要指出的是：作为保护创新收益的主要法律形式，专利其实远不像我们想象的那样有用，因为模仿者和竞争对手总是可以采取一种低成本的包围策略，在核心专利的周边进行专利布局。在正常情况下，专利更多地只是持有企业用以“防身”的“核弹”，它能够对竞争对手企图发动的专利战起到威慑和呵止作用，但很难帮助创新型企业从创新中获利，尤其是在工艺流程创新方面，专利的作用往往非常有限。1988 年公布的一份调查报告（创新研究领域俗称“耶鲁报告”）的结论与蒂斯的结论相一致：在七分制的评价表中，工艺流程专利对企业创新获利的平均有效性仅为 3.5 分，即便是产品专利的得分也不过 4.3 分；相比之下，领先时间（新产品推向市场后无人模仿的独占期）以及制造、营销、服务等环节的得分则远高于专利。

主导设计时机所关心的问题的本质是创新者在产业生命周期中所处的位置。我们将在第三章更加详细地介绍主导设计的概念。简而言之，在那些消费者偏好（“口味”）偏于同质化的行业中，主导设计出现之前是各路创新型企业大显身手、争夺主导设计的“战国”时期；而主导设计一旦出现，则意味着模仿难度的大幅降低。这意味着创新者从创新中获利的水平会随着产业生命周期的演进而发生显著变化。

表 2-1　　独占机制构成维度

法律保护工具	技术性质
专利 版权 商业机密	产品 流程 缄默程度 编码化程度

既然围绕核心技术展开的知识产权工作必须获得非技术环节（如上面所说的制造、营销、服务）的配合，或者更直接地说，核心技术往往只是一种中间物品，它需要与其他要素结合起来才能形成产品或服务，并通过这种方式实现其价值。这意味着对关键互补资产的控制是创新者从创新中获利的基本条件。

所谓互补资产（complementary assets），就是核心技术必须与之相结合才能够使创新成功实现商业化的非技术能力与资产。这些互补资产与核心技术创新的组合，将迅速成为企业特定的、难以被模仿的复杂体系。那么，互补资产具体包括哪些方面呢？蒂斯以图 2-16说明了其基本类型。其中，有竞争力的制造不仅同上面所说的“领先时间”有关，而且同学习曲线上的成本控制有关，其背后则有可能是工艺环节的互补性技术；而随着产品系统越来越复杂，互补性技术的空间正在变得日益广阔；此外，企业的品牌商誉、客户关系同样可以构成重要的互补资产。互补资产的理论可以帮助我们理解现实生活中的很多与创新相关的问题。比如，同样是国内的智能手机厂商，同样是采用安卓操作系统（这意味着在这一核心技术上独占性很弱），华为会利用自己强大的软件能力，在互补性技术开发上表现得更加突出；步步高系（OPPO 和 vivo）会凭借早年在线下环节发展起来的强大生命力，把销售环节做到极致，其店面的宣传、引导、话术都有一整套解决方案；而小米则依靠自己天生互联网思维的基因优势，着力经营自己的品牌社区和生态圈，打好服务牌。

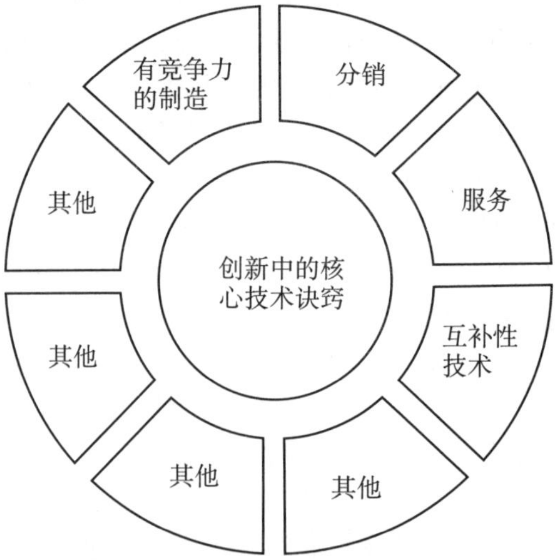

图 2-16　互补资产的基本构成

互补资产在过去三十多年间一直是创新研究的热门议题，这种理论热度与互补资产的现实意义直接相关。即便是三十多年前蒂斯提出互补资产概念时很多尚处于萌芽状态的思考，直到今天仍然有着广阔的讨论空间，其中最典型的就是互补资产与核心技术创新之间的关系。蒂斯认为，互补资产与创新之间的关系并不是千业一面的：不同行业中的创新与其互补资产的相互依赖性存在着明显的差别（见图 2－17）。在某些行业中，创新高度依赖互补资产，但互补资产并不仅仅应用于这一项创新（如激光视频播放机、DVD 机的成功有赖于 DVD 光盘的开发，但 DVD 光盘还可以用在电脑上）；还有一些行业则是互补资产高度依赖于创新，但这项创新却可以同其他互补资产相结合（如 iPhone 手机与其各种配套应用软件之间的关系）；还有一些时候，互补资产和创新则是双向专用的（如大型集装箱和海运货轮之间的关系）。这一问题之所以重要，原因很多：一方面，传统的装配性工业和流程性工业在这一维度上的表现存在着结构性差异，这种结构性差异直接决定着发展中国家在不同产业领域中的进入壁垒和发展难度；另一方面，在飞速发展的信息与通信工业中，出现了越来越多的“核心产品-互补产品”关系，但如何处理核心产品开发者与互补产品开发之间的边界，却是一个崭新的议题。而这些问题都同中国的产业发展与创新转型直接相关。

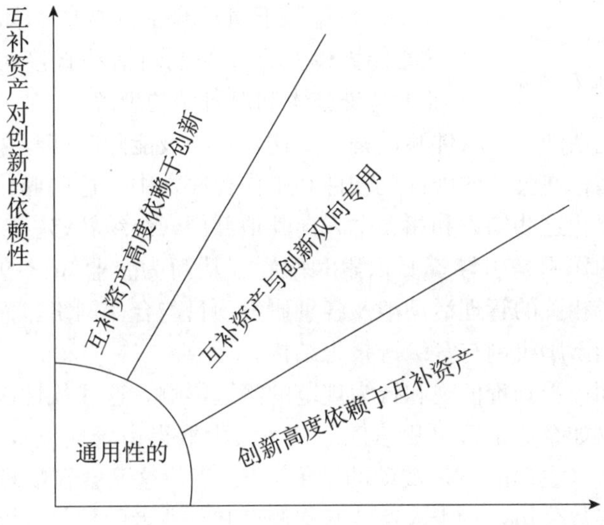

图 2－17　不同行业创新与互补资产依赖程度

四、核心能力与核心刚性

正如前面所说，核心技术与互补资产的紧密组合，构成了企业高度特定的且难以模仿的复杂体系。从某种意义上讲，这个复杂体系本身就构成了创新型企业的核心能力。当我们将能力定义为企业内部的某种资源应用方式与组合时，核心能力作为一种特殊的资源应用方式与组合，其基本功能和特点就是使企业“在特定业务领域中获得竞争能力和持久优势”，它是企业赖以超过竞争对手的资源和能力，而其本质则是显著区别于竞争对手的独特性。通常情况下，我们判断企业在特定领域的能力是否属于其核心能力的标准有四个，即价值性、稀缺性、难以模仿性、不可替代性。图 2－18 反映了上述一系列术语之间的关系。

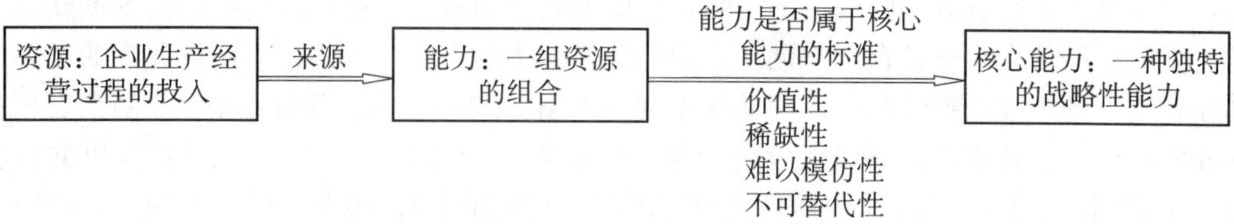

图 2－18　核心能力：定义与判别标准

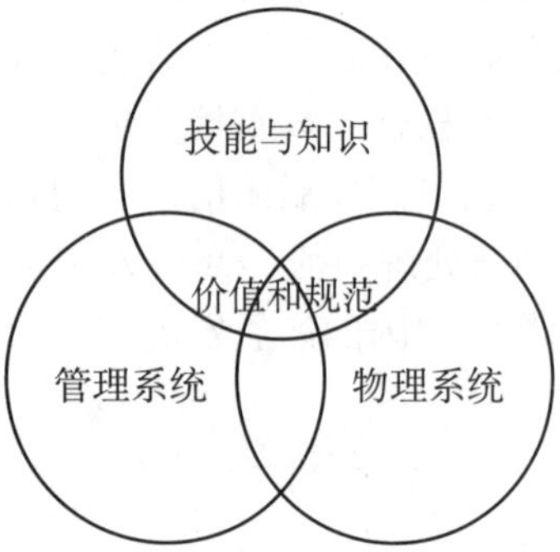

图 2－19　核心能力构成

那么我们如何理解核心能力的结构呢？美国哈佛大学的巴顿（L. D-Barton）将核心能力分解为四个维度，包括雇员的技能和知识、物理系统、管理系统、价值和规范（见图 2－19）。这四个方面构成一个有机统一整体，帮助企业在开发新产品和服务的过程中解决新问题，引入新知识，进行新的技术集成，开展新的技术试验。其中：

（1）蕴涵于雇员身上的技能和知识是与通常理解的核心能力以及企业的创新活动直接相关的维度，包括企业的特殊技术和对科学的理解。

（2）物理系统包括硬件、软件和设备，上述知识与技能随时间积累完善的同时，必然不同程度地沉淀和固化在公司的硬件、软件和工作程序之中，这些固化的知识如同矿床一样，一旦形成就会阻止这些知识和相关个人向其他部门、组织转移。

（3）管理系统的作用是引导资源积累和配置，从而为企业知识的创造与控制创造环境，其中与知识创造相关的管理活动涉及各种研发项目与合作网络，而与控制知识流动有关的管理活动则包括激励机制与等级链报告结构。

（4）上述三方面都受到价值观和行为规范的深远影响，这些软性因素不仅塑造着企业知识的内容和结构（如企业是否更相信依靠技术实力取得市场地位），而且塑造着企业获取和控制知识的方式（主动的还是被动的学习方式），而这又会在物理系统和管理活动中有直接体现。在大多数公司，对于人性的基本假设和创业者的价值观将对企业价值观和行为规范产生深刻影响。

显然，以上核心能力的四个维度已经超越了前述核心技术创新与互补资产的范围，而是将企业视为一个更为复杂的整体，从四个维度之间的关系出发去理解其整体逻辑。这种整体逻辑集中体现为一种“制度观”：对企业历史与现实的高度依赖，决定了核心能力是一种制度化的存在——嵌入在物理系统和技能、知识中的技术元素，往往可以追溯到企业的第一款产品；而管理系统的发展则始终着眼于个人与组织关系的调整。正是由于这种植根于历史和隐性知识的、全方位的“路径依赖”，才会有一大批领军企业（尤其是西方企业）自创立之日起就深耕某一产业领域，在“专精特优”上做足了文章。

> 君以此始，必以此终。
>
> ——左传·宣公十二年

但是，人类行为的一个基本特征就是有限理性。一个企业的核心能力作为其有限理性的集中表现，也必然会遭遇超越其认知能力极限的情形。在这种情况下，在历史上形成的核心能力就有可能阻碍企业应对全新情况、发展全新能力。此时就出现了核心能力管理中最致命的矛盾：核心能力往往同时也是核心刚性。企业内部的若干活动相互纠缠，形成一个复杂的体系并具备一定能力之后，这个体系就获得了生存的力量——即使它变得过时，仍然不会轻易瓦解。尤其是当企业忽视环境重大变化或过分强调熟悉目标时，其监测系统就会首先出现障碍：（与重大变化和陌生事物相关的）外部知识将会被过滤掉，难以进入企业系统；在这种情况下，技能和知识（吸收能力）的发展就会受限，物理系统与管理系统的惯性也会抵制那些以往不熟悉的东西，而最可怕的则是企业对商业世界的基本假设和价值观与整体发展态势脱节。这一系列脱节在创新过程中表现为僵化，即只能解决局部问题而无法顺应发展态势的变化获得整体解决方案；这种情况进一步发展下去，将会限制新产品和技术的试验，创新也就无从谈起。图 2-20 正是这一核心刚性示意图。

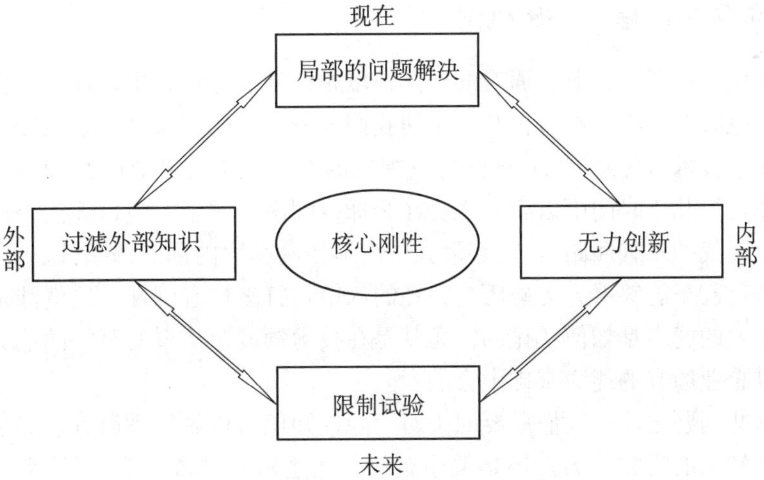

图 2-20 核心刚性

创新者镜鉴

用熟悉的方式解释世界：大企业的灾难

很多时候，企业组织也是习惯用自己熟悉的方式解释世界，它们尽可能地把环境变化解释为自己在历史中经历过并成功解决的那些问题。正是由于这样的思维方式，众多经历过极度辉煌的企业最终难逃落寞。面对市场变化，柯达就只看到自己希望看到的东西，即胶片的市场成长仍然旺盛，因此胶片相机还有巨大的市场。在这种情况下，作为数码相机的最早发明者，柯达反而错过了数码相机市场。计算机行业也是如此，当年最老牌的企业IBM只看到自己熟悉的大型机市场的发展，却对苹果的乔布斯和沃兹尼亚克开创的微机时代等闲视之，甚至将其视为玩具，被大型机绑架了思维方式的IBM最终在应对微机市场大爆炸的时候非常被动。

显然，那些常青树企业都成功地打破了核心刚性，但这绝非易事，因为打破核心刚性通常意味着削弱公司的现有能力。那些有可能颠覆市场结构的重大创新如能取得成功固然可喜，但万一创新失败或是无法保障独占，反而会严重冲击企业的现有产品线，产生“自噬效应”，以至于自损一千，得不偿失。当然，打破核心刚性也绝不只是一个经济问题，因为这种变化涉及权力关系的变化，涉及企业内很多习以为常、理所当然固有事务的变化，所有这些变化都有可能在企业内部招致自上而下的反对。正因如此，华为在引入IPD流程时敢于“先僵化、后优化、再固化”的自我革命精神才尤其宝贵。而勇于克服“本领恐慌”，敢于让“熟悉的东西闲起来”，敢于“学会自己不懂的东西”的背后正是一种典型的企业家精神，其结果则是能力发展变化的马尔科夫过程。

五、马尔科夫过程：VSR机制

如上面所说，创新型企业所面对的外部环境始终处于变化之中，甚至颠覆性的产业革命和技术断裂也时有发生，在过去几十年间我们亲身经历的一系列产业巨变——电视机工业中半导体显示技术对传统CRT显像管电视机的替代，手机工业中智能机对传统功能机的替代，都在短短几年时间中以席卷之势在全球范围内完成了。但也无法否认，总有一些企业能够跟上时代的“脑回路”，能够最大限度地控制利用内部资源条件，变挑战为机遇，变压力为动力，甚至能够努力突破历史路径的约束，打破核心刚性。这就涉及一些非常关键的问题：企业的能力是如何变化的？尤其是在技术领域，从事新事物的能力即创新的能力是如何融进企业原有的能力基础中去的？

在回答这些问题之前，我们需要回头对“隐性知识”再做一番解读。如前所述，无论是聚焦于技术知识的吸收能力，还是关注企业整体逻辑的“核心能力”，都在很大程度上表现为一种整体性、共享性的隐性知识，即组织的整体“经验”。但是，这并不意味着组织中的每一名成员对这些“经验”的理解都是一致的：组织成员对组织经验的理解程度和遵循程度，从根本上受到组织和个体两方面有限理性的塑造。由于个体的经历、背景、知识结构都有着显著的异质性（即中国人俗话所说的“千人万模样”），个体对组织“经验”的理解必然产生分歧。而组织中规则、经验的运行最终都依赖于微观层面的个体，这就从根本上决定了那些无法明文表达的组织“经验”在运行层次上绝不是自上而下、一以贯之的金科玉律，而是充满了变化、修改的可能性，而这些变化与修改就有可能成为组织应对未来产业革命的起点。那么，这种可能性是如何变成现实的？

我们首先需要说明这个从可能到现实的过程的基本性质。我们将这样一个企业能力演变过程称为“马尔科夫过程”。所谓马尔科夫过程，是这样一类随机过程：过程在t时刻的状态只与其在$t-1$时刻的状态有关，换句话说，在已知其现状的条件下，过程未来的演变不依赖于它以往的演变（“将来”与“过去”独立）。其实，一切人类行为都具备这种马尔科夫性，而这样一个马尔科夫过程的展开绝不是一蹴而就的，这正是我们前面强调实现“战略意图”的过程中“时间（压缩不经济性）”重要性的根源。

而在企业能力演变这个马尔科夫过程中，组织的能力变化尤其是技术能力的变化是在两种非常重要的选择力量共同作用下实现的，即企业内部的事前选择和市场的事后选择机制，其中前者是企业在创新过程中对技术选项的主动选择，后者则代表了用户“用脚投票”的力量——他们可以自由选择更偏好的产品。这两种机制相结合，就为能力变化的变异、选择和保留（variation-selection-retention，VSR）注入了动力，有的技术在这一过程中从可能选项变成了现实，还有一些技术在历史演进的过程中退出了现实选项的行列。

出于叙述简便的考虑，我们下面将以某种技术组合的形式来表明特定产品的创新演变过程，而在这个产品创新演变的过程中，外部科技知识（同行业或跨行业的）、用户需求以及企业自身的能力基础都对产品创新方向起到了不同程度的影响。我们假设这种产品的最初形式是五个特定的功能模块，且这些功能模块仅需要某一种技术即可实现，此时的产品就成为 A、B、C、D、E 五种技术的组合，将这五种技术成功应用于产品，充分说明了企业对这些技术的熟练掌握。而在开发第二代产品的过程中，前述若干种不同因素开始发挥作用：

（1）企业出于对核心刚性的担忧而鼓励内部技术人员积极探索新的技术方向（如前述美国、日本企业中的“信息冗余”和强制性实验），在这种内部环境下，某个技术人员非常偶然地将新元素引入模块 1，并将技术 A 改造为 A′；

（2）针对模块 3 的技术也发生了变化：随着外部科技发展变化，企业及时跟踪学习了模块 3 的相关技术，并成功地将外部技术与自身技术相结合，将技术 C 改造为 C′；

（3）企业内部的那些“用户的代理人”也没闲着，作为用户反馈传回产品开发环节的重要渠道，他们决定针对客户不满改进模块 5 的技术 E，以技术 E’ 取而代之。

在经过了这样一番事前选择之后（其中模块 5 的选择是市场机制的结果），第二代产品以 A′- B - C′- D - E′组合的形式面世。当把这一代产品推向市场之后，这些变化得到了截然不同的反应：针对模块 1 和模块 5 的技术变异获得了市场认可，并因此在新一代产品中得到了保留；与此同时，用户对模块 3 的技术变化并不买账，面对这种情形，企业只能放弃技术 C′，转而退回到曾经使用过的技术 C 上，而在前述三方面因素的作用下，模块 2 所采用的技术则在新一代产品中发生了变化，从技术 B 变成了 B′。我们以图 2 - 21 简化表达这个产品创新演变与技术变化过程，即 VSR 机制。

阐明能力发展与技术变化的 VSR 机制，理解这一马尔科夫过程在时间中逐渐展开的逻辑，可以帮助我们理解很多问题。简而言之，小到人生发展，大到产业升级，都要学会“风物长宜放眼量”：既要敢想敢干，又要为自己的战略目标留下相匹配的时间，并敢于想象一个远离现状的结果。对于管理者来说，要学会用发展的眼光对人对事，避免老眼光看人，避免简单化、脸谱化，更不要给人贴上固化的标签，最终务虚名而招实祸。在处理发展问题时更要耐住性子，要学会根据时间需要来设定合适的探索区间，建立相应的容错机制；避免一口吃个胖子，结果死于消化不良。唯有如此，组织才会更有效地提升学习和吸收能力，实现长足发展。下面诺基亚的例子就是一个很好的说明。

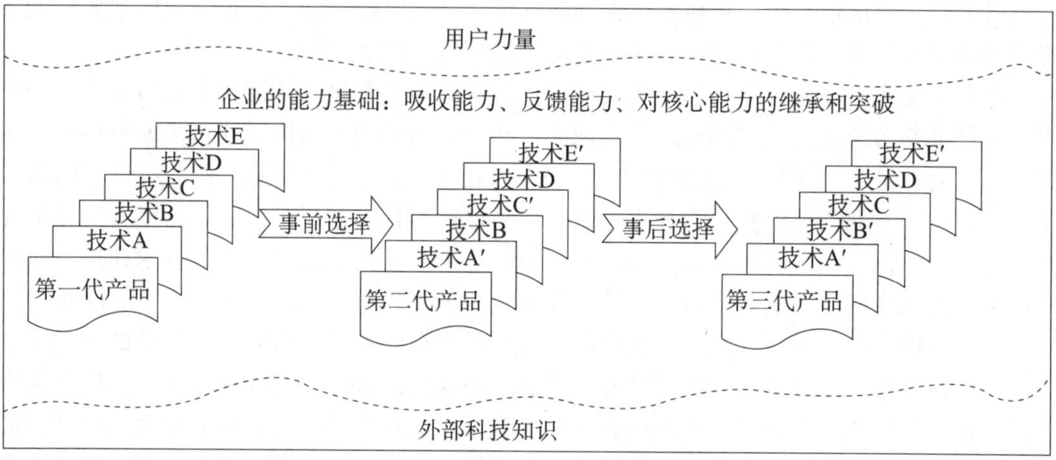

图 2-21　VSR 机制

创新者案例

诺基亚：150 年跌宕之路

人们对诺基亚的熟悉始于 20 世纪 90 年代末：自 1996 年之后，诺基亚曾是全球移动通信产品长达十四年的市场霸主。面对来自 iOS 和安卓两大阵营智能手机双面夹击，诺基亚在 2013 年 9 月 3 日将其手机业务以 72 亿美元卖给了微软。但诺基亚并没有气馁。2016 年，诺基亚手机王者归来，面对极其艰难的市场形势，经过长达两年的努力，诺基亚手机的全球出货量已经恢复到世界排名第七的位置。有着如此的韧性，与诺基亚跌宕起伏的发展历史不无关系。成立于 1865 年的诺基亚，最初是靠造纸起家，在此后的 120 年间，诺基亚先后进入了胶鞋、轮胎、电缆、制药、天然气、石油、军事等多个领域，而电信不过是诺基亚的副业。冷战时期，诺基亚甚至曾经是苏联的军火商：Sako-Nokia 牌子弹在 20 世纪 80 年代畅销一时。但随着冷战结束，诺基亚甚至芬兰（诺基亚的母国）做军火商的好日子也结束了。此时，诺基亚看准了移动通信技术崛起的绝佳机会，把电信这个副业一把拉上了公司长期支柱性产业的“龙椅”。

第四节　设计驱动的创新

设计思维不仅是近几年讨论创新过程的热门词汇，而且是发展中国家创新驱动的一个重要选项。从二战之后成功跻身发达国家的日本、韩国等国的经验来看，好的设计理念和设计方案恰恰是技术落后企业夺回创新与竞争主动权的重要手段，也是驱动企业吸收能力加速发展的首选途径。正因如此，在有关发展中国家企业创新能力的讨论中，R&D（research and development）早已被 R&DD（research，development and design）所取代。从这个角度来看，对设计思维和能力的讨论绝不只是简单地追逐时髦热点，而是对中国工业发展与创新驱动途径的一种探讨。

那么我们如何理解设计思维？设计驱动的创新到底是什么含义？如何在实践中把握？我们这一节就来着重理解这一问题。

在具体展开讨论之前，我们需要首先明确设计思维的本质。所谓设计，就是千方百计地将一种产品概念化，使之具备理想的特性。这些特性对应于不同层次的要素，包括与情感相对应的审美要素，以及与功能相对应的性能要素。因此，优秀的设计能够为客户带来很多方面的价值，如性能与成本、人性化、特定的情感诉求和象征意义以及高档感，等等。这些界定为我们划清了“设计思维”的边界：这种思维能力既要照顾到性能、成本等经济理性的要素，还要考虑到很多感性因素，这就使其成为兼顾理性与感性的“第三条道路”，但又避免了过分依赖理性或过度依靠直觉的情况。因此，保证这样的“第三条道路”的设计思维，本质上就是一种以人为中心，以人为目的，甚至以人为根本的思维方式。而这种彻底的“以人为本”能够取得成功，其背后隐藏着一个至关重要但又屡遭忽视的“公理”：因为所有人类行为都是有限理性的，所以需求并非不言自明，对客户需求的深入理解和准确把握也同市场调查有着根本区别——市场调查是要找出客户想要什么，而不是确认客户需要什么。所以，我们讨论“设计思维”的中心任务就是理解企业“判断并确认需求”的过程是如何发生的。下面我们将从两个角度展开这一任务，一种视角称为创新的“解释性维度”，另一种视角则可以称为“产品内在意义”的维度。

一、在解释性对话中确认用户需求

既然客户需求不是不言自明的，或者说客户需求是模糊的，那么我们就需要从这种模糊需求出发，重新理解创新过程的某些特点。在这里，我们将前面的漏斗模型稍作改造，引入一个模糊前端的创新漏斗模型（见图 2-22）。

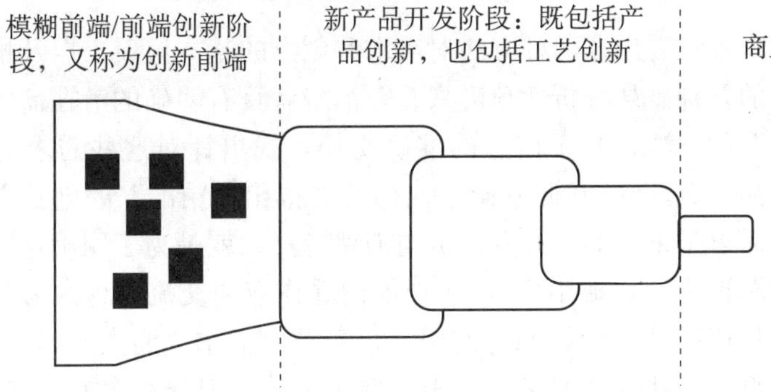

图 2-22 模糊前端的创新漏斗模型

与前面所讲的新产品开发流程模型相比，这个新模型的最大特点就是“模糊前端”：不同于将创意理念直接送进评估筛选流程的阶段-门模型，也不同于以“涂鸦”一笔带过却对用户需求的模糊性不置一词的 3M 漏斗模型，模糊前端的漏斗模型高度关心创意的来源，关心在一个模糊的初始状态下生产者要经历怎样的过程才能判断并确认客户需求；只有在确认客户需求、形成设计创意之后，企业才进入了前面所讲的新产品开发和商业化的阶段，并最终将产品和工艺推向市场。而与后续环节相比，模糊前端的一个基本特征就是结构化程度低，可预测性差。因此，在这一环节的方法就变得至关重要。

在模糊前端判断并确认客户需求的要害，就是利用相应的平台策略来联结、撬动公司核心能力与现有用户的价值链，并在两者之间搭建对话，从而使企业以自身的深层次能力来挖掘并满足客户的深层次需求。显然，这个对话过程并不是普通的对话，MIT 的莱斯特（R. Lester）和皮奥雷（M. Piore）将这样的对话过程称为“解释性对话”，即它虽然可能在形式上并不是我们熟悉的那种对话，但却是一个开放的交流过程（如企业在将产品推向市场之后去观察消费者的反应和使用习惯）。在启动这个交流过程之前双方甚至互不相识，而在交流过程中双方在同一问题的理解上又充满歧义，这个问题可以是某种产品具体解决哪些需求，可以是某种需求有哪些具体表现，也可以是某种产品的具体表现形式和使用方式。但恰恰是这些歧义导致了商机：企业通过不断观察和交谈，逐步理解用户需求，进而产生新的发现，更新自己的产品。总之，对话为创意铺平了道路，创意则是对话的最终目的。他们将以解释性对话为基础的破解模糊前端的创新方法称为“解释性方法”，而把在新产品开发阶段及之后使用的结构化程度更高的方法称为“分析性方法”。这两种方法的主要区别见表 2-2。

表 2-2　分析性方法与解释性方法的主要区别

分析性方法	解释性方法
关注焦点是项目，有明确的开始点和结束点	关注焦点是一个持续、开放的过程
目的是解决问题	目的是发现新事物
管理者设定目标	管理者设定方向
管理者通过会议协调不同观点，消除分歧	管理者组织对话，鼓励不同观点，探索不确定因素
沟通是大量信息的精确交流	沟通是动态的、依赖于语言环境的、不确定的
设计师倾听消费者呼声	设计师凭感觉把握消费者的需求
采用因果分析模型，明确区分目的和手段	无法明确区分目的和手段

我们从上面的表中不难看出这两种方法对需求和创意的基本假设，以及推进创新的基本方式都有着结构性的差别。从分析性角度来看，消费者具有明确的潜在需求，产品开发人员可以通过“倾听”的方法，基于信息的准确交换，找出针对这些需求的确切解（体积、重量等确切的产品参数），并在此基础上向消费者推出“精准”的创新方案；而从解释性角度看，消费者需求是未知的，开发人员与消费者互动就是为了明确这些需求，因此企业也不再将顾客简单视为“终端用户”，而把他们看作双向交流过程的参与者，通过这样一个双向交流可以尽可能地去理解和挖掘用户最看重的需求（痛点），并针对这一需求尝试性地推出产品原型。虽然这个原型产品未必完美无缺，但能在多方面产生激发作用，客户可以通过这个原型更准确地理解自己到底想要什么，企业可以通过这个原型为下面的快速迭代找准方向。因此，在对话基础上推出原型的这个过程一定是一个“慢工出细活”的过程，即为了后面的快速迭代，必须首先放慢速度，花时间吃透需求，将创意制成模型，避免方向性的错误导致无用功。

分析和解释这两种对立的方法，对设计而言都至关重要。如果企业无法澄清基本的需求问题，无法解决问题（最终表现为参数），无法进行决策，那么产品将永远无法推向市场。但是，最容易推向市场的产品都是已经成型的产品，换句话说，参数的方向已经确定，只是具体数值的变换。因此，如果企业追求更快的上市时间，市场成功依赖于特定的产品参数，那么分析是合适的方法；但如果企业要实现产品的差异化，解释性方法则成为创新的关键。而在莱斯特和皮奥雷看来，当代企业受困于日益加快的市场竞争节奏，正在严重压缩花在模糊前端的时间，即解释性对话的时间。

分析与解释之间的矛盾，要求创新型企业为这两种方法的共存创造足够的空间，尤其是确保解释性空间不再被继续压缩。在这样一个支持开放对话的解释性空间中，企业立足于“以人为本”的理念，通过分析人与产品间的关系、人与人之间的关系，进而准确地满足用户生理、安全、社交隶属、尊重、知识、美和自我实现等不同层次的需求。这个过程需要来自企业的三种承诺：(1) 观察，通过观察从他人的生活中学习；(2) 洞察力，即关注人们没有做的或没说出来的，从而准确解释观察结果，进而转化成能改善人们生活的产品和服务；(3) 在此基础上对用户需求表达进行深加工，而不是只对用户需要设定精确的置信区间。这样三方面承诺所带来的结果，往往是企业重新定义自己产品所满足的需求层次。就像牛仔裤，在这种产品诞生之初还只是在满足最初级的“遮体”“御寒”“劳动保护”等生理与安全需求；但随着其用户群体的变化，这些需求显然已经在新的顾客群体中变得不再重要，它更多地变成了对自由、时尚、前卫的一种向往，从而成为服装企业新的设计思路；而那些不穿正装、只穿牛仔的高科技公司则是把这种需求挖掘到另一种极致。

创新者案例

消费者为什么要买奶昔？他们想买什么样的奶昔？

克里斯坦森（C. Christensen）在《与运气竞争》一书中讲了一家食品公司调研消费者行为的故事，可以帮助我们很好地理解一个解释性对话的运作过程及其结果。

这家食品公司非常希望将自己的奶昔打造成一个招牌产品，为此他们展开了大规模的市场调研，去理解那些典型奶昔消费者对他们产品的期望。消费者阐释了他们的喜好，但这家企业很难找到可行措施来满足这些喜好，只能硬着头皮进行了很多创新，但效果并不理想。

在克里斯坦森指导下，他们决定花一天时间仔细观察顾客的消费行为，从衣着、配餐到进店时间、喝奶昔的时间。结果他们发现，有一大批顾客是在早上 9 点之前进店购买，而且买上一杯奶昔就直接带走。这让食品公司非常意外。他们继续理解消费者的行为，询问他们为什么会这样，但这些消费者自己也说不清。答案是企业自己发现的：这些清早进店的消费者往往需要花很长时间开车上班，他们需要一些让通勤变得开心、轻松的东西，虽然买奶昔的时候并不饿，但他们的肚子会在十点钟之后咕咕叫。他们中的很多人都是在经过了无数次试验之后选中了奶昔：因为一杯浓稠的奶昔可以喝很长时间，而且能够帮助他们抵御十点钟的饥饿感。总之，在他们眼里奶昔并不是简单的食物，而是通勤途中的乐趣点缀。针对这批顾客，他们可以把奶昔做得更香甜、更浓稠、更复杂（比如加入一些果粒），从而起到增添乐趣的效果，却完全不用为这杯奶昔考虑“健康”需求。

而还有一批顾客是在另一个时间段来消费的：下午和晚上下班后。这个时间段来的很多都是买奶昔哄孩子的家长，他们更希望这杯奶昔能够更“健康”，这样他们即便给孩子买了零食也不必过分自责。因此，这份奶昔最好分量减半，而绝不能像早上的那种追求口感刺激。

可见，虽然同样是一份奶昔，但不同时间段的消费者希望用它满足的需求完全不同，企业改进产品的方向也就大相径庭。如果此时去追求这两者之间的某个中间值（很有可能通过市场调查问卷获得这样的结果），其结果只能是两边不讨好。

资料来源：克里斯坦森．与运气竞争．北京：中信出版集团，2018.

二、重新定义产品内在意义

通过解释性对话去理解客户未曾表达的深层次需求，从而重新定义产品所满足的需求层次，这样一个过程被维甘提（R. Verganti）称为“重新定义产品内在意义”的过程。经过这样一个过程所产生的创新，“产品传递的信息及其设计语言的新颖程度超过了产品功能和技术的新颖程度的创新”。维甘提将这些被重新定义内在意义的产品（或服务）称为设计驱动式创新，并将其同渐进式创新和颠覆式创新相并列，称为“第三种创新”。在这里，维甘提对这三种创新模式有一套自己的定义方式，三者的基本模式及其相互关系如图 2－23 所示。

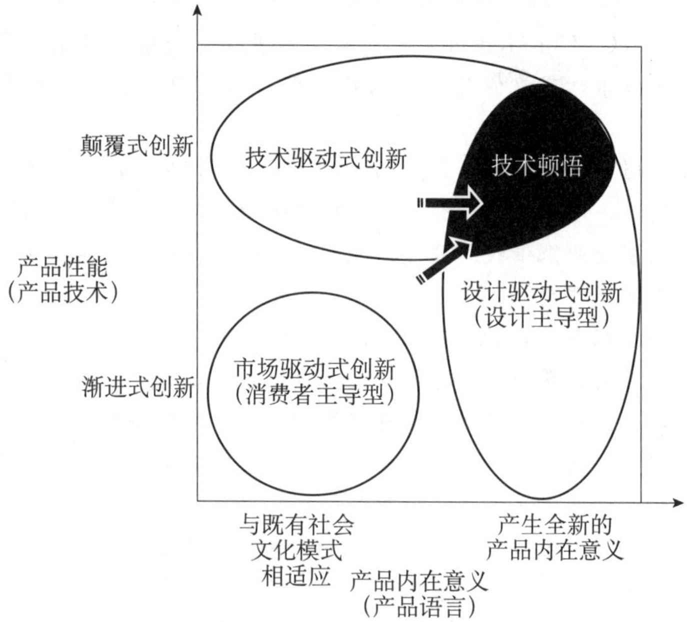

图 2－23　三种创新类型

从图中不难看出，对渐进式创新和颠覆式创新的定义更多是从产品性能与技术的角度出发的，而对设计驱动式创新的定义则是从产品内在意义的角度出发的。其中，单纯跟在消费者的屁股后面、利用对现成技术的小修小补去满足那些显而易见的需求，这种市场驱动式创新在所有的创新活动中占比不低，但意义不大。相比之下，颠覆式创新很多时候是技术驱动的，这种技术驱动既有可能延续产品的既定意义，也有可能与设计驱动式创新有所交集，当创新者希望为产品赋予某种新的内在意义，而必须为此开发一些颠覆性技术时，技术顿悟就成了决定设计驱动式创新成败的关键环节。在这种情况下，设计思维就成为企业开发、学习和掌握未来技术的引擎。下面的表 2-3 则给出了若干重新定义产品内在意义的典型案例。

表 2-3　　重新定义产品内在意义的典型案例

创新产品/服务	新的产品内在意义及其满足的新需求	同类产品及其满足的最初需求
MacBook Air 笔记本	艺术品，满足对美的追求	计算机，满足对工作性能的追求
画时代空调	艺术品，满足对美的追求	空调，满足对居住环境的追求
麦当劳	卫生、标准的餐饮操作，满足安全需求	餐厅，满足生理需求
奇瑞 QQ	积极（乐观、可爱）情感表达，满足社交需求	普通汽车，满足交通出行需求

在上面的五个案例中，前三个是在设计定位之初就找准了新的产品内在意义，并为此在设计开发过程中就完成了技术顿悟：

在设计 MacBook Air 笔记本的过程中，苹果的联合创始人乔布斯就一直在绞尽脑汁地希望将这款产品打造成艺术品，并为此尝试克服了技术上的巨大困难，实现了史无前例的“薄”，还锐意创新地把光驱从笔记本上拿走了。

在做出开发画时代空调的决策时，格力电器就已经决定将这款产品引向家居美学的方向，并为此集成了格力在空调领域的多项尖端技术，同样创造了空调行业的“最薄”记录。

在麦当劳兴起之前，美国的汽车餐馆和快餐店已经很多，但麦当劳却第一次向消费者传达了这样的理念：无论你身在何处，只要进入任何一家麦当劳连锁店，都能获得安全、干净、可靠的食物，因为他们为此开发了一系列产品处理技术和供应链技术。

另一方面，产品意义最终是在消费环节、在消费者的使用经历中产生并定格的。因此，总会有一些产品内在意义是在生产者与用户反复沟通的过程中被重新发现的。其结果就是产品在市场上最终的定格与设计者的“初心”颇有距离。表 2-3 中的奇瑞 QQ 的例子就是这样的典型：

很多人都记住了奇瑞 QQ 上那双水汪汪的大眼睛，再配上前格栅的小嘴巴，那就是一张憨厚的笑脸，而 QQ 对自己的定位也是“快乐”；但很少有人知道，第一代 QQ 车其实是一位年轻女工程师在失恋之后一气呵成设计出来的，而那双大眼睛最初是一双泪眼。

那么如此重要的设计驱动式创新是如何实现的？或者说，全新的产品内在意义是如何产生的？维甘提提出了一个“倾听→解释→表达”的三步骤模型。

（1）倾听：企业通过倾听获取关于产品内在意义及产品语言的新信息，倾听的过程就是搜寻这些新信息并将之内化的过程，在此过程中不断鉴别与吸引一类关键行动者，即“解释者”。

（2）解释："解释"是"解释者"的核心工作。所谓"解释"，就是企业表达全新理念、对产品内在意义及产品语言进行创新的过程，是综合与重组信息，并在此基础上形成独特理解的过程。不难看出，这与前面"解释性对话"的观点相似。但维甘提在这里将"解释者"的角色从创新过程中直接拎出来，使其在某种程度上独立于企业和用户。他认为，传统的、市场驱动或消费者主导的创新过程中，有关需求的信息是从用户向企业单向实时流动的；但在设计驱动式创新的过程中，企业与用户之间多了解释者的角色，解释者所关注的重点是用户的未来需求，即产品的未来应用内容和情境（见图 2-24）。这些负责需求预见的解释者，既可以来源于企业内部，从企业高层管理者到基层一线员工均有可能；也可以来自外部，如社会学家、人类学家、营销商、消费者、媒体、教育科研机构、艺术家、文化机构，等等。企业与每个"解释者"直接或间接地展开持续不断的交流活动。他们通过艺术品、研究报告、演讲、模型与产品等载体交换看法、分享观点、理解未来。他们尝试提出全新的理念又彼此相互讨论加以完善（见图 2-25）。

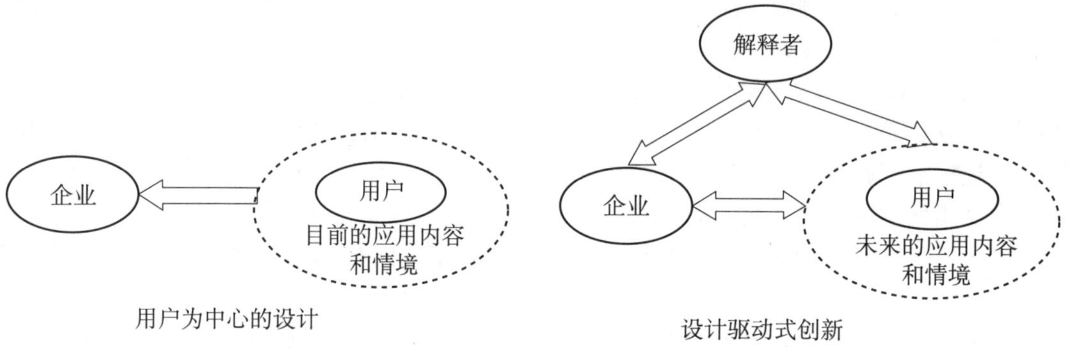

图 2-24　用户为中心的设计与设计驱动式创新比较

（3）表达：与"解释性对话"的观点不同，维甘提在这里特别强调了倾听、解释之后的"表达"，这是设计驱动式创新的"临门一脚"，企业将全新的理念传达给其他"解释者"，并借助他们影响消费者对产品意义的理解。总之，不仅要有好的想法，还要把这些想法传播出去。这意味着在面对消费者时，设计驱动式创新有可能具有某些"讲故事"的成分。这也决定了好的营销沟通有可能在重新定义产品内在意义的过程中扮演至关重要的角色。而且，"讲故事"的模式绝不止一种：不同企业的设计驱动式创新都涉及一个基本的分工，即企业和用户谁才是"讲故事"的主角。我们会发现不同企业在这一过程中采取的策略不尽相同：有的企业为用户提供标准化的产品，但产品的具体应用途径则由用户自行决定，典型如 iPhone 手机、宜家家具；还有的企业是按照用户的意愿定制化生产，在标准模块的基础上组合出差异化产品，典型如戴尔的电脑、海尔的组合冰箱；近年来日益流行的 DIY（do it yourself）体验经济则是一种更加典型的设计驱动的商业模式创新，消费者到店消费获得的不再是单纯物理形态的产品，更有亲手参与其中的乐趣与感悟。

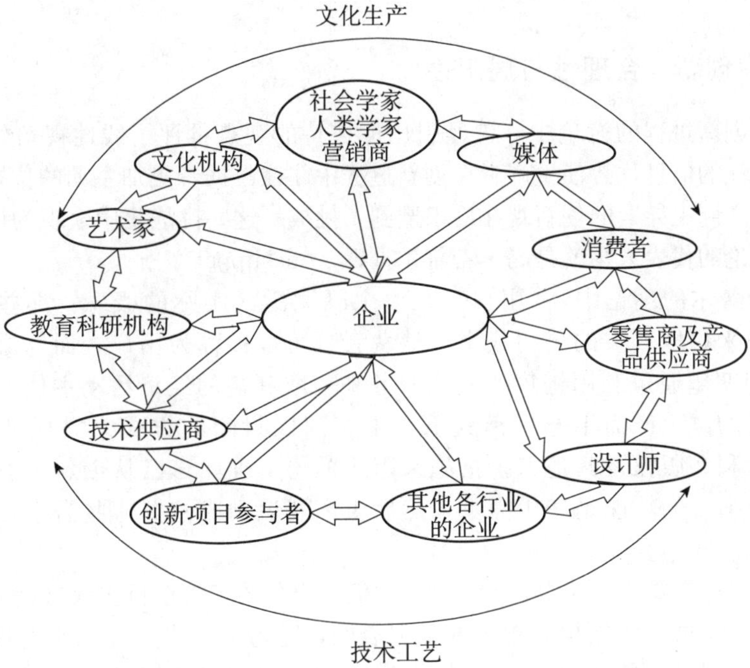

图 2-25 处于相互作用网中的各类“解释者”

创新者案例

设计驱动式创新中的营销沟通

很多时候，我们发现产品本身没有变化，但营销策略上的设计思维就能起到重新定义产品内在意义的效果。中国近年来出现了很多这样的广告：红星二锅头的“敬不甘平凡的我们”，为自己的产品注入了一种情怀元素；北冰洋汽水强势回归市场之后，打出了“你喝的是汽水，我喝的是北冰洋！”的广告，靠回忆杀圈粉无数。近年来最让人拍案叫绝的例子则是青岛的崂山白花蛇草水：当年一个不知出处的“中国最难喝饮品排行榜”，让这款饮料以冠军身份一夜之间名满中华，并率领黑松沙士、娃哈哈格瓦斯、东方树叶乌龙茶和红色尖叫跻身排行榜前五。自此之后，崂山白花蛇草水常年脱销，几乎每一个到青岛旅游的人都要体验一瓶，淘宝上更出现了“最难喝饮料”五瓶套装，而这个套装的价格竟然比正常市价高出50%多。其实多花的钱物超所值，因为它能证明“勇敢”。

第五节　用户创新与开放式创新：内涵与反思

在创新过程与能力这一章的最后，我们对用户创新与开放式创新这两支理论做一个简单介绍与讨论。之所以这样做，一方面是因为这两支理论在创新管理领域常年热门，广泛渗透在官产学研各界，是创新管理教材绕不过去的题目；另一方面则是因为对这两支理论的理解和辨析需要我们对创新过程与能力有了较为全面的把握之后才能进行。

一、用户创新：合理性与局限性

我们在对创新过程的讨论中，曾经引用熊彼特的观点批评了线性视角的需求拉动模型，指出结构性的信息优势使生产者在创新过程中往往占据着更加主动的位置。但是，熊彼特这种“生产商主导”的创新观在后来遭到了挑战。这些挑战集中表现为用户创新的理论，而这支理论的代表人物就是冯·希普尔（E. von Hippel）。

在冯·希普尔的理论中，“用户”是一个既宽泛又实际的概念：那些期望通过使用产品或服务来赚取利益的公司或个人消费者都可以被称为用户，而与之相对的则是“生产商”，即期望通过利用销售产品或服务来获取利益的经济活动主体。冯·希普尔认为，在传统的“生产商主导”模式下，生产商以封闭的方式来完成产品或服务开发，并通过专利、版权及其他保护措施来阻止模仿，确保自己从创新中获利。在这一过程中，用户唯一的功能是产生需求，然后生产商识别或挖掘这些需求，进而通过创新来满足需求。

但是，毕竟用户要从创新中直接获利，他们有充分的经济动机去改进创新产品，使之更加符合自己的需求。而且越来越多的证据表明，随着需求多样化水平的提升，用户对“生产商主导”的创新将日益不满，他们会主动承担大量产品研发和改良的工作，尤其是随着计算机和通信能力的持续提高，用户在创新过程中的贡献还在不断提高。表 2-4 就是对这一趋势很好的体现。针对这一趋势，冯·希普尔提出了一个非常重要的命题：创新民主化。这种创新民主化集中表现为用户越来越多地从生产商手中抢回创新的权力，从而实现了创新活动的推广与普及。

表 2-4　用户创新的频率：现有研究的结论

创新领域	调查用户的数量和类型	为了自用而研发和生产产品的比例
工业产品		
印刷电路 CAD 软件	136 家 CAD 软件用户公司	24.3%
管道吊架硬件	74 家管道吊架公司的员工	36%
医疗手术设备	261 位德国外科医生	22%
图书馆信息系统	102 家采用 OPAC 系统的图书馆员工	26%
Apache 服务器操作系统软件	131 位技术娴熟的 Apache 用户	19.1%
消费产品		
户外用品	153 位户外用品消费者	9.8%
极限运动设备	197 位四大极限运动特别俱乐部会员	37.8%
山地自行车装备	某地区的 291 位山地自行车手	19.2%

在用户日益广泛而深入地参与创新活动的过程中，一种新的角色出现了：产销者（prosumer，由生产者 producer 和消费者 consumer 两个词合成而来）。顾名思义，产销者既是用户，又是生产者，兼具创新与消费的双重职能。他们会根据自身需求来调整创新方向，满足特定化需求。产销者的出现，意味着生产者与用户之间的角色日益模糊，而这种产销者往往有一个共同特征：他们具有很高的专业化水平，从而有能力深入参与上游的创新过程。如

表2-4中所示，数字劳动力（digital labor）就是一类典型的产销者：无论是CAD还是信息系统、服务器操作系统，软件用户的需求往往五花八门、具体而微，这一方面孕育了很多付费定制软件，另一方面就把软件用户引上了“自改自用”的道路，在这一过程中开源软件（如Linux）的发展发挥了至关重要的作用。而外科医生对医疗手术设备的改造比例以及极限运动“大神”们的“自己动手”同样证明了用户专业化水平在用户创新中的重要作用。

其实类似的现象早在20世纪80年代就在一些传统行业中出现了。在冯·希普尔最早讨论用户创新的专著《创新的源泉》一书中，他发现很多机床用户都会对自己在用的机床进行一些重要改造。因为与生产者相比，他们更清楚对工艺、功能的具体需求，并因此能够做出很多行业专用性或工艺专用性很强的改进，而这些改进甚至会通过机床生产企业再向整个行业扩散。针对这种现象，冯·希普尔提出了非常著名的“领先用户”概念，即在洞察某一市场主要趋势方面，他们领先于同领域的绝大多数用户，并且他们希望迎合发现的新需求，从而获得相对较高的利润。在有关用户创新的研究中，“领先用户”的角色一直备受关注。

那么，领先用户以及用户创新理论成立的条件是什么？如冯·希普尔自己所说，“对很多用户而言，通过自己设计来准确获得所需要的事物变得越来越简单”，这种现象是在什么背景下出现的？其实我们会发现，“用户创新”在逻辑与事实上更多地表现为经济发展的结果，而非经济发展的原因。理解这一问题的关键在于：

（1）用户创新越来越简单，在宏观层次的必要条件是产业基础的发展健全，即想创新的用户可以通过市场化的方式，以较低的成本获得完成创新所必需的专用技能与部件，这正是我们在层次递归模型中强调的，“每一层、每个环节的解决方案必定是现成的或是可以迅速解决的”，唯有如此，用户主导的重新组合过程才能顺利完成。从这个角度来看，用户创新不仅如冯·希普尔所说，“正在冲击着原来传统的社会劳动分工体系”，而且其本身就是传统社会劳动分工体系的产物，并深深植根于现有体系。

（2）用户创新得以实现，在微观层次的必要条件是领先用户的到位。但领先用户之所以领先，归根结底是其长期浸淫于产业发展环境和创新应用环境中的结果，是其在不断学习的基础上主动拥抱技术变化的结果（吸收能力）。换句话说，“领先”的背后是经验、资历和眼界。但对广大发展中国家来说，很少有企业和个人有着这样的经验、资历和眼界（尤其是在传统产业）；这显然无助于创新活动的分散化与民主化。

特别是在中国，中国巨大的市场容量和丰富的市场层次，更容易使企业落入一种“用户创新”陷阱。对中国企业来说，从相对边缘甚至低端的市场起步无可厚非，但如果始终回避核心技术攻关，这些低端切入的企业就很难向成本函数左上方移动，进入附加值更高的细分市场，甚至有可能随着市场竞争压力的不断加大，从低端市场“下沉”到更低端的市场，或是完全落入前述市场驱动式（消费者主导型）创新，被一些更碎片化、更边缘化的零散需求“牵着鼻子走”，美其名曰“定制化”，其结果往往是大量的无效创新和核心技术长期空白。

理解这类“用户创新”陷阱，还要回到我们前面所讲的L形曲线的更迭：从产业发展的长期规律来看，开发新技术、推出新产品是一项资本与技术密集的工作，需要集中优势兵力打歼灭战。这项工作是永远不可能通过用户创新来完成的。正因如此，即便是在需求日益多元化的今天，西方的产业领军者仍然花费大量精力、利用各种手段（如设计思维）去打造“爆款”；而产业史上所有伟大的创新也从来都是在“生产者主导”模式下刻意开发而来，基本的开发要求就是“量大面广”。所以，虽然从改善消费者福利的角度来看，“用户创新”和“大规模定制”有可能成为“生产者主导”模式的有力补充；但从推动技术进步、主导技术变化的角度来看，过分迷信“用户创新”和“大规模定制”则与资本与技术密集的要求相矛盾，生产者主导下的“集中力量办大事”仍然是产业技术发展的主导模式。

创新者案例

那些“集中力量办大事”的中国创新者

随着近年来经济形势的变化，市场需求日益多元化，消费人群日益复杂，越来越多的大型企业集团开始转变成平台式企业，把庞大的研发力量分散到几百上千个，甚至更多的小型研发团队，从而形成一种活跃的众创与分权的氛围。但与此同时，我们还会看到另外一种典型。这些企业顽固地坚持“集中力量办大事”、咬紧牙关对准特定的核心技术展开攻关。这使它们成为代表中国处于全球产业竞争顶尖水平的“领头羊”。其中包括：

（1）华为。虽然华为提出了“让听得到炮声的人做决策”的口号，但华为在核心技术攻关方面一直保持着高度集中、集权的风格，这就是华为历史上著名的“压强原则”，只要最高决策层选定一个方向，就会集中优势资源、坚定不移地投下去，“只对准一个城墙口冲锋”，直至成为世界第一。

（2）济南二机床。与华为的“压强原则”神似，济二在研发上采取了“饱和投入”的战略，即便是在20世纪90年代全行业困难时期，济二也能够保证每年6%以上（企业最困难的时候研发投入甚至占到了销售收入的20%）的销售收入投入到研发之中，集中全力攻关大型冲压机和龙门刨铣两个产品的多项核心技术。在重要产品开发项目中，企业老总甚至会亲自参与一些关键技术细节的讨论。凭借这一“饱和投入”原则，济二的数控大型冲压设备已经与德国舒勒并列全球行业双雄的位置。

（3）格力。当一大批同行转型去做众创平台、由用户驱动创新的时候，格力却“极不入流”地坚持着一个与“压强原则”和“饱和投入”异曲同工的研发投入标准——“上不封顶”：在确定关键项目之后，只要认定了期望的开发目标，就不设置研发投入上限，并由研发副总亲自带队，甚至董明珠会亲自提出细节要求。正因如此，格力才接连拿出让消费者感到惊艳的“爆款”产品，并在行业核心技术上走到了世界前列。

二、开放式创新：内涵、条件与现实

作为创新管理的一个重要议题，对开放式创新的讨论始于这样的发展趋势：大型企业在逐渐退出基础研究领域，甚至某些元器件或新兴技术领域的应用研究也不再亲力亲为，在这些方面他们更多地求助于外部环境中的科技知识供给，从而有效利用内外两方面资源，以支持面向市场的新产品（服务）开发；而作为开发工作的结果，创新产出也不再仅仅服务于现有市场、现有用户，企业应用这些产出的心态也更加开放、更加灵活，技术许可和衍生企业等多种形式也成为新的备选方案，而在离开母体公司之后，这些技术许可和衍生企业又成为新一轮开放式创新过程中其他企业的外部技术基础（见图 2－26）。这种发展趋势的一个直接后果就是，大型企业的研发支出占工业研发总支出的比重不断下降（见表 2－5）。

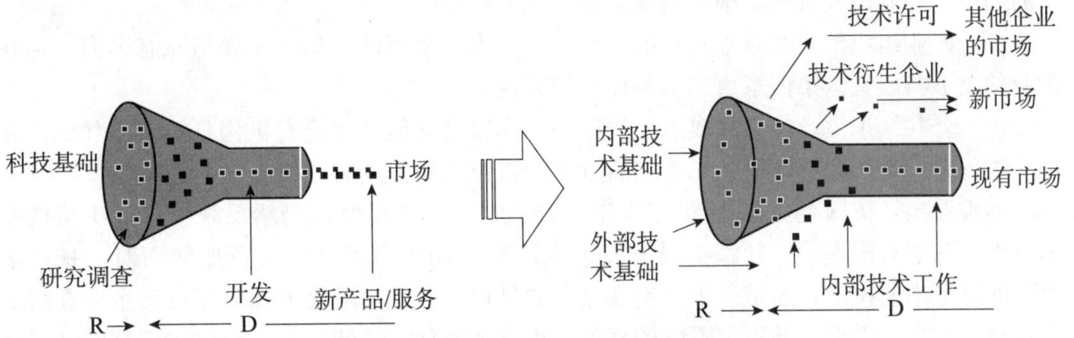

图 2－26 历史巨变：从封闭式漏斗模型向开放式创新的漏斗模型

表 2－5 美国不同规模企业的工业研发支出占比（1981—2001 年）

企业规模	1981 年	1989 年	1999 年	2001 年
1 000 人以下	4.4%	9.2%	22.5%	24.7%
1 000～4 999 人	6.1%	7.6%	13.6%	13.5%
5 000～9 999 人	5.8%	5.5%	9%	8.8%
10 000～24 999 人	13.1%	10%	13.6%	13.6%
25 000 人以上	70.7%	67.7%	41.3%	39.4%

这种结构性变化的背后是企业对创新的基本假设与原则进行了调整，如表 2－6 所示。

表 2－6 封闭式创新与开放式创新的基本原则对照表

封闭式创新的基本原则	开放式创新的基本原则
• 本行业里最聪明的员工为我们工作 • 为了从研发中获利，我们必须自己进行发明创造、开发产品并推向市场 • 如果我们自己进行研究，就能最先把产品推向市场 • 最先将创新商业化的企业将成为赢家 • 如果我们创造出行业中最多最好的创意，我们必将胜利 • 我们必须控制知识产权，这样竞争对手就无法从我们的创意中获利	• 并非所有的聪明人都为我们工作，我们需要和企业内外部的所有聪明人合作 • 外部研发工作可以创造巨大的价值，而要分享其中的一部分，则必须进行内部研发 • 我们不是非要自己进行研究才能从中受益 • 建立一个更好的商业模式胜过贸然冲向市场 • 如果我们能充分利用企业内外部的创意，我们必将胜利 • 我们应当通过让他人使用我们的知识产权而从中获利，同时应当购买别人的知识产权，只要它能提升我们的商业模式

从上述原则不难看出，如果只是个别大企业以开放的心态进行创新，它们将会在很短的时间内不堪重负并最终退回到封闭式创新的传统模式。因此，只有成为大多数企业的共同选择，开放式创新才能够实现长期运转。这意味着，上述创新原则与创新模式的历史性转变一定是产业经济整体发展趋势结构性变化的产物。具体而言，这种整体趋势

包括：

（1）国际竞争的压力。20 世纪 80 年代日本企业对美国企业的步步紧逼，迫使美国企业更加追求经济效率，而专业化分工是获取效率的重要方式。

（2）金融环境的变化。如前述“股东价值最大化”理念对企业投资行为的引导，最典型的如退出基础研究领域、削减研发经费。

（3）产业组织形式与技术趋势的变化。多技术、多部件产品的发展与原有纵向一体化企业的上下游脱钩（第四章第二节另作专门讨论）。

（4）公共知识生产体系的成熟。研究型大学以及其他公立研究机构日益发展壮大，在这一过程中，美国联邦政府在二战之后近半个世纪的高强度研发投入也至关重要。

不难看出，美国企业在 20 世纪末走上开放式创新的道路，仍然反映了企业决策的基本逻辑：基于有限理性，并深刻嵌入在民族国家的制度框架之中；正如前面对“核心能力”的讨论中所说的，这是一个“制度化”的过程。这个制度化过程只是反映企业在特定决策点上的特定需求，既不是不变的真理，也难逃不确定性的考验。开放式创新的选择可以帮助美国企业渡过 20 世纪 80 年代之后的难关甚至转危为安，但也有可能将美国企业引入新的陷阱。

创新者镜鉴

宝洁：开放式创新的成与败

成立于 1837 年的宝洁（P&G），是美国最老牌的工业企业之一，也是全球最大的日用消费品企业，拥有帮宝适、汰渍、碧浪、护舒宝、潘婷、飘柔、海飞丝、佳洁士、舒肤佳、玉兰油、SK-Ⅱ、欧乐-B、吉列、博朗等众多消费者耳熟能详的品牌。在其 180 多年的发展历史中，宝洁公司一直是快速消费品行业的“标杆”。但在最近 20 年间，宝洁先后两次遭遇危机，而开放式创新战略则是将这两次危机联系在一起的关键。

自 20 世纪 80 年代之后的 20 年间，宝洁的研发体系逐渐转型，从以美国为核心的研发驱动模式转变为多区域中心的平衡模式，以便适应全球市场日益激烈的产品竞争。即便如此，全球劳动力成本的上升、创新竞争的加剧、创新的成功率下降仍然使宝洁在跨越新世纪门槛时不堪重负。当时的宝洁首席执行官雷富礼指出，虽然研发的力量和产出是稳定的，但创新成功率仅有 35%左右，这严重侵蚀了宝洁的盈利，也迫使宝洁寻找新的创新方式。经过广泛探讨之后，雷富礼提出“联系与发展”的创新战略，其核心思想就是开放式创新。1999—2008 年，宝洁的销售额从 367 亿美元增长到 835 亿美元，研发支出占销售收入之比则从 2000 年的 4.9%下降到 2009 年的 2.5%，而研发成功率几乎翻了一番。

但是，当时间进入 21 世纪的第二个十年，开放式创新的弊端与局限性开始显现。

一方面，开放式创新开始“过度”，在这根指挥棒引导下，所有人都为了表现开放式创新而不断引入外部供应商的技术，企业对外部资源产生依赖，但自身的技术积累和人力资源却濒于匮乏：当大家发现一个电话一次访问就可以轻松获得想要的信息，比自己在实验室研究要容易得多时，稍有阻力便求救于外援的恶习逐渐形成，自主思考创新的精神随之淡化。

另一方面，并不是所有的外部供应商都愿意和宝洁分享最前沿的创新。而市场端的变化也让宝洁始料不及：在互联网环境下成长起来的新一代消费者诉求更加多样化，更加难以预测。对于大众消费者喜好风险的衡量越来越困难，宝洁习惯了基于数据做决策，使得公司对创新产品风险的衡量过于谨慎。

这几方面因素相互结合，形成恶性循环，导致宝洁内部创新士气低下，企业前进的加速度就丧失了。面对新的困局，雷富礼于 2014 年 8 月 1 日宣布在 2 年之内砍掉宝洁旗下近半数品牌，只留下为宝洁利润贡献 95%的 70～80 个品牌。

总之，虽然一切创新都是开放的，但以“开放”作为创新的基本战略选择则有待商榷。而作为时代的产物，开放式创新也绝不是无条件的，更不是放之四海而皆准的。

（1）从企业内部来看，长期内部研发形成的扎实的吸收能力是开放式创新成功运转的关键。如果不具备必要的能力基础，或者如宝洁案例所出现的既有能力在开放式创新过程中逐渐退化，那么单纯采用“拿来主义”的策略根本无益于企业创新能力的提升。单一企业的吸收能力决定了其自身实施开放式创新的前途，而一国范围内企业的吸收能力则是其在国际产业博弈中的筹码，决定着其能否通过开放获得国外先进技术。这种博弈是以行业为单位展开的。

（2）从行业层次来看，不同行业的开放程度有着极大的差别。在那些技术发展速度较慢的产业或是高技术产业中的中低技术环节，进入壁垒已经很低，领先企业已经没有必要控制技术流动，此时开放式创新可以成为一种选择，近年来服务业的开放式创新发展迅猛，根本原因正在于此。但在那些进入壁垒仍然较高，且发展中国家又不具备相应的吸收能力和高级生产要素的产业领域，西方企业仍处于垄断地位，并掌握着行业定价权，此时开放很难成为后发企业跨过进入壁垒的主要动力。尤其是对于中国来说，即便在这些高进入壁垒领域存在着竞争性、多样化的国际技术市场，中国企业单方面的开放也往往无济于事。因为，受到意识形态、民族主义、单边主义等多方面因素的影响，中国企业在一个看似开放的全球创新网络中，获得高端创新资源的难度仍然很大，而且这种难度有进一步加大的趋势。换句话说，核心技术是买不来的。尤其是在高端装备制造业和信息与计算产业的底层技术方面，中国至今仍然面临着以美国为首的西方的围堵，其中既有来自主权国家国内法的“特别关照”，也有整个西方共同签订的《瓦森纳协定》。而很多中国企业的海外收购项目都因为这道看不见的围堵之墙而以失败告终。

创新者镜鉴

沈阳机床收购德国希思：种瓜得豆

2004年10月，国内机床行业的“老大”——沈阳机床全资收购了德国百年机床企业希思公司。收购后，沈机在德国建立了技术研发中心，希望成为自己的一个技术来源。但后来发现这个想法太天真，因为德国法律规定，在德国本土产生的知识只属于德国，不得转移。而且作为《瓦森纳协定》的缔约方和欧盟成员国，德国本身承担着维持西方产业竞争力、限制先进技术对华出口的责任。就沈机涉及的机床技术而言，凡是加工精度在6μ（微米）以内的产品和四轴（及以上）的技术（包括软硬件、加工技术等全套技术）严格对中国禁运。这就使沈机这次海外收购的效力大打折扣。无奈之下，沈机高层决定，将德国希思作为技术人员培训的基地，每年选派优秀的青年工程师前往德国学习先进的机床设计理念和开发技术。

创新者须知

美国外资投资委员会（CFIUS）

作为号称世界上最大的自由市场经济国家，美国政府并不会任由外国企业随便进入美国成为“自由”经济的一分子。在这一过程中，中国企业受到的“关照”尤其到位。而其中最重要的“操盘手”之一，就是著名的美国外资投资委员会（CFIUS）。

美国外资投资委员会是一个联邦政府委员会，由9个政府机构的代表人员组成，美国财政部长担任委员会主席。CFIUS的代表们来自国防部、国务部以及国土安全部等，对可能影响美国国家安全的外商投资交易进行审查。在中国企业进入美国市场的历史上，无论是华为并购3Com未遂、其后被禁止进入美国市场，还是三一重工的风车项目被总统令勒令停止，这些大案背后都少不了CFIUS的身影。

本章小结

链环回路模型批判了创新的简单线性观点，指出成功的创新需要平衡新产品的要求和制造工艺过程、市场需求，并能确保企业有条件维持这一系列活动，并特别强调市场力量和制度因素在创新过程中的调节作用，这些调节集中表现为创新过程中一系列信息反馈。

创新依赖于“有组织的市场”上的“用户-生产者互动”，在这里“有组织的市场”的运行有赖于一套在用户和生产者之间通用的沟通代码，用于定性信息的交换。

从层次递归模型的角度来看，创新就是打破特定科学原则与特定现实需求之间的僵化联系，在科学原则与现实需求之间建立新连接的过程，即原则、需求、连接三者至少一者为新，从整体上建立这种新连接的过程就是整个递归过程的原始问题。

创新过程中所有能够应用的现成技术基础都是经过往复实践，证明其有用性和可靠性的。

技术知识包括显性知识与隐性知识两类。其中，显性知识又称明言知识，即一项技术中可以清楚表达出来的部分；隐性知识又称缄默知识，是指在一项技术中无法用语言加以明确表达的部分。

隐性知识与显性知识之间的转换通道并不是一条单行道，而是存在一个相互转化且知识活动范围不断扩张的过程，这个过程包括社会化（socialization）、外化（externalization）、整合（combination）、内化（internalization）四个步骤，这一知识创造模型被称为SECI模型。知识创造的五项促进条件包括意图、自治、波动与创造性混沌、冗余、必要的多样性。

吸收能力是企业用于获取、消化、转化和开发知识，以产生动态组织能力的一组组织惯例与流程。它可以分为两个层次：一是潜在的吸收能力，即获取和消化外部知识的能力；二是实现的吸收能力，即转化和开发知识的能力。

影响收益独占的要件包括三方面：独占机制、主导设计时机和互补资产。其中，独占机制是指那些在企业和市场结构因素之外能够影响企业从创新中获利能力的环境因素；最重要的独占机制就是创新的技术性质及受法律保护的程度。互补资产就是核心技术必须与之相结合才能够使创新成功实现商业化的非技术能力与资产。这些互补资产与核心技术创新的组合，将迅速成为企业特定的、难以被模仿的复杂体系。

能力是企业内部的某种资源应用方式与组合，核心能力则是一种特殊的资源应用方式与组合，其基本功能和特点就是使企业“在特定业务领域中获得竞争能力和持久优势”，它是企业赖以超过竞争对手的资源和能力，而其本质则是显著区别于竞争对手的独特性。核心能力可以分解为四个维度：雇员的知识和技能、物理系统、管理系统、价值和规范。

“解释性方法”是以解释性对话为基础的破解模糊前端的创新方法，而在新产品开发阶段及之后使用的结构化程度更高的方法称为“分析性方法”。

通过重新定义产品的内在意义，产品传递的信息及其设计语言的新颖程度可以超过其产品功能和技术的新颖程度。这种被重新定义内在意义的产品（或服务）就是设计驱动式创新，它是渐进式创新和颠覆式创新之外的“第三种创新”。

复习思考题

1. 试从不同的理论视角说明为什么创新过程是一个非线性过程。
2. 为什么在技术活动中会产生隐性知识？隐性知识与显性知识之间的转化机制有哪些？
3. 什么是巴斯德象限？
4. 3M漏斗模型包括哪三个不同阶段？
5. 为什么自主开发是学习外国技术的有效途径？
6. 基于“从创新中获利”的理论，解释为什么有些时候创新者不能急于将创新商业化？
7. 试从企业能力理论的角度讨论“君以此始，必以此终”。
8. 对比创新的分析性过程与解释性过程。
9. 简述维甘提提出的创新分类。

本章参考文献

1. ARTHUR W B. The structure of invention [J]. Research policy, 2007, 36 (2): 274-287.

2. CHESBROUGH H, VANHAVERBEKE W, WEST J. Open innovation : researching a new paradigm [M]. Oxford: Oxford University Press, 2008.

3. KLINE S J, ROSENBERG N. An overview of innovation [A] //LANDAU R, ROSENBERG N (eds.), The positive sum strategy: harnessing technology for economic growth [C]. Washington: National Academy Press, 1986: 275-305.

4. LEONARD-BARTON D. Core capability and core rigidities: a paradox in managing new product development [J]. Strategic management journal, 1992, 13 (1): 111-125.

5. LUNDVALL, BENGT-AKE. Innovation as an interactive process: from user-producer interaction to the national system of innovation [A] //DOSI G, FREEMAN C, NELSON R, SILVERBERG G, SOETE L. Technical change and economic theory [C]. Pinter, 1988: 349-369.

6. NONAKA I, TAKEUCHI H. The knowledge-creating company: how Japanese companies create the dynamics of innovation [M]. New York, Oxford: Oxford University Press, 1995.

7. TEECE D J. Profiting from technological innovation: implications for integration, collaboration, licensing and public policy [J]. Research policy, 1986, 15 (6): 285-305.

8. VERGANTI R. Design driven innovation: changing the rules of competition by radically innovating what things mean [M]. Massachusetts: Harvard Business Press, 2010.

9. HIPPEL E V. The sources of innovation [M]. Oxford: Oxford Unniversity Press, 1988.

10. ZAHRA S A, GEORGE G. Absorptive capacity: a review, reconceptualization, and extension [J]. The academy of management review, 2002, 27 (2): 185-203.

11. 理查德·莱斯特，迈克尔·皮奥雷．破译创新的前端：构建创新的解释性维度 [M]. 北京：知识产权出版社，2006.

12. D E 司托克斯．基础科学与技术创新：巴斯德象限 [M]. 北京：科学出版社，1999.

第三章
产业创新：企业创新的铁笼

本章要点提示

- 创新的 SPRU 分类
- 不确定性
- A-U 模型
- 国家（地区）技术能力
- 产业公地
- 技术范式
- 熊彼特Ⅰ型/Ⅱ型
- 技术体制

引例

“缺芯少屏”一直是中国产业核心技术短板的真实写照，2018 年的中美贸易争端使我们更加清醒地看到这一点。其中“缺芯”就是缺少芯片（超大规模集成电路），集成电路早已取代石油，成为中国外贸出超最大的产品门类。生产制造集成电路需要一系列尖端设备，其中的关键是光刻机，这也是中国集成电路生产设备的短板之一：美国等发达国家很久以前就针对中国制定了 N-2 的光刻机技术封锁政策，即向中国出售的光刻机，至少要比西方同盟的技术水平晚两代。光刻机的一个重要元件是光学镜头：镜头的好坏直接决定光刻机水平。因此，很多做光刻机的企业都是照相机领域的资深玩家，其中既有欧洲的蔡司，也有东亚的尼康、佳能。而中国的照相机工业却在改革开放之后消失了，做光刻机的难度自然随之上升。但很多年轻人不知道的是，中国曾经有一个自己的照相机工业，而且水平不低。30 多年前，国产照相机曾远销海外，照相机也同收录机、手表、自行车、缝纫机并列时尚家庭“五大件”“三转一响带咔嚓”的行列，“海鸥”“凤凰”等国产相机品牌也被发烧友们亲切地称为中国照相机工业的“两只鸟”。

在工业史上，类似照相机与光刻机这样的例子还有很多。我们也经常在现实中听到那些有意创新的企业在遭遇失利时无奈感慨，“工业基础太差，如何如何”。不难发现，很多时候“创新”并不是企业一时兴起就可以七手八脚、一气呵成的。产业技术的发展与进步过程，表现出若干基本规律，并形成了一个宏观框架。这些基本规律与宏观框架，为企业的技术创新活动限定了一个大致范围。我们借用社会学中的话来说，产业技术进步的这些基本规律构成了企业创新过程的“铁笼”。虽然企业可以在时间推进中将这个“铁笼”逐渐撑大，但却很难一下子跳出来，摆脱一切约束。因此，我们这一章就尝试刻画企业创新活动所面对的“铁笼”到底什么样子。

第一节 创新的 SPRU 分类：从渐进创新到发展巨浪

从不同角度出发，我们可以对创新进行多种分类。比如，从创新形式来看有产品创新与工艺创新之分；从技术变化的性质来看有模块创新与构架创新之分；从对企业的影响来看有能力增强型创新与能力摧毁型创新之分。后两种分类我们将会在第四章“技术变革的冲击”中着重加以讨论。这一节讨论创新分类的出发点，则是创新在整个产业乃至社会经济发展过程中的影响。显然，这种影响的程度和方式都有很大差别，这就需要我们辨认不同“层次”的创新。对创新层次进行分类最具代表性的理论当属 SPRU 分类。

SPRU 是科学政策研究所（Science Policy Research Unit）的缩写，于 1966 年成立于英国苏赛克斯大学。目前，SPRU 已经成为科技与创新政策领域全球最负盛名的研究机构，创新与科技政策领域最具影响力的期刊《研究政策》（*Research Policy*）正是由 SPRU 在 20 世纪 70 年代创办的，在这一过程中 SPRU 的创始人弗里曼（C. Freeman）扮演了非常重要的角色。而创新的 SPRU 分类同样与弗里曼有着密不可分的关系。

20 世纪七八十年代，弗里曼与佩雷兹（C. Perez）、苏特（L. Soete）等人在经济发展长周期这一主题的研究上倾注了大量心血。在此之前，有关这一主题较为著名的研究当属苏联经济学家康德拉季耶夫（N. Kondratieff）的长波理论。所谓“长波”，是指经济成长过程中上升与衰退交替出现的一种周期性波动。在资本主义发展过程中，人们很早就意识到这种周期性波动的存在，但康德拉季耶夫却第一次用大量经验统计数据检验了经济发展过程中 50～60 年一个周期的长期波动。他将长波的形成归因于资本主义经济实质固有的那些东西，尤其是资本积累；其他所有因素——技术变革、市场扩张、战争与其他不可抗力——都不是这一过程的根本原因。相比之下，弗里曼和他的同事们则更多地从技术角度来理解这种长周期波动。

在 SPRU 的学者们看来，每一个长周期都是整个社会经济系统重塑的过程，而推动这个过程的根本动力就是技术进步。每一个长周期的基础都是一组新的技术、产品和基础设施，它们扮演了所在周期中“增长引擎”的角色，并因此导致了整个经济体系爆炸性的增长和结构性的变革，佩雷兹将这样一个快速增长的过程形象地比喻为“发展的巨浪”。但“巨浪”绝不是一蹴而就形成的，每一种堪当“引擎”的技术和产品以及应用这些技术的其他产品，其技术潜力与效用也绝非一步到位，而不同产业搭上“引擎”、融入“巨浪”的可能性也有很大的差别。因此，创新必然表现出不同的层级和类型。在系统梳理了英国工业革命以来二百多年工业史的基本脉络之后，弗里曼和他的同事们（主要是佩雷兹）识别出五次“发展的巨浪”，并按照影响力的差别划分了四种不同层次（类型）的创新。这四种创新分别是渐进创新、重大创新、技术系统的变革和技术经济范式的变革。

一、渐进创新

在任何工业和服务业中，以不同的速率持续发生的改进型创新都叫做“渐进创新”，如我们前面提到的海底捞汤勺上的挂钩。这种改进可能来自企业（工程师），也可以来自用户。它们看似微不足道，积少成多之后就可以产生非常重要的影响，对于几乎所有的创新来说，效率的提升、效用的改善都是依靠不断的渐进创新实现的。在这一问题上最著名的讨论来自艾诺斯（J. Enos）。在1958年的研究中，艾诺斯以石油精炼行业最重要的四项工艺创新（热裂解、聚合、催化裂化和催化精炼）为例，对比了这些创新首次出现产生的成本下降和出现后不断改进产生的成本下降，他的结论是后者的水平远远超过了前者。这提醒所有企业管理者，不要总想一口吃个胖子，小修小补也是“创新”非常重要且不可分割的一部分，要学会“勿以善小而不为”。

二、重大创新

与渐进创新相比，重大创新最大的特点就是“不连续性”，而且随着产业技术的发展，重大创新往往与重大科学进展密切相关，因此其诞生日益依靠于精密的研发努力。另外，不同产业技术发展的不平衡现象，集中体现在重大创新的机会分布上：一方面，每次“发展的巨浪”中的“引擎”产业更容易出现重大创新；另一方面，那些与“引擎”产业距离越近、越容易与之相结合的产业，越容易出现重大技术创新。从这个意义上我们就不难理解，从20世纪90年代到今天短短20多年的时间，移动通信技术经历了多次重大创新，我们的手机也因此发生了巨大的变化，从最早期板砖式的“大哥大”发展成为今天造型百变的智能手机；相比之下，个人计算机（PC）行业的重大创新却少了很多，而食品、家具等最传统的产业部门中的重大创新就更少了。这种产业间的差异可以帮助我们理解一个重要现象，即不同行业的企业的技术活动（研发投入与研发方式）必然存在着结构性的差异。所以，当全社会都去批评“联想十年的研发投入尚不及华为一年的研发投入”的时候，其中联想自身的战略进取心固然有值得商榷之处，但这种行业性差异则是更为根本且决定性的因素。

当我们讨论“重大创新”的时候，一个重要问题是它与渐进创新的关系。正如我们前面所说，渐进创新是挖掘和提升创新的效率与效用的主要形式；但如果没有重大创新，渐进创新的挖掘和提升就很有可能失去支持和方向。从技术进步的历史上看，重大创新虽然少见，但它为后续的一系列渐进创新提供了一个框架，并因此而启动一般都会持续几十年的活动序列。从这个角度来看，重大创新与渐进创新之间的关系是一种“阶梯”与“循环”的关系：重大科学进展与重大创新紧密相连，它们的出现往往意味着人们“认识世界”（重大科学进展）和“改造世界”（重大创新）的能力迈上了一个新的台阶，这就使重大创新成为一种“阶梯”范式的创新；相比之下，“循环”范式则是重复的、连续的、渐进的改进过程，是基于已有的知识和现存的产品展开的往复实践。以汽车为例，从今天的角度来看，现代汽车工业的所有原型——无论是美国福特还是德国奔驰——都是粗陋不堪，这些原型发展到今天的探险者和奔驰S级轿车，都是几十年渐进创新、循环往复的结果；但是，如果一百年前的这些原型始终没有出现，我们找不到这些引向新方向的“阶梯”和“框架”，今天交通设备行业的渐进创新就是去改进马车零件。

三、技术系统的变革

一系列的重大创新与渐进创新交互作用，并伴以组织与管理变革，最终产生了长远的结果，既有可能重塑已有的若干产业，也有可能诞生全新的产业。从这个叙述不难看出，与前面的渐进创新和重大创新相比，技术系统的变革在时间和空间上得到了进一步拓展。识别这一层次的创新有两个重要指标：一是重大创新的系列化，这种系列化可能是在一个产业范围内，也可能是在紧密相关的多个产业范围内；二是组织与管理变化往往同技术变化同步发生。这类创新往往构成了一个或几个“引擎”部门的爆炸性增长，并因此在每一次“发展的巨浪”中都有明显表现，比较典型的例子包括：工业革命时期纺纱机、织布机、蒸汽机和钢铁、煤炭等几个重点行业的重大创新接连出现并相互诱发，从而直接导致了英国的快速崛起；20 世纪二三十年代横跨化工、机械等多个行业的一组重大创新——合成材料、石化精炼工艺和注塑成型与挤压——的成批次出现则彻底改变了此后近百年间人类应用材料的范围；最近的例子则是移动通信、平板显示和计算领域的一组重大创新，它们的结合为我们改变日常生活方式创造了无限可能，从移动办公到外卖点餐。

四、技术经济范式的变革

某些技术系统的变化如此深远，以至于它们重新塑造了整个社会经济系统。这种变化不仅涉及工程技术领域，而且涉及深刻的结构性调整及由此带来的制度框架和社会“常识”。换言之，这种创新所产生的影响已经远远超过了产品、服务和产业的领域，而且最终触及整个社会经济系统的投入成本结构，并因此导致与之相匹配的社会制度框架和常识。我们将工程技术、成本结构和社会制度框架、“常识”所构成的整体称为“技术经济范式”。而那些能够引起技术经济范式变化的“引擎”产业往往包括两类，即基本生产资料和围绕着基本生产资料的应用、生产、贸易和购买而展开的新兴产业部门和基础设施建设，其中基本生产资料被称为“关键生产要素”。从技术经济的角度来看，关键生产要素表现出以下典型特征：

（1）显而易见的低成本和成本迅速下降；

（2）看上去在很长时期内几乎无限的供应能力；

（3）能够与几乎遍布整个经济系统的诸多产品和工艺相结合，并具有显著的效用。

佩雷兹用近 30 年的时间细心勾勒了技术经济范式变革的基本框架。在她看来，每次“发展的巨浪”都是一个以核心国家（国际经济体系在特定时期的领头国家）为起点、特定技术经济范式完全展开的过程，这个过程包括四个阶段加一个转折点，其中前两个阶段被称为导入期，以此表明新技术、新的关键生产要素和技术经济范式破土而出之后快速推进和增长的过程，而后两个阶段则被统称为展开期，意在说明其重新组织和塑造整个经济结构、重新定义最佳活动方式的强大穿透力（如图 3 - 1 所示）。

（1）爆发阶段：新范式中的关键生产要素和新兴产业部门本身的重大创新在核心国家基本完成并表现出巨大发展潜力；为了方便新商品的生产、贸易和购买，基础设施部门也要随着技术大爆炸而同步推进。这两方面都吸引了大量金融投资，这些“引擎”部门迅速成为资本新贵，其发展需求与金融资本的需求相耦合。

（2）狂热阶段：关键生产要素和新兴产业部门的技术日趋成熟，产能急速扩张，那些

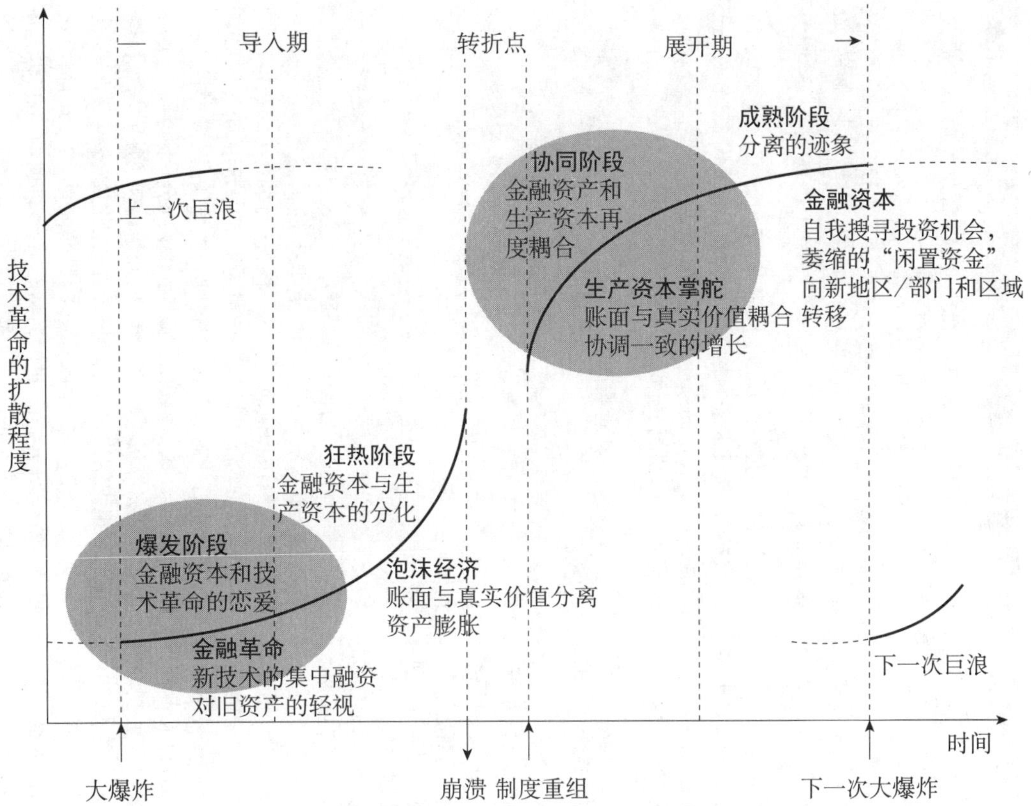

图 3-1　发展的巨浪：技术经济范式变革的全过程

与“引擎”部门距离最近的周边产业开始努力利用新的关键生产要素，但金融资本的大量涌入使“引擎”部门的估值严重偏离了其实际价值，而金融资本的傲慢又导致了它与生产资本之间的分歧，这两种趋势的社会性结果是越来越大的贫富差距。

(3) 转折点：狂热阶段往往以金融泡沫的破灭作为收尾，但单纯的市场机制不足以将金融资本从被高估的“引擎”部门中转移出来，在这种情况下需要对制度框架进行结构性调整，从而驾驭金融资本，将其引向更大的产业经济体系。

(4) 协同阶段：制度调整完成之后，生产性投资的需求得到满足，金融资本与生产资本在更大的产业范围内再次耦合，整个经济体系中越来越多的产业部门的生产效率都因为关键生产要素的支持而得到了提升，贫富差距也随之缓和。

(5) 成熟阶段：在核心国家，那些最容易利用“引擎”部门的产业都已经利用了技术大爆炸的成果，生产资本获得更高生产率和回报的难度越来越大，技术延伸和地理迁移（将新技术引入发展中国家）为新的增长提供了可能，但金融资本从实体经济中的抽离似乎不可阻挡，它们开始更多地寻求发展中国家和重大新技术的投资机会，而后者将孕育出下一次技术经济范式的关键生产要素。

上面的框架虽然不可能涵盖产业发展历史中的诸多细节，但也不是完全的理论臆想。佩雷兹和弗里曼用这一解释性框架分析了工业革命以来 240 年的历史，并将其划分为五个技术经济范式，而当前正处于第五个“巨浪”的转折点阶段。

各个技术经济范式的基本信息如表 3-1 所示。

表 3-1　迄今为止的五次"发展的巨浪"

	第一次	第二次	第三次	第四次	第五次
起始时间（与标志性事件）	18 世纪 70 年代	1829 年（第一胎蒸汽火车诞生）	1875 年（卡内基新式酸性转炉钢厂建成，法国建成第一座电厂）	1908 年（福特 T 型车正式下线）	1971 年（英特尔的第一块微处理器诞生）
核心国家	英国、法国、比利时	英国、法国、比利时、德国、美国	德国、美国、英国、法国、比利时、瑞士、荷兰	美国、西欧国家、日本、瑞典、瑞士、苏联、加拿大、澳大利亚	日本、美国、德国、瑞典、韩国、加拿大、澳大利亚及其他西欧国家
引擎：1. 关键生产要素；2. 新兴产业部门；3. 基础设施部门	1. 棉花、生铁 2. 纺织品、纺织机械、铸铁、水力发电等 3. 运河	1. 煤炭 2. 蒸汽机、轮船、机床、铁路设备 3. 铁路、航运	1. 钢 2. 电机、工程电力机械、重化工业 3. 电力生产分配	1. 能源（特别是石油） 2. 汽车、机械化装备、耐用消费品、石化产品 3. 交通干线、机场、航线	1. 芯片 2. 计算机、电子设备、软件、通信设备、数据库 3. 数字电信网络、人造卫星
金融泡沫的"重灾区"	运河	铁路	蒸汽船（第一次经济全球化导致的国际贸易与航运需求）	汽车、电力、房地产和股票市场	股票市场、互联网和房地产
转折点	1793—1797 年（英国接连出现经济危机，英法战争）	1848—1850 年（1848 年革命）	1890—1895 年（阿根廷经济崩溃、美国金融恐慌，1898 年爆发美西战争）	1929—1941 年（大萧条直至美国正式向轴心国宣战）	1999 年互联网泡沫破灭，2007—2008 年金融危机
展开期	英国工业革命大发展	英国成为世界工厂，维多利亚繁荣时期	欧洲：黄金时代 美国：进步主义时代	资本主义战后黄金 25 年	欧美：再工业化 中国：中国制造 2025（均有待观察）
技术经济范式下的"常识"	工厂生产/机械化/生产率/守时和节约时间/流体运动（以水力驱动的机器和借助运河与水路的运输）	基于产能集中、工业城市与全国统一市场的经济/具有全国性网络的动力中心/规模意味着进步/标准化生产、机械化作业/随处可得的蒸汽能源	钢制巨型结构/工厂的规模经济和纵向一体化经营/以电力为代表的可分配的工业动力/科学成为一种生产力/世界范围的网络和帝国（各种垄断经营）/普遍的标准化/由于控制和效率的目的而建立的成本会计/大规模的世界市场	面向大众市场的大规模生产/规模经济和横向一体化经营/产品的标准化/基于化石能源的密集能源供给/合成材料/专业化分工和等级金字塔（层级制组织结构）/集权化、大城市中心和郊区化/民族国家的力量、世界范围的协议与对抗	基于 ICT 的信息密集/非集权的一体化（网络式组织结构）/知识成为资本、无形的价值附加值日益明显/异质性、多样性和适应性/市场细分（不再面对大众市场，开始出现长尾）/与规模经济结合的范围经济与专业化/全球化与局部的互动/内向型与外向型的结合/即时通信和即时联系与行动

我们以极大的篇幅来介绍弗里曼和佩雷兹技术经济范式和长周期的理论，目的在于更好地理解我们今天的创新驱动发展和世界政治经济形势身在何处、走向何处以及困难何在。

（1）我们正处在以芯片为关键生产要素的第五次技术经济范式的中期。我们无法判断转折点是否已经完全度过，相应的制度框架是否到位，但可以确定的是，今后很长一段时间内创新与创业的一个重要方向是继续挖掘 ICT 自身的发展潜力（如网络技术的发展），但更重要的是将过去四十年 ICT 的发展成果广泛应用于其他产业，使其在更大范围内作用于生产率的提高和社会福利水平的改进，这也是过去几年全球范围内创业投资关注的重点方向。

（2）中国拥有世界工业史上从未出现过的极其宽广、极其庞大的现代工业体系。这一基本国情恰恰是中国的优势，这个工业体系的现代化改造将为中国未来二十年的经济增长创造无限空间与想象，但启动这一过程的关键就是避免脱实向虚、驯服金融资本，使其服从和服务于所有产业，包括传统产业的升级需求，并以平等之心对待所有工业部门。

（3）从全球范围内看，驯服金融力量的历史重任尚未宣告完成。正因如此，我们才会看到在第一章中提到的那些“创新杀手”——它们都是过去三十多年“股东价值最大化”意识形态的产物，恰恰与本轮技术经济范式导入期的时间段高度重合，而这一意识形态在社会层面的突出影响就是各主要国家的贫富差距日益显著。但对“股东价值最大化”意识形态的反思和批判仍集中在学术界，政策层面尚未做出实质性反应，这也预示着度过“转折点”的艰险。

弗里曼和佩雷兹有关经济发展长周期的研究并不仅仅局限于对核心国家（发达国家）的理解，他们也从这套理论出发，对发展中国家的赶超与成长给出了自己的建议，其中最著名的就是“机会窗口”理论。这也是长期以来国内很多“跨越式发展”理论的源头之一。所谓“机会窗口”，是指在新产业萌发之际（爆发阶段），其相应的进入壁垒——所需要的经验、管理能力和资本——往往较低，这就为发展中国家创造了机会；相比之下，发达国家则有可能受到旧范式沉没成本的制约而迟迟无法完成转型。这种观点很容易获得发展中国家的认同，但绝不是无条件的：正如佩雷兹自己所说，这“假定产品相互独立”，但“技术系统中的产品是建立在相互关联的基础之上的”。这就需要发展中国家正视技术进步的基本规律，准确判断“馅饼”和“陷阱”，不要被“跨越式发展”的美好愿望冲昏了头脑。

第二节 技术进步的若干基本规律：典型事实

从很大程度上讲，工业革命以来的技术史与经济史是一个过程的两个侧面，二者紧密相关，因此，在讨论技术进步的典型事实（stylized facts）时不可避免地要涉及经济发展的典型事实。因此，这一节首先从一个更加宏观的角度综合考虑技术进步与经济发展两个方面，对若干典型事实进行总括性的介绍。这个介绍的基础是多西（G. Dosi）、弗里曼（C. Freeman）和法比亚尼（S. Fabiani）在 1994 年发表的一篇经典文献——《经济发展的过程：介绍有关技术、企业与制度的若干典型事实与理论》。在此基础上，我们将对技术进步的不确定性、组织性、累积性、网络性和嵌入性进行详细讨论。

一、经济发展与产业技术进步的典型事实：总括

本节所介绍的若干典型事实，有些在前面已有所涉及，下面也就不再做过多解释，我们只对那些前面涉及较少的内容略作说明。

典型事实 1

工业革命以来，全球范围内创新活动的分布在国与国之间极不均衡。“创新型国家俱乐部”一直是个小圈子，二战之后的很长时间，只有日本和韩国真正挤进了这个朋友圈。

创新型企业的发展需要三方面社会条件，而使一批本土企业具备这样的社会条件，意味着民族国家的制度框架要对此进行有针对性的设计。只有完成这一制度设计的国家才能够成为创新型国家，而这些制度设计并不会自动完成。因此，发展其实是一件非常奢侈的事情。

典型事实 2

成功的赶超与发展需要“两条腿走路”：一方面要大规模引进先进技术，另一方面则需要内部高强度的努力来应对技术变化，而且这两者是相互补充而非相互替代的关系。

在今天的条件下，创造新技术和新工业所需要的技术、工业和科学研究的基础越来越复杂，使后进国家越来越不可能在掌握已有技术之前就通过创建新工业进行追赶。因此，对于第二次世界大战之后的当代发展中国家或后进国家来说，学习已有的技术就成为技术追赶的压倒性内容。但在这一过程中，“引进先进技术”与“内部高强度努力”二者不可偏废，日本和韩国的经验充分证明了这一点。日本企业对引进技术与消化吸收的投入之比通常在 1∶3 以上，务求吃透引进技术；而当它们进入自主开发新产品环节的时候，投入力度会更大。

正因如此，从某种意义上讲，自主开发才是学习外国技术最有效的途径。

典型事实 3

资本品工业的投资水平与经济发展速度高度相关。

前面对 L 形成本函数曲线更迭的讨论已经充分说明这一问题：劳均产出与劳均资本之间存在着显著正相关关系。

典型事实 4

不管长期增长模式如何，每个经济体都会持续波动。粗略地说，它表现出一定的周期性。

只要是市场经济，只要存在高度差异化、多元化的经济活动主体相互竞争，就一定会出现过热、过剩、降温、短缺相交替的经济周期。

典型事实 5

现实中的“市场”在组织方式和功能方面表现出相对较高的多样性（例如，一些依靠分散的互动而另一些集中交易；一些主要依靠数量调整而另一些主要依靠价格变化等）。同样重要的是，市场的国际开放程度（如劳动力市场与金融市场相比）以及管理它们的制度规则存在巨大差异。

对“市场”和“市场经济”的简单化想象只存在于经济学教科书里。真实的情况是，受到社会经济发展历史的影响，不同国家的市场是以不同形式发挥其功能的，而且市场发挥功能的深度和广度、国家与市场的关系存在着显著的国别差异。美国、英国等国家秉持着一种盎格鲁-撒克逊模式，市场在经济活动乃至人们的日常生活中都扮演着不可替代的角色，很多公共物品（如宗教、媒体）都可以通过市场方式获得；而德国、法国等国则不同，市场的作用被限制起来，“社会”则在某些场合代替了盎格鲁-撒克逊模式中的“市场”，这种模式被称为资本主义的“莱茵模式”。

典型事实 6

关于要素回报，现有证据没有表明利润率和发展水平之间任何系统的相关性；相反，工资率、劳动生产率水平和人均收入水平之间存在强有力的相关性。

利润率本身并不会严格地反映劳动生产率，它更多地反映了产品市场、要素市场的结构以及沉没成本的水平。综合考虑这几方面因素时，那些要素市场趋于完全竞争、沉没成本相对较低的行业，即便其技术密集度不高，也可以保持相当的利润率（如食品饮料行业）；相比之下，高技术产业的沉没成本通常更高，这对其利润率的负面影响显而易见，而这种沉没成本中往往包括了人力成本（知识型从业者的劳动报酬，工资率）和资本品成本，这两者都直接决定劳动生产率。

典型事实 7

企业是技术积累的主要场所。企业学习的速度和方向取决于他们面临的未开发机会的丰富程度以及他们认知到应该这样做的动因，包括独占条件。然而，至少同样重要的是，技术学习取决于公司特定的能力。学习往往是“本地”的，因为它通常发生在公司已经掌握的那些活动的附近。

尽管在较早的时期很多发明创造都是由个体劳动者完成的，但是现代经济中商业企业已经成为推动技术进步的中心，而且企业早已成为采用最新技术、生产和营销新产品、应用新的生产工艺的经济实体。正因如此，我们在前面对创新能力（从吸收能力到核心刚性）的讨论都是以企业为单位展开的，而那些能力都是高度本地化的，或者说都是高度组织性的。

典型事实 8

许多技术和经济变化过程涉及路径依赖和动态的报酬递增。造成这种结果的原因很多，如知识的不可分性、学习的渐进性和累积性、标准化要求、网络外部性、空间上高度本地化的相互作用以及其他导致正反馈的因素。

“吸收能力”和“核心能力”的发展过程中都表现出很强的路径依赖特征，而现代工业的基本特征就是报酬递增，并由此导致了 L 形成本函数曲线，这与知识要素在其中的反复利用有着密切关系。而这些能够在未来创新过程中得到反复利用的知识往往是在一个高度本地化的过程中积累起来的，这种本地化过程包括在有组织的市场中的“用户-生产者”互动。正是这样一个高度本地化且具有路径依赖特征的学习过程，才使得很多组织在面对突然的环境变化时发生“本领恐慌”，因为这意味着他们长期积累的经验知识面临着报废风险。

典型事实 9

创新学习的一个普遍特征是它涉及许多试错和意想不到的成功。反过来，这导致了企业之间持续的异质性，也表现为投入生产率、产品性能、成本和利润方面的广泛和持续的差异。这些不对称通过影响市场份额的变化、进入和退出来塑造产业结构的演变。在所有行业中，企业市场份额的显著跨期波动是常态，高进入率和高死亡率长期存在。此外，进入率似乎与行业盈利能力或平均绩效水平无关。

同行业企业之间的差异甚至远远超过了不同行业之间的差异。在这些差异的背后，一方面是前述的路径依赖和报酬递增特征，另一方面很重要的原因就是创新过程中普遍存在的不确定性，试错过程中的各种成败和企业的进入、退出决策都是这种不确定性的集中表现。也正是因为这种不确定性，“容忍失败”永远是创新与企业家精神的核心。此外，因为人和企业都是有限理性的，所以企业家精神以及由此导致的进入决策并不会受到一个行业现实绩效水平的影响。从这个角度来看，“市场失灵”绝非经济学教科书中所说的少数现象，而是普遍存在的客观现实，甚至整个经济世界就是一个巨大的市场失灵。

典型事实 10

创新的扩散永远不会是瞬间完成的。“延迟”因素包括信息不完全传播、各种经济活动主体的异质性、相关基础设施的短缺，甚至更重要的是时间，每家公司勇于掌握新技术和开发新技能所需的时间。事实上，创新与扩散之间的区分不过是一种理论简化：通常情况下“扩散”和“采用”需要艰苦的学习，并进一步修改产品、流程和企业组织。

这与前述典型事实 7、8 有着直接关系。因为每个经济活动主体都有自己的特点，所以从来没有纯粹的“拿来主义”，所有外部引进技术一定要经过企业自身吸收能力的作用才能够成为其技术积累的一部分。此时，外来“创新”就在“扩散”过程中完成了本地化改造。此外，这种创新扩散的成败还涉及一个非常重要的基础，技术进步是在一个产业网络中完成的，这就是我们在评价“机会窗口”时所说的，“技术系统中的产品是建立在相互关联的基础之上的”。

典型事实 11

尽管存在国际技术扩散，但不同国家的技术变革模式仍然存在着明显差异，这种差异源于各国科技基础设施的特点、当地用户与生产商之间的关系及其他机构和政策特点，或者说，源于每个国家的国家创新体系。

前面所说的“盎格鲁-撒克逊模式”和“莱茵模式”的对比可以帮助我们理解这一问题。这两种资本主义模式对“市场”截然相反的态度导致了一系列差别，这些差别包括但不限于：

（1）公司治理模式。盎格鲁-撒克逊模式更倾向于外部人治理的模式，相比之下莱茵模式中内部人在公司治理中扮演着举足轻重的角色，因此董事会中有大量企业内部经理人员。

（2）劳动用工模式。在盎格鲁-撒克逊模式中，以美国最为典型，高度依赖于外部劳动力市场，人员流动性较高，并因此向员工支付较高的薪酬，以此作为不稳定的劳动雇佣关系的补偿；相比之下，莱茵模式则高度依赖于内部劳动力市场，人员流动性较低，更多依靠内部转岗和在职培训解决局部人员过剩，而人员报酬也相对较低。

（3）实体经济与金融之间的关系。盎格鲁-撒克逊模式中金融资本对实体经济的影响力更强，而莱茵模式中部分地存在使金融力量服务于实体经济的传统。

与此同时，这两种模式的时间偏好也不尽相同，盎格鲁-撒克逊模式更追求短期回报，而莱茵模式则更有耐心。各方面的差别导致不同国家的研发活动和创新存在明显差别：盎格鲁-撒克逊模式下对研发中的“研究”（R&D 的 R）更加重视，资本更愿意追逐以科学为基础的重大创新，并因此在高技术产业领域有较好的表现（尤其是美国）；而莱茵模式则青睐于“开发”（R&D 的 D），对渐进创新的偏好也强于英美，因此更擅长在现有产业基础上的经验性改进，德国和日本这两个典型国家在汽车、电子、化工等规模敏感型工业和复杂产品工业中有抢眼的表现。这就导致了另一个重要的结果：

典型事实 12

各国在不同产业领域的专业水平随时间表现出较强的“黏性”（比如，德国在化学品、机床等领域，美国在飞机、炼油、电气设备等领域，英国在矿山机械、航空发动机等领域），尽管在全球出口份额上可能经历了很大的变化。

二、技术进步的不确定性

如前面的典型事实 9 所言，技术进步是一个试错过程，并因此充满不确定性的过程。那么我们如何理解这种不确定性？

首先需要回答的问题就是何为“不确定性”。在对“不确定性”的诸多定义中，奈特（F. Knight）的定义最具影响力。他将“不确定性”与“风险”进行了对比。他认为二者的差别不仅在于结果的好坏，更重要的是：在“风险”中，**一组事实**中的结果分布是已知的（或是通过事先计算，或是通过对以往经验的统计），即可以获得充分的信息，甚至可以确知每一种可能后果的概率；但对于不确定性来说，这一结果是未知的，之所以如此是因为根本不可能形成（或者我们根本无法判断是不是）前面所说的那样“一组事实”——决策者无从获知有关事实的信息以及未来可能发生的情况，因此无法确认各种可能情形发生的概率。因此，奈特将“风险”称为“可测度的不确定性”，而“不确定性”则是“不可测度的风险”。

那么为什么“不可测度”？又为什么无法判断或无法形成那样“一组事实”？这在技术进步过程中具体表现为哪些现象？对这一问题的回答涉及两类紧密相关但又有着不同性质的不确定性。

（一）程序性不确定性

简而言之，程序性不确定性源于以下基本事实：创新活动中所涉及的各类主体，不管是个人（如消费者）还是组织（包括企业、监管机构等），都是有限理性且高度异质的。这个基本事实决定了这些活动主体之间必然存在着信息不对称，不仅双方彼此很难完全了解对方所思所想，甚至各主体都未必完全了解自己的情况。在这种情况下，创新过程中即便再多的信息交流，也一定会有歧义——尽管这些交流是以解释和消灭歧义为目的，也总会产生新的歧义和误解。程序性不确定性在创新过程中广泛存在，但也可以通过管理手段在一定程度上加以控制。在高技术产业中，没有技术背景往往难以胜任销售工作，所以很多企业都会设立相应的制度（如技术培训或人员抽调），确保销售队伍掌握必要的技术知识，其目的就是避免这种沟通过程中的程序性不确定性。但很多时候，程序性不确定性带来的麻烦往往令那些准备不足、思想意识松懈的创新者猝不及防。

创新者镜鉴

可口可乐在 1985：在“程序性不确定性”上栽个大跟头

20 世纪 70 年代中期之前，可口可乐一直是美国饮料市场无可撼动的老大，它在占据全美 80%市场份额的情况下，仍能保持 10%的销售增长速度。但一切都在 20 世纪 70 年代中后期结束了：口感更加柔和的百事可乐出现了，并迅速动摇了可口可乐在市场上的绝对统治地位，到 1984 年，可口可乐相对百事可乐的市场份额优势已经缩小到 3 个百分点。此时，可口可乐迫切需要一次改头换面式的创新扳回局面。

1982 年，可口可乐发起了一项代号为“堪萨斯工程”的市场调研活动，公司深入 10 个主要城市，展开近2 000次访问，了解口味因素对产品市场份额下降的影响到底有多大，同时征询顾客对新口味可乐的意见。在问卷中，甚至直截了当地询问：“你想试一试新饮料吗?”“可口可乐味道变得更柔和一些，您是否满意?”调研结果显示，顾客愿意尝新口味的可乐。这一结果促使可口可乐公司决策层做出一个大胆决策：面向新时代的消费者开发新口味的可乐。在新可乐推向市场之际，可口可乐公司又投入 400 万美元做了新一轮口味测试：他们邀请 13 个城市的近 20 万人参与其中，品鉴无标签的新、老可乐。60%的消费者认为新可乐比原来的好，52%的人认为新可乐比百事可乐好。这极大地坚定了公司决策层的信念。终于，在 1985 年 4 月 23 日，可口可乐在纽约举办记者招待会，召集 200 多家媒体发布新品。

起初，新可乐销路不错，有 1.5 亿人试用了新可乐，但反弹很快出现了。而很多顾客愤怒的理由令可口可乐始料未及：顾客认为可口可乐 99 年的老配方代表了一种美国精神，而放弃传统配方就是对美国精神的一种背叛。在西雅图和洛杉矶都出现了抵制新可乐的活动，而新可乐推广策划经理的父亲甚至也投身其中。与此同时，由于人们预期传统配方可乐的供应会减少，一时之间老可乐在市场上居为奇货，价格不断上涨。可口可乐公司每天都会收到愤怒的消费者成袋的信件和1 500多个电话。

面对如此巨大的批评压力，可口可乐决策层做出新一轮顾客意向调查，结果这次只有 30%的人说喜欢新口味可乐，而 60%的人则明确拒绝了它。公司决定恢复传统配方可乐的生产。

从可口可乐的例子不难看出，在企业与用户沟通的过程中，我们往往只能尽力控制但很难真正消除程序性不确定性，因为人们（顾客）永远不可能对自己没有见过的事物做出准确判断。用我们前面讲过的理论来说，只有拿到新配方可乐的时候，那些可口可乐的铁粉们才能够真正明白在他们心中传统配方的“产品内在意义”到底是什么。

（二）实质性不确定性

程序性不确定性的根源在于信息不对称，而实质性不确定性的根源则是创新过程中实时变化的信息结构。这种信息结构的变化过程是一个典型的马尔科夫过程，其在未来 t 时刻的状态只与它在 $t-1$ 时刻的状态有关。换句话说，创新过程的实质性不确定性，源自这一过程中不断推进并随时发生的新陈代谢，这种新陈代谢既包括技术本身的新陈代谢，也包括用户需求的一些新变化。因此，与程序性不确定性相比，实质性不确定性更超出了企业的控制范围。

> **大师观点**
>
> 至关重要的信息只能在未来某个时刻而非现在就可以获得。因此，把自己锁定在预定的行为模式中是愚蠢的，因为这就等于剥夺了自己享受更多信息带来的好处，而这种只能在将来才能获得的更多的信息可能就决定了成败。
>
> ——罗森博格
>
> （美国经济史学家）

具体来说，实质性不确定性的发生可以表现为下面三种形式。

(1) 突变：技术知识的突破性进展，尤其是在以科学为基础的产业（如信息与通信技术、生物技术等领域）中，这种突破性进展将会深刻影响企业形成技术解决方案的信息结构，一旦成功就会为今后的创新提供新的“阶梯”，其意义类似于生物学中的突变。当然，这种突破性进展的机会不仅来自科学研究，而且来自现有技术的跨界应用。随着人们对科学原理的理解日益深刻，现有技术体系日益复杂，创新过程中这类带有“突变”色彩的不确定性正在日益增强，相应的创新实例也在不断增多。比如，生物领域某个疾病靶点的新发现有可能为此类病症的治疗指出新的方向，从而大大提高病患的生存率和生活质量；再如在无线局域网接入系统中应用移动通信技术的“注水原理”，从而使信道容量最大化，极大提升多用户场景下的数据传输速度。

> **创新者镜鉴**
>
> **夭折的“第五代计算机”**
>
> 1982 年，为了挑战美国的霸主地位，日本通产省参照 IBM 大型计算机的思路框架，组织富士通、日立等 9 家大公司共同开发具有人工智能的计算机系统。这个计划历时 10 年而最终失败，其根本原因并不是第五代计算机本身的技术失败，而是由于 20 世纪 90 年代初 PC 的出现和网络技术的成熟，使大型机丧失了份额最大的大众市场，“第五代计算机”的意义也因此大不如前。

(2) 诱发变异：这与技术知识的系统性有着密切联系。产业链上下游各个环节，以及特定产品中的核心技术与配套技术，往往跨越多个技术领域，且紧密联系，存在明显的互补性。在这种情况下，个别环节或个别零件的改进，通常会导致与其他环节、其他零件的匹配问题。解决这种“不匹配”就成为下一步产业链或产品持续改进的首要任务，而那些导致不匹配的“瓶颈”——“拖后腿”的环节或零部件——就成为主要的改进目标，从而引发新一轮的技术变革。当新的解决方案解除了此前“瓶颈”的制约之后，又会出现新的匹配问题，进而引致又一轮技术努力。但在整个“局部改进→系统不匹配→新的局部改进→新的系统不匹配”的循环中，由于技术系统的复杂性，创新者无从预先了解新的突破和新的不匹配将会在哪里发生。这种在技术系统中产生的实质性不确定性往往意味着诱发的、累积性的技术变化，它往往不会产生前述的“突变”那种“阶梯”范式的影响，更多地指向一个彼此激发、相互诱导的循环改进过程。在技术史上此类例子很多，最经典的简化模型来自工业革命时期棉纺织工业产业链上纺纱机与织布机的交替改进，虽然在产业链层次的选项相对较少，但在单台设备上的改进空间和选项仍然很多，因此这种实质性不确定性同样无法消灭。

（3）事后选择力量：市场的事后选择同样是导致实质性不确定性的重要原因。用户会随着选项的增多、应用环境的变化等各方面因素而改变自己的消费倾向。这种例子时有发生。还有一种非常典型的与事后选择相关的不确定性，与用户的使用经验有关：新产品面世的初期反响很好，但随着使用经验的累积，某些用户对产品逐渐形成了“不过如此”的看法，甚至有些最初看起来极具颠覆性的创新最终没有熬到用户体验的最后一关，落下了“鸡肋”的名声。当然，相反的情形同样可以出现：企业推出的划时代新产品，其最初的市场口碑并不好，但随着用户心理与行为的变化，他们对新产品的接受程度会出现明显提升。当然市场口碑的转变也同企业对产品的持续改进密切相关。换句话说，事后选择导致的不确定性往往会与另外几种实质性不确定性结合起来发挥作用。

我们从程序性不确定性和实质性不确定性两个角度展开讨论，理解技术进步的不确定性。从以上讨论不难看出，创新过程是不能被计划的，因为“没有人或者组织能够足够聪明到可以计划求索进程的结果”。这对于我们更加深入地理解创新与创业过程中的失败以及“宽容失败”的创新创业文化都有着非常重要的作用。

> **大师观点**
>
> 未来有些部分不能由过往推知，这也正是科学无能为力之处。
>
> ——萨缪尔森
>
> （诺贝尔经济学奖得主）

你怎么看？

大数据能够支撑“计划”吗？

2017年5月26日，阿里巴巴集团董事局主席马云在贵阳数博会上发表了《数据创造价值　创新驱动未来》的主题演讲。在这次演讲中，马云下面这段话最为著名：

“计划经济和市场经济最大的差异是，市场经济有一只无形的手，我想问大家，如果这只无形的手你愿意摸到，你愿意做计划吗？在大数据时代，特别是万物互联的时代，人类获得数据的能力远远超过大家想象，人类取得对数据进行重新处理以及处理的速度的能力也远远超过大家，不管是AI（人工智能）也好，MI（机器智能）也好，我们对世界的认识将会提升到一个新的高度。所以，我想说明的一个问题，由于大数据，市场变得更加聪明。由于大数据，计划和预判成为可能。”

你怎么看马云的这番话？

当然，面对这样纷繁多样的不确定性，管理者不能无所作为，如果一味地被外部动荡牵着鼻子走，企业必然无法集中精力开展创新性业务的开发与培育。此时，需要企业从被动接受变化的角色跳出来，实现一次思维方式上的转变，建立我们前面所说的“战略性思维”。在具体的运营操作过程中，要实现从“依事而动”向“观时而行”的转变。其中，“依事而动”意味着公司根据具体事件采取应激性措施，这些事件包括对手的举措、技术更替、财务状况欠佳或顾客的新需求等；而“观时而行”指的是按时间间隔创造新产品或服务，出台新业务或进入新市场。换句话说，企业要成为不确定性的主人，通过自己有规律性、有节奏感且有预见性的工作，最大限度地减小外部变化的影响，反客为主。“观时而行”包含两个方面：

（1）经营转变，即对整个企业的发展方向进行简明、精密且被员工广为接受的顶层设计，并以此驱动具体业务环节的快速衔接和转换；

（2）经营节奏，即设定变革的正确节奏，并将变革节奏同市场、公司内部能力协调一致。

创新者案例

李健熙：推动三星“自我革命”

在面对不确定性时，大企业家都是借力忧患意识、反客为主、扭转乾坤的高手。比尔·盖茨曾经说过，“微软离破产永远只有18个月”；任正非则经常提醒员工要小心“华为的冬天”；乔布斯在1997年重返苹果公司时表态，“如果一不留神，公司……就会走向终结”。三星的李健熙同样是这样一位充满忧患意识的翻盘大师。

韩国三星集团前会长李健熙是三星集团创始人李秉哲的三子，也是将三星从低质量的大规模生产商转变为亚洲最有价值的科技企业的“掌舵人”。1988年，李健熙就任三星集团会长的第二年，他就宣布三星启动“二次创业”。作为“二次创业”的重要一步，李健熙在1993年提出以质量管理和力求变革为核心，彻底改变当时盛行的“以数量为核心”的思想。也是在这一年，为了显示自己寻求改变的决心，李健熙要求整个三星集团将工作时间提前一个小时，实行早上七点上班、下午四点下班的全新工作制。此后，三星开始了大规模的结构调整和内部重组计划，即“新三星”计划。在他任内，三星启动液晶平板项目，并在历经长期亏损之后终于成为全球液晶平板行业的龙头。2008年，李健熙宣布退休。但当他发现金融危机来势汹汹的时候，又在2010年重出江湖、亲掌帅印。此时，年将七旬的李健熙进一步加大工作强度，而当他确认三星对手机业务的依赖已经过于严重时，再次提出调整业务结构的战略目标。正是由于李健熙的这种强烈危机感，三星最终平稳度过了艰难时期，迎来了新的增长。

三、技术进步的组织性

第二章中对吸收能力、核心能力的一系列讨论，其实都是在讨论技术进步的组织性，或者说技术进步的组织特定性。我们将对这一问题进行一些更加系统的梳理。

理解技术进步的组织特定性，关键在于理解前面提到的整体性、共享性的隐性知识，即组织的整体“经验”。那么这种技术领域的共享经验即企业的技术基础是如何形成的呢？我们以下面的算式来说明塑造企业技术基础或技术进步过程的若干因素：

$$\frac{\partial Tk_t}{\partial t}=f(Tk_{t-1},\ P_t,\ t,\ \varepsilon)$$

其中 Tk_t 表示企业在 t 时刻的技术知识积累，相应地其微分形式表示企业在 t 时刻的技术进步水平，t 表示时间变量，而影响企业在 t 时刻技术进步水平的因素包括：(1) $t-1$ 时刻的既有技术知识积累；(2) P_t，表示企业开展技术活动的政策导向；(3) t 时刻的情况；(4) ε，表示这一积累过程中其他可能产生影响的随机变量。下面分别讨论前三个变量以说明技术进步的组织特定性。

(一) 既有技术知识积累

企业技术知识的积累往往具有很强的本地性：任何企业都不可能无阻碍地搜索并使用与其知识基础无关的新技术，搜索活动与现有技术水平越接近，搜索成功的概率越大；而且新产品与新工艺开发越接近以往获得成功的技术领域，开发越易于实施。我们将企业技术活动中的这种现象称为“本地搜索”。这与前面提到能力发展过程的“路径依赖”和“马太效应”密切相关。这种“本地搜索”反映在具体的创新过程中，就是链环回路模型中一再强调的：只要能在现有技术基础中搜索到当前问题的答案，企业就绝对不会扩大搜索范围，进入到研究与开发环节。

(二) 技术活动政策导向

这种技术活动政策在某种程度上可以理解为技术创新战略（第四章详述），反映为企业技术活动的方式、方向与强度（直接体现为企业技术活动投资的承诺力度）。

技术活动方式：采取研发方式还是非研发方式，如通过培训提升人员技能；

技术活动方向：企业更追求哪类技术知识，是产品设计知识还是生产作业知识；

技术活动强度：企业对技术活动的承诺与投入力度，如决定吸收能力的努力强度。

在技术活动政策尤其是技术活动强度的背后，是企业对技术活动的价值观和自我期许。虽然所有企业行为均以“满意”为原则，但不同价值观和自我期许所表现出来的“满意”是不一样的：那些相信技术努力能够改变命运的企业、那些志向远大的企业往往表现得更加努力，其技术活动也更具进取性甚至进攻性。无论是三星早期“打败索尼（BEAT SONY）”的企业文化，还是华为成长过程中久负盛名的“床垫文化”，都是这种进取性和进攻性的有力注脚。

管理者须知

“全力以赴”，还是“尽力而为”？

“满意原则”与“有限理性”紧密相关。一方面，个体和组织的有限理性限制了他们的能力，使其不可能拿出“最优”或“最大化”的决策，而只能寻求“满意”；另一方面，有限理性也直接决定了个体和组织对未来的想象力，或企业家精神，这从根本上决定了它们追求的“满意”必然有着显著的程度差别。下面这个寓言可以帮助我们理解这种差别。

一天猎人带着猎狗去打猎。猎人一枪击中一只兔子的后腿，受伤的兔子开始拼命地奔跑。猎狗在猎人的指示下也是飞奔去追赶兔子。可是追着追着，兔子跑不见了，猎狗只好悻悻地回到猎人身边，猎人开始骂猎狗了：“你真没用，连一只受伤的兔子都追不到！”猎狗听了很不服气地回道：“我尽力而为了呀！”

兔子带伤跑回洞里，它的兄弟们都围过来惊讶地问它："那只猎狗很凶呀！你又带了伤，怎么跑得过它的？"兔子说："它是尽力而为，我是全力以赴呀！它没追上我，最多挨一顿骂，而我若不全力地跑我就没命了呀！"

（三）t 时刻的情况

对 t 的理解可以从两方面来看。一是从"时间"的角度来看，即我们在第一章讨论过的时间压缩不经济性：企业的某些投入必须在一定时间之后其知识产出才能够有所显现。二是从"时刻"的角度来看，这与实质性不确定性密切相关：企业的信息结构、技术机会随时间推进而不断演进。

从特定的知识积累起步，在特定的政策与战略指导下，企业的技术知识随着时间的推进而发生变化。这些技术知识以共同经验的方式为企业成员所共享，并沉淀为企业内部的行为方式。这些行为方式塑造着企业技术活动的方方面面。其中包括但不限于：

（1）获得事实知识（know-what）的方式。确认某一技术现象的基本事实时依靠何种方式，比如是依靠经验观察还是依靠统计数据，是依靠肉眼判断还是依靠更加自动化、智能化的信息采集系统。

（2）获得原理知识（know-why）和技术诀窍（know-how）的方式。所谓原理知识，就是关于某一技术过程的原因和原理（显性知识），比如同样是去理解数控机床，有的企业会从计算机的角度理解，有的则是从工业母机的角度来理解；而技术诀窍则是关于如何实现某一现象或效果的技巧（隐性知识）。在获得这两类知识的过程中，企业能否接受"知其然不知其所以然"，如果不能接受将会依靠什么方式来获得这些知识，是通过正向开发还是反求模仿（如用反汇编的方式破解机床数控系统），是通过深入观察、思考之后的顿悟，还是通过跨部门的协作沟通（与争吵辩论），抑或依靠同外部科研机构的合作交流（如参加学术会议）；企业内部的分工程度如何，是有着明确的内部岗位分工，还是内部分工界限非常模糊，遇到问题大家"群起而攻之"；在获得明显区别于现有基础的新知识时，是引入技术"空降兵"，还是支持员工深造，等等。

管理者须知

外来的和尚真的会念经?

很多企业，尤其是民营企业都有"挖墙脚"的习惯，但很多时候人才到位之时，就是企业后悔之日，因为他们发现这些挖来的人才不像传说中这么厉害，甚至根本不值翻两番的薪水。为什么会出现这样的情形？老百姓不是常说"外来的和尚会念经"吗？

我们在企业调研中就遇到类似的情况，很多过去在国企、外企从事技术开发的骨干人员，在进入到民营企业之后就遭遇了"南橘北枳"的问题：老板开的薪水很高，但做事情的感觉明显和过去不一样。其中很重要的原因在于，在管理体系和职能分工较为成熟的国企和外企中，一个"明星"员工的背后往往是数名甚至数十名工作人员提供支持，"明星"员工根本不需要操心技术任务之外的事情；但在民营企业中这种分工观念还很模糊，相关支持配套的管理体系到位度较低，在这种情况下，外来“明星”的精力要被很多过去自己没有亲手做过，甚至不太熟悉的工作分散掉，工作效率和任务达成度自然会下降很多。

除此之外，你认为还有哪些因素影响着“空降兵”发挥作用的过程？

（3）获得人际知识（know-who）的方式。企业管理一个内外部知识网络、知人善用以实现知识商品化的各种手段都有哪些？比如，当企业更加依靠企业内部的合作机制时，这种合作机制是如何运转的？什么人能够保证整个创新过程的组织整合？什么人能够保证关键技术问题的突破？跨部门的协作沟通走向争吵辩论甚至濒于僵局或崩溃边缘的时候又应该找谁“喊停”，为今后的协作指明新的方向？而在管理企业外部的知识网络时，如何确定“谁”能够提供“什么样”的帮助（如具备什么特征的用户的意见更需要认真倾听），“谁”又是出于“什么动机”与企业展开合作，又如何据此决定企业与特定外部人的亲疏远近。

创新者案例

日本企业：从寻求技术诀窍到寻求合作者

对于那些已经颇具“江湖地位”的大企业来说，企业内部的“部门墙”和“山头主义”，以及在面对外部新生事物时漠视“非本地发明”的傲慢心态，都是阻碍企业有效管理内外部知识网络的致命短板。在克服这些问题时，日本企业的经验非常值得借鉴。在对佳能、索尼和丰田三家企业管理知识网络的比较研究中，哈里森（S. Harryson）就对日本企业的有关做法进行了总结。

比如，在管理内部知识网络时，日本企业更加看重：（1）从事研发的工程师和研究人员具有销售经验；（2）研发人员与客户、市场和销售人员保持频繁的接触；（3）使用样机来填补研发与市场销售的交流空隙；（4）保持一个研发资助机制，使其发挥内部市场作用；（5）为研发人员、设计和制造工程师以及生产经理举办定期的交流研讨会；（6）产品计划和其他市场、销售的重要因素均由同研发保持经常接触的工程师来制定。

在管理外部知识网络时，三家企业的操作空间变得更大：它们都会向海外派遣有培养前途的工程技术人员在技术领域攻读研究生；都会同外国专家签署一年期合作合同；都会为了克服内部专门技术开发的潜在风险和负面效应而把特别专门化的子公司衍生分离出去，以此绕过过度僵化的组织结构；都会努力地在研发活动中加大外籍人员的比重（尤其是在海外机构中）。但相比之下，佳能拥有由海外研发实验室组成的最精致完备的网络；丰田也大力推进海外设计，但它坚持避免在日本雇用外国科学家，因为它认为那些已经“日本化”的外国专家少有作为；而索尼却在日本雇用了很多外国专家。

资料来源：哈里森．日本的技术与创新管理——从寻求技术诀窍到寻求合作者．北京：北京大学出版社，2004.

企业获取上面这些知识的过程，从一种方式转变到另一种方式并不轻松，因为每一种行为方式的背后都是一个完整的能力系统，从管理体系、沟通规则到人员技能直至基础设施，知识共享就是在这样一个能力系统的支持下实现的。正因如此，我们才会看到，虽然企业都会在上述几个方面展开搜索活动，推动技术变化，但它们开展这些活动的细节却存在着巨大的差异。这些差异就构成了技术进步过程中的组织特定性：因为不同企业组织在这些知识积累的不同领域、不同环节都有巨大的差别。

四、技术进步的累积性

前面一再强调，技术进步是一个马尔科夫过程，具有极强的累积性，这种累积性在微观层面的表现就是上一节所说的技术进步的组织特定性。那么在产业层次上，这种累积性又是如何表现的呢？这一节我们就着重讨论这一问题。

（一）S 曲线

当我们讨论某一特定技术的发展/成熟过程时，S 曲线往往是刻画这一过程最简单明了的工具之一。S 曲线（见图 3-2）反映了特定产业中的技术进步（以产品性能表示）随着时间推进而逐步变化的某种规律性。简单地讲，就是在某一“阶梯”范式的产品创新（重大创新）萌芽时期，产品性能的提升会比较缓慢；但在经过这一起步阶段之后，产品性能就会迎来一个爆炸式增长的过程；随着这种急速提升较大地开发了这一“阶梯”范式的技术潜力，此后又是一个缓慢改进的过程。

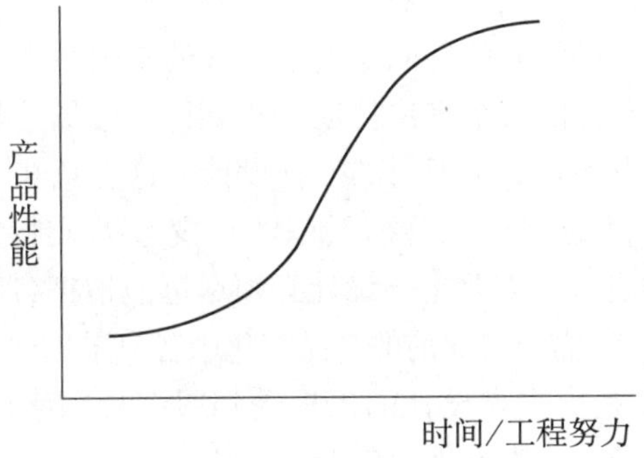

图 3-2 S 曲线

从这一基础出发，产业技术的新老更迭在一定意义上也可以简单理解为 S 曲线的新老交替。在产业发展的历史进程中，这样的例子有很多，比如，在过去二三十年的时间中，发生在电视机、手机等产品领域的新老交替（如图 3-3 所示）。在 20 世纪中期彩色显像管发明之后，CRT 电视机的技术逐渐发展提升，尤其是在 20 世纪七八十年代索尼特丽珑技术诞生之后的一段时间内，CRT 电视机的改进进入到爆炸性增长阶段；而在其技术生命的后半程，显像管电视机的改进逐渐减速，背投、液晶等多种新的显示技术则开始崭露头角，直到 2005 年前后，全球电视机市场风云突变，液晶电视的市场份额很快超过了 CRT 电视机。而到今天，我们已经很难在一二线城市的主流应用场景中找到显像管电视机的身影。

那么 S 曲线内部有哪些细节？其实，能够帮助我们打开 S 曲线这个黑箱的一项重要工

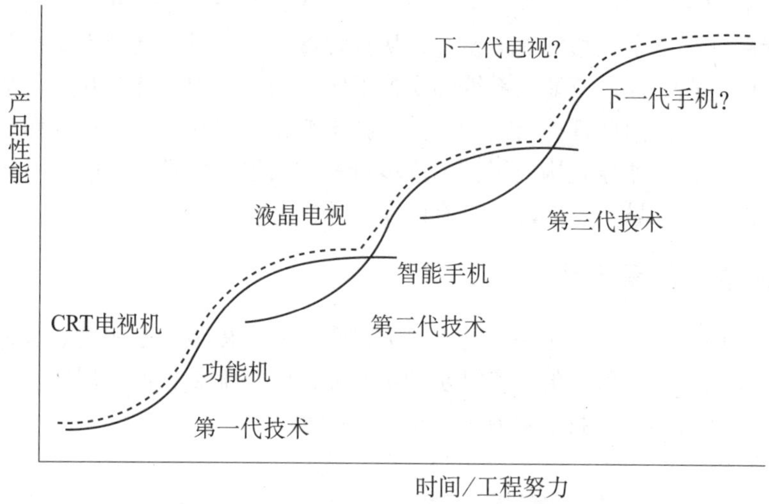

图 3-3　S 曲线的更替：新老技术的更迭

具就是由艾伯纳西（W. Abernathy）和阿特拜克（J. Utterback）合作提出的 A-U 模型。

最早的 A-U 模型于 20 世纪 70 年代末提出，其关注的核心问题就是像汽车这样的装配性工业中产业创新的周期性规律，即 S 曲线的展开过程。这种周期性规律表现为产业发展的三个阶段，而在这个发展过程中的最具标志性的里程碑事件就是主导设计的出现。

（二）主导设计：定义、前因与特征

主导设计是在技术和市场因素的共同作用下出现的一个被整个市场普遍接受的产品设计形式。不难看出，主导设计的一个突出特征是它赢得了市场信赖，并因此可以成为行业内的追随者（只要想进入市场）必须奉行的一种设计。这也意味着主导设计必定包含着多层次使用者对某种特定产品的需求，而绝不是针对少数人或特定层次人群的特制产品。“为整个市场普遍接受”的要求，需要主导设计必须尽可能地把各种性能要求蕴含于本身的设计之内，这也决定了其往往需要对此前的产品变化中各自采用的技术创新进行一番综合。

“综合”的另一层含义是：主导设计的出现受到很多种因素的影响，而不仅仅是由单纯的技术优越性所决定的。这些影响因素包括：

（1）互补资产的到位程度。那些在生产能力、销售渠道和品牌商誉上占有优势的企业往往更容易将自己的产品推向市场主导地位，那些较早解决了关键元件（互补性技术）问题的产品技术同样较之竞争性技术更有优势，最典型的例子就是在 20 世纪初机动车行业的主导设计竞争中，以福特 T 型车为代表的内燃机车就凭借发动机技术的优势成功压倒了电动汽车。再如近年美国再工业化的过程中，光电子元件产业中一直存在某些新的产品结构，即一种能够极大降低元器件装配需求、提高自动化生产水平的集成化设计，其技术水平很高，但其成本目前远高于美国光电子企业在远东，主要是中国大陆生产的分离式光电子元件的成本，归根结底就是互补资产不足（产能低、投资大）阻碍了新技术的主导设计之路。

（2）顾客的使用情境，尤其是与产品相对应的操作技能。很多时候产品并不会自动运行，而必须同顾客的使用情境相结合，即那些主导设计争夺者必须考虑“谁”会使用并如何使用这种产品。操作技能方面的路径依赖有时候会将技术水平更高的产品排除掉。比

如，目前通用的 QWERTY 键盘绝对不是打字效率最高的键盘，在主流市场之外存在着大量异型排列的键盘，但 QWERTY 键盘之所以成为主导设计，是因为最早使用键盘的那一代文秘曾经长期使用 QWERTY 排列的打字机，而早期打字机之所以如此排列，并不是为了打字更快，而是要让打字速度慢下来，以免不同按键彼此挤住，使打字机无法工作。

（3）企业的战略机动或竞争战略选择。在新产业萌芽初期，多种产品设计争夺主导设计的地位，此时企业针对竞争者制定的产品战略会决定哪家公司的产品会成为主导设计。其中最为经典的例子就是在录像系统的早期竞争中，技术上占据优势的索尼 Betamax 系统并未成为市场主导，而技术水平稍弱的 JVC 公司的 VHS 系统却成为主导设计。究其原因，正是因为 JVC 采取了更加“低姿态”的战略，在日本、欧洲和美国先后建立联合公司；而索尼则坚持独立的纵向一体化经营，故意回避各种战略联合，这种战略选择上的差异使索尼的技术优势没有转化为市场优势。同类的例子还有微软在办公软件领域的打包战略：微软通过收编小公司，将办公软件与操作系统打包出售，成功挤垮了办公软件行业的领头羊：莲花。

（4）行业法规和政府干预同样能够加强一个标准并因此确定出主导设计。

所有这些因素与技术因素相结合，使特定产品设计具备某些特征时，这一产品设计才能成为“整个市场普遍接受”的主导设计。这些特征包括：（1）消除了早期产品中的若干技术约束且不会产生新的约束；（2）提高了潜在创新的价值或经济效用；（3）使新产品向新市场的扩张成为可能。

（三）装配性工业中的周期性特征

以主导设计的出现为转折点，产业创新过程可以被分为三个不同阶段：主导设计出现之前的阶段被称为“流动阶段”，出现主导设计的阶段则称为“转变阶段”，在此之后的渐进改进过程则被称为“特定阶段”。在装配性工业中，产品创新和工艺创新的发生频率在上述三个阶段表现出结构性的差异。简而言之，流动阶段是产品创新的竞技场：只有足够多的产品创新参与竞争，才会选择出一个为整个市场普遍接受的主导设计；而在进入特定阶段之后，工艺创新的比重则会先上升、后下降，伴随整个 S 曲线进入缓慢改进阶段（如图 3-4 所示）。表 3-2 是对装配性工业中 A-U 模型的总结。

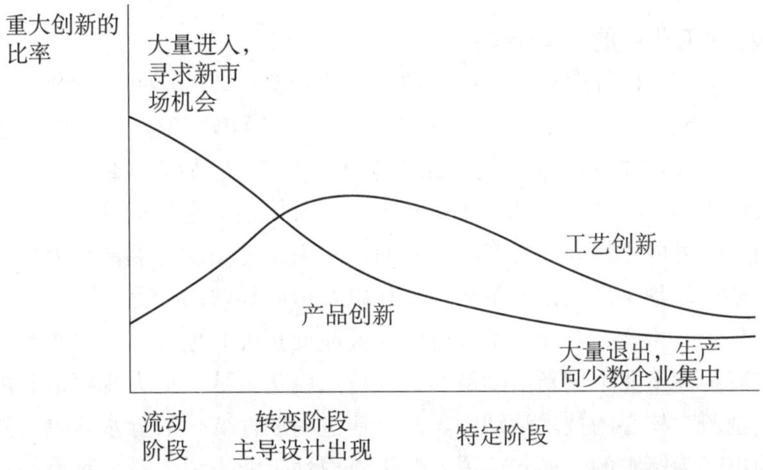

图 3-4 装配性工业中的 A-U 模型：不同创新类型比率的周期性变化

表 3-2 装配性工业中产业创新活动的周期性规律

	流动阶段	转变阶段	特定阶段
竞争重点	功能性产品性能	产品变化	降低成本
激发创新的因素	关于用户需求和技术投入的信息	由扩大内部技术能力而带来的机会	降低成本和提高质量的压力
主要创新类型	经常对产品进行重大改造	为适应规模扩大而进行的主要生产工艺的改造	随着生产力和质量的逐渐提高而对产品和工艺的提升
产品线	多样化，通常包括定制设计	至少包括一个足够稳定的产品设计，以获得可观的产量	主要是无差别标准产品
生产过程	灵活且效率低下，容易适应重大变化	随着主要工艺的变化而日益僵化	高效、资本密集、僵化，改变成本高
设备	通用型，需要高熟练度的劳动力	一些子流程完成自动化，形成“自动化孤岛”	专用化，以自动化为主，人的工作主要是监控
材料	只能投入通用的材料	可能要求供应商提供专门材料	需要专门材料，如果不能获得，将进行大量垂直整合
工厂	小规模的，位于用户或技术源附近	通用的，但也有专门的部分	大规模、对特定产品高度专业化
组织控制	非正式的，自主的	通过联络关系、项目和任务小组	通过强调结构、目标和规则

这里需要说明的是：在主导设计出现之后，产业进入特定阶段的时候，产能集中与集聚成为必然趋势，那些在产品开发能力之外同时具备必要的工程技术能力的大企业开始成为产业内的主要参与者，而那些不具备相应技能的企业则被淘汰出局。最终，市场达到一个相对稳定的状态：产业中的主要玩家都是实施标准化生产的大企业，但在其周边也会留下一些小企业，以服务于专门的细分市场，但这些小企业的增长潜力不大，从而形成一个“大牛挖坑，小牛灌水”的分工格局。

（四）流程性工业中的 A-U 模型

在流程性工业中，同样存在与上面类似的产业创新形式的周期性变化。但流程性工业的特性又使其与装配性工业中的 A-U 模型有所区别。简单来说，流程性工业的最大特点就是材料的单一性和均质性，这就使得流程性工业中的产品形式要比装配性工业中少得多。我们今天使用的平板玻璃与几百年前欧洲王室所使用的平板玻璃相比，虽然存在一些变化，但它们几乎可以算作同一类产品；然而当年王室专用的玻璃产品得以进入寻常百姓家，背后的推动力却是生产工艺的革命性变化以及由此导致的产品成本大幅下降。同样的现象在炼油、化工、冶金、纺织、集成电路、液晶面板等其他流程性工业中都可观察到。

因此，在流程性工业中创新活动最明显的特点就是更早且更大规模地开展工艺创新活动。在以工艺创新为核心的技术活动中，产业演进周期性变化的分水岭也必然是以某种里程碑式工艺的出现为标志的。换句话说，对于流程性工业来说，转变阶段的标志不再是装配性工业中的“主导设计出现”，而是具备如下特征的工艺创新：在整合了一系列手段与要素之后，这种工艺使得大规模连续生产过程成为可能，而且使后续的工艺改进和成本竞争成为可能，得以代替产品和设计创新在产业演进中的地位。阿特拜克将流程性工业中具备上述特征的工艺创新称为使能技术（如图 3-5A 所示）。显然，流程性工业中的创新活动就变成了开发使能技术（重大工艺创新）和渐进性工艺创新相交替的过程，而这一过程的重要结果就是产品成本的大幅下降（如图 3-5B 所示）。

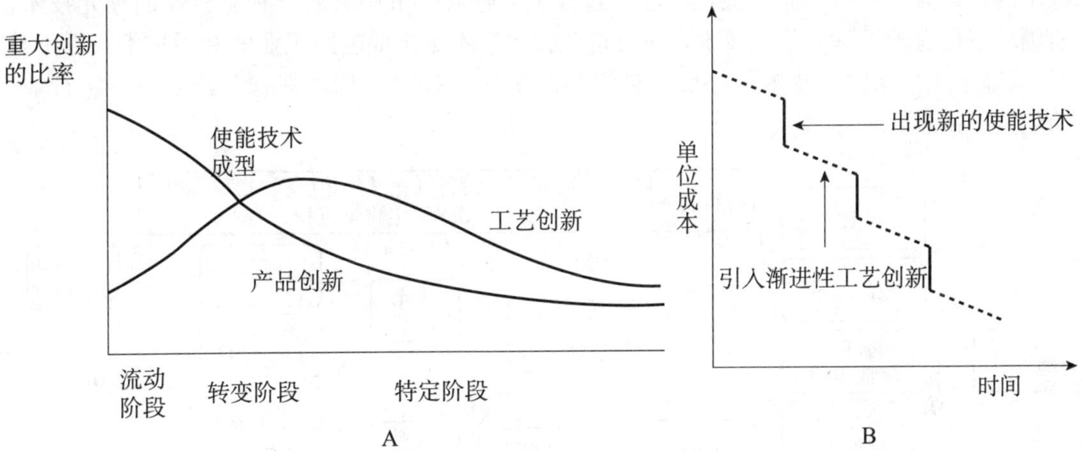

图 3-5 流程性工业中的 A-U 模型

A-U 模型是理解产业技术进步非常重要的理论工具，正如前面所说，它是打开 S 曲线黑箱的一把钥匙。当然这把钥匙也不是能够帮助我们理解所有形式的产业创新，我们只是借助这个工具来理解技术进步的累积性在产业层次上的表现。所有理论都有其局限性，A-U 模型也不例外，比如说：(1) 它更适合描述那种高度标准化的工业产品的创新形式，很难反映那些定制化的长尾市场上的创新累积与分布；(2) 它更适合描述那些技术发展与更迭速度较慢的产业，但对那些处于连续变化中的行业（如有可能一直没有形成稳定的主导设计）无能为力。

五、技术进步的网络性

本章引例中光刻机和照相机的例子就是说明技术进步网络性的最好例证。在现实中，我们经常会发现类似这样的例子：在一个国民工业体系中，产业之间的相互联系纵横交错，很多产业之间的相互作用绝不仅是表面上看到的由此及彼的单向关系。还以集成电路和照相机工业为例，虽然照相机是集成电路制造中光刻机的技术上游，但集成电路的水平提升并与相应的软件技术相结合，则是现代数码相机自动变焦技术得以实现的物理基础。从这个意义上来看，这两个工业彼此紧密联系，谁也离不开谁。

(一) 技术进步的网络：现实与特点

之所以形成这种相互作用日益复杂的技术进步网络，根本原因在于现代工业的一个基本特征，即从产品本身到产品的研发和生产的过程，都变成了一种（日益）多技术的现象。我们以 iPod 为例、以图 3-6 的层级结构说明产品技术和生产技术的多样性。

对于 iPod 整机而言，锂电池、液晶显示、信号压缩处理（MP3）、超大规模集成电路

（存储芯片）等多种技术都是iPod得以运行的技术基础，而工程散热技术则是iPod轻薄小巧的保障。具体到超大规模集成电路的生产制造来看，其制造工艺非常漫长而复杂，制造一个芯片所需的时间通常在2～3个月，所需经过的工程技术环节则多达300余步，材料制备（包括晶体和各种薄膜）和平面处理是这里面的重头戏。其中离子注入机在掺杂环节扮演着至关重要的角色，光刻机则是图形转换环节的核心：要通过反复的曝光刻蚀将掩膜板上的设计方案转移到晶片上，在这一过程中，曝光环节中有若干种竞争性的曝光技术，检测环节也有若干种竞争性技术，所有这些技术都不是集成电路工业的专用技术，也不是“石头缝里蹦出来的”技术；相反，它们和离子注入技术一样，都有着跨学科、跨行业、跨场景的特点。

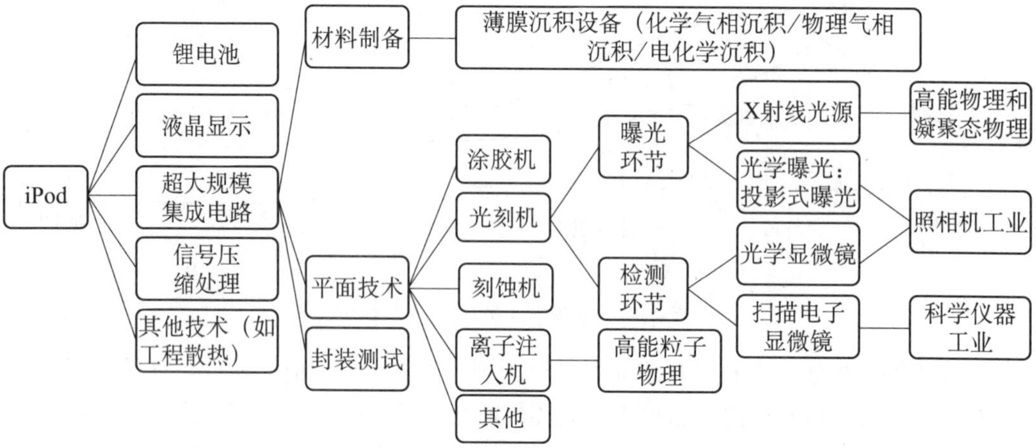

图3-6 iPod的产品技术与生产技术分解：聚焦于超大规模集成电路

如果我们将“网络”放在更大的范围内来讨论，这种产业体系内部的相互关联以及产品之间的相互依存性可以看得更加清晰。图3-7就把最终产品端放大到现代电子工业体系——从笔记本电脑到太阳能电池板、节能灯泡——的一系列主流产品，而支撑这些电子产品的基础产业则是半导体、平板显示器、太阳能/光伏发电和固态照明。其中，半导体是本轮技术经济范式的关键生产要素，而平板显示器和太阳能/光伏发电行业的制造工艺则在很大程度上与半导体工业重合，它们同时对金属喷镀、平版印刷、生长外延层等技术产生需求，尤其是以TFT-LCD（薄膜晶体管液晶显示技术）为基础的平板显示工业，近年来已日益反映出“半导体显示”的趋势，其一半以上的制程工艺与集成电路工业相一致。

我们可以把这个产业体系示意图画得更大，并对产品与技术之间随时间演进而变化的相互联系进行动态考察，不难发现：在半导体技术成为关键生产要素的四十年间，它与越来越多的产业和产品发生了联系。而且随着半导体技术的应用，很多老产品的运行机理发生了一些变化，照相机应用了芯片发展出自动变焦技术；机床与芯片相结合出现了数控系统；随着所使用的芯片日益高级，电视机都变成了智能电视，智能家居也登上了舞台。在信息与通信技术的应用逐渐进入展开期之后，这种现象肯定会更加普遍，以半导体及其相关技术（如互联网、显示等技术）为主体组成的“引擎”部门，将成为整个经济体系技术联系最为紧密的核心领域。我们可以从两个角度来理解这种现象：

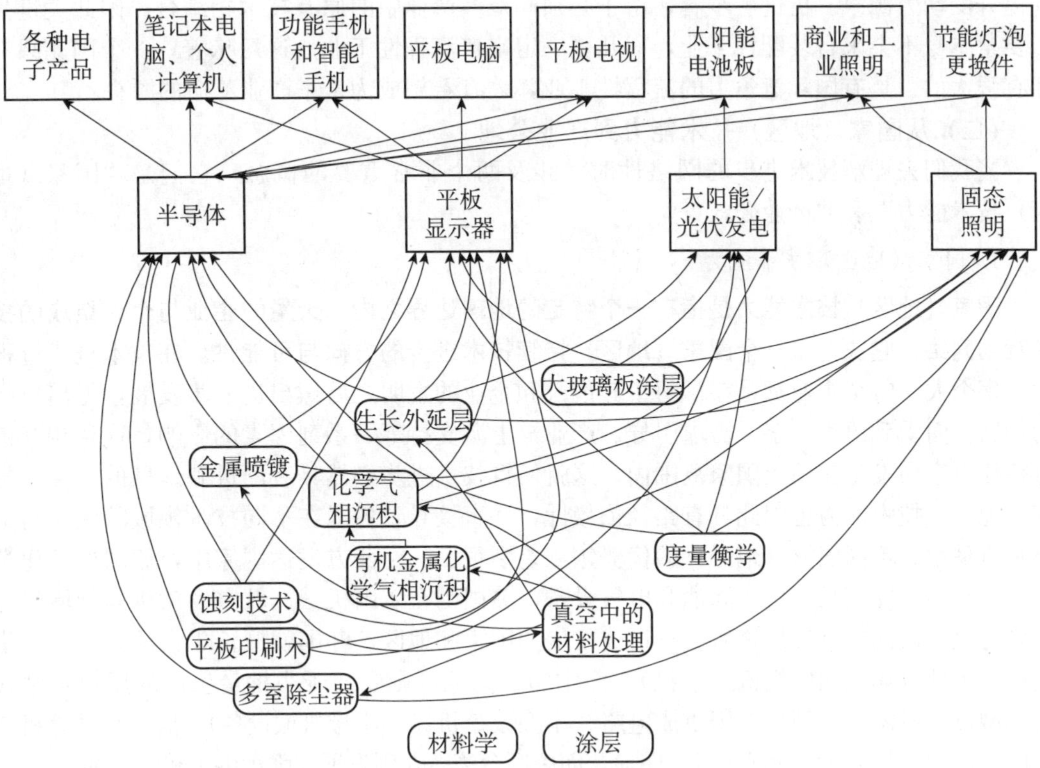

图 3-7 电子产品间的相互依存性

> **大师观点**
>
> 实现一场技术突破所需要的要素成本模式与探索实现这一突破的所有可能性所需的要素成本模式并不相同。
>
> ——大卫·兰德斯
>
> （美国经济史学家）

(1) 创新的“重新组合观”。正如我们前面所说，就其本质来看，创新就是在需求与技术原则及其实现之间建立新连接的重新组合过程。在这个过程中，每一层、每一环节的解决方案必定是现成的或是可以迅速解决的。这就可以帮助我们理解新老产业、新老技术之间为什么会形成一个紧密联系的网络。这个网络上的一个个连接正是创新者在层次递归过程中经过反复试验摸索出来的创新之路，虽然最后的结果可能只有一个特定的“主导设计”，但确定这个“主导设计”的过程却是大量、艰苦、细致的内部研发与“用户-生产者互动”。从这个角度来看，这个产业间相互联系、紧密合作的网络绝不是借助数据和计算技术就能够精密复制出来的，这才是发展中国家建立创新型国家面临的最大的后发劣势。

(2) 从辩证唯物主义的角度来看，虽然产业间的技术联系是普遍存在的，但这些联系是不均匀分布的。那些集中了大量联系，甚至与几乎整个工业体系中每一个部门都建立起互动与联系的技术，正是我们所说的关键生产要素和“引擎”部门。在向其他产业渗透的过程中，这些关键生产要素很多时候甚至扮演了重新组合过程中“新”原则的角色。今天的半导体，过去一百多年间的钢铁、电力、石油，在很多创新中都是“新”原则。这就使这些行业本身的创新变得非常重要，因为这将成为国民工业体系获得持续的、整体的生产率提升的动力源泉。更进一步看，由于必须同众多产业中的原有技术相结合，因此关键生产要素本身不会来自装配性工业，而几乎一定来自流程性工业。这意味着，一个国家只有拥有强大的、具有国际竞争力的流程性工业，才有希望成为未来产业革命的源头。

（二）从国家（地区）技术能力到产业公地

当我们去理解技术进步的网络性时，涉及两个非常重要的概念，它们是“国家（地区）技术能力”和“产业公地”。

1. 国家（地区）技术能力

国家（地区）技术能力是指在一个特定的地理边界之内，大量的企业与个人结成的技术互动网络，它决定着一个国家（地区）持续技术进步的方向与可能性。在技术进步过程中，每个人、每个企业都是在学习了其他人和企业的发明之后做出进一步发展，得出自己的创新。而受到语言文字、需求引导、产业链上游支持等一系列因素的影响，这种相互借鉴往往更容易发生在民族国家范围内。这就使得技术进步必然具有渐进和地域的特征。国家（地区）技术能力也因此具有路径依赖性，并直接导致各国在不同技术领域的优势与劣势具有黏性。不同国家（地区）的优势领域差别很大：在西方发达国家中，德国擅长化学品、机床，美国擅长飞机、炼油和电气设备，英国则在矿山机械、航空发动机等领域仍有一席之地；而同样是二战之后获得迅速发展的国家和地区，韩国就擅长于大规模生产的集成产品领域（典型如电视机、手机），而中国台湾地区则专注于小批量生产的用户定制式的小型技术系统（典型如专用集成电路、小型数控机床和小型机械设备）；同样是计算机产业链，韩国在存储方面的优势极为明显，而中国台湾企业则发展起强大的整机组装能力。

这种技术互动网络提示我们，在有组织的内部研发之外，技术变革的另一重要形式就是集体发明。所谓**集体发明，是由一定数量的发明者共享知识所推动的技术进步，这些发明者通常受雇于在知识产权甚至产品市场上存在竞争关系的企业组织和其他研究机构。**在现代大型工业企业内部研发逐渐制度化之前，集体发明曾经是工业革命及其后一百年间技术进步的重要途径。而今天集体发明再次成为公司研发的重要补充，与技术进步的不确定性密切相关。劳动分工日益细化的过程，使得对互补知识及其来源的有效预测越来越难，在这种情况下，为了紧跟前沿发展，参与者不得不更加频繁地共享知识。正是对集体发明的这种需求，使得很多行业的创新活动倾向于聚集在地理位置较近的地区，即形成特定的“集群”。这也使得信任成为知识经济的重要制度基础。

2. 产业公地

与“国家（地区）技术能力”的概念相类似，由哈佛大学的皮萨诺（G. Pisano）于近年提出的“产业公地”概念也聚焦于技术进步过程中“工业体系”的角色。**产业公地是指一个工业体系在研发方面的基础设施、专业知识、工艺开发能力和工程制造能力，能够在多大的范围内将实验室发明变成有竞争力的产品。**我们可以从以下三个方面来理解“产业公地”的概念。

（1）一个国家产业公地的边界是由其工业体系的范围定义的。

一个国家有什么样的工业体系，这个工业体系的创新能力如何（有多少企业创新，从事何种创新），将直接限定和决定其中的绝大多数企业创新的方式、方向和程度。这意味着“市场”机制的有效性同样是由产业公地和工业体系决定的。当本土产业公地可以提供创新者所需要的技术和元件时，创新者通常能够以相对正常的价格获得这些外部支持。即便存在某些垄断，也总会存在某些知识扩散机制来降低创新者的前期投入。换句话说，市场机制只在一国工业技术能够实现的范围内有效，即只在一国的产业公地内有效。相反，如果创新者无法获得本土产业公地足够的支持，而不得不转求于国际市场，这些企业往往要为本土产业工地的不健全付出代价，即向国外供应商支付必要的溢价（“敲竹杠”）。

（2）产业公地的最终产出是“有竞争力的产品”而非“发明”。

这回到我们前面对“创新”最原始的讨论：创新是一种经济现象，因此产业公地的根本任务是提供产品解决方案，而不是发明，更不是简单的原理发现。这意味着那些不具备产业基础的“科技创新”往往难以成为改变国际竞争格局的秘密武器；相反，如果一个国家痴迷于“科技创新”的源头作用与先导作用，却无视自己产业公地的千疮百孔，其科技成就也只能“为他人作嫁衣裳”。下面的例子为我们很好地说明了这个道理。

创新者镜鉴

从巨磁阻效应到硬盘驱动器工业：谁笑到最后?

2007年，法国物理学家费特（A. Fert）和德国物理学家格伦伯格（P. Grunberg）因分别独立发现了巨磁阻效应（Giant Magneto Resistance，GMR）而分享了当年的诺贝尔物理学奖。此时距离二人在1988年首次宣布GMR已经过去了近二十年。在诺贝尔奖的获奖致辞上，格伦伯格回忆起当年的研究，指出“当时领先的计算机公司计划开发各项异性磁阻（Anisotropic Magneto Resistance，AMR），以期将这一技术应用于硬盘驱动器的读头（引注：硬盘驱动器上最重要的物理部件）上，但与之相比，GMR更胜一筹，这也激励着我们为GMR技术申请了相关的专利”。

但遗憾的是，无论是费特、格伦伯格，还是他们的祖国法国和德国，都没有成为GMR这一重大发现之后的真正赢家。GMR的确能够改进硬盘驱动器旋转磁盘读取数据的“磁头”，但这一发现的最初形态与工业界的实际工程条件差得有点儿远：简单来说，GMR是在超低温巨磁场的条件下被发现的，但工业界能够实现的条件只能是室温下的弱磁场。

真正让GMR“长”进工业的先驱是IBM。早在1969年，IBM就开始了磁阻读头的研发工作，在1983年拿出了最早的原型读头，并在1990年推出了产品。到1991年，IBM已经开始尝试用很弱的磁场来开发读头材料，这项工作在1994年取得了重大进展：在这一年，IBM宣布成功开发出基于GMR的磁盘读头。1997年12月，IBM宣布了一款使用GMR磁头的3.5英寸硬盘产品，次年初IBM开始生产2.5英寸的笔记本电脑用硬盘。由于这些GMR磁头同时具有读写能力，因此它们具有更少的组件，从而降低了制造成本，具有更高的可靠性和更低的功率需求。希捷和西部数据也成功地将GMR利用到自己的产品上。

在美国之外的另一个GMR大赢家是日本。得益于庞大的消费电子工业基础，日本的硬盘驱动器工业和读头技术用武之地更为广阔：iPod的1.25英寸硬盘驱动器就是由东芝提供的。显然，在这片“沃土”上生长的企业更多：整个日本有七家以上的读头生产商。这些企业在GMR方面的起点较低，但2003年之后，它们从IBM获得了技术许可（而且IBM在2002年就把硬盘事业部卖给了日立），对GMR

读头的后续技术改进投入了巨大的资源与精力，这使它们的市场占有率开始放量：2003 年之后，日本企业在硬盘驱动器行业的市场份额和利润占比已经全面超过了美国企业。

（3）决定产业公地发展水平的深层次因素包括民族国家文化和政策的时间（长期/短期）偏好。

一个国家的产业公地覆盖到哪些产业领域，并尤其擅长于其中哪些产业，其产业积累如何，往往与该国的文化和政策偏好有关。正如我们前面对盎格鲁-撒克逊模式和莱茵模式这两种资本主义发展模式所做的对比：前者就更愿意追逐以科学为基础的重大创新，并因此在高技术产业领域有较好的表现（尤其是美国）；而后者则偏好于渐进创新，因此更擅长于在现有产业基础上的经验性改进。这其实也在某种程度上反映了二者的时间偏好：盎格鲁-撒克逊模式更追求短期回报，而莱茵模式的耐性更好。

但是，正如我们在本章第一节所讨论的，处于本轮技术经济范式转折期的世界仍然没有建立起一套完整而健全的制度体系驾驭金融资本，遏制“挣快钱”的“创新杀手”文化对实体经济的侵蚀与破坏。相反，在过去 30 年间，金融资本在全球范围内的广泛渗透已经在一定程度上影响了文化和政策的多样性，即便是在德国和日本，很多长期时间偏好的制度和政策也遭到了诸多挑战和困境。这些变化趋势对各国的产业公地产生了或多或少的不利影响。

（三）技术进步网络性的现实意义

技术进步是以产业间互动的形式在一个本土工业体系的网络中展开的，这种产业间互动导致了国家（地区）技术能力的发展。这一典型事实可以帮助我们理解一些非常重要的问题。

1. 理解技术创新的加速趋势

技术创新的不断加速是 20 世纪以来现代化国家中的典型经济现象，也是媒体和社会各界对“创新驱动发展”最朴素的认识。但需要注意的是，创新的加速趋势是一系列社会性因素发展变化的结果，而不是一种自然现象。其实我们从表 3－3 不难看出，在创新过程中，真正的自然现象是从发明到创新的时滞。在这里列举的 12 个例子中，最短的只有 3 年（树脂玻璃），最长的则达到 79 年。之所以出现这样的时滞，就是因为只有当产品技术和生产技术全部齐备、创新者能够以极低的成本获得这些现成技术的时候，发明转变为创新的经济意义才能够得到保障。

表 3－3　从发明到创新的时间跨度

产品名称	发明年份	时滞	产品名称	发明年份	时滞
回转罗盘	1852	56 年	三极真空管	1907	7 年
日光灯	1859	79 年	喷气式发动机	1929	14 年
电除尘设备	1884	25 年	电视机	1919	22 年
无线电报	1889	8 年	雷达	1922	13 年
采棉机	1889	53 年	尼龙	1928	11 年
剃须刀	1895	9 年	树脂玻璃	1929	3 年

从这个角度来看，“创新的加速趋势”固然从根本上受到研发活动制度化、企业对技术创新日益重视这一趋势的影响，但宏观条件的变化、技术进步网络的日益成熟完善同样在其中发挥着不可或缺的作用。恰恰是随着工业门类的健全，工业体系内部分工的日益细致深化，创新者能够从本土产业公地中获得的支持越来越强，其能够获得的现成技术越来越多，这才导致了技术创新不断加速的现象。相反，如果把创新的情境移植到撒哈拉以南的极不发达国家，创新的加速趋势就不得不受制于其有限的国家（地区）技术能力而戛然而止。

2. 理解中国工业体系的优势与劣势

近70年来，中国的国民工业体系建设取得了巨大的成就。迄今为止，我国已建成全世界最完整的国民工业体系：拥有39个工业大类、191个中类、525个小类，是全世界唯一拥有联合国产业分类中全部工业门类的国家。得益于如此强大的产业后院，“有竞争力的制造能力”始终是中国参与国际产业竞争的重要砝码。而且，伴随着自主创新及创新驱动发展战略，尤其是一系列重大专项的实施推进，中国工业的创新能力得到了一定提升。半导体显示、内燃机、中高端数控机床、专用芯片等行业的核心技术自主可控水平有所改进，一些卡脖子的关键环节取得了一定突破。从这个角度来看，中国的产业公地——尤其表现为一个完整的且具备一定技术能力的国民工业体系，是中国长期经济发展的战略资产，也为“大众创业、万众创新”奠定了扎实的产业基础。

但从另一方面来看，中国工业体系内部的相互关联性较差，进军产业链高端所需要的高端生产要素和能力相对欠缺，这是中国产业公地的劣势所在。面对这种劣势，具有企业家精神的在位企业的转型升级往往面临着比西方同行更严峻的形势。

创新者案例

格力：逼上“掌握核心科技”的“梁山”

今天，“掌握核心科技”已经成为格力在历史上最著名的广告语。但回首来时路，格力却是被中国产业公地上一个又一个“大坑”逼上了这条路，而且走得义无反顾。

2002年，格力接下了重庆长安福特的一笔“一拖四”（业内俗称“一拖多”）多联机空调订单。“一拖多”的多联机是中央空调的一种，由一台或多台室外机与多台室内机组成，并依靠氟制冷剂作为冷媒进行能量转换和输送。在20世纪90年代，“一拖多”代表着空调行业的技术前沿，以大金、日立为代表的日本企业正是凭借多联系统控制技术的成功研发，打破了美国在中央空调领域（以约克、特灵等品牌为代表，采用离心式冷水机组的技术路线）的绝对优势。时任格力老总朱江洪曾经打过一个比喻：如果说变频空调是空调技术的“皇冠”，那么变频“一拖多”就是皇冠上的“明珠”。但很可惜，拿下福特订单的时候，格力还没有搞定这颗“明珠”，在国内也找不到此类技术。无奈之下，格力只能高价从日本三菱采购了一百多套产品，回来后更换包装、商标、说明书，一番折腾下来，格力还亏了几十万元。

2002年年底，朱江洪亲自率队赶赴日本，意欲同三菱商讨有关技术转让的问题。格力的心理价位是两三个亿，甚至已经做好了为此付出5亿元的准备，但没想到技术没引来，却碰了一鼻子灰和日本人的一通鄙视。三菱方面明确地告诉格力："我们花了六年的时间，好不容易才有今天的成果，怎么能就此转让给你呢？况且我们也是靠这个产品在开拓中国市场。"

格力自此打消了有关"买技术"和"换技术"的想法，被逼上了自主开发的道路。朱江洪下令，"一拖多"开发项目要人给人，要钱给钱，要设备给设备。此后不到半年，格力的技术人员仅仅依靠一本产品使用说明书，成功开发了"一拖四"多联机，填补了格力和中国空调业当时的空白，2003 年年底又成功开发"一拖八"，现在则可以根据客户需要，想联多少联多少。2005 年 8 月，格力又完成了离心式冷水机组的开发工作，打破了美国企业在这一领域的垄断地位，彻底结束了超大型中央空调市场被美国四大品牌瓜分的历史。

资料来源：朱江洪．朱江洪自传——我执掌格力的 24 年．北京：企业管理出版社，2017.

3. 理解政府在产业升级中的角色

当我们理解了中国工业体系和产业公地的优势和劣势之后，可以很清楚地认识政府在产业升级过程中的角色。

首先，保护中国工业体系的完整性是中国政府的一项重要任务。由于本轮技术经济范式导入期的金融力量扩张，美国等金融部门更发达的西方国家在过去三十多年间经历了较为严重的"去工业化"，这使他们在近年来的国际竞争中（尤其是面对中国的时候）有一种"身体被掏空"的感觉，这是欧美等国自金融危机之后"再工业化"的宏观背景，也是皮萨诺等西方学者提出"产业公地"概念的宏观背景。作为发展中国家，中国的实体经济虽然受到了经济金融化的影响，但其程度远不如西方。相比之下，对于中国工业体系完整性影响最大的因素，是长期以来对跨国公司在华并购"不设防"的产业政策。在 20 世纪末 21 世纪初的"合资变局"之后，跨国公司并购国内装备工业龙头企业的风潮在一定程度上得到了遏止。但随着一大批改制企业、私营企业日渐成熟，股权流转日益隐蔽且不受控制，中国的产业安全和工业体系完整性正在经受着新时期的历史考验。

其次，政府需要充分利用好"看得见的手"和"看不见的手"，为产业升级解除高端要素与能力的后顾之忧。发展国民工业体系，补齐高端要素能力，为本土产业公地"填坑"，这是政府推动产业升级的一项重要任务。由于这些工作涉及大量的沉没成本（因为这会导致 L 形成本曲线的更迭），所以市场机制在解决这些问题时往往鞭长莫及，市场只能在产业公地现有范围内，在"交易"的时刻发生作用，却无法使不可能发生的交易自动发生（正如格力的例子所表明的）。因此，产业升级需要政府明确自己与市场的功能定位与职能边界。

六、技术进步的嵌入性

技术进步不是在真空中进行的。在现代经济中，技术进步或创新的本质，是以创新型企业为主体开展的经济活动。这意味着技术进步的过程不可能独立于资源禀赋、市场需求、制度规制等一系列非技术因素构成的宏观情境之外。从某种意义上讲，正是一个经济体的社会框架——在一定资源禀赋基础上的经济条件、社会构成、法律制度、风俗文化、不同社会组织的发展历史及其相互作用的历史渊源，等等——以不同方式、不同程度地影响着技术进步的方式方向和速度。纳尔逊（R. Nelson）将这一过程总结为“技术、企业、产业结构和一系列支撑制度在民族国家政治框架内的协同演进”。

“技术范式”和“技术轨道”是理解这一协同演进过程的一组重要概念。其中，**技术范式是在选择出来的科学原则和选择出来的材料技术的基础之上，解决选定技术问题的“模型”或“模式”。**它能够使工程师及其所在组织的技术努力和想象集中在相当确定的方向上，而无视技术发展的其他可能性，因而具有很强的排除效应。从某种意义上讲，我们可以将“技术范式”形容为一种与“解决特定问题”相对应的世界观或认知框架，它为特定领域的专业人员所共享，引导专业人员思考为促进技术进步而力所能及的事情。与此同时，这种认知框架建立了某种规范性，比如参考用户的经济需要和技术要求所建立的绩效评估标准。

技术轨道则是在技术范式规定的范围内解决技术问题的“正常”活动的模式，代表了在由技术范式所规定的外部边界之内的一组可能的技术方向，或者说是对多个技术变量维度的权衡所形成的运动趋势。也就是说，虽然技术范式定义和影响着专业人员的技术活动，但这种影响是非常灵活的；具体到各个组织、不同个体，他们会综合考虑自身的能力基础以及外部非技术情境，在特定技术范式所涉及的大量技术变量和评估标准中进行一系列折中取舍。这种基于异质性和有限理性的选择权衡，决定了技术轨道并不能将不确定性降低为风险。

在技术范式变迁和技术轨道发展的过程中，经济、制度和社会因素共同发挥“选择机制”的作用。这些因素之间的相互作用，使技术进步的方向在若干个备选范式中逐渐聚焦；而在技术范式规定的范围内，这些因素影响着企业学习和创新的技术轨道走向。因此，技术范式与技术轨道高度嵌入在其所处的社会经济环境之中。下面我们就其中的若干非技术因素对技术进步和创新过程的影响展开更详细的讨论。

创新者须知

如何理解“技术范式”与“技术轨道”？

“技术范式”与“技术轨道”是创新研究中非常重要的一组概念。乍看起来，这组概念的语言非常晦涩难懂，我们用一个更加生活化的例子来加以解释。

比如，同样面对一块表皮挫伤感染，不同地区的不同医生，处理方式有着天壤之别。在一线城市的社区医院或大医院，处理这种病患的标准方案是“外用抗菌治感染药物＋内服消炎药物”的“组合拳”，这种组合的好处是安全，疗效确切，缺点是花费较高，疗程较长。但具体到不同地区、不同医生，甚至不同病患，选择的外用药和内服药又不尽相同，比如有的医生偏向于莫匹罗星，有的医生则偏向于洛美沙星。

相比之下，农村卫生所的“赤脚医生”开药则更讲究立竿见影：他们所面向的消费者群体决定了安全性和耐药性并不是那么重要，在他们看来，城里人用的那些药都是“儿童用药”(意指药力不足)。因此，他们很少向病人推荐内服消炎药，因为病人也不相信这些药能对手、脚上的外伤有什么用处；即便是推荐外用药，他们也会避免那些让病人“一听就觉得很贵”的新药，所以最常用的外用抗菌药其实是有着几十年历史但长期使用容易导致抗药性的红霉素软膏。

至于那些连卫生所都看不起的低收入人群，他们解决这些问题的“土办法”更是完全来自另一种技术范式：薅几把野艾，做成艾卷烟熏外伤，说不定烧完的艾灰都要抹到伤口上，此时他们认可的根本不是“抗菌治感染”，而是中医的“扶正祛邪、培元固本”。

(一) 自然环境与要素禀赋

在农业、采掘业等高度依赖自然环境与资源禀赋的行业中，这种要素条件会直接决定行业的地理分布和若干地区间的具体差异。比如，与中东地区相比，中国的地质条件更为复杂，油气品质更为多样，这就使中国油气行业对开采技术的要求更高，综合成本也更高。而同样是在中国，由于气候条件的巨大差异，越冬蔬菜大棚在长江南北的形态也不尽相同，为了更好地应对来自西伯利亚的寒流，江北的大棚往往多了一道用于防风的北墙。

而在更大的产业范围内，要素禀赋结构的差异往往会塑造不同经济体创新活动的动力和方向：在那些人口更加密集的国家和地区，节约资本的创新要比节约劳动的创新更容易获得市场的认可。当然，这并不等于说现代企业在选择技术改进方向时会表现出明显的倾向性。正如罗森博格(N. Roseneberg)所说，“企业有着绝对的动机在任何一个方面降低总成本”。此外，简单的要素替代也不能不加区分地等价于技术进步。下面的例子就很好地说明了这一点。

创新者须知

要“工业革命”，还是“勤劳革命”?

中世纪之后，东西方经济社会发展走向了“大分流”的十字路口。在这场“大分流”中，西欧的技术进步向着以非人力代替人力劳动的方向进行，即我们通常所说的“工业革命(industrial revolution)”。相比之下，工业革命前后的日本则存在着人力劳动日益取代其他动力形式的情况，这就构成了一副奇特的“勤劳革命(industrious revolution)”的图景。

具体来看，欧洲从9世纪后期开始就慢慢减少对人力的依赖，先是对牛、马等大牲畜的利用，再然后是水和风(典型的应用如帆船、水磨和风车)这些自然能源。在日本却出现了与此相反的情形：到19世纪后期，日本社会中家畜的使用量和轮子(各种有轮装置)的使用量都在下降。历史同期在中国得到广泛应用的独轮车，在日本却几乎找不到。甚至在水稻田耕作过程中，日本大多数地区的灌溉取水都没有采用中国式的水车以充分利用水流的动力，而是通过人的臂力将水桶从水流中挽起。而这种以人力代替机械和自然力量的做法，在水稻丰收后的舂米、磨碎环节也不例外。

之所以出现这种技术"退化"式的要素替代，与日本的要素禀赋有很大关系：家畜的减少与土地资源的紧张有直接关系，这样土壤就可以用来种植人类能够直接消化的蔬菜，同时也避免了畜牧过程中产生的不必要的能量消耗，从而可以使有限的土地养活更多的人。而劳动人口的过快增长、劳动力价格的相对低廉，又使人力的使用更加合理，即以不计成本的人力投入在极其有限的土地上换取最大、最好的农业收成。

资料来源：约翰·齐曼．技术创新进化论．上海：上海科技教育出版社，2002.

（二）收入水平和分配结构

收入和分配因素同样是影响技术进步方向的重要因素。在这里我们需要着重介绍艾伦（R. Allen）在《全球经济史》中提出的一个非常重要的观点，即"富裕导致创新"，它与我们常识中有关"创新导致富裕"的认识形成了强烈反差。艾伦提出这一观点，基于两点合乎情理也合乎史实的逻辑：（1）工资水平较高的经济体通常能培养出具有良好读写能力、计算能力和技术水平的工人；（2）工资水平较高的经济体能够产生更强的动力来增加每个工人平均使用的机械数量，即发明各种节约劳动力的技术。而劳动力素质的提升、新技术的使用又推动了生产率和工资水平的继续上涨，如此循环往复，不断进步。其实我们会看到，无论是工业革命时期的英国，还是第二次工业革命时期的美国，都是这种"富裕导致创新"的典型。

兰德斯（D. Landes）对工业革命之前英国的收入水平和分配结构曾形象地描述如下：

"英国的劳动者不仅吃得要好一些，而且其食物消费占整体收入的比率也比欧洲大陆的人更低。在某些地区，这一比率呈下降趋势。相反，在海峡对面，这一比例在 18 世纪的大部分时期都在上升。结果，英国人有更多节余可用于其他方面包括对制造业的改进。当佛兰芒人还穿着木鞋时，英国人便以穿皮鞋著称。英国农民穿毛呢的时候，法国和德国的农民还瑟缩在亚麻布里发抖。……一句话，劳动阶层由于其人数上的绝对优势，当之无愧地成为整个商业的支柱和生命线。他们的数量何止成百上千、成千上万，而要以百万计。千千万万劳动者的工作保证了贸易的车轮全速运转，使陆地和海洋上的各种生产制造业，都在为争夺海外市场而战；巨大的收益支撑着他们的生活，而由于同样巨大的人数规模，他们便成为整个国家经济在事实上的支撑者。"

我们可以回到前面的 L 形成本曲线来理解"富裕"对创新的重要性：如果一个国家的收入水平较低，或者在分配结构中无法确保"人数上（占）绝对优势"的劳动阶层获得较高的工资水平，那么在面向未来的产业竞争中，这个国家尝试建立的新的 L 形成本曲线就不可能达到建立竞争优势所必需的、更大的产量规模。因为更大规模的市场细分人群收入水平偏低，这使他们对创新过分关注价格，这势必影响创新型企业的创新回报和下一轮创新投资。而有限的创新投资又会导致更多缺少核心技术支撑的商业模式创新，使市场更加混乱。

（三）社会文化与宗教

这一方面的非技术因素往往对大众消费品行业有着深远的影响。比如在不同文化和宗教的影响下，不同国家和民族对时尚、流行和健康的判断存在根本差别。这些基本价值判断直接关系到衣食住行等相关行业的技术轨道。当然这不等于说高技术行业的发展和技术竞争就不会受到这类因素的影响。在中国工业史上，大庆油田建立SCDMA专网的案例堪称经典。

创新者案例

文化如何影响技术选择：大庆油田押注SCDMA

中国在移动通信3G和4G标准方面的国际领先地位与信威公司及其SCDMA技术密不可分。1995年11月，邮电科学技术研究院和CWill（同年初在美国由两名华人工程师创办）合资成立北京信威通信技术股份有限公司（以下简称“信威”）。信威的主要任务是开发以智能天线、上行同步等为核心技术的SCDMA无线接入系统。正是这些技术构成了中国主导的TD-SCDMA标准的核心，这也是大唐版TD-SCDMA与西门子版TD-SCDMA之间的根本区别。

但SCDMA技术的发展成熟之路却异常曲折。2000年年初，信威跌到谷底：领导班子的不稳定和技术骨干的分流导致更多的人员流失，公司一度只剩下20多个人。就公司业务而言，由于产品质量还存在缺点，原来的用户大批退网。此时，信威手里攥着的只剩下与大庆签订的油田专网项目合同，这几乎成为SCDMA在困境中的唯一希望。大庆油田专网项目源于当时大庆油田通信公司（具有在当地运营的权利）想要利用本地无线接入技术做一个本部门辖区内使用的专网无线电话系统。当时，中国移动垄断着移动通信市场，并全面采用欧洲的GSM系统，而中国电信则垄断着固网无线接入市场，使用的是日本的PHS（小灵通）系统。在这种市场条件下，大庆油田通信公司居然誓死不用日本产品：他们宁肯用还不成熟的SCDMA布网，也不用“小灵通”。甚至当处于困境中的信威单方面提出解除合同的时候，反而遭到了大庆油田通信公司的严词拒绝，甲方经理甚至愤怒地批评信威：“搞这样一个方案，你们知道包含了我们双方多少的心血?!”

正是由于大庆方面的这种坚持，信威在2001—2003年顶住巨大的压力，克服种种困难，最终成功完成了大庆油田专网项目，推动了SCDMA技术的成熟和市场化。

资料来源：路风．走向自主创新：寻求中国力量的源泉．北京：中国人民大学出版社，2019.

（四）制度因素：经济制度框架与创新型企业社会条件之间的契合

制度因素和政治因素同样会影响技术的发展过程，尤其是在那些与特定公共资源有关的行业中，政府规划和国家战略的制定往往会成为诱导业内企业调整技术开发方向的重要里程碑。典型如国家对通信频谱资源、领空资源和国防军备资源的政策将会直接影响通信设备、航空器和高端装备领域的投资强度与研发方向。

但政府对企业创新活动和技术进步的影响绝不只有“点对点”的方式。很多时候，政府在诸多领域的相关政策相互结合，构成了约束和塑造企业行为的政策情境。在这种情况下，嵌入在这一政策情境中的大多数企业都会寻求与情境相合拍的行为方式，那些与政策情境相悖的企业行为则成为“异类”和“例外”。这就自然带来一个问题：具有哪些特征的政策情境能够更好地激励企业开展创新活动？或者说，什么样的制度框架能够更好地促进创新型企业的孕育和成长？在回答这一问题之前，有必要回顾一下创新型企业的社会条件。

第一章对创新型企业理论的介绍中讲到，创新过程的某些基本特征或典型事实决定了那些成功开展创新活动的企业往往在非技术领域表现出一些共性，这些共性包括：（1）由创新的不确定性决定的战略控制；（2）由创新的累积性决定的财务承诺；（3）由创新的集体性决定的组织整合。那些具备了这三方面社会条件的企业能够在创新过程中更好地协调组织、战略和金融等各个方面，从而开发出足以转变市场竞争态势的创新产品与服务。当然这个过程也可以看作是一个由市场竞争诱发导致的组织变化过程。

但是，企业的上述行为不是在真空中发生的，它与更宏观的经济制度存在某种互动。一方面，现行经济制度将会直接决定企业获得某项社会条件的成本，如果制度可以有效地降低企业达成这三项社会条件的成本，就会有更多的企业走上创新驱动发展的道路，相反，当其中某一项成本超出企业承受范围的时候，创新过程就会被经济制度所禁止；另一方面，那些期望创新的企业将会努力推动经济制度向着有利于达成特定社会条件的方向改革，这也就是所谓“制度创业”的过程（见图 3-8）。具体来看，民族国家在治理、就业和投资领域的政策取向构成了上述制度框架的主要内容。

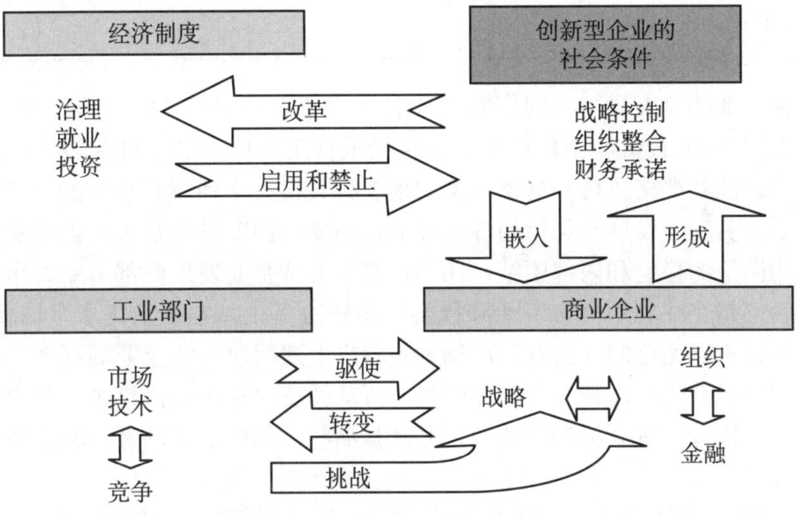

图 3-8　经济制度框架与创新型企业社会条件之间的契合

（1）有关公司治理的制度导向。前面已经一再提到“股东价值最大化”意识形态对企业创新的影响。它不仅危及职业经理人对企业创新过程的战略控制，而且由此产生的分红和回购需求还直接影响了企业对创新过程的财务承诺。在经济现实中，这种“股东优先”观念可以表现为多种形式，包括“保障投资者合法权益”，也包括“同股同权”。其中前者的具体形式包括以各种制度和政策诱导甚至强制企业分红和在公开市场回购。而后者的形式则更加多样：无论是资本市场上的同股同权，还是员工持股企业中的同股同权，都有可能架空企业管理层的战略控制。而在更宏观的制度层面，物权、劳动权以及按生产要素分配的合法化（包括不同类型生产要素在分配中的优先序）则是塑造公司治理机制的基础。

创新者案例

阿里巴巴：坚持“同股不同权”，放弃港交所上市

2013 年 9 月 26 日，阿里巴巴联合创始人蔡崇信在一篇公开日志中质疑港交所：“今天，作为香港人，我想问的是：香港资本市场的监管，是被急速变化的世界抛在身后，还是应该为香港资本市场的未来做出改变，迅速创新?!!”这等于向外界宣告，阿里巴巴和港交所之间漫长的上市谈判以失败告终。

在此期间，马云提出的“AB 股”上市方案遭拒后，阿里巴巴试图以“合伙人制度”的名义上市。这两者的本质都是股权的差别化处理，马云希望借此保证阿里创始团队始终掌握公司控制权。但港交所坚持“同股同权”，并为此拒绝了阿里巴巴的上市申请。阿里巴巴随后弃港赴美敲钟，2014 年 9 月 20 日在美股纽交所挂牌上市。直到此时，港交所总裁李小加仍然自信“坚持了香港法治社会的原则”，并自豪地表示“不会为短期利益而牺牲长远利益”。

但同样是李小加，在 2017 年推动港交所发布《有关建议设立创新板的框架咨询文件》的市场《咨询总结》，宣布接纳采用不同投票权架构的新经济公司赴港上市，并直陈为“争夺内地大型新经济企业来港上市”。这是自 1993 年 H 股开放以来香港上市政策力度最大的改革。自此之后，以小米为代表的大陆科技公司掀起了一轮赴港上市的高潮。

（2）有关就业的制度导向。国家是否支持劳动者的合法权益，包括是否允许企业以（更高）利润为目的的裁员和结构调整，也包括最低工资标准和各种保障性待遇（如养老保险）的动态调涨和严格执行，这类政策的拿捏将直接关系到所有企业的合理负担和公平竞争。此外，在劳动力发展与保留的各个环节，国家的制度导向是否允许企业以非市场方式巩固劳动力队伍的稳定和内部团结，比如：是否支持企业发展内部劳动力市场和在职培训机制，是否支持企业利用自有资源和社会资源解决员工基本生活需求（如住房）。如果企业和员工不得不以完全的（公开）市场方式解决上述问题时，企业的财务承诺和组织整合往往至少有一者会受到伤害。但与此同时，劳动就业政策中的民粹主义倾向也容易导致问题走向另一个极端：过分保护劳动者，尤其是那些不称职的劳动者，将会危害企业的战略控制有效性。

（3）有关投资的制度导向。国家是否设计了财政、货币政策，通过信贷、金融工具，引导资本流向生产性环节和创新性活动，避免脱实向虚。在会计准则等经济核算规范的选择上，是否充分考虑了本国企业的发展阶段和业务经营情况，包括投资需求和投资回收期。这类政策的选择虽然不会直接影响企业的行为，却有可能导致对经济发展形势和投资需求的误判。

创新者案例

京东：让人迷茫的利润数据

2018 年 3 月 2 日，京东发布 2017 财年第四季度及全年财报。数据显示，2017 年

京东营业收入为人民币 3 623 亿元（约合 557 亿美元），同比增长 40.3%。当然，相比之下，人们更关心京东的利润：作为中国电商行业最典型的重资产战略执行者，京东已经连续 12 年亏损。但是，京东的利润数据却让观众陷入了迷茫。它是这样陈述的：京东首次在美国通用会计准则下（GAAP）实现全年盈利，净利润为人民币 1.168 亿元（约合 1 800 万美元），而基于非美国通用会计准则（Non-GAAP），净利润为人民币 50 亿元（约合 8 亿美元）。

在这里，美国通用会计准则（GAAP）是指美国财务会计准则委员会（FASB）、会计师协会（APB）和证券交易委员会（SEC）规定的会计准则、方法和程序的总和，主要用于规范美国本土上市企业的财务报告，这些准则在制定过程中并没有考虑美国境外公司因素。而非美国通用会计准则（Non-GAAP）则是一个泛指的概念：作为一个中国企业，京东所说的 Non-GAAP 就是指中国的准则。具体到京东这次的财报，之所以在两个准则下存在这么大的差异，其最大的区别在于：美国准则是把京东年中进行的股权激励算作成本，而中国则不算。但美国的投资者和游戏规则制定者如何看待此事，现在下结论为时尚早。

从上面的讨论不难看出，能够有力促进创新型企业成长、发展的制度框架具有以下特征：超脱于特定社会阶层的利益诉求，既能够摆脱资本的束缚，又不为民粹主义所左右，而是以创新与生产过程（微观层面）和经济发展过程（宏观层面）的根本需求为出发点，从而将各阶层均视为其中不可或缺的重要利益相关者，使其团结并服务于国家发展大局。

上面以很长的篇幅详细剖析了技术进步的若干典型事实，即不确定性、组织性、累积性、网络性和嵌入性。在经济现实中，这些基本规律往往会同时反映在技术进步过程中。下面明治时期钢铁工业发展史的案例可以帮助我们更好地理解这些基本规律的现实表现。

创新者镜鉴

日本钢铁工业的技术进步：1874—1904

日本钢铁工业的标杆——八幡炼钢厂始创于 1901 年。但在此之前半个世纪，日本就已经开始尝试使用西方技术来生产钢铁。在幕府后期，受到西方国家的威胁，德川政府和一些有实力的封建领主意识到了建造强火力大炮的重要性，并由此产生了对高质量钢铁的需求。此时的日本匠人参照荷兰书籍中的技术描述，生生用双手建成了返焰炉。这种炉具可以将利用本土技术生产的生铁炼制成小规模的熟铁。熔炉的制造工程师之一是来找本州南部部族的大岛，大岛不仅在长崎学习过荷兰文和由荷兰文撰写的钢铁与大炮制造技术，而且他生长的南部部族有着悠久的铁矿和制铁历史。这使大岛得以了解土法和西洋技术，并在私人投资者的支持下建立了小型的鼓风炉，鼓风炉就设在临近南部的釜石市。虽然起步阶段遇到很多问题，但仅用一年时间，这里的生产就平稳下来，也建造了更多的熔炉。

1874 年，明治政府打算在釜石建立一个现代熔炉，并雇用大岛和一个德国工程师来计划这件事。德国工程师建议在两个引进的熔炉之间建立一个大规模的现代工厂以及一个用于搬运产品和铁矿石的铁路系统。而大岛则反对这个计划，并建议建立五个相对小一点的熔炉而用更加适当的运输方式。从未质疑过西方技术权威的政府拒绝了大岛的计划，并基于德国工程师的计划从英国引进熔炉、铁路机车和其他设备，并雇用英国工程师来建立大工厂。工厂在1890年投产后立即遇到了困难，并于营业后196天关闭。倒闭的原因很明显：大工厂所需的木炭远远超过了当地能够提供的生产规模，而在转用焦炭作为燃料之后，熔炉的生产质量却又失去了保障。而这样的现实，只有多年浸淫于本土炼铁实践的大岛才心知肚明。

在政府关闭大工厂之后的几年，釜石又重新开始了铁的生产。私营企业家田中从政府手中买下了大工厂，开始使用一个新的小熔炉（在大岛的技术下建成）而不是原来的大熔炉重新开始生产。虽然在正式商用之前同样进行了很多次改进，但却始终能逐年扩展产量，1894年又在帝国大学（现东京大学）教授野吕的帮助下，修整并改进了英国人建造的大熔炉并成功重新开始生产。

但日本官方尤其是军方对于现代综合技术大规模生产钢材仍然情有独钟。1896年，政府决定在八幡建立工厂并让小大岛（大岛的儿子）来制订计划。德国"海归"小大岛决定用德国技术来建造工厂，并委托了一家德国公司来制订详细的计划，购买德国的设备并雇用德国工程师作为顶级工程师。1901年完工之后，这个现代化大车间投产只有1年左右就被迫停工了。主要问题在于德国和日本的焦炭质量差异：八幡附近有一个大煤矿，工厂生产所用的焦炭就来自这个煤矿。但是，焦炭生产工厂是由德国人设计的，他们从来都不懂得德国和日本煤炭的区别，同时又受到当时成本的制约。结果，焦炭工厂不仅不能使用日本的煤炭，而且也由于采用了廉价过时的设备而效率低下。因此所产出的焦炭质量非常差，并使得钢生产极其困难。再次像釜石一样，野吕教授临危受命，他对八幡的情况作了彻底的调查，改善了焦炭生产工艺，并对熔炉进行了一些改进，使它们适应日本的焦炭。这个转变花费了几年的时间，终于在1904年工厂重新开始成功运营。

资料来源：理查德·纳尔逊．国家（地区）创新体系：比较分析．北京：知识产权出版社，2011.

第三节　理解技术进步与创新活动的产业差异与融合

在对技术进步的整体特征有所了解的基础上，本节的讨论将进一步细化到特定产业技术进步的某些规律性特征，即技术进步与创新活动在不同产业之间的结构性差异和跨产业边界的技术融合趋势。在创新研究领域，我们将特定产业中技术进步与创新活动的特征统称为"技术体制"。因此，下面就首先介绍技术体制概念的发展演变，在此基础上我们将着重介绍几种不同的产业分类法，而对技术融合的理解将更加关注产业发展的现实与未来趋势。

一、理解技术体制

“技术体制”的概念最早源于纳尔逊（R. Nelson）和温特（S. Winter）合著的《经济变迁的演化理论》。他们将“技术体制”定义为一个具有认知色彩的术语，用于描述技术人员的信念，那些有关什么可行和值得尝试的信念。他们希望通过这个概念来说明某一行业中技术发展过程的某些特点，并使其明显区别于正统经济学中的“生产函数”概念。在他们看来，“生产函数”的语言反映了一种断崖式的思维方式：在正统经济学中，超过生产函数范围之外的区域都是技术上不可行的区域。但他们认为现实并非如此，在产业现实中，工程师对自己所在行业的技术发展潜力及其能够解决的技术问题，有一个不那么精确的大体判断，但正是这样的大体判断和信念为专业人员及其所在组织推进技术开发工作提供了线索。显然，从这种解决特定技术问题的认知框架的角度来看，我们前面提到的“技术范式”和“技术轨道”就是一种特殊的技术体制。

这样一种抽象的认知概念，在看得见、摸得着的真实世界中又是如何表现的？这就涉及对“技术体制”的操作化定义。在这一问题上，马勒尔巴（F. Malerba）和他的同事们将技术体制定义为“特定产业中技术最重要的经济性质和学习过程特征的特定组合”，正是这样的组合定义了企业创新活动所解决问题的性质，影响了企业技术学习的类型，并且塑造着组织和相关活动的动机和约束，从而影响着行业层次的发展变化，影响产业内部技术变异与选择的基本过程。具体而言，马勒尔巴认为技术体制表现在以下四个方面：

（1）技术机会。在搜索和研发投资一定的情况下，创新活动的多寡和便利性反映了行业内技术机会的丰足程度。

（2）独占性。行业技术的某些性质确保其在多大程度上不受模仿之害，从而从技术创新中获利，这些性质包括在第二章曾经提到的显性知识与隐性知识之别。

（3）累积性。与不创新的企业相比，从事创新活动的企业在未来有多大程度更倾向于从事自己熟悉的活动，开发特定技术的创新并沿着特定轨道前进。

（4）知识基础。企业创新活动所仰赖的知识是何种性质的知识，是与科学原理直接相通的通用知识，还是那些具有很强的企业特定性的专用知识。

在马勒尔巴之后，马斯里（O. Marsili）对技术体制进行了另一番深入解读。她对技术体制的定义与马勒尔巴相似，也是“特定产业的创新过程和科技知识基础本质的性质”。但马斯里对马勒尔巴提出的技术体制的四个维度进行了深入剖析与思辨，并在此基础上提出了一组新的操作化维度来理解产业现实中的“技术体制”。

针对马勒尔巴提出的四个维度，马斯里基本接纳了其中对技术机会和创新/技术的累积性的讨论，进一步强调了知识基础中的知识性质这一维度，并将其更名为“知识的源头”以表明“学术研究对技术进步与创新过程的贡献”。相比之下，马斯里对“独占性”这一维度并不认同，她认为“独占性”的定义含糊，如果从技术性质的角度来看它与“知识基础”（或“知识的源头”）的内涵高度重合，如果从行为结果来看“独占性”则更像是某种结果而非原因。鉴于此，她将这一维度进一步修正为“进入壁垒”：特定行业与规模和知识相关的进入壁垒。这种壁垒既包括从事特定行业的启动成本或沉没成本，也包括在特定行业内活动所需的知识积累，从而从整体上决定了进入不同行业的难度，并进而决定了不同行业的集中度。

此外，马斯里的一个重要贡献是将技术进步的某些时代特征引入到对技术体制的讨论中，具体而言就是对“技术多样性”的强调。这一维度与我们前面讨论多技术、多部件产品的发展密切相关。产品与生产过程多技术化过程的一个直接后果，就是对企业协调不同类型技术的能力提出了新的要求。但这种技术融合与交叉也存在着显著的行业间差异，并因此直接影响了业内企业进行技术搜索的异质性水平和知识基础的宽度。具体而言，技术搜索的方向存在着产业间差异，这是由不同类型产品的专业化发展趋势决定的。而从知识基础上看，不同产业开发和利用新兴技术的方向与机会也有着结构性差异，例如：食品与饮料工业虽然表面落后，但在利用新知识、拓展新基础时与制药业有着相同的方向，都需要及时吸收生物化学领域的新知识；相比之下，机床、汽车、航天等大装备工业则对机电一体化技术有着共同的需求。

在综合考虑知识基础和技术多样性的情况下，不同行业对科学、技术与技能的要求就以更加立体化的方式呈现出来。表 3－4 就是电子计算机工业和仪器工业的知识要求。

表 3－4　　产业知识要求：以电子计算机和仪器工业为例

	知识基础	技术领域
电子计算机 仪器	**核心** 仪器 计算机 图像和声音设备 半导体 **背景** 通信，电气设备和系统，化工过程，电气工业设备	**核心** 电气工程师 电气技术人员 **背景** 机械工程师，绘图员，其他工程技术员，电脑分析师，计算机程序设计员，机械技术人员，工业工程师，管理人员 **零星** 物理学家 **边缘** 运营研究人员

二、产业发展动力的类型学讨论

不同产业在技术体制上的差异，会导致经济系统内部在很多方面的分化。这就导致了对产业结构和产业发展动力的类型学讨论。其中，具体到产业结构维度上，马斯里的技术体制概念中“进入壁垒”的概念就与产业集中度高度相关。那些进入壁垒较高的产业，如半导体、通信设备、有机化学等行业，其产业集中度往往较高；而纺织、木制品和金属制品这些进入壁垒较低的产业的集中度也相对较低。而马勒尔巴对技术体制的讨论，同样可以帮助我们理解技术体制对产业结构的影响和塑造方向。

（一）技术体制对产业结构的影响：马勒尔巴的研究

具体来看，马勒尔巴在对产业进行分类的时候，借用了“熊彼特Ⅰ型/Ⅱ型”的说法。所谓熊彼特Ⅰ型的产业，反映了熊彼特在中青年时期对创新与产业结构之间关系的理解，即他在《经济发展理论》中极力阐明的企业家个人与中小企业在创造性毁灭过程中的决定性作用。熊彼特Ⅰ型产业在产业结构上具有如下特征：更低的行业集中度、进入壁垒和产业稳定性，与此同时新创企业的进入频率却很高。相比之下，熊彼特Ⅱ型产业则是熊彼特在晚年写作《资本主义、社会主义与民主》时对创新与产业结构关系的理解。此时熊彼特已在美国生活多年，目睹美国现代大型工业企业的日益壮大及其在创新中扮演的重要角色，这些现实促使熊彼特不再只是站在“创造性毁灭”的角度来理解创新，而更多地考虑产业发展过程中的那种累积性和稳定性。换句话说，熊彼特Ⅱ型的产业具有如下特征：在创造性毁灭的同时更依赖“创造性累积”，先行企业一旦进入行业，就能占据一个有利位置，成为大企业，久而久之，产业集中度和稳定性都处于一个较高的水平，新创企业的进入频率则较低。显然，“熊彼特Ⅰ型/Ⅱ型”产业在产业结构上的不同表现，其背后是不同产业技术体制的区别。具体而言，马勒尔巴用以下一组函数来反映技术体制各维度对产业结构各方面的影响：

$$\text{Conc}=F\text{（Opp，App，Cum，Kbasic，Kapplied）} \quad \text{(i)}$$

其中$\frac{\partial \text{Conc}}{\partial \text{App}}>0$，$\frac{\partial \text{Conc}}{\partial \text{Cum}}>0$，$\frac{\partial \text{Conc}}{\partial \text{Kbasic}}>0$，$\frac{\partial \text{Conc}}{\partial \text{Kapplied}}<0$，而$\frac{\partial \text{Conc}}{\partial \text{Opp}}$的正负性不能确定；

$$\text{Stab}=F\text{（App，Cum）} \quad \text{(ii)}$$

其中$\frac{\partial \text{Stab}}{\partial \text{App}}>0$，$\frac{\partial \text{Stab}}{\partial \text{Cum}}>0$；

$$\text{Entry}=F\text{（Opp，Cum，Kbasic，Kapplied），} \quad \text{(iii)}$$

其中$\frac{\partial \text{Entry}}{\partial \text{Opp}}>0$，$\frac{\partial \text{Entry}}{\partial \text{Cum}}<0$，$\frac{\partial \text{Entry}}{\partial \text{Kbasic}}<0$，$\frac{\partial \text{Entry}}{\partial \text{Kapplied}}>0$。

在这里，Conc、Stab 和 Entry 分别代表前面讨论的产业结构的三方面特征，即产业集中度、产业稳定性和新创企业进入频率；而 Opp、App、Cum、Kbasic 和 Kapplied 则分别代表技术体制中技术机会、独占性、累积性、通用基础知识和应用专有知识等不同维度。在以上三个函数的 11 个相关性讨论中，绝大多数都较容易理解，但需要特别说明的是式（i）中技术机会对产业集中度的影响：出现新的技术机会，既有可能为在位者所挖掘，也有可能为新进入者所捕捉，但这两方面力量对产业集中度的作用方向却是相反的，而其具体结果则由技术机会的性质决定。第四章对“技术变化的冲击”的讨论会进一步说明这一问题。

不难看出，技术体制表现出低独占性、低累积性以及更加依赖专用知识的产业往往表现出熊彼特Ⅰ型的产业结构；相反，高独占性、高累积性、高度依赖通用知识的技术体制则更容易将产业结构引向熊彼特Ⅱ型的方向。有的学者将前一种技术体制称为“亲创业”体制，而将后一种技术体制称为“亲惯例”体制。

（二）OECD 的产业分类

从不同产业的技术特点出发，理解产业发展动力，进而对产业进行分类研究，始于经合组织（OECD）在 20 世纪 80 年代的一项重要工作：以研发强度为标准，将制造业划分为高中低技术产业。在这里，研发强度是考察行业层次（也可用于企业层次）上研发支出水平的一个重要指标，它是研发支出与营业收入之比。① 划分的基本标准如图 3－9 所示。

① 近年来，OECD 内部有研究人员建议将“研发强度”换成另外的指标，如研发投入/增加值水平。

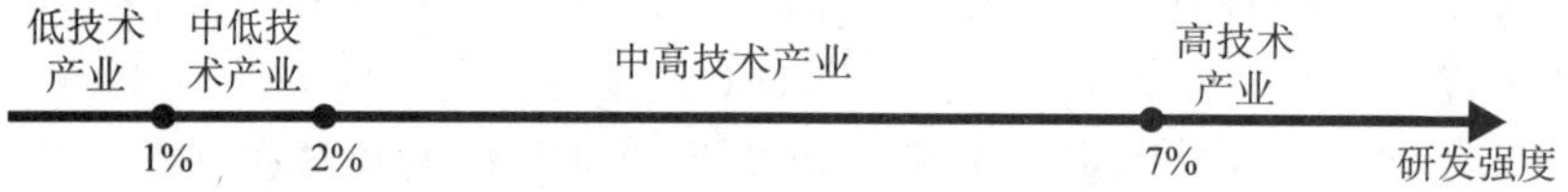

图 3-9　OECD 分类：高中低技术产业

20 世纪 90 年代之后，OECD 对高中低技术产业分类进行了多次调整，力求与时俱进，比如：在 2011 年的分类版本中，科学仪器产业中的“医疗器械、精密仪器与光学仪器”就从“中高技术”调整进入“高技术”；与此同时，对研发强度的计算也开始将间接研发经费计算在内，但这样的调整并未影响到各产业在这一分类中的相应顺序。此外，近年来 OECD 有内部建议，将服务业这个发达国家国民经济的大头纳入考察范围，结果发现其中绝大多数细分行业的研发强度远不如制造业的研发投入水平，金融保险、批发零售、建筑物流、文娱餐饮、房产物业等一系列服务业，其研发强度甚至比研发强度最低的工业部门还低一半以上。只有以研发服务和 IT 信息服务为代表的极少数服务业，由于它们是从传统制造业中分离出来以专业化分工形式存在的知识密集的生产性服务业，其研发强度才能与工业部门相提并论。这些事实再次雄辩地证明：制造业才是技术创新和产业升级的动力之源。

2011 版中高中低技术层次上的代表性产业如表 3-5 所示。

表 3-5　OECD 产业分类：举例

	具体产业
高技术产业	航空航天制造业，医药制造业，计算机及办公设备制造业，无线电、电视及通信设备制造业，医疗、精密和光学科学仪器制造业
中高技术产业	电机制造业，机动车（含挂车、半挂车）制造业，制药之外的化工行业，铁路和运输设备制造业，机床设备制造业
中低技术产业	船舶制造与修理业，橡胶与塑料制品，焦炭、石油精炼产品及核燃料，金属制品
低技术产业	食品饮料及烟草业，木材、纸浆、纸制品及出版印刷业，纺织品、皮革及制鞋业

OECD 以研发强度为标准建立起来的这套高中低技术产业分类，是全球范围内最著名、对各国政策设计影响最深远的一套产业分类法。这套产业分类虽然在一定程度上保留了发展调整的弹性和开放性，但其中的问题也非常明显。如果不能对这些问题有所认识，简单地套用这一分类框架，有可能对中国这样的发展中国家产生消极影响。概括来说，以下三方面问题是 OECD 分类中的要害问题。

1. *产业发展的演化视野失于狭隘*

OECD 从 20 世纪 80 年代开始的高中低技术产业分类工作，无意之间选择了一个特殊的时间点，即本轮技术经济范式的导入期。正因如此，在 OECD 国家中观察到的研发投入较为积极的部门都是此次技术经济范式的核心部门，即 ICT 关键生产要素部门和那些能够较早应用这类技术的临近产业。但是，在此之前的一些重要事实就被忽视了，主要包括：

（1）在此之前的 20 世纪六七十年代，恰恰是上一轮技术经济范式的展开期，当时一大批中低技术产业的发展非常迅速，因为它们需要最大限度地吸收当时的先进技术成果；

（2）以机床、能源（石油、电力等）、材料为代表的产业链上游部门，在很多发达国家都经历了几十年、上百年的发展，它们对新兴技术的跟踪和利用也是一个长期过程，而不会在短期内对某种技术展开高强度攻关，但也正因如此，这些产业在整个工业体系中扮演着重要的角色，其技术体系逐步健全，领先企业早期投入形成的进入壁垒并不低。这意味着，发达国家在这些行业的“中低”研发强度对发展中国家没有太大的参考价值。

因此，从产业发展演进的角度来看，我们在统计数据中看到的“高”技术产业只是在特定历史时期发生在发达国家的某种现象，这种现象只是经济发展的漫长过程在某一时段的截面，而非发展中国家对标学习的模板，更不应该以 OECD 分类设定人为“界限”，以片面、割裂的方式理解和设计经济发展过程，毕竟高技术产业的产出只占国民经济增加值的 3%左右，即便将汽车等中高技术产业包含进来，这个比重也不过只有 8.5%。

2. 对创新投入的理解失于狭隘

创新过程中的投入或者说创新投资绝不只有研发一类。表 3-6 向我们展示了 OECD 在进入 21 世纪之后开展创新调查时对创新投资更为详细的分类。从中不难发现，研发之外的创新投资还有很多种。在现实中，石油行业的例子非常典型。虽然在表 3-5 中石油行业的研发强度并不高，但这并未反映出上游石油产业在寻求创新及其应用中所进行的大量投资活动，其中的重点支出就是地质和地球物理勘探的成本，而这一环节往往会对流体力学和地球物理等多个学科的高端人才产生强烈需求。

表 3-6　奥斯陆手册：正式的创新投资

研发	内部研发 外部研发（收购研发服务）	
非研发	获取外部无形知识和技术	专利 非专利发明，如设计、专有技术的披露、商标、计算机服务和其他科学和技术服务
	获取外部有形技术和知识	机器、仪器和设备以及土地和建筑物等其他资本货物
	其他产品和工艺创新的准备工作	规划和设计，技术规范，专利和许可，生产启动，测试和评估，规划和开发新的或显著改进的服务
	市场准备	市场调查、市场测试和推出广告
	培训	

3. 对创新与学习过程中影响因素的理解失于狭隘

正如前面对“技术体制”的讨论所指出的，影响创新与学习过程的绝不只是要素投入，技术的来源不同，技术的累积性与多样化交叉融合趋势也不尽相同，而且这一过程还会受到组织层面有关因素的影响，如企业的一体化水平、企业与用户建立互动的深度与广度，等等。因此，从“技术体制”等相似角度，以更加立体化的视角理解产业发展动力类型就成为一项重要任务。这就有了下面的帕维特分类和马斯里分类。

创新者案例

勇敢的旧世界：传统产业中的造反者

在第六届全国创新创业大赛上，来自福州的福耀模具科技有限公司吸引了大家的目光。这家公司的主要产品是以汽车零部件为主的模具检具以及汽车的内饰件产品。而它带来的参赛产品则是轻量化、环保的自然纤维汽车内饰产品，与传统的 PET

塑料汽车内饰相比，福耀的自然纤维汽车内饰产品同等体积可以减重30%，而且还具有环保可降解的特点。

其实，像福耀这样在传统产业中采取更积极创新与研发战略的企业并不少见。吸管行业的全球领军企业——义乌双童日用品有限公司同样如此。2005年之后，双童连续两个“五年发展规划”都把创新作为企业第一大投入和追求，并在此后十余年中包揽了全球吸管行业70%的知识产权，并先后起草了5项国家标准和一项ISO全球国际标准。与此同时，双童还在环保、工艺分解、生产组织、互联网营销等环节加大投入，以“组合拳”增强自己在国内品牌高端市场和个性化定制市场上的议价能力和利润率。

曾有西方学者以传统产业中的世界五百强企业为例，分析它们自20世纪80年代初至90年代中期申请专利的技术范围有何变化。结果发现，几乎所有样本企业都极力吸收各种相关的新兴技术，以拓展自己的技术前沿，甚至连食品、饮料和烟草这些产业中的领军者，也在努力地学习看起来“不搭界”的医药和生物技术。而从信息与通信技术、材料技术、制药与生物技术这三大类新兴技术扩散的角度来看，1991—1996年间的相关专利申请量与1981—1985年间相比，分别实现了187%、101%和92%的增速。而在OECD分类的低技术产业中专利申请量的增长速度则分别达到了23%、141%和169%。

资料来源：Sandro Mendonca. Brave old world: Accounting for ‘high-tech’ knowledge in ‘low-tech’ industries [J]. Research Policy，2009，38（3）：470-482.

（三）产业发展动力类型学之帕维特分类

帕维特（K. Pavitt）在1984年提出的产业分类是创新研究领域最为著名的产业发展动力学工作。在讨论影响产业发展动力的诸多因素时，帕维特没有使用“技术体制”的术语，但却在其中关注到同时期的OECD分类未曾关注的重要维度，其中包括：（1）各行业在技术来源上的差别，有些行业更多地依靠诞生于本行业内部的技术即“工艺”，有些行业则更多地通过采购设备和材料来获得新技术，这些新技术就是上游产业的“产品”；（2）特定行业中产生新技术的制度性源泉与技术本质，如大学、公立研发机构等公共知识生产系统在其中的知识贡献程度，以及内部技术活动中对“研究”与“开发”的不同侧重；（3）从事创新活动的企业（创新型企业）的某些组织特征，如企业的规模和技术多样化水平。详情见表3-7。

表3-7　帕维特的产业发展动力类型学：四种产业类型

企业类型	典型核心部门	技术轨道的决定因素			技术轨道	衡量特征			
		技术来源	用户类型	获利方式		工艺技术来源	产品创新与工艺创新之间的相对平衡	创新型企业的相对规模	技术多样性的强度和方向
供应商主导型	农业、建筑业、传统制造（私营服务）	供应商研究延伸服务、大型用户	价格敏感型	非技术（如商标、营销、广告、美学设计等）	削减成本	供应商	工艺	小型	低垂直

续前表

企业类型	典型核心部门	技术轨道的决定因素			技术轨道	衡量特征			
		技术来源	用户类型	获利方式		工艺技术来源	产品创新与工艺创新之间的相对平衡	创新型企业的相对规模	技术多样性的强度和方向
规模经济敏感型	批量散装材料（钢铁、玻璃）和组装产品（耐用消费品和汽车）	生产工程、供应商和研发	价格敏感型	工艺机密与诀窍、技术落差、专利、干中学效应、设计诀窍	削减成本（产品设计）	组织内部、供应商	工艺	大型	高垂直
专业化供应商	机械、工具设备	设计和开发、用户	性能敏感型	专利	产品设计	组织内部、用户	产品	小型	低同心圆
以科学为基础的产业	微电子、化学	公共科学研发、生产工程	混合型	研发诀窍、专利、工艺机密与诀窍、干中学效应	混合型	组织内部、供应商	混合型	大型	低垂直、高同心圆

从表 3-7 中不难看出，帕维特从技术轨道的决定因素、发展方向和企业创新活动若干特性出发，总结得出了一个四个不同的产业发展动力类型，它们分别是：

1. 供应商主导型产业

以农业、建筑业和传统制造业（如纺织、服装等）为代表的产业部门，这些产业所使用的新技术往往凝结在资本品和投入品中，而它们自身的技术活动则多以工艺创新为主，与此同时还会在“干中学”的过程中对生产设备进行适应性改进，并辅以相应的组织与管理创新。与此相应，它们获利的主要方式也是广告、美学设计等各种非技术手段。

2. 规模经济敏感型产业

生产规模的日益扩大导致了分工深化和工作简化，进而导致了更高的生产效率和创新质量，这是大规模流水线工业（包括批量生产的标准化材料和组装产品）的竞争之道。在这些行业中，生产工程部门的流程优化和工艺开发对降低成本有着重要意义，而产品设计也会优先考量成本压力。而识别成本瓶颈的压力会要求这类企业尽量在内部开展相关技术活动。

3. 专业化供应商产业

专业化供应商产业以高度专用化的机械与工具设备行业为代表，这些部门与规模经济敏感型产业的技术活动都高度依赖于具体的生产过程。作为资本品供应商，这些企业需要尽可能满足客户的需要，提供令人满意的新产品。很多专业化供应商都是从过去的一体化企业中分拆出来的，这样做也可以为新生的专用设备寻求更加广阔的应用场景。全球最大的机床控制系统供应商发那科（Fanuc）就是从富士通（Fujitsu）分离出来的，而柴油机配附件行业世界第二大供应商电装（Denso）则是丰田汽车的衍生公司。

4. *以科学为基础的产业*

以微电子和化学为代表的以科学为基础的产业，代表了二战之后产业创新的重要发展方向。这些产业中新产品的不断推出依赖于基础科学研究的进展，比如：电磁领域和固态物理领域的学术突破就对微电子行业有重要影响，而合成化学和生物化学领域的研究成果则会作用于化工行业，那些进入这些行业并站稳脚跟的创新型企业将会受益于科学突破的巨大推动力而获得长足发展。

与OECD的分类法相比，帕维特的上述分类充分考虑了研发之外那些更具行业特定性的创新影响因素，而且其数据基础也更加合理（基于英国1945—1979年的创新统计数据）。当然，对这些维度的选择和这一分类结果也不可避免地有相应的历史局限性。恰恰是在帕维特分类提出之后，技术多样化的趋势以及与此相关的产业进入壁垒问题开始日益凸显，这就为马斯里的技术体制和产业分类研究创造了新的需求和条件。

（四）产业发展动力类型学之马斯里分类

前面已经对马斯里的技术体制概念及其相应维度进行了介绍。下面的表3-8是马斯里基于不同产业在其定义的技术体制各维度上不同表现做出的产业分类，表3-9则是这五种基本产业类型的代表性产业，其中以科学为基础的产业被进一步细分为以生命科学为基础的产业和以物理科学为基础的产业。显然，在这里最重要的变化就是将机动车和飞行器行业单独列为复杂系统工业：这正是对现代工业多技术、多部件发展趋势的最好诠释。而随着时间推进，我们会发现越来越多的产业开始不同程度地表现出复杂系统的特点。

表3-8　　马斯里的产业发展动力类型学：五种产业类型

	技术机会	知识和规模中的技术进入壁垒	创新的持续性	企业间多样性	知识基础的多样化水平（主要方向）	外部知识来源	与学术研究的联系	创新的本质
以科学为基础	高	高（知识）	高	低	低（水平和上游，在医药行业较低）	公共机构和合资企业	强而直接（主要是高度专业化的知识）	产品
基本流程	中等	高（规模）	高	中	高（上游）	附属公司，用户	相当重要且直接（基础和应用科学）	工艺
复杂系统	中等	中等/高	在技术上高，但产品上不高	中	高（上游）	复杂的来源系统	重要但非直接（工程）	产品
产品工程	中高	低	中低	高	高（水平和下游）	用户	不很重要（普遍的技术工程）	产品
连续流程	低	低	冶金技术高，但在金属产品和建材行业低；在其他行业低	高	高（上游）；在食品、饮料行业低（上游和水平）	供应商（以资本品为载体）	在食品行业更直接和重要（基础科学）；在其他行业不太重要（多为金属和冶金领域的通用知识）	工艺

表 3-9 马斯里产业类型学中的典型产业

以生命科学为基础的	药物与生物工程
以物理科学为基础的	电脑，电气行业，通信设备，仪器（摄影、复印）
基本流程	化工，矿业，石油
复杂系统	机动车辆，飞行器
产品工程	非电机械，仪器（机器控制、机电仪器），金属制品，橡胶及塑料制品，其他制造业
连续流程	冶金（基础金属、建筑材料），化工（纺织品、纸张及木材），食品及饮料（食物、饮品及烟草）

马斯里的产业发展动力学研究恰逢知识经济不断深入、创新创业大潮日益高涨的时代，这就使对不同技术体制和产业下创业活动影响因素的讨论变得合乎时宜。表 3-10 就是马斯里对这一问题的概括。

表 3-10 不同技术体制和产业类型下创业活动的源泉与障碍

技术体制	障碍	源泉
以科学为基础	● 知识的专用性 ● 学习的累积性	● 技术知识的快速更新
基础流程	● 规模 ● 学习的累积性	
复杂系统	● 内外部知识源的复杂性	
产品工程		● 知识的广泛通用性 ● 技术轨道的多样性 ● 用户知识扮演重要角色
连续流程		● 创新战略的多样性 ● 能够以资本品为载体获得知识

三、现代产业创新的科学基础与技术融合

产业发展过程中的创新与学习包括两种最基本的形式：一种模式是 DUI（doing，using and interacting）模式，这种模式与本地化的、隐性的技术经验有关；另一种则是 STI（science，technology and innovation）模式，它与编码化知识的生产与应用直接相关。工业革命以来的生产力发展史就是这两种学习与创新模式彼此支持、相互作用、螺旋式上升的历史，在这一过程中，这两种模式都分别得到了发展，而相应的隐性知识和编码化知识的领地也得到了扩张。

其中，前者是创新取得成功的必然产物，因为无论这些知识在 SECI 模型中如何编码、转化，它们都首先是创新过程的各方参与者解决高度动态的、本地化的现实问题的产物，是在此过程中积累获得的技能和知识；而且不容否认的是，自然科学和技术科学始终仅能理解 DUI 模式中产生的一部分知识，对于很多工程设计实践中的隐性知识，技术人员仍然只能“知其然（know-how）”，却无法“知其所以然（know-why）”。前面曾经提到，这种在“做”中形成的隐性知识很多都会沉淀为企业内部的互动联系机制和作业流程。

相比之下，STI 模式与现代工业企业内部研发活动密切相关。这些正式研发活动使创

新企业能够以科学的方式理解工件与技术的工作方式，并为企业的后续研发提供了实验和测试的有力方法，这些都为进一步的开发与创新提供了指导和线索。这一正式研发过程虽然有可能是用户反馈、专有工艺开发等本地化刺激的结果，但其中的关键是：创新者会始终依靠全球通用知识，即那些可以广泛使用的科学知识，以高度编码化的方式记录和理解技术活动。

STI模式的上述特征与优势使其在第二次世界大战之后的产业创新与发展中扮演着日益重要的角色：以科学为基础的产业的发展，以及越来越多的产业领域与学术研究或远或近的知识联系（如表3-8所示），构成了这一发展态势的产业背景。特别是对于中国这样的发展中国家来说，掌握和开发技术，提升创新能力，已经不可能通过简单的DUI模式来实现，而必须诉诸高强度的正式研发，通过正式研发形成必要的吸收能力，以支持对全球技术前沿的理解和利用。当然，STI模式日益提高的重要性并不否定DUI模式的意义，即便是在以科学为基础的工业中，经验和技术诀窍的积累仍然至关重要，针对靶点发现新的化学药固然高度依赖于化学信息学和生物信息学的通用知识，也离不开计算机辅助药物设计和高通量筛选与评价的正式研发手段，但如果没有小试、中试、大试各环节的反复摸索，积累工艺经验去控制杂质和异构体，这些实验室里的新药仍然无法进入大批量生产与流通阶段。

越来越多的产业领域建立起与学术研究的知识联系，在很大程度上源于多技术交叉融合的发展趋势。特别是在信息与通信技术、生物技术等新兴技术向越来越多的传统产业领域扩散的过程中，这种技术交叉融合正在成为当前技术经济范式的阶段性特征。具体来讲，这种技术交叉融合在技术和产业上具体表现为以下三种趋势的相互交织作用。作为这三种趋势在真实世界中的具体表现，表3-11提供了几种典型的例子。

表3-11　　技术融合过程的三个侧面

起支撑作用的共性技术进步	技术交汇与需求融合	分工深化与纵向分离
金属切割与成型技术	生产作业	机床制造业
化学和冶金技术	材料分析和测试	合同研发
化工技术	工艺控制	仪器制造者、专业工程公司
计算技术	设计、重复操作	CAD生产商、机器人生产商
新材料	原型制造	快速原型供应商
ICT	应用软件、生产系统	知识密集型商业服务、合同制造

（一）共性技术/使能技术的跨产业扩散

每次技术经济范式中的核心部门都会为整个经济体系提供某些基础技术，其中至少包括相应的关键生产要素。这些基础技术最初的诞生往往只是一个非常局部的结果，但随着其技术性能和性价比的改进，这种基础技术获得了进入更多应用场景和更多产业的可能，这一过程甚至会吸引很多熟悉新场景的开发者的加入。这一技术扩散过程既是基础技术与这些产业中的原有技术重新组合的过程，也是提升整个经济体系生产率的过程。随着性价比改进而获得跨产业扩散机会的基础技术例证非常之多，与我们生活联系最密切的就是基于精简指令集（RISC）设计的ARM芯片：从ARM7时代的MP3、打印机、PDA等产品起步，ARM芯片在2007年迎来iPhone手机这个杀手级应用，此后其性价比改进不断提速，现在的 ARMCortex-M 系列已经完全满足各种消费级应用场景的需要，并开始向工业级应用场景进行渗透。

（二）应用场景增加之后的需求融合

上述技术扩散过程的一个重要前提条件就是基础技术性价比的不断改进。而这种不断改进则是需求融合和分工深化的结果。基础技术与各种特定的技术组合相融合，从而服务于新的应用场景和产业领域。如果反方向地去理解这些跨产业广泛分布的重新组合过程，相应的基础技术就成为若干不同产业之间的技术交汇点。作为技术交汇的一个重要结果，对这类基础技术的需求同时成为不同产业的共同需求（即“需求融合”），这直接放大了对这些基础技术的需求量。

（三）需求融合与市场扩张导致的分工深化

基础技术的需求融合，有着重要的经济学意义：市场容量扩张必然刺激社会分工和生产工具的进一步专业化，从而确保基础技术生产效率的提升，即性价比的改进。在这一过程中，纵向分离有可能成为一个重要的专业化选项，因为很多时候，基础技术最初的孵化和改进都是在现有在位企业的“羽翼”之下进行的。当基础技术的应用场景已经超出了“母体”的经验范围，并且越来越多、日益广泛的时候，“母体”就有可能成为新技术进入新场景的障碍和隔膜。在这种情况下，将新技术、新业务独立成为新部门甚至新公司，就成为效率提升的方向之一。

技术的不断交叉融合，不仅为整个产业体系贡献了新的“物种”和“机会”，进而改变众多产业的竞争格局，而且还会实实在在地改变我们每一个人的生活。在过去十几年间，由 iPhone 引爆的移动计算时代就充分证明了这一点，在未来的一段时间中，移动计算、人工智能和具体应用场景的结合将重塑整个经济体系。而这些交叉融合产生的新物种，也自然会成为未来创业的热门领域：那些交汇点上的新进入者有可能成为新产业的定义者和引领。

创新者案例

再不链上汽车，就被时代扔下车了

北京新场科技有限公司 CEO 王彦敏博士是汽车工业的“老人儿”，十年前，她的博士论文理论框架就是在奇瑞的职工宿舍里琢磨出来的。最近几年，她组织多方力量，先后创办了易奇汽车和新场科技这两个创业项目，也都是针对汽车工业的下一个时代。

在她看来，移动计算、人工智能的势力正在快速向汽车工业渗透。未来的汽车一定是人们最重要的“生活秘书”。当你下班开车在路上，想着家里没人、晚饭无着落的时候，你对车里的语音助手说：“链接我的冰箱，看看还有什么东西?”语音助手反馈你：“没有东西了，需要购买什么食材吗?”然后自动链接生鲜电商首页，你选购、自动付款。当你到家，食材也配送到家。这个场景听上去很科幻，但吉利汽车发布的吉客智能生态系统，已经把这个想法变成现实：他们把近千种智能家居接入车机，开车时通过车机可跟家里的冰箱、洗衣机、洗碗机、扫地机器人等连通，你到家时，屋子已打扫好，智能新风系统和空调已经在工作，饭已经做好。智能家居与汽车开始链接，当年的科幻今天已经变成现实。

王彦敏认为，整个汽车产业进入一个跨界创新时代，汽车开始成为智能时代的新物种。汽车开始链接万物，万物开始链接汽车，各行各业开始拥抱汽车，汽车变成了移动智慧生活的新空间。而在这个过程中，传统汽车正在逐渐失去议价权：在未来汽车产业中，汽车本身已逐渐沦为整个生态链的底端；生态链的高端被应用软件、数据模型、信息交互等取代。显然，对传统汽车制造商来说，简单的“卖车”已经不可能为未来提供可持续繁荣之路。

在纯粹技术意义上的融合之外，“设计”也对技术融合提出了新的要求。这种需求集中体现在美学创新上。我们会发现越来越多的消费品，尤其是手机和家用电器变得越来越漂亮。甚至很多工业产品如机床也开始对产品外观提出了越来越高的要求，而不再是过去一副“傻大黑粗”的样子。有学者就讨论了这种美学创新在产业技术演进中的重要性（如图 3-10 所示）。研究发现：在技术生命周期的后半程，由于技术基本稳定，来自技术本身的创新动力逐渐减弱，美学创新成为一个重要的发展方向（图中 P1），而这就必然导致了技术融合的需求（如第二章第四节中所说的技术顿悟）。具体来看，还有很多外部因素会激发企业开展美学创新的积极性，如社会消费环境（图中 P3）和生产者-用户的设计沟通（图中 P5），但用户的专业化水平越高就越看重产品性能，他们对产品观感的要求就越不敏感（图中 P4）。

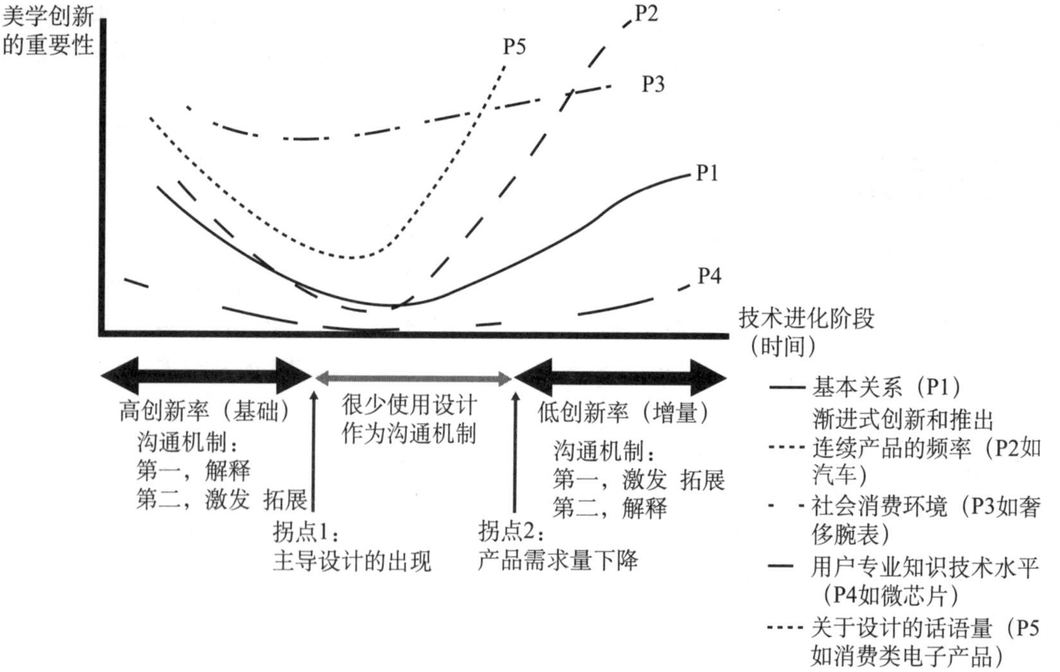

图 3-10 美学创新：技术融合的新需求

本章小结

按照影响力的差别可以将创新划分为四种不同层次：渐进创新、重大创新、技术系统的变革和技术经济范式的变革。

关键生产要素表现出以下典型特征：(1) 显而易见的低成本和成本迅速下降；(2) 看上去在很长时期内几乎无限的供应能力；(3) 能够与几乎遍布整个经济系统的诸多产品和工艺相结合，并具有显著的效用。

特定技术经济范式完全展开的过程包括四个阶段加一个转折点，其中前两个阶段（爆发阶段、狂热阶段）被称为导入期，后两个阶段（协同阶段、成熟阶段）则被称为展开期。

技术进步是一个充满（程序性和实质性的）不确定性的过程。企业要通过自己有规律性、有节奏感且有预见性的工作，成为不确定性的主人。

企业层次的技术进步与知识积累受到三方面因素的影响：既有技术知识积累、技术活动政策导向和特定时刻的具体情形。从知识内容上看，这些知识可以分为四类：事实知识、原理知识、技术诀窍和人际知识。

主导设计是在技术和市场因素的共同作用下出现的为整个市场普遍接受的产品设计形式。无论是装配性工业还是流程性工业，产业层次的创新活动在主导设计出现前后都会发生结构性的变化。

国家（地区）技术能力是指在一个特定的地理边界之内，大量的企业与个人结成的技术互动网络，它决定着一个国家（地区）持续技术进步的方向与可能性。

集体发明是由一定数量的发明者共享知识所推动的技术进步，这些发明者通常受雇于在知识产权甚至产品市场上存在竞争关系的企业组织和其他研究机构。

产业公地是指一个工业体系在研发方面的基础设施、专业知识、工艺开发能力和工程制造能力能够在多大的范围内将实验室发明变成有竞争力的产品。

技术范式是在选择出来的科学原则和选择出来的材料技术的基础之上，解决选定技术问题的“模型”或“模式”。技术轨道则是在技术范式规定的范围内解决技术问题的“正常”活动的模式，代表了在由技术范式所规定的外部边界之内的一组可能的技术方向，或者说是对多个技术变量维度的权衡所形成的运动趋势。

技术体制是特定产业中技术那些最重要的经济性质和学习过程特征的特定组合，正是这样的组合定义了企业创新活动所解决问题的性质，影响了企业技术学习的类型，并且塑造着组织和相关活动的动机和约束，从而影响着行业层次的发展变化，影响产业内部技术变异与选择的基本过程。具体而言，特定产业的技术体制表现在四个方面：技术机会、独占性、累积性和知识基础的性质。

复习思考题

1. 佩雷兹认为当今世界是“处在转折点的世界”，从技术经济范式与发展巨浪理论出发，你如何理解这一判断？

2. 对比风险与不确定性，并说明不确定性的不同类型。

3. 哪些因素会影响企业的技术积累过程？

4. 何谓主导设计？在装配性工业中，主导设计出现之前、之后的产业创新与结构有何差别？

5. 辨析：跨越式发展是发展中国家技术进步和产业升级的捷径。

6. 对比帕维特和马斯里对产业发展动力的两种类型学。

7. 技术交叉融合将会如何影响创新创业？

本章参考文献

1. DOSI G. Technological paradigms and technological trajectories：a suggested interpretation of the determinants and directions of technical change [J] . Research policy，1982，11 (3)：147－162.

2. DOSI G，EGIDI M. Substantive and procedural uncertainty [J] . Journal of evolutionary economics，1991，1 (2)：145－168.

3. DOSI G，FREEMAN C，FABIANI S. The process of economic development：introducing some stylized facts and theories on technologies，firms and institutions [J]. Industrial and corporate change，1994，3 (1)：1－45.

4. LAZONICK W. The innovative enterprise and the developmental state：toward an economics of "organizational success" [R] . FINNOV Working papers，2012，http：//www. finnov-fp7. eu/publications.

5. MARSILI O. The anatomy and evolution of industries [M] . Cheltenham，Northampton：Edward Elgar Publishing，2001.

6. MENDONÇA S. Brave old world：accounting for 'high-tech' knowledge in 'low-tech' industries [J] . Research policy，2009，38 (3)：470－482.

7. NELSON R. (ed.) . National innovation systems：a comparative analysis [C]. New York，Oxford：Oxford University Press，1993.

8. NELSON R R，WINTER S. An evolutionary theory of economic change [M]. Massachusetts，London：Belknap Press of Harvard University Press，1982.

9. NELSON R R，WRIGHT G. The rise and fall of American technological leadership：the postwar era in historical perspective [J] . Journal of economic literature，1992，30 (4)：1931－1964.

10. PAVITT K. Sectoral patterns of technical change：towards a taxonomy and a theory [J] . Research policy，1984，13 (6)：343－373.

11. PEREZ C. Technological revolutions and financial capital [M] . Cheltenham，Northampton：Edward Elgar Publishing，2003.

12. ROSENBERG N. Exploring the black box [M] . New York：Cambridge University Press，1994.

13. UTTERBACK J M. Mastering the dynamics of innovation [M] . Massachusetts：Harvard Business School Press，1996.

14. 约翰·齐曼．技术创新进化论［M］．上海：上海科技教育出版社，2002.

15. 路风．走向自主创新：寻求中国力量的源泉［M］．北京：中国人民大学出版社，2019.

16. 大卫·兰德斯．解除束缚的普罗米修斯：1750年迄今西欧的技术变革和工业发展［M］．北京：华夏出版社，2007.

17. 加里·皮萨诺，威利·史．制造繁荣［M］．北京：机械工业出版社，2014.

第四章
创新战略：企业创新的方式、方法与方向

本章要点提示

- 弗里曼分类
- 干前学
- 全面创新管理
- 系统集成
- 能力摧毁型创新
- 构架创新
- 破坏性创新
- 朴素式创新
- 反向创新
- 绿色创新

引例

成立于20世纪80年代初的S公司是国内著名的光学镜头生产商。S公司在90年代末成功“号准”行业发展的“脉搏”，准确地把握住了此后20年行业发展的大趋势，在从玻璃镜片向树脂镜片转变、从光学技术向光电技术转变的过程中抢得先机，从而成功跻身全球智能手机摄像镜头和摄像模组市场前列。随着智能手机进入第二个10年，S公司也非常关注下一步的行业走势：3D成像热火朝天，视觉算法高潮迭起，各种新兴的竞争性技术路线让人眼花缭乱，S公司也在此期间参与了行业内全球领军企业发起的一些探索性研发项目，但总觉着“理解得还不够”。底气不足也是有原因的：过去S公司的光电技术都是模拟信号，但这次技术升级无论如何都要朝着数字化、网络化迈进一大步，公司急需大量软件开发工程师，偏偏公司所在城市在这一方面没有优势，S公司不得不到邻近的省会城市新设研究院，专攻3D成像相关的软件技术。

战略决定命运，硬技术实力同样决定命运。这意味着技术创新战略是企业发展过程中最为重要的战略决策，没有之一。从选定正确的技术方向来看，S公司还算是个幸运儿，但在过去几十年间，产业技术发展的不断加速已经让我们饱览了无数企业命运如坐过山车的例子。在位企业如何选择正确的创新方式，创业企业又如何确定正确的创新方向，这是"大众创业、万众创新"的基本战略问题。这一章，我们就将在前面两章的基础之上详细讨论企业创新战略的选择，理解企业创新的方式、方法与方向。

第一节　认识技术创新战略

一、技术创新与管理创新的双核心驱动：技术创新战略有效的前提条件

在对技术创新战略展开全面深入的讨论之前，我们首先需要明确那些非技术因素，尤其是管理手段的改造升级在创新驱动发展过程中的重要作用。在这里，我们将必要的、适宜的管理创新看作是技术创新战略有效的前提条件，这意味着企业成长其实是在技术创新与管理创新双核心协同驱动下实现的。

（一）管理创新是技术创新获得成功的必要条件

技术创新在组织应对外部环境、改善内部条件的情况下发挥了重要作用。但这显然不是"创新"的全部内容。正如前面提到熊彼特对创新的定义：创新是"创立一种新的生产函数"，其具体形式包括生产新的产品，采用新的生产方式，开辟新的市场，获得新的供应商和形成新的组织形式。在这里，"形成新的组织形式"本身就是一种管理创新——针对组织职能的管理创新，而"创立一种新的生产函数"更把整个管理过程包括在内：因为生产函数的本质就是各种生产要素的结合与转化方式，而这个结合与转化过程恰恰是在一个完整的管理过程的支持下发生的。从这个角度来看，管理创新构成了技术创新实现其经济价值的必要条件，而二者的协同则构成了提升创新绩效的双核心驱动。

历史经验充分证明了这一点。自英国工业革命以来的二百多年，所有在世界经济史上曾经甚至至今占有一席之地、"各领风骚几十年"的工业强国和工业霸权，都在技术进步的同时积极推动微观组织基础的必要改革，并在技术创新和管理创新的双核心驱动下成长为世界格局和全球体系的主导者、塑造者和决策者。其中，从家庭手工作坊向工厂制的转变构成了英国工业革命的组织基础；泰勒制、两权分离、事业部制、现代研发实验室等管理创新则成为第二次工业革命时期美国、德国现代大型工业企业三重投资（见第一章第三节）的具体内容；日本在第二次世界大战之后的经济奇迹也得益于即时生产制、精益生产、同步工程、全面质量管理等一系列管理创新的大力配合。

而回到当下，产业竞争格局的不断演进同样对企业的管理创新能力提出了要求。近年来，产业发展形势出现了前所未有的加速趋势，信息与通信技术、新能源与新材料技术对整个产业经济体系渗透的深度与广度都达到了新的更高的水平，各行各业的领军企业也都认清形势，紧紧抓住产业革命的重大机遇，或"互联网＋"，或"＋互联网"，"八仙过海，各显神通"。在这一过程中，既有大批在位企业华丽转身，开启"跨界"之旅，典型如百度、华为等IT技术巨头杀入无人驾驶领域；也有大批新兴企业携资本助力，改变旧行业，

创造新行业，典型如近年来异常火爆的出行平台（如滴滴打车）和共享单车（如摩拜单车）。总之，新的、更多的技术机会正在改变越来越多的行业和企业：无论是行业竞争格局，还是产品与服务形态，都在这一过程中发生了重大变化。无论是发起这些变化，还是适应这些挑战，技术创新都不可能独立发挥作用，而必须与特定的管理创新相结合，如果没有高效的管理手段和先进的体制机制将投资激活为有经济意义的互补资产，单纯依靠技术创新拿出具有性价比优势的产品和服务是不可能的，也势必被其他模仿者"搭便车"，甚至排挤出局。

因此，管理创新和技术创新必须相辅相成、相互协同，这样才能使创新的经济绩效达到最佳。尤其是对于中国企业来说，自 2006 年国家实施自主创新战略和创新驱动发展战略以来，技术创新始终是这两项国家战略的主要着眼点，而管理创新的受重视程度和投入力度则远远不足。其中的原因涉及很多方面：（1）改革开放以来 40 年的高速经济发展，为中国企业创造了大量的发展机遇。但机会一多，就容易导致机会主义问题，这就严重削弱了企业进行管理创新的动机；（2）由于社会主义市场经济体制及其相应法制体系尚在建设完善之中，中国企业所处的制度环境及其面对的员工队伍，在一定程度上加大了中国企业管理创新的难度；（3）跨国公司在中国市场的有利地位，使得中国企业管理创新的努力面临着极大的风险和微薄的回报，这严重挫伤了中国企业管理创新的积极性。

（二）管理创新的方向：创新型企业理论的启示

本书一再提及创新型企业的理论。这一理论认为，创新过程的某些基本特征或典型事实决定了创新型企业在非技术领域的一些共性，即创新型企业的社会条件，其中包括：（1）由创新的不确定性决定的战略控制；（2）由创新的累积性决定的财务承诺；（3）由创新的集体性决定的组织整合。不难看出，这三方面社会条件为企业的管理创新指明了基本方向。

我们以图 4-1 来表示由这些社会条件决定的管理创新选项

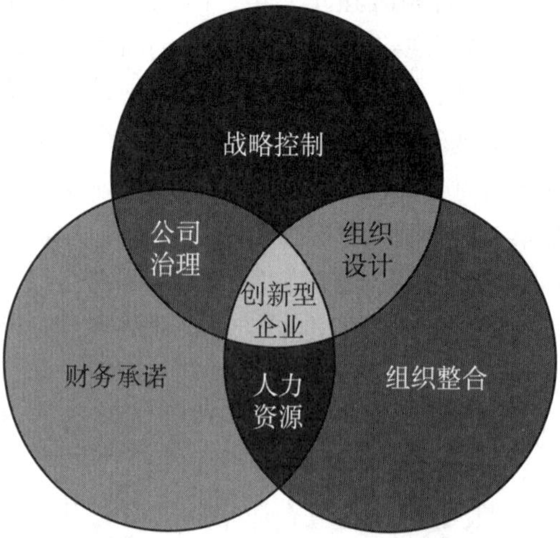

图 4-1　创新型企业的社会条件

1. 恰当的公司治理模式是确保财务承诺和战略控制的必要条件

公司治理的根本问题是企业内部的权力分配问题，即哪些利益相关者有权辖制企业经营管理决策者（在现代企业中就是职业经理人），并由此塑造企业内部的政策走向。换句话说，公司治理模式反映了一个企业的价值观，关于“为什么人”或“企业为谁而在”的价值观。显然，这种价值观及其治理模式将从根本上决定企业内部的很多特征。当某一类或某几类利益相关者都认为自己的利益最为重要，而公司治理机制又支持他们在企业产出中“拿大头”的时候，经理人员的决策与控制权以及企业的创新投资就有可能因此受到威胁。

正是由于这样的原因，现代企业治理中经营权与所有权相分离的基本特征才显得如此重要。但在不同的制度环境中，这种分离又有很多细微的差别，例如：分散的、大规模的公共企业在20世纪的大多数时间中在美国居于主导地位，这在很大程度上确保了经理人员的战略控制，也不必担心分红和回购的压力；但在日本、德国等其他发达国家，所有权则相对集中，而作为对这种股东权力的一种制衡，同时是社会民主主义传统的一种反映，职工的权力也在公司治理机制中得到了有效表现，这迫使管理者放弃一些高风险、高回报的创新机会，但这种治理模式又在组织整合方面获得了一定的优势（相比于美国企业）。这也提醒我们要用发展的眼光看待发展过程：世界上没有什么“万能”的或“最优”的管理创新，所有改革都是在历史过程中不断演进变化的现象，这种现象不仅是阶段性的，而且是局部性的，过去没有“一股就灵”，今天也没有“一混就灵”，将来也不会出现“一X就灵”。中国特色的公司治理机制创新只能依靠中国企业家和经理人团队在实践中的不断摸索和总结，而绝不可能来自对某种国际先进经验的嫁接和引进。

创新者案例

常开和宏发：为探索适合自身情况的公司治理机制而奋斗

常开是中国低压电器行业的龙头企业。回到1974年成立之际，常开也是典型的国有企业。20多年前，常开管理层响应政府号召转制改革，常开从国有独资企业转制为股份合作制公司，并因此成为中国最早实行员工持股的企业之一。但常开的员工持股并不那么“美好”：每逢重大决策关头，总会有工人犯“近视眼”，只盘算眼前的丁点利益，置企业长远发展于不顾。针对这样的问题，常开在2003年改制中提出“经营者一定要持大股，经营层一定要控股”的思路，股份合作制下的职工持股会也被工会持股会所取代，常开从股份合作制转制为有限责任公司。与此同时，为了解决股权集中后的收入分配差距拉大，常开为每位员工加薪15%，并独创了一套利润分享机制：将税后可供分配利润的5%～10%作为职工奖励基金，分中层干部、技术人员、销售骨干、有突出贡献者四个层次进行奖励。2008年，在经营效益不断改善的情况下，常开决策层为了避免内部收入差距进一步拉大，毅然重新引回国有股，在保持工会持股比例的前提下，39个自然人股东（管理团队）向国家转让所持股权的三分之一。2010年，随着老一代管理团队陆续退出领导岗位，常开更创造性地提出“退休即退股”的改革方案，避免不做事的“老人儿”出于私心约束年轻人干事创业。

无独有偶，与常开千里之遥的厦门宏发电声股份有限公司（以下简称“宏发”）也在建设创新型企业的道路上艰难探索着自己的公司治理之路。宏发成立于1984年，起初是电子工业部江西吉安4380厂与厦门联合发展有限公司（现联发集团有限公司）合资建立的外联企业。经过30多年的发展，宏发建成了品种齐全、配套完整的继电器产业体系，形成了日臻完善的产业链，成为中国继电器工业的单项冠军。宏发治理结构上的两次重大转折是1999年的员工参股改制和2008年的股份制改革。在这两次重大转折的背后，是宏发管理层追寻独立自主经营的艰苦探索。1999年，宏发希望借转制机会推动员工持股改革，但其隶属于江西省国资委的母公司却担心宏发的员工持股影响自己整体上市。在这种情况下，宏发管理层一方面积极游说江西母公司，另一方面则把厦门母公司（联发集团）一同拉进来联合“攻关”。最终，江西方面勉强答应了宏发的要求，却设定了一个20天凑齐1 800万元股本金的难题，宏发以全厂总动员的方式凑齐了这笔钱，如期完成了员工持股改制。时间推进到2008年，宏发独立上市的改革方向已经日益明确，管理团队和工会的持股比例也在稳步上升。在这种情况下，宏发和母公司之间的观念冲突再次爆发了。2008年5月27日，在厦门宏发电声股份有限公司的创立大会上，来自江西的一位独立董事认为宏发《章程》里“不断促进企业的发展，努力创造良好的经济效益，实现社会、股东、员工共赢”的提法不妥，应该将股东利益的最大化作为公司宗旨。他认为“你这样提，公司上不了市；即使上市了，股民也不会买你的股票”。但这一意见并未被接纳，《章程》只字未动。2009年3月，宏发举行改制后的第一次董事会，这位独立董事重提此事。宏发的董事长郭满金针锋相对地回应了他的意见：“人是第一位的。没有员工的利益，哪来员工的积极性？没有员工的积极性，哪来股东和社会的利益？我可以不当这个总经理，宏发可以不上市，但是宏发的这条核心价值观不能变！”最后，郭满金直指对方的痛处，“内地的一些国有企业如果能够早一点想明白这个道理，就不会是现在这个样子。”

资料来源：杨青，严曼青．常开记忆．北京：电子工业出版社，2014.
杨青，严曼青．宏发之路．北京：机械工业出版社，2017.

2. 有效的组织设计能够在战略控制和组织整合之间实现兼顾

组织结构的设计和组织内部相互关系的确定与维护是组织设计的中心工作。其中，组织结构的首要设计原则就是充分贯彻组织的使命目标或战略导向。在战略目标指引下确立基本结构之后，按照一定的原则对这些活动进行分工归类，形成相应的职位体系，并为这个体系建立基本的制度规范和信息沟通体系。这个层级体系和沟通系统的有效性将直接决定战略控制所需要的上传下达以及组织整合所需要的信息交换与冗余能否到位。在现代工业企业管理创新的历史上，事业部制组织结构的确立就在这两方面很好地改进了过去的职能制结构。

创新者案例

杜邦公司：从职能制向事业部制的转型

杜邦公司是美国化工行业元老，其起家产品是在西进运动中大显身手的炸药。进入20世纪之后，炸药的市场相对稳定，杜邦也发展起包括人造革、染料、化工品、人造纤维等多种产品在内的完整产品线。但产品线快速扩张给杜邦带来一些问题：一战结束之际，很多产品线的增长和利润水平远低于预期。杜邦公司为此成立了专门的委员会进行调查。调查的结论是：这些问题并不能归咎于销售不力，而是根源于以职能部门为单位的组织结构（见图4-2）。这种结构的最大问题是没有人为特定的产品线负总责，并保证一条完整的产品线盈利。

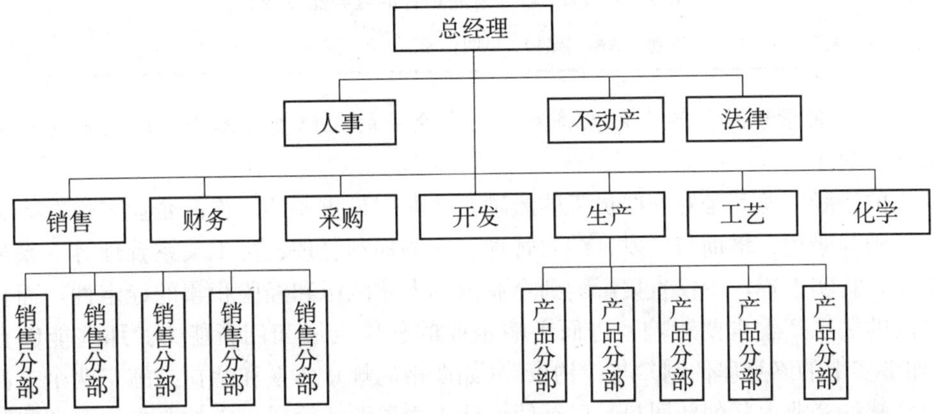

图4-2 杜邦公司在1919—1921年的组织结构

面对这种局面，调查委员会提议采取以产品为基础的组织结构。这个建议出台之后，遭遇了一段冷落，但1921年年中财报的公布改变了事件的走向。年中报显示，整个杜邦公司除了炸药，其他的产品线都在亏损。此时，公司决定立即进行改革，以产品为基础建立新的组织结构。1921年9月，新的组织结构投入运行，其中包括五个事业部和一个行政总部（见图4-3）。公司高层经理和大股东组成执行委员会，负责公司的整体战略设计，评估各事业部的业务情况；各职能部门的专业人员协助执行委员会，提供专业协助（参谋职权）；而各事业部则拥有日常经营自主权，并依靠自己的职能部门支撑事业部层级上行政工作的运行；事业部经理对事业部负总责，而各职能部门在特定产品线上的距离也大幅缩短。这种组织结构建立之后，杜邦公司的业绩水平变得高度稳定，企业盈利水平也得到了保障。

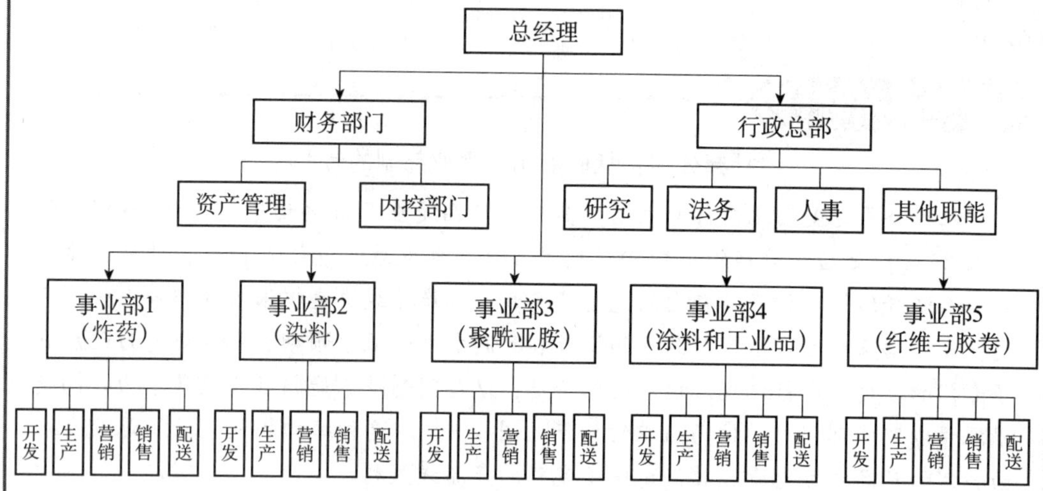

图 4-3 1921 年 8 月底设计的杜邦组织结构

资料来源：小艾尔弗雷德·钱德勒．战略与结构．昆明：云南人民出版社，2004.

3. 人力资源管理政策的有效性将直接决定企业的组织整合水平，而这也是企业财务承诺的一面镜子

对人的激励，尤其是对一线员工的激励是企业中最重要的工作。企业如何在人力资源规划、招聘与录用、培训与开发、绩效管理、薪酬福利管理、员工关系管理等一系列环节做好规划，扎实投资，不仅直接影响到企业内部人才队伍和经验积累的稳定性，而且将对部门之间的关系产生重要影响，进而影响企业的整体发展和创新能力。那些能够在“激励”（如事实上的终身雇佣制）与“约束”（如严格的规章体系和惩罚措施）两个方面恰当拿捏分寸感的企业，其创新回报足以补偿设计人力资源政策所投入的心血；而那些眼里只有物没有人，或者只有资本没有人才的企业，最终都要为自己低级无效的人力资源管理政策付出代价。

创新者案例

中天：中国第一家企业知识产权银行

在中国线缆工业，“特种线缆找中天”的名号人尽皆知：自 1996 年进入光电线缆行业以来，江苏中天科技股份有限公司（以下简称“中天”）先后挑战了 ADSS、OPGW、海底光缆、电力导线、铝包钢线、海底光电复合缆等一系列高难度品类，最终成为国内光电线缆品种最齐全的专业厂家。随着产品线日渐齐全，中天的营业收入以 30%的复合增长率高速增长，2006 年之后，更是实现了劳动生产率（人均营收）十年翻两番的巨大突破。在这一过程中，充分调动人的积极性，是中天事业取得成功的一大法宝。

中天于 2011 年 4 月成立了国内第一家“知识产权银行”。集团公司设立专门负

责知识产权银行账户的运作和日常管理的知识产权银行管理办公室，所有员工为企业创新做出的贡献，都会获得对应的知识产权积点，这些积点存在员工的知识产权银行账户中，到达一定点数和阶段就会获得相应的奖励。2012 年春，中天举行首次知识产权银行积分兑现仪式，员工获得的奖金总额近 300 万元。通过建立这种全员长效激励机制，在很多企业中被常年排斥在创新之外的一线员工变成了技术改进的重要力量。中天也通过这种方式挖掘了一批有能力、有担当的一线技术人员。如 80 后的曹珊珊曾经是光纤（拉丝）车间的一名普通技术工，2011 年，她提出的合理化建议得到集团的重视和采用，她也因此成为从“银行”获取奖励的首批员工之一，如今，曹珊珊已经走上管理岗位，成为中天科技光纤有限公司的副总经理。

从上面的讨论不难看出，创新型企业的理论其实为我们理解管理创新指明了一些可借鉴的方向：企业必须在公司治理、组织设计、人力资源管理等方面投入专门的精力，有目的地改进和改造现有管理体系，从而最大限度地确保企业创新过程中的战略控制、财务承诺和组织整合。只有当这些管理努力全面到位的时候，技术创新的经济潜力才有可能得以充分发挥，否则技术投入只会是累赘和包袱，企业也只能跛脚走路，顾此失彼。

二、技术创新战略的弗里曼分类

任何企业的运行都要考虑技术进步和市场竞争所导致的一系列动态变化，这就导致了不确定性，并进而导致了各异的创新结果。面对这种局面，企业必须考虑相应的限制和历史情况：企业的选择只能在特定范围内展开，创新活动不是自由的，也不会达到利润最大化、增长最大化等最优解。这决定了那些有限理性的企业所做出的选择方案和取舍对策，同样是有限理性且高度特定的。企业在利用资源和科技进步时，可以有许多不同的组合方案，做出不同的战略选择。它可以更加看重长期，但也有可能急功近利；它可以与外部合作、建立创新联盟，也可以独立开发。这些不同的战略选择直接关系到企业学习能力和创新能力的发展。

鉴于此，弗里曼（C. Freeman）和苏特（L. Soete）在《工业创新经济学》中提出了一个经典的创新战略分类，他们希望以此描述企业在应对技术变化时所采用的各种资源与能力组合。在创新管理领域，这个创新战略分类被称为“弗里曼分类”。弗里曼分类共包括六种基本的战略类型：进攻型战略、防守型战略、模仿型战略、依赖型战略、传统型战略和机会主义战略。

（一）进攻型战略

进攻型战略是通过推出新产品来获得技术与市场优势，从而成为竞争领先者的战略。采取这一战略必须基于同部分世界科技系统的特殊关系，或是基于强有力的独立研发，也可能基于抢先利用某些机遇，或是对上述若干优势的某种组合。其中内部研发尤其重要，它可以帮助企业自己生产那些从外部搞不到的技术知识，并将期望的创新发展到可以正常生产的程度。这意味着采取进攻型战略的企业一般都是高度研究密集型，并十分重视知识产权保护。特别是对于发展中国家的企业来说，选择进攻型战略意味着一种重要的战略转变：从追随者向领先者的转变，从有模仿目标向无模仿目标的转变，这一转变过程至关重要。即便是像华为这样顶尖的企业，在进入“无人领航、无既定规则、无人跟随”的新阶段之后，也会发出“前途茫茫，找不到方向”“前进在迷航中”的感慨。

（二）防守型战略

进攻型战略往往是少数创新者的阶段性选择，即便在发达国家也是如此。它们在原创领域的巨大成功可能使它们满足于已有荣誉，并力求巩固已获得的地位。绝大多数企业的战略选择往往更加多元化。其中防守型战略是重要选项之一。防守型战略并不意味着没有研发，恰恰相反，它的研发强度和密集度往往与进攻型战略相当。二者之间的差别可能只是结果，比如那些看似采取防守型战略的企业只是运气稍差的进攻者，它们没能如愿抢得先机。当然，差别也可能来自某些原因，如创新的性质和时间安排，以及企业从事原创性研究的魄力。采用防守型战略的创新者往往为了避免风险而不为最先，但它们又不甘人后，希望能够对进攻型的先行者引起的技术变化做出反应并加以适应，最好从它们身上吸取教训，有所改进。

（三）模仿型战略

与防守型企业相比，模仿型公司甘愿被领先者甩在后面：它们懒得去追求技术突破，甚至不想跟上整个竞争的节奏。更多时候，它们愿意享受前面两类企业的技术溢出，并在此基础上围绕外围技术推出一些二次专利，或是投入一定力量从事技术服务和培训，但这些绝不是模仿型战略的中心意图。稍有野心的模仿者可能会看准经济增长的机遇，希望借势转型防守型战略，这时常需要它们建立合资公司或与领先者达成合作协议：中国家电工业中的多数企业都是以这种方式启动核心技术学习过程的。而一旦进入市场竞争，模仿者所能够依赖的更多的是非技术因素，如市场区域的特殊保护、各种成本（劳动力成本、工厂投资成本、管理成本等）的节约，以及管理效率的提升。

（四）依赖型战略

依赖型战略是同意在与其他较强公司的关系中充当附属或次要的角色。对这类企业来说，如果没有各种外部压力，如客户或母公司的特殊要求，它们就不会在自己的产品中启动或仿效技术变化，而更多依靠顾客来为新产品提出技术规格和有关推广的技术建议，这也是它们提升技术水平的主要途径。这意味着这些企业彻底放弃了主动的技术改进，并因此更多地在产业中扮演分包商甚至次分包商的角色。即使它们的利润率被客户压得很低，即使在价值链上的讨价还价地位如此脆弱，这些企业仍然可以依靠管理能力和其他一技之长活下来。破产和兼并并不罕见，但新企业的进入也是正常现象，因为进入壁垒相对较低。在中国的市场化进程中，这一现象非常明显：随着市场化进程的深入，面对如此巨大的市场需求，即便是在经济不景气的年份，很多行业的新创企业进入率仍然很高，其中大多数都选择了依赖型战略。

（五）传统型战略

传统型企业与依赖型企业还有所区别：依赖型企业的商品仍有可能在外界作用下发生相当大的变化，但传统型企业供应的产品变化很小，它们没有理由改变自己的产品，也缺乏科技能力来推动这种变革。但即便如此它们仍然可以依靠传统的工艺技巧去应付那些款式性的变化。回到第一章对成本曲线的讨论不难发现，传统型企业很像那些符合正统经济学成本函数的僵尸企业：它们代表着停滞的技术、落后的产能和僵化的组织与管理，并因此通常存在于技术“死胡同”行业（如餐饮业、手工业），或是全球价值链上那些技术高度稳定的环节。但技术革命在未来一段时期的主战场正是这些传统型企业的谋生之地。这意味着它们习惯的生存方式即将面对严峻的挑战。

（六）机会主义战略

采取这类战略的企业往往会抓住市场信息不对称的机遇，开展投机和套利行为。

表 4-1 说明了上述六种不同的技术战略类型，在基础研究、应用研究、实验开发等十项科技职能之间的重视程度。表 4-2 则是针对发展中国家的企业进一步解读了四种主要的技术战略，以及实施这些战略对企业能力发展的影响与要求。其中，“静态能力”仅指用某种外源性的给定技术进行生产活动的能力，即生产能力；而“动态能力”则是产业和管理技术变化的过程中那些较之“生产能力”更为高级的能力。

表 4-1　企业内部科技职能组合

	进攻型	防守型	模仿型	依赖型	传统型	机会主义型
基础研究	4	2	1	1	1	1
应用研究	5	3	2	1	1	1
实验开发	5	5	3	2	1	1
工程设计	5	5	4	3	1	1
产品工程质量控制	4	4	5	5	5	1
技术服务	5	4	3	2	1	2
专利	5	4	2	1	1	1
科技信息	4	5	5	3	1	5
教育培训	5	4	3	3	1	1
长期预测产品计划	5	4	3	2	1	5

表 4-2　技术战略和能力矩阵：发展中国家的情形

	依赖型战略	模仿型战略	防守型战略	进攻型战略
战略本质	被动的，从单一供应商处购买或租用一系列技术	尽可能降低对外依赖程度的应激性反应，包括拆解和反求工程	积极应对，在工程、产品设计和工艺创新上走在前列，研发能力强	主动出击，通过内部研发或与科学技术的紧密联系，在新产品开发上走在前列
提升企业静态能力的潜力	受限于融资和外国前沿企业的合作	速度慢，受到知识产权限制	高	高
学习潜力及对企业动态能力的要求	低，低	高，居中	高，高	很高，很高

弗里曼分类是技术创新战略领域最经典、最基本的分类法。虽然这一分类法提出至今已有几十年时间，但它在帮助我们理解企业技术战略多样性和复杂性方面仍具有十分重要的意义。随着时代的发展，部分企业在创新实践中摸索试验某些新的战略，但弗里曼分类在绝大多数时候仍然能够很好地帮助我们理解这些“新形式”中的“老内容”，从而更加准确、及时地把握新现象背后的实质，避免“一叶障目，不见泰山”。

三、“干前学”与“干中学”：另一种技术创新战略分类

在弗里曼分类之外，还有其他不同类型的技术创新战略分类方式。从中国的具体实际出发，我们下面再简要介绍皮萨诺（G. Pisano）提出的另一种技术战略分类法，即“干前学”与“干中学”的分类。

其中，“干中学”是我们非常熟悉的一种技术创新战略，它是指在大规模商业生产或使用过程中，通过试错和反复实践积累的经验使生产与研发活动中的问题更有效地解决。从这个表述不难看出，“干中学”战略与现代工业企业成本曲线上的规模经济性有着重要的联系：在反复的生产实践中，随着生产规模不断扩大、作业经验不断积累以及某些专用生产工具的陆续开发完成，完成单件产出的边际成本将会呈现下降趋势。

相比之下，“干前学”则是在大规模商业化生产之前的学习战略：计算机仿真（如CAD/CAE等仿真软件[1]）、实验室分析、原型测试和中试等一系列方式，为创新者在大规模商业化之前提供了充分的学习可能。他们甚至可以通过多种“干前学”的方式，掌握更好的产品设计方式、生产方式和工艺创新方法，而不必等到工厂大规模商业化生产阶段才能够获得这些知识。发生“干前学”的多种方式如图 4-4 所示。

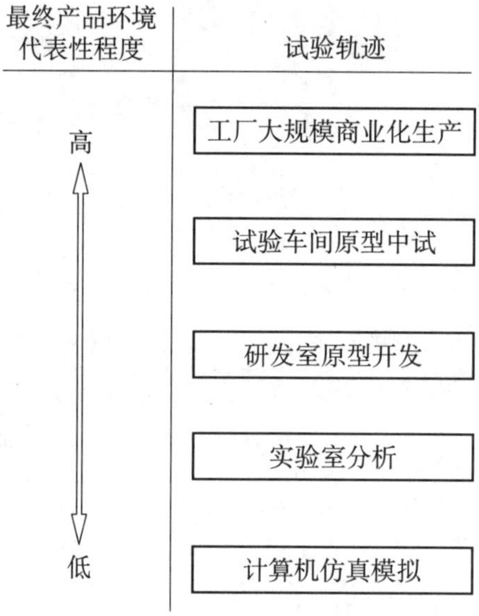

图 4-4 “干前学”的形式

显然，“干中学”和“干前学”的基本条件和有效范围是不一样的。“干前学”之所以能够成立，其根本原因在于工业体系的发展和行业技术知识的积累：（1）随着产业逐渐成熟，行业性的知识基础获得了充分积累，这是“干前学”得以成立的必要条件；（2）随着产业体系的不断丰富，特定环节上的“干前学”手段（如 CAD）经过各产业的反复验证，

① CAD（computer aided design）即计算机辅助设计，是指利用计算机及其图形设备帮助设计人员进行设计工作。CAE（computer aided engineering）则是计算机辅助工程的缩写，是用计算机辅助求解分析复杂工程和产品的结构力学性能，以及优化结构性能等。

为新的“干前学”实践提供了技术保障。其中，各种技术手段的顺利运行又依赖于行业知识基础提供必要的参数。换句话说，“干前学”更适合于模仿型战略的创新者以及成熟产业中的“防守反击”和“逆袭”。

相比之下，“干中学”战略则更适合于产业先行者的探索实践，即弗里曼分类中的进攻型战略。战略管理学者就将“干中学”以及由此带来的“熟能生巧”看作“先行者优势”的一部分。在产业变革或边界发生变化的背景下，先行者没有可以模仿的对象，此时只能通过“摸着石头过河式”的“干中学”，才能探索出新产业、新领域的核心技术、分工边界与管理形式。表 4－3 就对技术创新战略与产业生命周期之间的这种对应关系做了简单概括。

表 4－3　技术创新战略与产业生命周期

	产业萌芽时期：主导设计出现之前或是一种新的产品构架正在涌现	产业稳定时期：主导设计出现之后，产品构架与核心技术趋于稳定
干前学		通过主动的高强度正式研发获取成熟产业中充分多的核心技术
干中学	以“试错”确定新的产业知识基础、分工体系与管理形式	

随着企业技术活动的日益复杂，企业有可能会在不同领域不同环节的技术活动中分别采用“干中学”和“干前学”战略。而对于中国企业来说，在绝大多数产业领域中的追赶者地位已经从根本上决定了“干前学”——大规模商业化生产之前的有目的的研发与测试——是中国企业切入全球价值链、赢得竞争优势的关键战略选择。

创新者案例

广田：“干中学”与“干前学”并重的装饰领头羊

成立于 1993 年的深圳广田控股集团有限公司（以下简称“广田”）是中国装饰装修和智慧家居行业的领军企业。广田发展历程中的一个重要转折点是 2006 年进入住宅精装修市场，此后广田一直在不断提高自己装饰装修业务的工业化水平和网络化水平。具体而言，在深化分工的基础上，以高水平设计争夺订单，以工业化装饰和机械化施工保障效果。这一精准的战略定位使广田迅速跻身国内精装修综合实力排名榜首。但广田在设计和施工两个环节采取的技术创新战略又不尽相同。

在设计环节，广田紧紧扣住装饰整体解决方案这个发展方向，通过高强度投资和高强度的“干前学”，迅速发展起在这一环节的实力。其设计团队也从 2005 年的百余人扩充到 2011 年的上千人，同时建成了涵盖其自身经验和国内外同行案例的方案数据库。在这些“干前学”努力的支持下，广田的设计团队会根据客户风格和市场定位挖掘其潜在需求、开发个性化方案，包括各种设计细节、室内污染物水平的书面报告和对方案生命周期的全面评估，使其既能满足业主当前定位与需要，又经得住时间考验。当客户存在智能化需求时，设计师还能将对光线、温湿度和通风的智能控制整合为不同情景模式以适应室内活动的变化。

相比之下，中国在装饰装修现场作业环节的技术积累更为薄弱。这就迫使广田必须以“干中学”的方式突破知识瓶颈。2005年，广田建成业内首家技术研发中心，以正式的内部研发将部件生产和装饰施工分解为标准模块（产品及施工工法），从而实现部件标准化、生产工业化和施工机械化。这样的“三化融合”使施工现场的工作简化为“照（施工）图拼装”。最终，广田在2011年前后实现了高难度部件的工厂化生产和图纸化拼装。其直接结果是现场开模加工量减少60%，不仅提高了材料使用率、降低了现场甲醛含量，还避免了个体因素造成的质量波动；照图拼装用时仅为传统方式的1/6，整体工期缩短了20%～50%。而在机械化施工环节，为了解决劣质土建施工的影响，广田开始探索砌筑、抹灰、防水、保温和装饰的一体化施工方式。在反复的试验试用和联合开发过程中，广田先是在2009年后相继开发出找平泥子、抹灰砂浆及装饰砂浆等轻质材料；又在2011年下半年逐渐摸索出了激光放线、分次喷涂、使用铝合金筋条与回收塑料护角进行初凝后收刮等一系列自动化工艺，其平整度达到高级抹灰水平，而且两年内无空鼓开裂。低成本、高效率的机械化施工成为现实。这从根本上改变了成本结构和作业现场的人员结构。

得益于这些努力，广田在短短几年时间中就迅速跻身装饰装修行业“十亿级”俱乐部，成为与金螳螂、亚厦和洪涛齐名的资本市场“装饰四杰”，并于2008年跻身三甲。

四、全面创新管理：创新战略的中国式总结

20世纪90年代以来，经济全球化、网络化趋势更加明显，以IT技术、互联网的广泛应用为标志的新科技革命浪潮使企业的生存与发展环境、经营目标与方式等发生了根本性变革。企业面临的环境更加动荡，竞争日益激烈，顾客需求的个性化及对速度和灵敏度的要求为企业带来了新的挑战。仅有良好的生产效率、足够高的质量和灵活性，甚至单纯的技术创新或者更加具体的产品创新或工艺创新，都已经不足以保持市场竞争优势。在这种情况下，创新组合战略应运而生：这种组合战略强调企业要综合考虑各方面环境变化，统筹推进技术、市场、产品、工艺、组织等各方面创新活动，通过一套“组合拳”提升创新活动的成功率，这比单一的竞争战略更具有发展适应性，有利于企业在激烈的市场竞争与快速的组织演进背景下取得优势。

作为创新组合战略的一种中国化发展，由许庆瑞院士领衔的浙江大学研究团队，深入结合我国企业的创新实践，提出了全面创新管理（total innovation management，TIM）的理论。全面创新管理以构建和提高核心能力为中心，以价值创造和增加为目标，以战略为导向，以技术创新为核心，以组织的各种创新（战略创新、组织创新、市场创新、管理创新、文化创新、制度创新等）的有机组合与协同为手段，凭借有效的创新管理机制和方法，打破时间、层级、边界和分工的隔阂，做到人人创新，事事创新，时时创新，处处创新。其核心理念是强调对整个组织各方面的全面协同和系统化管理。其基本特征可以概括为图4-5的“三全一协同”。这也意味着全价值链创新和全球化创新是全面创新管理的必

然要求：其中前者要求企业打破传统价值链上的分工边界，以系统思维推进流程再造；后者则要求企业从全球汲取知识来源，既能“引进来”，又会“走出去”。

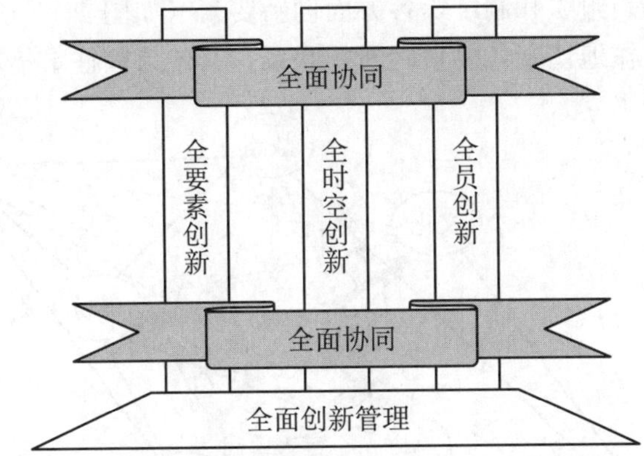

图 4-5　全面创新管理的特征：“三全一协同”

图 4-6 则是对其各维度的进一步展开，其中包括方式、类型、时间、空间、要素、程度和主体等七个维度。在方式维度，企业既可能独立自主创新，又可能展开合作式创新，如建立联合研发中心、签订技术合作协议等；在类型维度，既有可能是产品和服务创新，又有可能是工艺流程创新，不断改进产品，重新定义产品或改变产品的结构和层次；在时间维度，创新可能是即时或即兴的，也可能是连续性创新；在空间维度，企业追求全球化（全地域）创新，可以充分利用全球要素和生产资源；在要素维度，有技术、组织、战略、文化、制度、市场等不同要素的创新；在程度维度，有渐进创新、重大创新和突破式等不同程度的创新；在主体维度，全员创新不局限于企业内部，也包括外部客户、供应商等利益相关者的参与。

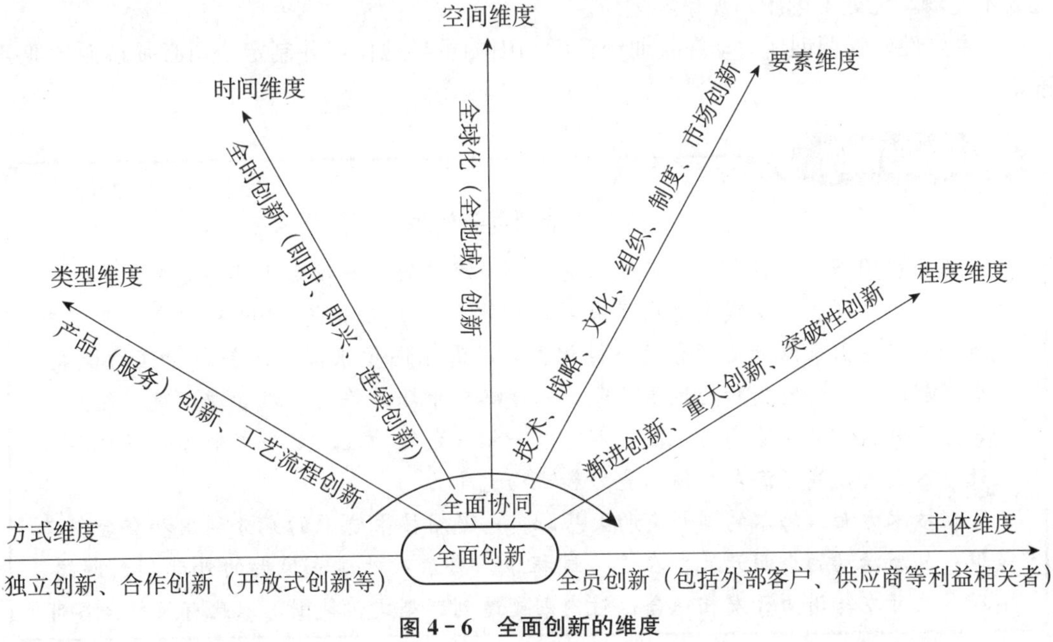

图 4-6　全面创新的维度

推动这样的“三全一协同”，意味着全面创新管理是典型的“一把手”工程。只有企业高层管理者站在全局角度，在整个企业彻底推行全面创新管理，才能调动整个企业人员、文化、战略、市场、组织和制度等各方面创新要素（如图 4－7 所示）；如果仅仅寻求某个“点”的突破而机械地切断各要素之间的联系，其效果往往事倍功半。

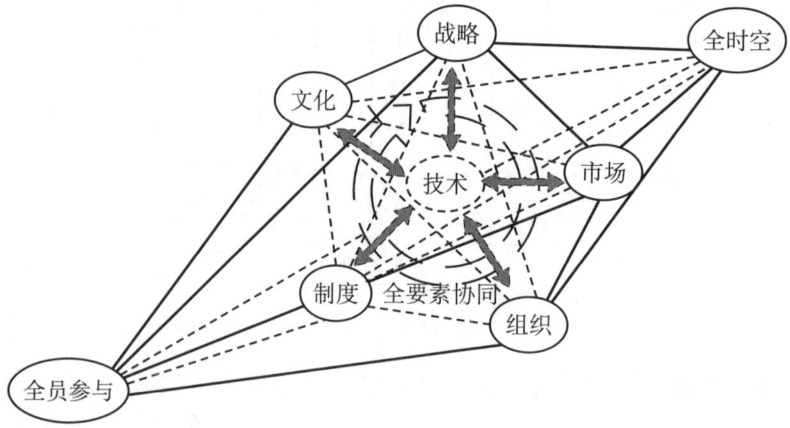

图 4－7　创新要素全面协同的钻石模型

从以上介绍不难发现全面创新管理的以下特点：

- 战略性。以企业经营战略为依据和出发点，以培养和提高企业核心能力为中心；既要满足提高当前经营绩效的需要，又要考虑通过积累动态核心能力保持持续竞争优势。
- 整体性。全面创新管理是一项系统工程，需要各部门、各要素的协调配合才能完成。企业要不断突破层级和部门的界限，实现组织的网络化、扁平化。
- 广泛性。创新活动渗透到组织的每一个流程、每一件事、每位员工、每一处角落。无人不创新，无处不创新，无事不创新。
- 主导性。强调创新活动在企业经营活动中的主导地位，并制定公司必须遵循的业务准则。

创新者案例

海尔的全面创新管理

作为中国乃至世界上最著名的家电企业，海尔的每一步变化都备受关注。三十多年来，海尔在长期实践中形成了独特的创新之道。尤其是 1999 年以来，为了更快地响应市场需求以满足顾客的个性化需求，海尔逐步推行全面创新管理的模式：以全员创新和全时空创新为主要特色，以战略和市场为导向，以管理制度、组织结构等方面创新和有效协同为基础，不追求一招一式之功，而是寻求全方位齐抓共管之效，这大大提高了海尔的核心能力和市场竞争力。

在技术方面，海尔的创新有两大基础：一是对技术资源的充分利用和整合，二是群众创新活动的全面开展。在这一过程中，海尔对外建立庞大的外部创新网络，实现自主开发与借力开发相结合；对内则塑造创新型文化氛围，以此有效整合各部门、全体员工的创新。

在推进全球化创新方面，海尔积极跟进世界尖端技术，并致力于对技术“超前性”的把握。目前，海尔逐步建立起“10＋N”的创新模式：依托全球10大研发中心为开放的基础平台，根据用户痛点随时并联全球的研发力量（N），通过这种方式系统开发与集团发展密切相关的超前5～10年的基础研究项目和应用技术项目，为其技术能力升级储备技术资本。与此同时，海尔在各国的中心销售城市都设立了信息分中心，以便动态及时地获取全球信息资源。

在创新文化建设方面，海尔无疑也是成功的范例：早在21世纪初，以独特文化激活“休克鱼”的事例就走进了哈佛商学院的课堂。时至今日，海尔的创新型文化氛围更是造就了一批能够时时、事事创新的创新型员工。通过对企业内部（包括海外设点的企业）人力资源的挖掘和整合，把企业的创新难题通过无形的任务分解，化整为零到每位员工身上，激发员工从各角度开发思路，从而提供了许多极具市场潜力的创新契机。

而这种文化建设与海尔的创新导向密不可分，海尔的精神领袖张瑞敏早就一语道破了创新的核心问题，创新就是创造有价值的订单，也就是技术创新与市场如何结合的问题。而这一创新导向的具体落实，则依靠企业内部的市场导向、战略导向、管理创新和流程再造（组织结构调整）等一系列动作的配合。

为了培养员工的市场意识，海尔从1998年就开始推出“内部模拟市场化”，继而推出了内部市场链机制，从而将外部竞争环境转移到内部来，使得上下工序间成为市场关系，人人直接面对市场并对市场负责，人人成为经营自我的主体。这就使每个人都强化了要快速、创新地完成市场任务的意识。每个人都能直接面对自己的市场，创造对用户有价值的产品，并以此实现员工自己的价值，让每个人都充满活力。

在战略导向方面，海尔在完成创建名牌和多元化扩张两项基础工作之后，积极拓展国际市场。这就为企业的技术发展进行了高标定位，注入了强劲动力：研发部门在前期加大技术储备力度，为最终打入国际市场、成为国际名牌积聚了必要的核心能力，从而实现了短期突破（市场导向）和长期积累（战略导向）相结合的发展模式。

在技术、战略和文化上的一切洞见与创新，都必须获得管理制度和组织结构的支持才能创造价值。海尔的实践同样证明了这一点。海尔的OEC管理模式在业内脍炙人口，“日事日毕、日清日高”的严格管理制度，赋予每种行为以具体意义，使员工在履行企业义务、成为真正的海尔人的同时，提高了自身素质，培育了工作能力、创新意识，同时使个人的规范行为成为企业高效运行的基础。在此基础上，市场链管理制度把OEC培育的员工螺丝钉精神进一步提升，使员工的自主创新精神进一步加强，实现“人人都是SBU”。在强调员工主人翁精神的同时，推动企业的管理水平不断提升，并与发展阶段不断吻合，相互促进。

组织形式和流程的再造与管理制度的调整相得益彰，形成了良性循环。三十多年来，海尔的组织形式始终处于破旧立新的状态，不断调整，不断适应，其宗旨即是绝不让旧的组织结构制约需要新环境的企业创新行为。进入21世纪以来，海尔不断推进基于流程的扁平化组织结构改造，以订单信息流为中心进行了业务流程再造。通过成立物流、资金流、商流、海外四个推进本部，统筹全球的供应链资源和用户资源，形成了以订单信息流为中心，带动物流和资金流的运行新机制。通过流程网络型组织结构的建立，海尔集团基本上实现了与客户间的零距离，从而为海尔赢得了更高的竞争力。

资料来源：许庆瑞，朱凌，郑刚，王方瑞．全面创新之道——海尔集团技术创新管理案例分析．大连理工大学学报，2004（1）．

第二节　系统集成

前面的章节多次提到多技术、多部件交叉融合的产业技术发展趋势，这一节就着重讨论企业应对这一趋势的战略选择。我们将这种战略及其相应的能力称为“系统集成”。

一、系统集成的内涵与背景

马斯里在讨论产业发展动力类型学（第三章第三节）时，将机动车和飞行器工业作为复杂系统工业的典型。飞机制造显然是极其复杂且庞大的工程。在经济全球化的背景下，全球航空工业的主流玩家们普遍采取了“系统集成商＋多级供应商”的运作模式，即主机厂负责设计，供应商则按图加工（还会按照一、二、三级逐层外包），主机厂再组装整机。作为飞机制造业的老大，美国波音公司就是这种操作这一商业模式的典范（如图4－8所示）。作为世界上最复杂、外包程度最高的波音机型，波音787的零件超过230万个，供应商遍布全球五大洲。仅是飞机结构件和发动机的生产，就有9个国家的12个公司参与，其中航空发动机供应商囊括了行业前两名的企业，即美国通用电气和英国的罗罗。按可见价值计算，波音自己只负责大约10%的生产任务，其中还包括总装环节。这也使得波音787在波音的生产时间大幅缩短：在埃弗里特市的总装车间中，波音787的组装时间只有3天，而以往的型号则需要17天。但波音还负责着很多看不见的工作：作为整条产业链的“大脑”，波音集中优势力量，做好系统和程序设计、营销和品牌经营、协调全球供应链上合作以确保数百万零部件的准点交货，并与各国供应商共同完成产品研发，在这一过程中还要克服语言和文化障碍。

（一）作为一种技术战略的系统集成及其背景

在发达国家，像波音这样采取“系统集成商＋多级供应商”模式的企业在过去二十多年间不断增长。系统集成俨然成为发达国家组织高技术工业的主要方式，甚至成为西方企业获得竞争优势的关键因素和重要战略选择。系统集成模式在商业世界中的不断扩张，与技术交叉融合的趋势以及全球价值链的发展壮大，是过去二十多年间产业发展与结构变迁过程中紧密相关、互为因果的三个侧面。其中，系统集成模式的运行从根本上依赖于企业的系统集成能力，而系统集成能力恰恰是高技术工业应对技术交叉融合的必要条件，同时也是企业有效管理全球价值链的能力基础。因此，我们首先给出“系统集成”的定义：系统集成是使企业、政府机构、监管者和其他主体能够定义、组合一个系统所需的所有投入并确定系统未来发展路径的能力。

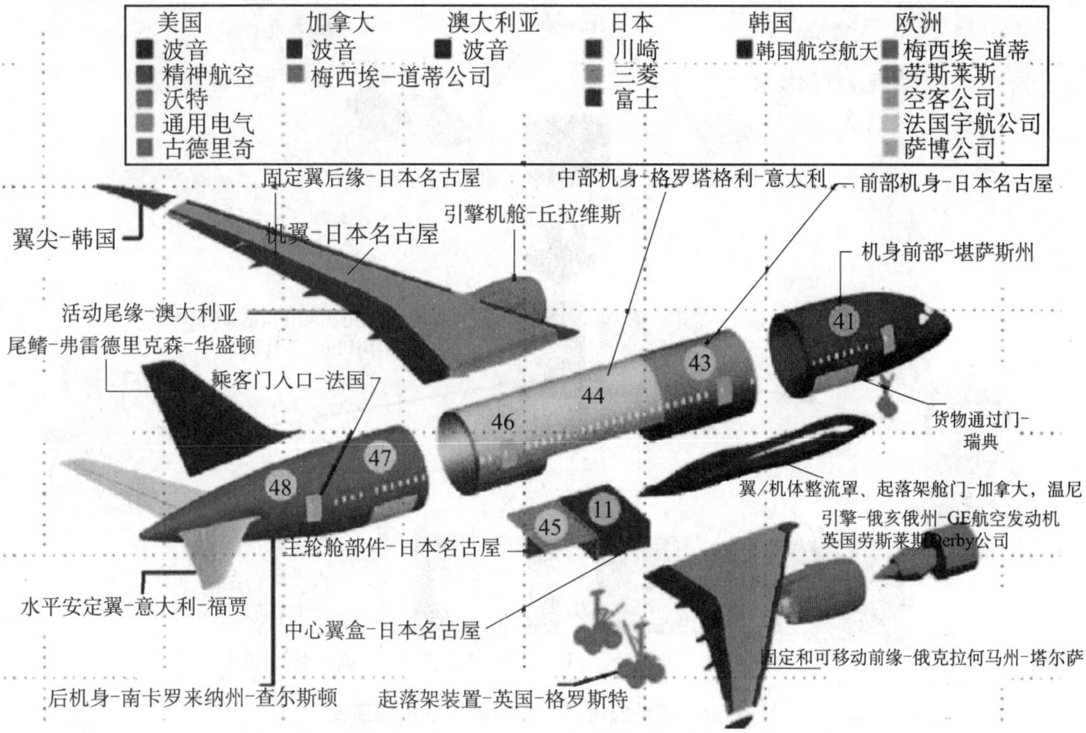

图 4－8 波音 787 爆炸图及其各主要部分供应商

我们以图 4－9 苹果公司产品系列的演变来说明上述定义的具体内涵。2001 年，苹果推出第一代 iPod 多媒体播放器。在这一过程中，苹果公司的核心工作是定义 iPod 这一产品系统的基本功能、结构以及由此决定的各种投入，但苹果公司其实并不是 iPod 中绝大多数关键技术的原创之地，它也不负责产品的具体生产。其中，微硬盘存储技术的源头可以追溯到美国能源部资助的薄膜金属多层膜技术；锂电池的技术则源于能源部支持的电化学研究；而对于 MP3 播放器至关重要的软件技术、信号压缩处理技术则是由美国军方的研发办公室资助开发的；液晶显示技术的研究源头则更多，美国联邦政府的国家科学基金、国家健康研究院和国防部都资助了相关研究。而时间推进到 2007 年，iPod 的未来发展路径已经走到了 iPod Touch 和 iPhone 的分岔口上，这条技术路径通向的下一代系统则是 2010 年的 iPad。在此之后，苹果公司的智能手机、平板电脑和操作系统都经历了连续的升级换代。在这一过程中，苹果公司仍然只负责这些产品的功能定义、系统设计和投入界定，而不负责产品的具体生产和相关技术的基础研究。此时苹果公司所整合的多项关键技术都是来自军方的研发项目（Siri、GPS、互联网技术以及蜂窝通信技术），而多点触控屏的技术同样受到了美国能源部、军方和国家科学基金的多方资助。可以说，正是得益于强大的系统集成能力，苹果才能够以常年低于 5%的研发强度（它的硅谷同行们研发强度普遍高于 12.5%）实现了举世瞩目的创新绩效。

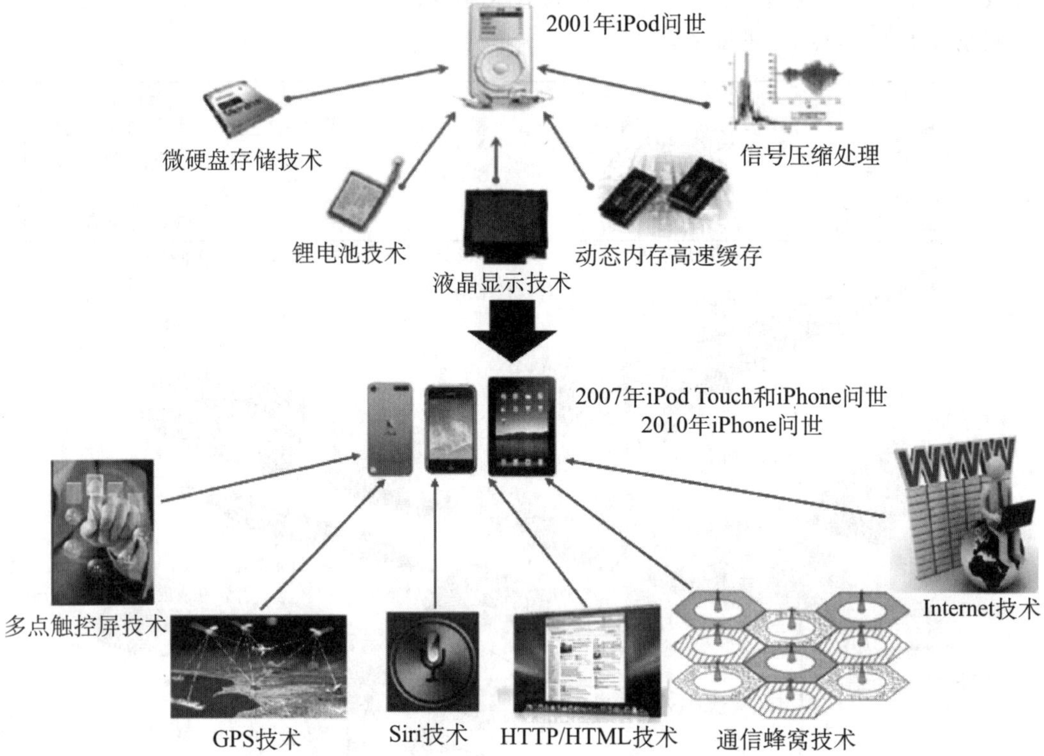

图 4-9　苹果公司产品系列的系统集成演变

从上面对苹果公司的分析，不难看出某些促成美国企业选择系统集成战略的历史背景：

（1）美国联邦政府对研发的大规模投入。这种投入是由各不同部门按照各自领域的技术发展需求分别完成的，其中尤其是国防部的研发资助和军工采购对基础研究与高技术工业的发展起到了至关重要的作用。

（2）产业公地的发展依赖于两方面力量的相向而行，一是一大批高水平研究型大学开展面向产业现实需求的研究（包括由应用需求导致的基础研究），二是一大批老牌大型工业企业长期内部研发积累的深厚知识基础。在 20 世纪 80 年代之前，这类企业对自主开展基础研究充满积极性，它们将此视为先行者优势的一大来源以及融入外部信息交流网络的“入场券”。这两方面力量为知识创造提供了有力的支撑，从而相对降低了系统集成企业利用现成知识启动快速迭代的难度。

（3）分工深化与纵向分离的加剧。正如第三章中所讲，技术交叉融合的一个重要表现是产业组织上的分工深化与纵向分离，这种专业化供应商的出现与上述大型工业企业研究基础的不断发展密不可分，也为更多企业的系统集成创造了基础。

（4）日本工业在 20 世纪 80 年代对美国的挑战。这种挑战一方面使美国企业认识到，与自主的基础研究相比，“把其他地方开发出来的新技术转化成新产品”更具成本优势；另一方面则迫使美国企业做出了“回到核心”的战略反应，即将一大批与核心技术无关的业务大量外包，这就为后来的系统集成商脱离生产制造环节埋下了伏笔。

（二）作为一种商业模式的系统集成：从“向下游移动”到“向整体解决方案移动”

老牌的大型工业企业对自己的技术活动范围进行了重新界定。在这一过程中，其中的很多企业从过去高度纵向一体化、追求自给自足的“系统卖家”转变为专业化程度更高、更加依赖外部供应商网络的“系统集成商”。前面提到的苹果公司，在其起步阶段也曾是一个自给自足率很高的电脑生产商，其麦金塔计算机的操作系统、显示器，甚至鼠标都是由其自行生产，但 20 多年后的苹果 iPhone 手机却在背壳上用激光打下一行小字：“加利福尼亚设计，中国组装（Designed in Califonia，Assembled in China）”，而为 iPhone 手机提供元器件的供应商则广泛分布在美国本土以及韩国、日本、欧洲等地。更有甚者，有的“系统卖家”甚至会包揽制造与服务两端，为用户提供全方位的支持，典型如福特汽车：成立于 1918 年的福特汽车鲁支河（Rouge River）工厂是传统意义上纵向一体化大工业的典型代表，在这个宽一英里半、长度超过一英里的厂区内，福特几乎做到了“从种橡胶树、开采矿石到整车下线”全过程自给自足；而在 1959 年之后，福特还成立了自己的金融公司，为旗下品牌产品的销售提供支持。图 4－10 就说明了系统卖家和系统集成商的两种极端情形。

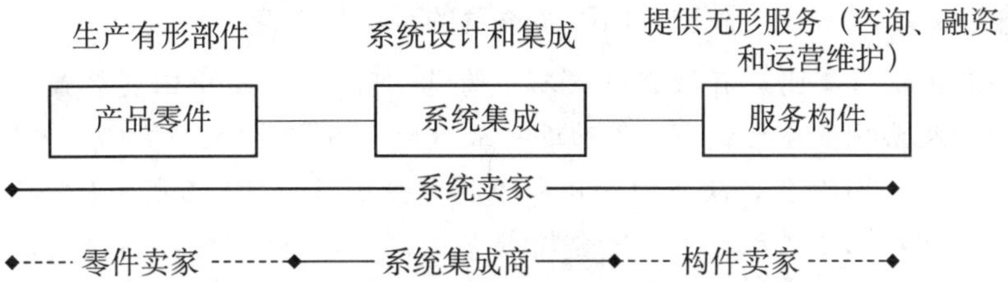

图 4－10　系统卖家与系统集成商：极端情形

但多数情况下，老一代的制造业系统卖家仍然像苹果那样，将精力集中于有形部件的生产上，而在无形服务方面的投入不大。但随着竞争日趋激烈，“回到核心”的系统集成商在意识到服务环节可观的回报之后，便有目的地启动了向价值链下游移动的战略转变。在这种情况下，系统集成已不再只是简单的技术战略，更变成了制造业企业“向下游移动”的商业模式：制造业企业在提供产品的同时，努力在产品生命周期内提供相应的服务，如运营维护、更新和融资，如苹果公司最典型的“向下游移动”就是推出 iTunes 和App Store等一系列支持其硬件活动的软件。在这一过程中，系统集成商要确保各类单个构件（无论是产品还是服务）在项目开始时就能够以系统整体设计的要求加以考虑。

在资本品工业中，这种“向下游移动”的商业模式显得尤为重要：老一代的“系统卖家”逐渐摆脱了此前制造环节的繁重压力，专心于系统集成环节，并向下游的资本品运营服务扩张。这种扩张对资本品用户和供应商都有重要的意义：用户通过这种形式获得了整体解决方案，节省了时间和精力；供应商则可以借此机会在系统集成和运营服务之间建立一种良性循环，即通过提供运营服务获得更好的产品性能反馈，而这种反馈又会反映到下一代系统的设计改进中，从而进一步提升系统水平（如图 4－11 所示）。

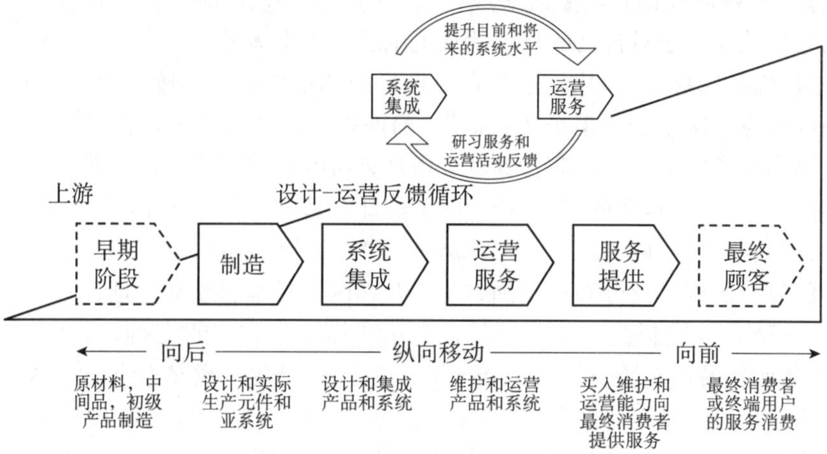

图 4-11 资本品工业的系统集成模型

创新者案例

陕鼓：向下游移动的系统集成商

陕西鼓风机（集团）有限公司（以下简称“陕鼓”）是中国发展最快的透平机械系统方案及系统服务集成商。借助近年来冶金、石化等行业的发展势头，陕鼓迅速崛起：2001—2012 年，陕鼓的营收和净利润分别从 3.12 亿元和 2 200 万元上升到 60.4 亿元和 10.3 亿元，年均复合增长率达到 31%和 41%，其净利润跃居国内同行第一，净利润率甚至刷新全球行业纪录。而实现如此惊艳的跃迁，正是因为陕鼓选择了一条“向下游移动”的系统集成之路。

2002 年，陕鼓争取到宝钢 2 500m^3 TRT 总包工程，公司决策层决定转换思路，排除各种内部阻力，在提供机组的同时，完成包括土建在内的整个系统。这是陕鼓第一次独立进行总包业务，效果令人振奋：全厂 2 000 多人集体完成的传统 TRT 主机机组业务贡献产值 683 万元，设备利润 176 万元；而一个专职副总带着十几个工程师，通过系统设计和协调外包，完成了土建、管网等配套工程，贡献了近 2 400万元的营业收入和 473 万元的利润。这一下坚定了陕鼓“向下游移动”的信心。宝钢项目之后，陕鼓又陆续获得酒钢、济钢等多家 TRT 工程总承包项目。在实践中，陕鼓越来越明确向客户提供“整体解决方案”的方向：这个整体解决方案就是由汽轮机、电动机等原动机以及动力油站、除尘装置、电子控制系统等一系列配套产品配置形成的运转良好的系统，只有提供整体解决方案，才能够真正接触到最终用户，而不至于成为其他总包商的配角。

通过提供整体解决方案，陕鼓打开了进入运营维护环节的通道，这就为陕鼓的业务扩张开辟了新的空间。2002 年，陕鼓开始与外部机构展开合作，牵头研发旋转机械远程在线监测及故障诊断系统，希望为客户提供“透平设备全生命周期系统服务”。通过分析大型机组实时运行数据，为客户提供 24 小时在线技术支持和故障诊断、量身定制检修方案。这种专业化远程服务能够发现并记录人眼发现不了或者经验预估不到的东西，相当于为设备装了一台CT机。例如，卖给大连石化的一台机组就曾经频繁跳机，一跳机机组就振动，陕鼓的检测人员就通过分析远程监测设备记录，发现是因为电机振动导致了风机跳机，但中间相差的0.6毫秒，人根本感觉不到。

2006年，陕鼓正式提出“两个转变”的战略目标：从出售单一产品向出售个性化的透平成套机组问题的解决方案和出售系统服务转变；从产品经营向品牌经营转变。2008年，随着陕鼓在气体工业领域的发展，印建安进一步将“两个转变”修正为：从单一产品供应商向动力成套装备系统解决方案商和系统服务商转变；从产品经营向品牌经营转变。在这十年的转变过程中，陕鼓彻底改变了自己的人员结构和收入结构：陕鼓的工业收入与服务收入之比，从十年前的9∶1发展为7∶3。截至2012年，陕鼓已放弃和已增加的业务如表4-4所示。

表4-4　陕鼓已放弃和已增加的业务：截至2012年

已放弃业务		已增加业务	
业务环节	人数变化	业务环节	人数变化
设备维修保养	转岗88人	投融资业务的项目策划和实施	共3人
运输业务	转岗40人	国际市场的开发和业务拓展	共12人
木型制作	转岗26人	透平设备全生命周期系统服务	共299人
备料下料	转岗43人	物流采购、配送及供应链管理	共77人
		新能源市场业务开发	共6人
		电气自动化控制系统业务拓展	共59人
		战略规划、实施、检测、调整	共24人
		市场调查与研究	共24人
		产业投资与并购的调查、论证和分析	共7人

资料来源：孙林岩，杨才君，高洁．服务型制造转型——陕鼓的案例研究［J］．管理案例研究与评论，2011（4）：257-264.

类似陕鼓这样的例子还有很多，这些系统集成商在提供产品系统的同时，开始更多地涉及互补性服务的提供。从总体上看，这些互补性服务包括以下三大类：

（1）助推型服务。这类服务能够在基本不改变核心产品（系统）功能的前提下，对其销售和使用有所助力，这类业务通常只是系统集成商与用户之间的平等交易关系，这类服务包括融资与保险、维修保养与技术支持以及最基本的使用培训。

（2）改进型服务。这类服务会在一定程度上改变核心产品（系统）的功能，或者帮助用户开发一些新功能，包括对新工况的调试改进，这类服务的顺利开展则有赖于系统集成商与用户之间的知识交流，包括售后的定制化改进（如机床的陪产与工艺开发）、引入新功能之后的用户培训与咨询等。

（3）替代型服务。某些服务提供可以改变核心产品（系统）的经营模式，甚至使产品本身的交易变成服务的附属或被服务替代，其中最典型的是软件服务化对传统软件交易的替代以及在工业互联网技术支持下的资本品（飞机发动机、机床）租赁。

在制造业企业以整体解决方案为目标“向下游移动”的同时，越来越多的服务业企业也开始以整体解决方案为目标“向上游移动”。上一节中提到的广田就是中国这类企业的代表：作为一家装饰装修公司，从下游的服务环节起步，为了更好地提供精装修整体解决方案，自己向上游摸索土建施工（建筑业）和水泥配方（制造业）的核心技术。中国的国家电网也是这类“向上游移动”的典型：随着中国电网的日益复杂和特高压技术的逐渐成熟，国家电网在装备领域产生了一些崭新的需求（有些需求甚至非常模糊），为使电网运行实现更优的整体解决方案，国家电网在很多电力电器装备领域进行了尝试。国外这类例子也有很多，比如越来越多的通信运营商开始在通信服务之外加强 IT 设备和 5G 核心网的开发力度。而所有这些服务业中“向上游移动”的系统集成商与制造业中“向下游移动”的系统集成商共同构成了一幅“向整体解决方案移动”的产业演进图景。

二、系统集成的能力基础及其对产业结构的影响

（一）系统集成的能力基础

无论是作为一种技术战略，还是作为一种商业模式，系统集成对企业的能力基础都提出了很高的要求，其中的核心就是：在多技术、多部件（构件）产业，尤其是复杂系统工业中，作为与最终用户进行对接的价值链“把关者”，系统集成商必须具备足够的产品创新能力，能够满足各类用户的需要。这意味着，系统集成能力就是在全球价值链时代的产品创新能力。而受到“多技术”这一关键特征的影响，系统集成能力首先是一种整体协调能力，因为产品本身受到多种不同的、有距离的但又相互交织的技术路径的共同塑造，因此，系统集成商必须对高度差异化的供应商进行协调，以避免这些技术在整体解决方案中形成冲突。在这里，需要注意几个关键词：

（1）“不同”意味着单一技术越来越无法满足产品创新，产品创新要求多技术的集成。

（2）“有距离”突出表现为不同技术的发展速度差异，由此导致的一个重要后果就是系统集成过程中大量的权衡取舍，以智能手机为例：以半导体为基础的技术（如芯片和屏幕）的升级速度可达到 1～2 年/代，但软件开发与（重大）更新、散热工程等领域的技术升级速度则依次变慢，这就使手机厂家必须在软件更新与深度定制、硬件性价比、散热等维度之间有所选择，或者为整体解决方案的最优化投入大量精力。

（3）“相互交织”则意味着多技术之间存在着难以预料的相互依赖性，它同样是上面权衡取舍过程的重要影响因素。

以上三方面要求意味着，系统集成商的“整体协调能力”一定不是各供应商各自技术知识的简单加总，或者说，整体大于部分之和。这种“整体”知识的存在，要求系统集成商在产品创新过程中确保在将系统问题分解为若干部分的同时，不会丢失，也不会泄露关键信息。通俗地讲，系统集成商必须能够控制复杂产品开发过程中“系统”层的要害知识，在向外部供应商或分包商分解部件（构件）任务（“撒得出去”）的过程中，有效避免两类错误以确保“收得回来”。这两类错误一是技术错误，“收”回来的部件无法集成出期望的产品；二是战略错误，在“撒出去”的同时向供应商泄露了关键信息，危及企业技术机密。

为了避免上述错误，做到“撒得出去，收得回来”，系统集成商必须管好以下关键信息：

（1）产品作为一个完整系统的整体要求。如苹果公司搭建产业生态系统的完整构想，以及将系统各主要环节（硬件终端、操作系统、运营服务平台）相连接的基本原则。

（2）各部件之间的相互作用关系和性能约束。如上述对软件、散热与硬件性价比的权衡，而其基础则是对各部件尤其是关键部件的性能有着充分理解。

（3）各子系统技术的发展升级是否有兼容空间。如何规避智能手机软件升级导致的软件之间的相互冲突和软硬件不兼容。

（4）具有对产品生产流程和生产设施进行整体系统设计的能力。如苹果公司对富士康的技术支持和工艺监控。

（5）用户需求的演化方向。系统集成商作为整个价值链与最终用户的总接口如何确保自己的独特地位。

综上，系统集成是一种"正向开发"的能力，它要求企业更好地理解产品运行过程中的内部机理，接受更加复杂且更高技术密集度的设计策略，将系统整体知识作为一种独立于零部件和供应商技术的知识进行专门发展。系统集成能力可以进一步分解为以下两个层次：静态系统集成能力，即通过引入部件层面的创新来开发特定系统结构的潜力。动态系统集成能力，即定义系统结构，分包部件设计和生产并进行组装；处理部件之间不可预测的交互作用，以及处理不同部件和子系统技术发展速度不一致的问题。

创新者镜鉴

波音：动态系统集成能力的一次"大考"

在波音 787 梦幻客机项目中，波音公司用碳纤维复合材料取代了过去的铝合金材料，但材质改变引发的很多新问题却没有及早引起波音的重视：按照铝合金的技术性能设计的系统结构和规则已经不能充分保障碳纤维时代整机层次的应力传递和载荷。结果，波音在零件组装的过程中遇到了巨大的困难：来自意大利阿莱尼亚航空工业公司的水平稳定器与飞机一侧的机翼相连接的时候，由于垫片的安装工艺和紧固件的扭矩都没有随着材料变化而进行调整，在使用钛合金扣件连接的过程中容易形成高强度毛刺，这种毛刺会破坏紧固件结构的整体性，进而导致紧固件的头部区域出现不可接受的间隙甚至褶皱。这迫使波音在 2009 年夏季一度暂停了 787 飞机的组装和试飞。而美国的工业观察家则指出，这与波音过度依赖外部供应链的"轻资产化"经营有关，是"波音从一开始就没有弄清楚的问题"。

有效把握和运用上述几类"系统整体知识"就成为系统集成商的核心能力所在。这对系统集成商提出的一个重要要求是：复杂产品开发过程中，并不是所有活动都可以进行外包的，企业仍然必须保留足够的内部设计能力；而作为保留内部设计能力的基础条件，系统集成商将各种部件的生产活动对外发包，并不等于它们将同时放弃对各种部件的设计能力与开发活动，尤其是对于关键零部件，系统集成商仍会在相关的技术活动中投入巨大的精力，以确保自己能够跟上产业演进的步伐，而不至于被突如其来的技术革命打得措手不及。因此，系统集成商的知识结构很有可能与它们从事的劳动分工极不匹配：它们保留在自己手中的"系统整体知识"是它们不希望被各供应商所窥见的；但供应商所从事的很多工作，系统集成商却了如指掌。换句话说，系统集成商“知道的比他们做的多（know more than they make)”。图4-12就以1977—1996年飞机发动机工业的专利申请为例说明这一现象：航发工业中的系统集成商（CC）及其一级供应商（FT）和二级供应商（ST）都会在发动机的系统结构、子系统结构、功能和实体四个领域进行专利申请，而系统集成商在其中三个领域都占有优势地位。

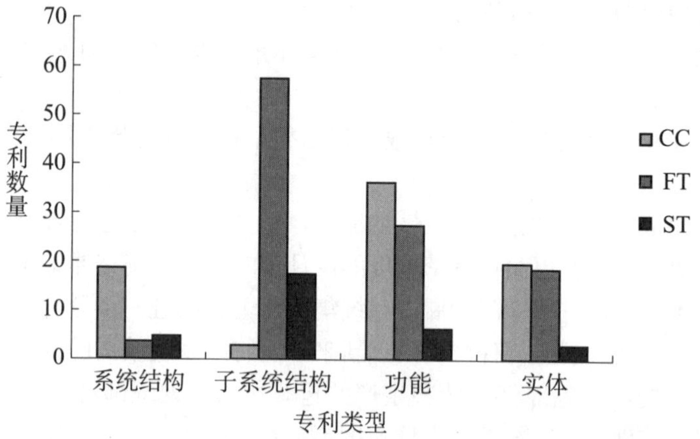

图4-12 公司CC、FT、ST关于飞机发动机控制系统专利申请活动对比

创新者案例

苹果：霸道的“系统集成商”

正像我们在前面曾经提到的，苹果在创业之初曾是一个自给自足率很高的电脑生产商。正是这样的原因，苹果才积累了雄厚的技术实力，在智能手机时代以远低于竞争对手的研发投入水平创造了行业奇迹。但人们不知道的是，苹果这个系统集成商为了确保始终掌握智能手机核心技术并确保产品创新品质付出了多大的努力。

因为富士康是ODM制造商，在苹果交付其电子产品的设计方案之后，富士康还要在此基础上进行一系列设计开发。但苹果又担心富士康在设计细化的过程中发现某些关键产品信息，加之近年来苹果的产品设计多次在产品发布会前遭遇泄密，因此近年来苹果公司一再加大对富士康郑州园区的“业务指导”，以免不利情形再次发生。

苹果关心的还不只是富士康这种“大家伙”。苹果产业链中有很多提供非常细小的精密部件的供应商，这类企业通常不大，有的甚至可以叫做作坊，但苹果对其技术要求很高，而且苹果对这些零部件的技术“出奇地精通”，苹果甚至会对某些细小的关键零部件供应商指定专门的设备供应商，用于特定环节和最终出厂的质量检测把关。

显然，由于正向开发所必需的大量试验、检测以及各种构件技术本身的快速发展，系统集成能力正成为一种非常昂贵且日益昂贵的能力。而且一个极为重要的趋势是：随着ICT技术经济范式的展开，生物技术与新材料技术等的不断扩散，越来越多的产业开始表现出系统集成的特征，这使得很多过去的传统产业的产品开发与创新也变得日益昂贵，技术开发成本直线上升。具体而言，这种发展趋势有以下三个方面的表现：

（1）产品技术电控化。以往纯粹机械结构的产品越来越多地变成机电一体化结构，但机械技术与电控技术的发展速度差异巨大，而且机电一体化将以往机械结构中的很多显性知识（如具体的结构设计）变成了软件化的隐性知识，这种转变加大了反求工程的难度，为发展中国家这些行业的产品创新设置了障碍。图 4-13 就是以电控系统为关键部件的车用柴油机的技术结构图，传统的机械结构柴油机要比这简单得多。

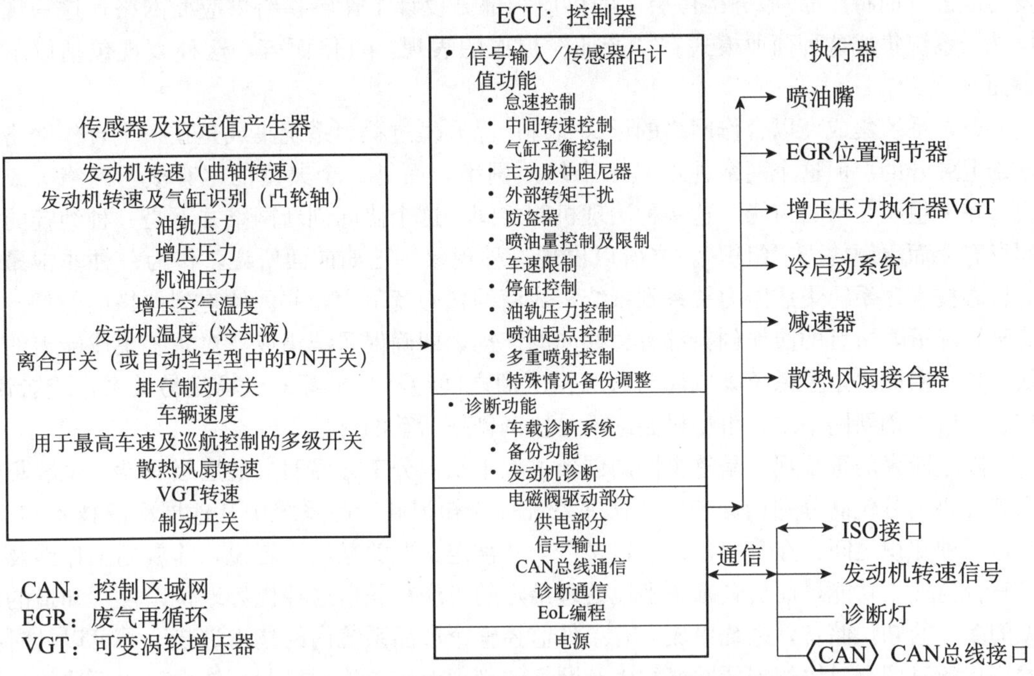

图 4-13 以电控系统为中心的车用柴油机

（2）开发技术数字化。CAD、CAE 等专业化开发技术的广泛使用，使越来越多的产业的产品开发走出了纯粹依靠经验的时代，但与此同时，这种数字化和科学化的开发也极大提高了企业的创新成本。在设备行业，“甩图板”开发的前提条件是企业对整个产品系列所使用的各种零部件进行模块化拆分进而实现标准化、系列化，这就使得建设产品开发平台的基础性工作成倍增加，沉没成本大幅提高。与之类似，用模块化技术设计开发软件，实现模块级别的递归调用，其早期的设计成本有时要比原来做一次性软件设计的成本高出 3～10 倍。甚至在一些更为传统的行业，产品开发的数字化与科学化也变得日益普遍，如日本食品企业已经开始利用同步辐射光源等大科学装置去探索不同原料配方在口腔中的融化速度，以改进巧克力的口感。

（3）产品开发独立化。计算机模拟等数字化的“干前学”手段导致的另外一个结果，就是产品开发企业占据着越来越主动的地位，能够发现和规避产品生产过程中的工艺难题，这就使得产品创新得以获得某种相对独立的位置，并在产品开发知识与生产组装知识之间建立某种“防火墙”，其结果就是开发与生产之间的鸿沟不断加深，而生产者已经很难（几乎不可能）通过组装来获得产品开发知识。

系统集成能力的日益昂贵，一方面塑造了系统集成商在不同业务环节截然不同的分工原则，以系统整体设计为代表的系统集成工作高度内部化，而零部件设计生产等活动则相对依赖于外部供应链；另一方面，这种进入壁垒和竞争压力也不可避免地塑造和影响了产业结构。

（二）协同创新网络与全球价值链：系统集成对产业结构的影响

以往的大型工业企业和服务提供商转型系统集成商，集中精力做好整体解决方案的开发与改进，而将产品/服务构件层次的供应和部分设计工作转移给供应商网络，这一现象反映了系统集成这种商业模式在“产业”层次的表现。具体而言，这种表现包括以下两方面：

（1）系统集成商以合作网络的形式管理产品开发过程。系统集成是在一个合作网络的基础上展开的。但这个网络并不是一个均质网络，而是一个典型的“有核”网络，或者说，在“组织”与“市场”这两种治理机制之间，这个协同创新网络并不是一种纯粹的中间形态，而更倾向于“组织”。之所以出现这种现象，正如前面所说，作为一种非常昂贵的核心技术，系统集成能力关系到系统集成商的核心竞争力，并因此得到严格的保护。在这种情况下，所有的协作创新都有着共同的前提，即确保系统集成商对系统集成能力的有效保护。由此决定了系统集成商与各级供应商之间绝不是平等的市场交易关系，或者说，在这个协同创新网络中，市场机制绝不是协调创新活动的有效手段。

随之而来的重要现象是整个协同创新过程中知识分工方面明显的层级属性。系统集成商和各协同分包商分别负责产生和管理系统集成知识和产品系统中其他层次的技术知识，但这两种知识之间存在着明显的“定义”与“被定义”关系。或者说，前者的工作涉及大量整合与搜索功能，而后者则更多地处理给定的工作。凭借这种优势地位以及“知道的比做的多”的知识储备，系统集成商有条件监控整个产品系统内的技术进步，并可以针对技术变化随时调整对协作创新网络和生产网络的管理形式与治理机制。技术变化不快的一般零部件合作企业往往高度市场化，相关供应商也更容易受到集成商的压制。而在那些技术变化较快的关键零部件领域，系统集成商则更加倾向于采用战略联盟甚至纵向一体化的方式加强控制。还有些时候，那些关键零部件的战略合作伙伴就是从系统集成商中衍生出来的分支企业。

进一步考察这种协同创新网络，我们会发现两种不同的网络结构或系统集成结构。

一是在各子系统之间存在着部分重叠的“铰链”式结构，如图 4－14 的上图所示。在这个系统中，三个子系统（c1-c2-c3、c3-c4-c5-c6、c6-c7-c8）分别通过 c3 和 c6 这两个部件连接，此时需要系统集成商尤其严格地定义这两个部件的标准，而供应商只要保证这些接口标准，在其他几个部件上的活动空间则相对较大。从某种意义上看，苹果对整个智能手机产业生态的定义就是以这种铰链式结构进行的：苹果控制着硬件终端、操作系统和运营服务平台这几个子系统之间的接口和兼容标准。

二是各子系统之间表现为层层嵌套关系的“套娃”式结构，如图 4－14 的下图所示。在这个系统中，从系统整体到最小的部件单位形成了一整套严格的嵌套关系，这种嵌套关系在产品创新和系统升级过程中直接表现为一个从中心到外围的改进顺序，各级供应商相应的自由活动空间也被这个嵌套关系严格限定，如图中 c5 的开发商就必须在保证与 c6 和 c4 成功对接的前提下实施改进。很多大型技术系统或网络，如电力和输变电网就是典型的套娃式结构。

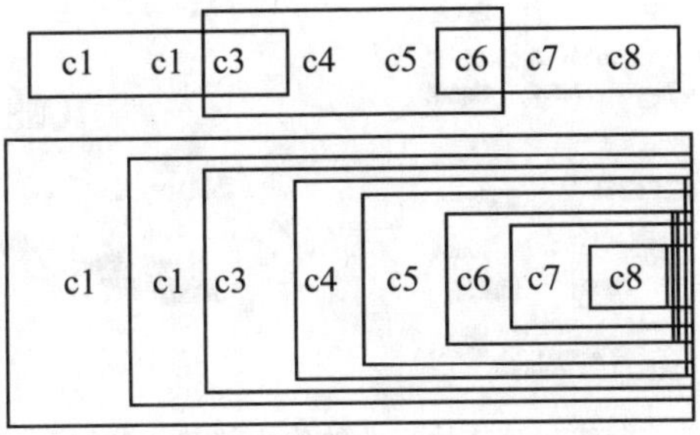

图 4-14 铰链式集成和套娃式集成

(2) 系统集成商以全球价值链的形式管理供应链。通过协作创新网络进行的系统集成与产品开发，在很大程度上将直接对应于生产与供应链活动的组织形式，这种组织形式就是我们今天常说的全球价值链。联合国工业发展组织（UNIDO）对全球价值链的定义是：为实现商品或服务价值而连接生产、销售、回收处理等过程的全球性跨企业网络组织，涉及从原料采购和运输，半成品和成品的生产和分销，直至最终消费和回收处理的整个过程。作为产品开发过程中协同创新网络的"核心"，系统集成商同样不会在全球价值链中缺位：它们身居这个全球生产网络的旗舰和龙头。

而且，由于系统集成能力的日益昂贵，系统集成商推动着全球价值链乃至全球的产业组织正在经历一些非常重要的变化趋势。简而言之，就是日益加速的全球产业整合：作为全球价值链的"核心"，系统集成商组织整个价值链和供应链，并在供应商中物色最佳者，以"行业规划"和"供应商联盟"实现全球业务协同。在这一过程中，为了应对日益升高的技术开发成本，系统集成商走向了"抱团取暖"的联盟或并购道路，并有选择地向产品和服务一级供应商转移压力；为了应对这些压力，一级供应商在向下传导压力的同时展开并购；这种压力逐级传递给底层的原件供应商，由此导致底层企业的压力最大（集中的表现就是越往底层交货期越短，质量标准越严格），订单采购量冗余越大。因此，系统集成工业的上游产品和服务的整合愈演愈烈，产业和价值越来越集中。有学者将这种全球价值链上的产业集中和压力传导命名为"瀑布效应"，意指越往下传导压力越大。

这种"瀑布效应"在产业现实中表现明显且形式多样。比如，在过去二十多年时间中，随着越来越多的产业主动或被动地卷入到系统集成的产业竞争中去，全球范围内绝大多数产业领域的集中度都有了不同程度的提高，图 4-15 就反映了存储芯片行业在 2003—2013 年间的产业集中趋势：在这十年间，东芝、三星、SK 海力士和美光等企业终于熬到了"剩者为王"的一天，而且这个趋势并未停止，海力士一直在积极筹划并购东芝的存储业务。

与此同时，众多领域的系统集成商与一级供应商建立起长期的"伙伴"或"联盟供应商"关系，这些关系表现出以下特征：(1) 地理位置聚集，形成产业集群，例如丰田的一级供应商一般都在其 150 千米范围内，以便及时响应各种问题；(2) 业务关系更加密切，比如有的专业服务提供商获得授权，可以利用系统集成商的数据系统开展服务；(3) 系统集成商以各种方式传达其预期需求，以动员一级供应商的技术支持，最典型的例子就是

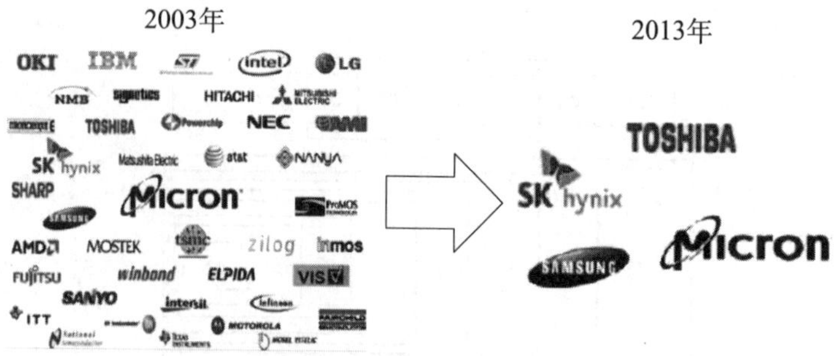

图 4-15　全球存储芯片行业的集中趋势：2003—2013 年

Intel 通过摩尔定律为自己的价值链和协作创新网络设定了技术开发节奏；（4）生产和供应计划的实时沟通，保证系统集成商的库存降至最低，上面提到丰田的例子同样对其“零库存”有着重要意义。

我们以相当的篇幅来讨论“系统集成”，因为它不仅是过去二十多年最重要的技术战略、商业模式和产业发展趋势，而且还将在未来很长一段时间内在更大范围内重塑整个国民工业体系。只有深刻理解系统集成及其能力基础的本质、渊源和产业影响，我们才能对今天的很多流行语言做出更接近本质的理解和判断。比如，系统集成的理论告诉我们所谓的“总部经济”、“生产性服务业”和先进制造业的“国际产业转移”，不过是“系统集成”这一个过程的两个侧面，而它们的根基都是纵向一体化的大型工业企业以高强度的三重投资打下的能力基础。从这个角度来看，西方领先的系统集成商保留了制造业的全部内容，除了制造本身。

第三节　技术变化的冲击

企业选择合适的创新战略，根本目的是要在竞争中占有一席之地甚至脱颖而出。但也有很多企业在创新竞争中遭遇挫折。这就带来创新战略研究的一个经典问题：技术变化会如何影响企业的发展与竞争过程？尤其是我们应当从哪些视角理解不同类型的技术变化对企业造成的冲击？这一节将分别从三个角度讨论这种技术变化的冲击，在最后我们将尝试讨论应对这些冲击的策略及其问题。

一、能力摧毁型创新

讨论冲击在位企业的不同技术变化的第一种视角，也是一种非常朴素的视角，是去分析技术变化的性质或幅度对在位者知识基础的挑战，即纯粹“知识”层面的挑战。塔什曼（M. Tushman）和他的同事们是尝试回答这一问题的先驱。在塔什曼看来，技术变化与在位者知识基础之间的关系并不具备唯一形态，激进创新与渐进创新的区分仍显单薄，虽然所有的激进创新——那些重大的产品创新或工艺创新——都表现为技术上的断裂（如主导设计的重大改变），进而将产业技术推进到一个成果不菲的新时期，在位企业所面对的机会与风险也大幅上升，但这些断裂对在位企业的具体影响不尽相同。塔什曼将这些技术断裂进一步分为以下两类。

（一）能力摧毁型的技术断裂

一些非常重要的新技术的出现，不仅会开辟一些新的产品系列（典型如静电复印机、汽车等），还有可能打乱在位企业的渐进开发。如果在位企业所掌握的那些成熟技术不足以应对这种重大技术变化，这些企业在做出相应调整时难免会遇到困难。其中，能力摧毁型的产品断裂通常意味着创造了一种全新的产品形式；而能力摧毁型的工艺突破则有可能是将一系列此前分割的工艺步骤融合成一个更加连贯的工艺流，或是融入一种完全不同的工艺手段。而所有这些技术断裂都会造成在位者的能力无用。这种技术断裂往往与范式的不连续变化有关，或部分有关。较为典型的例子包括：电子计算器对对数计算尺的替代（见图 4-16），晶体管和后来的集成电路对真空管的替代，内燃机对蒸汽机的替代，浮法玻璃工艺对传统玻璃制造工艺的替代，等等。

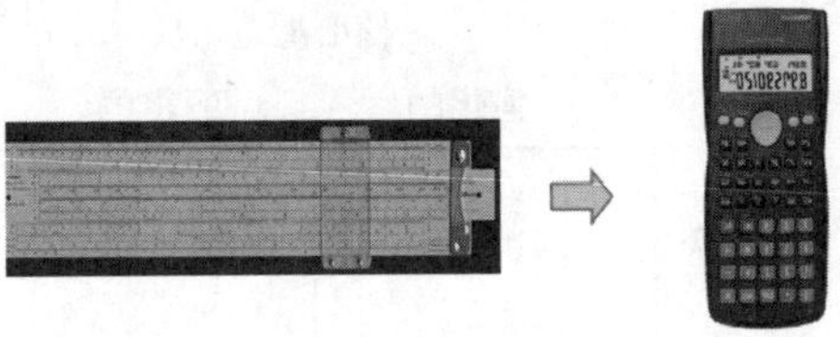

图 4-16　对数计算尺被电子计算器所取代

（二）能力增强型的技术断裂

相比之下，这类技术断裂则是基于现有产品系列的现有技术诀窍，对性价比做出了数量级的改进和提升。这类技术断裂的出现，虽然会使老一代的技术退出历史舞台，但不会使相应的技术同时无用，反而会有利于在位企业市场地位的巩固，并帮助其准确把握新的渐进创新的起点和方向。比如风扇式喷气机和螺旋桨的引入就极大地提高了喷气机和远洋轮船的速度，但这种改进并不会对飞机厂商或船坞造成不利影响，因为他们完全可以利用自己的知识基础来吸收这些新技术。同样，在工艺创新方面，能力增强型技术断裂同样大量存在：水泥工业中的爱迪生窑就允许老的水泥生产企业充分利用这项技术大幅度提高生产能力，而超大规模集成电路技术的出现同样能够增强大规模集成电路制造商的市场地位。

这两类技术断裂都是后验性的，我们很难事先准确认识它们的威力。但从实际经验来看，新兴企业往往会成为能力摧毁型技术断裂的发动者或深度开发者，因为它们不必担心巨大的沉没成本和由此导致的路径依赖，这样就造成了行业环境的动荡甚至产业秩序的颠覆；相比之下，能力增强型技术断裂则多由在位者发动，它们可以借此提高新进入者的进入壁垒，降低自己对客户和供应商的依赖，这类技术断裂因此成为产业秩序再生产和长期维持的重要参与者，产业环境动荡也随之得到控制。针对这样的结构性差异，塔什曼建议企业尽可能地保持自己所处环境的资源丰度：外部资源越充分，在位企业行为所受到的限制就越少，它们就越有可能应对技术不确定性造成的挑战。

二、构架创新

知识基础上的路径依赖只是技术变化影响在位企业的一种形式，但现实中核心能力和核心刚性表现在很多方面。技术变化同样可以对在位企业的管理系统形成挑战，即在位企业的管理过程和组织动力有可能无法适应技术变化的要求。而这种变化就在很大程度上与企业的产品知识类型有关。汉德森（R. Henderson）和克拉克（K. Clark）就对非连续性技术变化中的产品知识类型进行了分类。他们将产品知识分为两类：一类是关于产品元件（component）的知识，即关于每个特定元件核心设计概念及其实施方式的知识，作为整个产品系统中的特定模块，这些元件的原理和核心概念同样存在一个“变”与“不变”的问题；另一类则是关于产品构架（architecture）的知识，这类知识是把各元件整合并连接成为一个整体的方式的知识，这个构架的核心概念决定着各元件/组件之间的联系方式。基于这种区分，分别考虑“（组件）核心概念”和“核心概念和组件之间的联系”这两个维度，他们提出了如图 4-17 所示的创新类型矩阵。

核心概念和组件之间的联系 \ 核心概念	强化的	颠覆的
未改变	渐进创新	模块创新
改变的	构架创新	激进创新

图 4-17 创新类型矩阵

（1）渐进创新：组件的核心设计概念（设计原理）和组件之间的联系都没有发生实质性变化，只是对组件的性能不断去强化；

（2）激进创新：组件的核心设计概念以及组件之间的联系方式都发生了根本性变化，这意味着从主导设计到产品部件的全面更新，所有在位企业都对这类创新提高警惕；

（3）模块创新：在不改变组件相互联系（产品构架）的前提下，特定组件的核心设计概念发生颠覆性变化，比如在电话机中以数字信号处理技术代替模拟信号处理技术；

（4）构架创新：在组件的核心设计概念没有发生重大变化的前提下，产品构架即组件之间的相互连接方式发生了变化，最直观的例子如吊扇与台扇的构架差异以及从高轮自行车到安全自行车的构架变化（见图 4-18）。

图 4-18 自行车构架创新

从上面的定义不难看出，“构架创新”其实可以算作一种特殊的“系统集成”：对产品系统的整体结构进行了重构，并可以具体表现为系统内各种部件连接方式的改变，包括在此前无关的部件之间建立关系，但这种改变不会涉及部件本身的技术原理。特定的产品构架一旦在竞争中胜出，就成为下一个技术“轮回”的主导设计，并因此将业内企业的注意力高度集中在改进和完善产品元件性能上。这些企业努力围绕着“元件改进和创新”这个核心任务来发展自己的知识与能力。在这种情况下，作为主导设计的产品构架知识就会逐渐嵌入到组织流程、硬件和价值观中，并具体体现为组织的沟通渠道、信息过滤机制和问题解决策略。

然而，一旦出现新的构架创新，这些围绕着旧的构架发展起来的核心能力就有可能变成核心刚性。构架创新对这些在位企业的威胁并不是单纯的技术问题，而是组织层面的问题。虽然工程设计人员完全有能力去判断新的产品构架的价值，但他们未必有机会能够接触到这些信息，也未必能够意识到来自用户或市场的反馈，企业管理层也有可能不愿意，甚至不能够建立一个新的设计团队或产品事业部来应对这种变化。在组织结构不能针对构架创新迅速调整时，就会出现一系列问题：(1) 有关构架创新的信号容易被体现旧构架的组织信息过滤机制和沟通渠道排除掉；(2) 即使意识到创新是构架性质的，企业也必须转变学习模式，并对了解新的构架进行时间和资源投资。而且在这一过程中，由于知识是被组织在企业内，了解产品构架的变化不太可能自然发生，所以需要明确的管理和引导。

三、破坏性创新

技术变革不仅会直接挑战在位企业的知识基础和管理组织，还有可能绕过在位者所处的商业环境，以一种意想不到的方式对其形成冲击。创新学界对这一问题的认识因克里斯坦森(C. Christensen) 的破坏性创新（disruptive innovation，又译颠覆性创新）理论而得以深化。

破坏性创新理论起源于对一个现实问题的关注：在技术或市场发生变化时，为什么那些名列前茅、管理良好的大公司没能继续保持行业领先地位？例如，固特异公司很晚才进入子午线轮胎市场，西尔斯公司则被沃尔玛公司所取代。在电子行业中这一现象更为明显：IBM 控制了大型计算机市场，却没有把握住小型机的市场时机，尽管小型机的技术比大型机简单得多；DEC 公司凭借一系列技术优势控制了小型机市场，却没能抓住 PC 的市场机遇；相比之下，30 年前的苹果公司在 PC 市场独领风骚，却在手提电脑市场落后了 5 年。

为了回答这一问题，克里斯坦森区分了两种不同类型的技术，即延续性创新（sustaining innovations）和破坏性创新。

延续性创新：产品性能沿着一个已知的性能轨迹（指一定时期内产品性能实际改进和期望改进的速度）持续改进，使企业聚焦于主流客户的关注焦点，改进已定型产品以满足客户对新一代性能的需要。

破坏性创新：在近期使产品性能变得更差的技术，以此满足少数激进用户的特殊偏好。但这些技术在将来会有巨大的提升空间，尤其是在现有客户真正重视的性能属性方面提高很快，这使它们能够在后续的开发中成功地打入现有市场。破坏性创新模型如图 4-19 所示。

只有当破坏性创新能够打入现有市场的时候，主流客户才会使用这类技术，名列前茅的在位企业也才会关注这类创新，但那时往往为时已晚，破坏性创新的开拓者已经控制了市场。这意味着，破坏性创新得以存续并长期发展，有赖于一些关键条件的支持，主要包括以下三个方面：

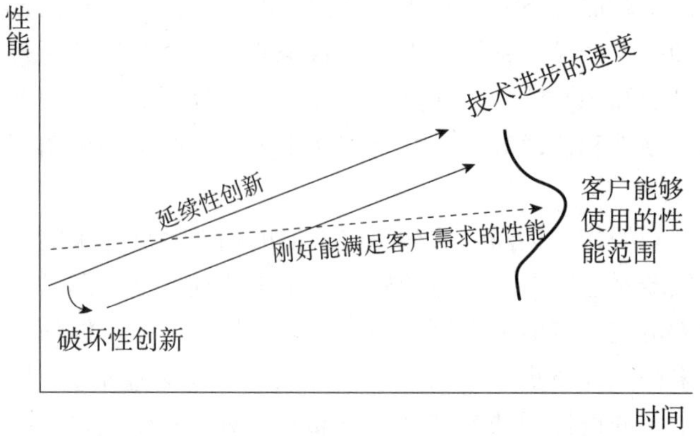

图 4-19　破坏性创新模型

(1) 所有市场都有一个提升空间，能够为客户所利用或承受（如图 4-19 中缓慢上升的虚线所示)。如汽车厂商会不断为用户生产新的改良的发动机，但汽车用户同样不可能利用这些发动机的全部性能。客户能够使用的性能范围就以这条基准线为中心向两侧展开（如图 4-19 中右侧曲线所示的范围)，其中在这条线上面的客户永远不会满意产品当前的表现，而在这条线下面的客户则很容易因改进而满足，这条虚线就代表了“够用（good enough)”技术的标准。

(2) 不同企业的创新活动总会沿着不同的性能轨迹，而对那些名列前茅的在位企业来说，它们为了满足主流市场、主流客户的需求，需要不断努力地生产出更好的产品（即延续性创新，见图 4-19 中较高的一条实线)。由此导致的一个重要结果是，技术进步的速度能够并且经常超过市场所需，换句话说，主流客户所使用的产品和技术往往存在明显的性能过剩，比如绝大多数用户对智能手机功能的开发都非常有限，连 10%的产品性能和功能都用不到，在这种情况下，部分产品性能变差并不会影响用户体验。

(3) 在若干延续性创新技术的竞争中，名列前茅的企业凭借其先行者优势而一再领先，但是，破坏性创新者不会尝试为现有的主流客户提供更好的产品，它们更倾向于通过引入稍逊一筹的产品或服务，来破坏和重新定义当前的市场（见图 4-19 中的虚线)。这意味着，这些破坏性创新往往首先出现在新兴市场或边缘市场中，即企业首先在新出现或不重要的市场推出破坏性创新，这些新市场细分的利润回报不会超过主流市场，甚至还在主流客户较为看重的性能指标上变得更差，但它有可能因为简单、便捷、成本低而迎合了低端客户的需求。

在此基础上，破坏性创新在新兴或边缘市场上站稳脚跟，迅速发展，启动了自己的改良周期。因为技术进步的速度往往超过了客户的实际使用需要，所以这些起初刚刚“够用”的技术反而在改良后获得了更高级别客户的认可；还有些时候，过去的新兴或边缘市场用户迅速成长起来，取代了老一代的主流客户，成为新的市场主力军。以上两种情形都成就了破坏性创新者在这一轮技术竞争中的优胜地位。

克里斯坦森认为，那些在位企业之所以会在破坏性创新的利用开发中败下阵来，既不是因为它们没有能力开发这些技术，也不仅仅是因为组织内部的结构与管理系统不利，而是因为它们“与客户过分保持一致”，并由此导致了战略上的无能。针对这种情况，克里斯坦森提出了“价值网络”的概念。所谓价值网络，是指企业识别客户需求，并对此作出反应，获得相关投入，应对市场竞争的情境（context）。这种情境是现存的，企业已经镶嵌在这个网络中，并且网络中的每一层都有自己的用户，最终形成一个层层嵌套的产品构架。每个企业都处在特定的价值网络中。在这种情况下，主流企业的组织结构及其内部协作机制都参照了延续性创新的主导设计和产品架构，而这个层层嵌套的产品构架决定了企业的竞争战略，尤其是其以往对目标市场的选择，将决定其对新技术经济价值的判断，而这又会塑造企业对创新的收益期望。例如，图 4-20 就是硬盘驱动器工业的价值网络：硬盘、硬盘驱动器、电脑主机和管理信息系统的结构层层嵌套，这就使得每一代硬盘驱动器的龙头企业必然首先从现有的电脑主机企业实际需求出发，考虑硬盘驱动器的延续性创新如何实现，而这种选择就使它们无法站在下一代主机性能需求的立场上去选择硬盘驱动器领域的破坏性创新。

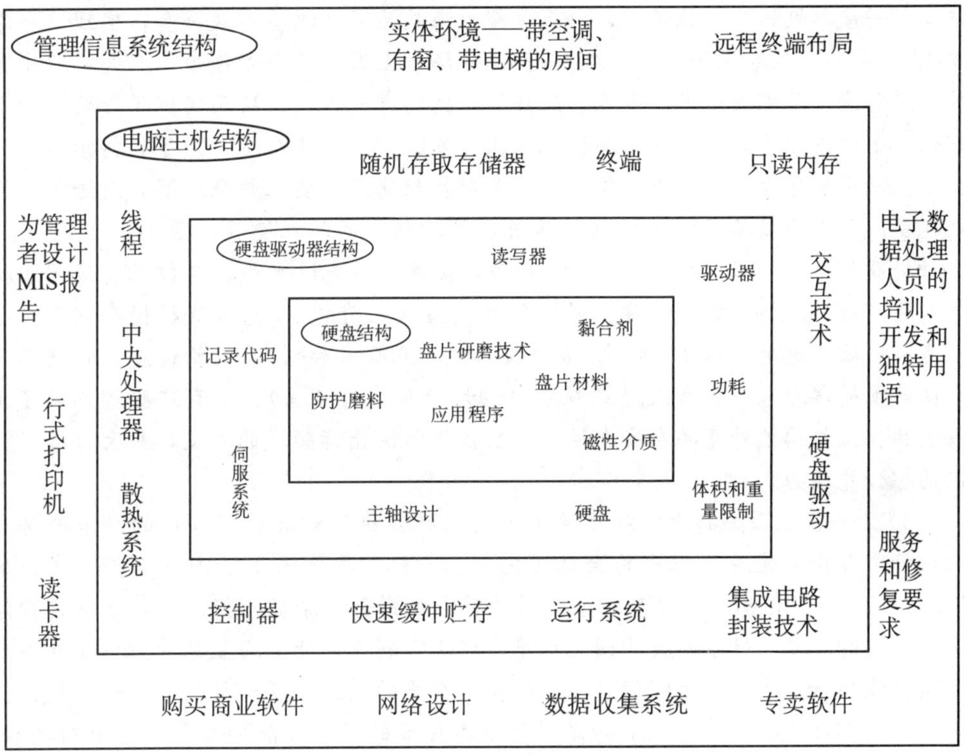

图 4-20 硬盘驱动器生产企业的价值网络

破坏性创新理论虽然产生于西方高技术工业竞争的产业情境中，但它对我们理解中国等发展中国家的企业的创新战略有着重要的启示意义。西方主流企业往往优先服务于其本国市场，从全球市场竞争地位和收入分配来看，这一市场细分偏向于高收入、高溢价和价格（相对）不敏感。这类消费人群和企业客户的消费需求势必不能代表更广阔的以发展中国家客户为主体的中低端用户。换句话说，发展中国家的本土消费情境和中低端客户的独特需求往往不易引起西方领先企业的重视这一现状，为发展中国家的企业开展基于本土消费情境和市场需求的破坏性创新创造了条件，而这种破坏性创新又在很大程度上发生在

"金字塔底层"。

创新者案例

中天科技：光电线缆专用设备领域的破坏性创新

作为国内最具创新力的光电线缆生产商，中天科技拥有独立的专用设备开发能力，自己开发改进线缆生产设备，部分产品还能够对外销售，支持整个行业的制造升级。中天的设备能力建设始于2006年前后对上海昱品的控股，上海昱品最初是由原信息产业部电子第八研究所的一批工程师下海创建的合伙制企业，也曾经在中国光纤设备工业中颇具影响力。但上海昱品真正"上台阶"则是在中天支持下去攻克高难度的光纤拉丝设备升级改造。

上海昱品在光纤拉丝设备即拉丝机方面的努力始于2009年。中天早年从国外进口了一座单机的二手拉丝塔，中天希望上海昱品通过测绘再做一套，实现"一塔双线"（一座拉丝塔里两套拉丝机）。初次登场，上海昱品小心谨慎，只是按照中天的工艺和速度要求改造了送棒器，改良了炉体的进气机构，从而实现了气氛保护合理化。小试牛刀之后，上海昱品的拉丝机开发就走上了快车道：为了在持续多年的信息基础设施建设中抢占市场份额，中天对拉丝速度的要求越来越高，改进加热系统也变成了上海昱品开发拉丝机的传统，其拉丝机的拉丝速度从最初的1 200米/分钟提高到2015年之后的2 500米/分钟，接近世界先进水平。与拉丝速度同步提高的还有送棒规格和收线速度：送棒器的规格从此前的90毫米直径提高到200毫米直径；收线速度则从1 500米/分钟提升到3 000米/分钟的结构速度，收线工艺也从此前的单盘人工收线改进到双盘自动切换收线（双收）。所有这些都弥补了上海昱品拉丝机同国外竞品在安全性、可靠性等传统指标领域的不足，极大改善了产品的综合竞争力。

2011年，上海昱品决定对拉丝机进行系统升级，对此前不合理的环节全部重新设计，并彻底改造了原有的涂敷固化工艺。他们率先采用了国际上较为先进的"湿对湿（wet-on-wet）"涂敷理念，通过对涂敷模具、涂敷几何尺寸，尤其是内涂层的厚度的反复改造不断提高固化水平。这次重新设计使上海昱品的拉丝机在多数关键性能指标上已经大大缩短了同国际领先水平的差距，在少数指标（如速度）上甚至达到国际先进水平。在全面掌握拉丝各环节的所有性能要求和工艺诀窍之后，自动化和智能化也水到渠成：依托于自主开发的拉丝机，中天搭建起一个庞大的数据采集网络，所有数据流向车间控制室，随时展示从原料到成品直至售后的几十道工序和关键控制点，定时抽取产、供、销数据，搭建起了集中监控、统一调度、互联互通、快速反应、有效预控、数理分析的综合管理信息平台。中天科技的拉丝车间也因此于2015年成为江苏省首批示范智能车间。而当年在中国的光纤设备市场上横行无忌的麦拉菲尔（瑞士）、耐斯隆（芬兰）、SwishCable（瑞士）被上海昱品挤出了中国，另一家法国设备企业登莱秀则变成了上海昱品的配件供应商。

"金字塔底层"的说法来自西方，即英文中bottom of pyramid（缩写为BOP），指代人口基数庞大的低收入群体，以便同发达国家企业曾经长期关注的金字塔顶层的高收入群体相对。换言之，深耕金字塔底层的企业战略，就是如何做好穷人的企业家和创新者的问题，就是如何通过创新性的产品与设计提高低收入人群生活质量的问题。如果能够达到这一目标，企业显然在经济效益与社会效益两方面都获得了成功。已故的战略管理大师普拉哈拉德（C. K. Prahalad）对这一概念的提出和发展做出了突出贡献。普拉哈拉德对企业的BOP市场战略提出了很多富有启发意义的建议，比如：（1）重点关注（突破）价格表现；（2）杂交解决方案，将新老技术混合于一体；（3）对于不适合的产品要从根本上进行重新设计，对现有西方社会的产品只做边边角角的改动显然不适应金字塔底层市场的需求；（4）加强去技术化（服务）工作（即开发傻瓜功能）；（5）教育（半文盲）顾客如何使用产品；（6）开发高性能产品，确保其在不良环境下也能正常工作；等等。

创新者案例

成功运用BOP市场战略，改变每一个人的生活

如果在超市中稍加留意，我们就会发现进口商品区与我们日常选购的国产商品区有着截然不同的画风。比如，进口牛奶多数都是1升装甚至更多，而国产牛奶的包装却越做越小，从当年最早的250毫升变成250克，后来又变成220毫升，近年还有企业生产更小包装的产品。之所以发生这种变化，一个重要原因就是国内企业希望通过这种方式把更多过去“不舍得”喝牛奶的人变成自己的消费者。同样的原因，我们会在国内市场发现发达国家市场几乎“绝迹”的小包装洗衣粉。

近年来，中国有很多行业坚持服务于国内的BOP市场，最终成长起来，获得了国际级的竞争力。其中最典型的例子就是深圳的电子工业和山东、江苏等地的太阳能热水器行业。深圳电子工业服务于BOP市场的两个拳头产品分别是山寨手机和白牌机（山寨平板电脑），虽然听起来很低端，但实实在在地改变了很多人的日常生活，深圳也因此成为全世界手机工业的重镇和白牌机出口中心。而中国的太阳能热水器企业则是从西方国家从未关注（也没有）的市场——农村家用起步，逐渐发展成熟起来。

四、应对技术变化的冲击：双元组织

前面讲到在位企业受到技术变化冲击的三种可能途径，分别是在位者的现有技术知识基础使其无力应对能力摧毁型创新，在位者的组织与管理系统的僵化使其无力应对构架创新，而在位者的价值网络使其无力应对破坏性创新。

因为企业的技术基础、管理系统和客户导向往往构成了其核心能力的主体部分，这几方面能力相互交织，使得上述三类技术创新及其造成的冲击也往往紧紧联系在一起。因此，为了应对这些技术变化所带来的冲击，最笼统的回答就是要求在位者对新兴技术知识有所了解，从而在开发既有知识基础与探索新兴技术领域之间实现平衡，这就是创新战略中著名的“双元能力”。双元能力的概念始于1991年，由马奇（J. March）最早提出，旨在揭示组织学习中“探索”与“开发”之间实现平衡的重要性：如果企业只是埋首于现有

知识基础的不断开发和挖掘，就很有可能罹患学习“近视”而无法应对那些突如其来的变化；而提升企业的双元能力正是应对新时期技术竞争、避免遭受技术变化冲击的一个重要选项。塔什曼和他的合作者探讨了那些有利于双元能力培养的双元组织结构与传统结构的差异（见图 4-21）。

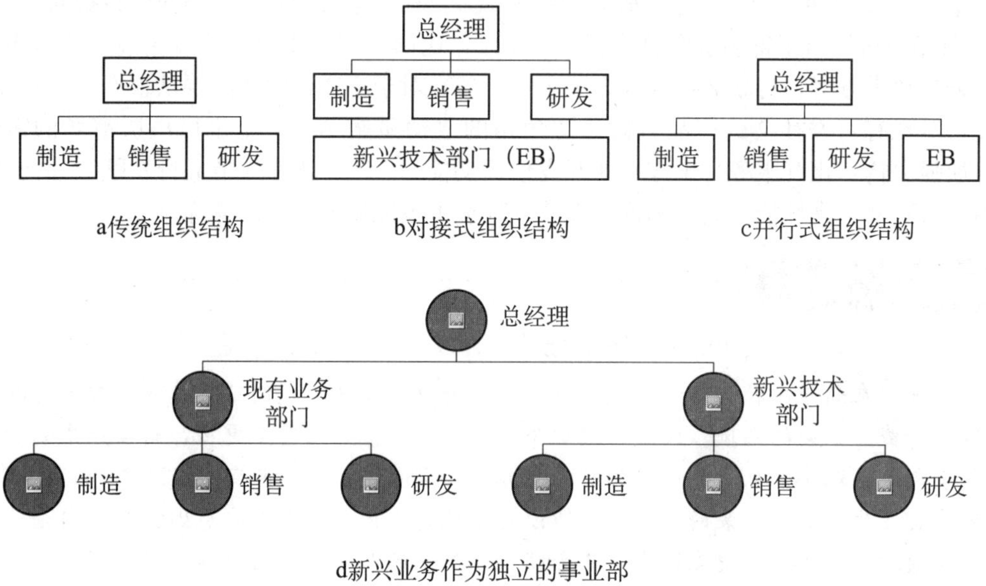

图 4-21　从传统组织结构到双元结构

在图 4-21 中，企业组织为了不断提升自己的双元能力，需要在新兴技术领域始终保持警觉，并为此以正规化、组织化的形式建立新兴业务部门（emerging business）。但建立这样一个新兴业务部门的方式有很多种可能选项。具体而言，针对新兴业务发展的不同阶段，有三种组织形式可供选择：

（1）设计一个与研发、制造、销售全面对接的新兴技术部门，由各职能部门为新兴业务提供专业支持（图 4-21b 的对接式结构）；

（2）将新设的新兴技术部门与研发、制造、销售等部门并列，由总经理直接负责新兴业务的孵化和培植工作（图 4-21c 的并行式结构），以上两种结构都是适合于新兴业务孵化和投资的早期形式，而具体的选择则与很多具体情况有关；

（3）为新兴技术部门设立独立的职能部门，即同现有部门类似的制造、销售和研发职能部门，从而使新兴业务成为独立的事业部（图 4-21d），此时新兴业务已逐渐走向成熟。

仅仅就企业论企业地来看，双元能力和双元结构的语言似乎为企业应对技术变化指明了方向。但是，正如我们在第三章中所指出的，创新过程有着极强的情境嵌入性，它与特定国家的特定资源禀赋、特定制度环境紧密相关。这意味着，企业能否发展出某种学习与创新的模式、能否发展起双元结构和双元能力，在很大程度上取决于其生存的更为广泛的社会环境和制度框架。而不同国家在社会环境和制度框架方面的差异又是真实存在的，正如前面提到的，盎格鲁-撒克逊模式与莱茵模式的分化就是这种国与国之间制度差异的集中表现。

其中，盎格鲁-撒克逊模式的制度环境相对宽松，时间偏好则更加短期化。与此直接相关，企业间劳动力的流动性更强（更加依赖外部劳动力市场），受到外部人主导的公司治理机制的影响，金融资本对技术热点的跟进也更为迅捷，这些条件都为其更好地利用科学突破实现激进创新，在快速崛起的新产业领域中占得一席之地创造了条件。相比之下，莱茵模式更加强调发展的长期导向，并在此基础上建立起鼓励长期雇佣（更加依赖在职培训、转岗等内部劳动力市场作为人力资源开发的手段）和发展长期商业关系的制度。其公司治理机制也在很大程度上受此影响而更加倾向于内部人控制的模式。这种制度环境促进了日本和德国企业更好地挖掘、开发现有技术基础，持续开展渐进创新。图4-22就是对研发活动、人力资源开发机制与公司治理机制三方面差异的比较，以及由此决定的不同模式下的创新倾向。显然，塑造这些差异的深层次因素是不同国家价值取向和时间偏好的差别，而这些差别从根本上决定了探索与开发之间的双元平衡绝不像理论中这么简单。

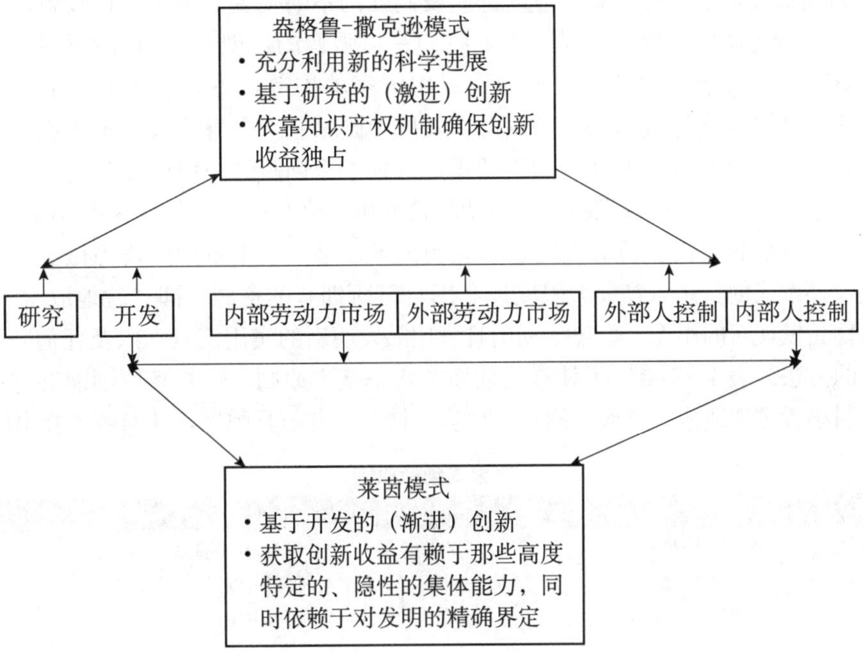

图4-22 不同国家在创新“习性”上的结构性差别及其制度基础

恰恰是文化与制度层次以及由此塑造的企业活动“习性”方面的结构性差异，才导致了不同国家在不同产业领域中竞争力的“黏性”：简而言之，那些倾向于盎格鲁-撒克逊模式的国家往往更擅长于熊彼特Ⅰ型（“亲创业”）的产业，而倾向于莱茵模式的国家则更擅长于熊彼特Ⅱ型（“亲惯例”）的产业。因此，虽然在一国范围内、囿于一国的文化与制度环境建立真正意义上的双元组织并不容易，但是如果恰当利用不同国家的技术特长与产业优势，以海外研发投资为标志的创新全球化有可能成为在位企业以及发展中国家企业应对技术变化、布局未来技术竞争的关键一招。

第四节　世界创新地图中的发展中国家

以金砖国家①为代表的广大发展中国家不仅占全球人口的大多数，更是在最近十年来日益成为全球经济增长的重要引擎。因此，理解发展中国家的创新对于我们认识未来创新竞争的全球格局有重要的意义。那么发展中国家在世界创新地图中扮演着什么角色呢？这一节我们将集中讨论两种与发展中国家有关的创新策略：一种是由发展中国家企业和人民自主开展的服务于本土需求的朴素式创新（jugaard innovation）；另一种则是日益为西方跨国公司所用的、以发展中国家为源头的反向创新（reverse innovation，又称逆向创新）。

一、朴素式创新

西方发达国家所开辟的高技术密集度、高资本密集度、高进入壁垒、高沉没成本的技术轨道既不会放诸四海而皆准，更不是无懈可击、无从替代。这种技术发展路径是在西方工业企业的成长过程中、伴随着企业内部研发制度的不断发展、基于三重投资的竞争不断加剧而形成的特定历史现象。但是，正如我们一再强调的，创新活动有着很强的嵌入性，这决定了这些“高要求”的技术轨道向发展中国家的扩散，势必遭遇水土不服的现实问题。而作为这些“舶来”技术的一种反动，发展中国家基于自身国情的本土创新就成为其技术进步过程的必然产物。而朴素式创新正是这种本土创新的一种重要形式。

所谓朴素，就是一个面对难题时的独特的思考和行动方式，是在最不利的情况下发现机会并且用简单灵活的方式临场解决问题的大胆艺术，是关于用更少的资源做更多事情的智慧。显然，朴素式创新意味着最大限度地利用自己所拥有的资源，即“就地取材”。这既包括为日常物品发现新的用途，也包括利用日常用品发明新的实用工具，以及任何巧妙的“利用规则”的方法。表 4-5 给出了朴素式创新的六条基本原则。这六条原则能够有助于发展中国家的弱小者更加适应、节俭、简朴、包容、博爱，并更具弹性，从而获得胜出的机会。

表 4-5　　朴素式创新原则

朴素式创新的原则	
1. 在逆境中寻找机会	2. 做到以少博多
3. 灵活思考和行动	4. 保持简单
5. 服务边缘客户	6. 遵从内心

（一）在逆境中寻找机会

弱小者不仅需要在逆境中发展出强大的适应能力，而且需要及时转变思维模式，用发展的眼光看问题，从反方向解构当前的极端条件，从而让制约条件反过来为自己服务，而一旦实现这种反转，发现创新机会，就要快速响应。

（二）做到以少博多

弱小者的创新往往面临资金、资源、人才以及基础设施等各方面的短缺与匮乏，但这

---

① 由巴西（Brazil）、俄罗斯（Russia）、印度（India）、中国（China）和南非（South Africa）组成的国际合作机制，因五国英文名称的首字母组成的 BRICS 与英语单词“砖（brick）”相似，因此被称为“金砖国家”。

也会迫使它们更加高效地重复利用现有技术或寻求现有技术与资源（如基础设施）的重新组合，从而帮助客户降低成本，提供更有价值的解决方案。

创新者案例

航天中兴：中国数字射线成像设备工业的创新者

北京航天中兴医疗系统有限公司（以下简称“航天中兴”）是航天科技集团下属控股公司。其前身是航天部第二研究院在20世纪70年代组建的医疗器械分部，致力于将航天高技术应用于医疗器械产品的研制开发。航天中兴在1996年开始开展数字化X光机（DR）技术的研究工作，1998年在原医疗器械分部的基础上正式组建公司。当年10月，航天中兴从俄罗斯科学院核物理研究所正式引进多丝正比室探测器技术：一项在核物理领域较为成熟的技术，但对这项技术的跨界开发一直少有尝试。1999年4月，航天中兴在引进技术的基础上开发出中国第一台低剂量数字化X射线机（low-dose digital radiographic device，LDRD）。这款X光机的造价仅有20 000美元，因此非常适合中国广大农村地区的承受能力，并迅速占据了50%的X光机市场。相比之下，通用电气和飞利浦的X光机造价高达150 000美元，面对航天中兴的竞争，通用电气被迫降价50%，飞利浦则直接退出了中国市场。

（三）灵活思考和行动

借助灵活的思考和行动来应对在经济上遇到的看似不能克服的难题，不断尝试并即兴想出一些方案去解决面前的障碍，以便快速地从这一条路转向另一条路，这种敏捷反应是应对发展中国家市场中那些极端不可预测性的必要条件。

（四）保持简单

以“够用”为原则，向用户提供简单易用且能满足用户基本需求的产品，通过满足最广大用户的基本需求来响应更多消费者，而不要提供过度设计的复杂产品，即便是西方国家的大企业也在努力将简单性注入产品、服务和组织结构以适应变化。

创新者案例

Kapil Sibal：60美元的平板电脑

2011年10月，一家印度的信息通信科技公司Kapil Sibal发行了一款名为Aakash的平板电脑。这款产品的售价只有60美元，被称为“世界上最便宜的平板电脑”。Aakash最初的市场是印度从小学到大学的全体在校学生：当地政府为前10 000台Aakash提供了补贴，这些学生只需要支付35美元就可以买到这款学生专用平板。Aakash的用户界面非常简单，而且预装了以当地语言开发的教育软件。它还提供了学生需要的基本功能，如百科网站浏览、办公软件等；不仅如此，Aakash甚至可以使用太阳能充电，这对供电并不稳定的印度市场有着特殊的意义。

（五）服务边缘客户

学会将边缘化群体包容到主流社会之中，为他们提供有价值且支付得起的产品；这类自下而上的创新不仅有利于促进社会的良好发展，还能创造更大的商业成功，这与前面讲到的以破坏性创新服务于金字塔底层的战略导向是一致的。

（六）遵从内心

经营决策要回归本土消费市场和消费行为的“常识”，以加快创新的速度，而不是简单照搬西方企业的经营策略。这种基于直觉的决策的前提是尽可能通过现实世界获取并快速处理大量信息（类似前面提到的解释性对话过程）。

虽然朴素式创新的思想起源于发展中国家，但发达国家的企业也开始不同程度地展开了这类尝试。其中的原因是多方面的，包括在过去三十多年的 ICT 技术经济范式导入期中，发达国家的贫富差距日益拉大，这使得西方的低收入人群也逐渐“扩容”，从过去的“长尾”（缝隙市场）变成了“胖尾”（主要消费群体），也为西方企业的朴素式创新提供了本土市场。

创新者案例

通用医疗心电图仪：从印度回流美国

通用电气的医疗器械事业部（以下简称“通用医疗”）意识到，印度、中国、非洲这样的发展中国家和地区，无法担负体积庞大、价格昂贵的心电图仪的费用，而且这类设备在这些国家并不实用。医生到偏远的村庄看病时，无法用摩托车或者自行车把设备带过去。此外，有些偏远地区甚至还没有通电，心电图仪也开不了。意识到这些问题并了解到农村地区对这种设备的需求之后，通用医疗在印度的研究人员在 2008 年发明了 MAC400，一款价格为西方同类设备的 1/10、重量为其 1/5 的便携式心电图仪。MAC400 售价仅 1 000 美元，设计非常紧凑，拥有超长的电池续航能力，并采用了大量现成的组件。它的内部打印机是根据印度公共汽车售票亭中的移动售票机改造而来的。这款产品非常简单易用，可以适合农村地区多尘土的环境，以更低的成本带来更高的价值。

MAC400 成功打开印度和中国市场之后，通用医疗将这个经过美国食品药品监督管理局（FDA）认证的设备推向美国市场，在紧急道路救援等方面大量应用。2010 年，通用又进一步推出了 MACi，它比 MAC400 更轻，售价仅为 500 美元。MACi 的推出使单次心电图检测的成本降低到了 0.2 美元。

资料来源：纳维·拉德友，贾德普·普拉胡，西蒙·阿胡亚．朴素式创新：节俭、灵活与突破式增长．陈劲，译．北京：清华大学出版社，2015.

在这里需要说明的是，朴素式创新并不是在所有情况和语境下都是有效的。所以，朴素式创新不仅不应该取代现代大型工业企业中发展起来的成熟的结构化创新方法；相反，朴素式创新的定位更应当是对结构化方法的补充亦即创新者在成长初期阶段性的、有选择的拼凑（见第五章第二节）。归根结底，在一个全球化的技术竞技场上，主流市场的主流技术轨道仍然是由西方企业以结构化方式定义的高沉没成本发展道路。

二、反向创新

上面通用医疗的例子反映了一种显著差别于传统创新的品质，过去，我们习惯于认为创新起源于富裕的发达国家，然后慢慢往下流向发展中国家，这构成了一条“中心—外围”的创新扩散通道。但是，随着发展中国家日益重要的市场地位，这条创新的“单行道”正在受到挑战，反向创新出现了。所谓反向创新（reverse innovation）是指首先被发展中国家所采用的创新，而且这些创新能够向上影响发达国家。在这一过程中，西方跨国公司或是借鉴发展中国家本土企业的做法，或是根据当地市场的需求特征自主提出产品概念，在完成了中低端产品的开发和验证（包括发展中国家市场竞争的考验）之后，对产品进行升级改造，继而将之推向全球市场。总之，“反向创新”的背后是以往由西方在位者主导的创新实践中被长期忽视的两种可能性：一是低端需求可能引导产生全球性创新动力；二是创新源头可以从高端市场转向低端市场。

反向创新的道路能够走通，其原因是多方面的。从发达国家的角度来看，发达国家的消费者（富人）也有可能希望得到发展中国家消费者（穷人）的某些产品，因为有些时候，这些富人的某些需求并未得到充分满足，而那些服务于穷人的创新有可能为他们带来全新的、意外的或长期被忽视的价值。

创新者案例

沃尔玛：“小沃尔玛”的回归

初入中南美洲市场的零售巨头沃尔玛，发现美国模式在当地似乎失灵了，它必须为此做出一些改变。具体来讲，它的大卖场得大大缩减。于是，公司重新设计了另一种版本的沃尔玛商店。这种新式沃尔玛商店更加“舒适惬意”，与墨西哥、巴西和阿根廷常见的零售商店更为相像。在那些地方，小型商店之所以大行其道，是因为消费者缺少流动资金，无法大量购买商品来保持家用存货。而且那些骑自行车、助动车或坐公交车，甚至步行来购物的消费者，他们能带回家的东西也非常有限。小型的沃尔玛商店更能满足当地文化的需要。

2011年，沃尔玛采取了一项另类的举措：它将“小沃尔玛”理念带回了美国。一方面，大型超市的市场已经饱和，很多美国消费者在逛完大型超市以后都感到非常疲倦。另一方面，密集的城市环境，再加上有限的空间和超高的房租，都更倾向于支持设立多而小的商店，尤其是在人口稀少的农村地区，大型卖场更无法存活。对于小型商店而言，沃尔玛是个强有力的竞争对手：毕竟它在购买和供应链管理上的规模经济优势不是能够轻易模仿的。

资料来源：维杰伊·戈文达拉扬，克里斯·特林布尔．逆向创新——源自新兴市场的逆袭．钱峰，译．北京：中国电力出版社，2013.

而从发展中国家的角度来看，西方企业在这些新兴市场的扩张也绝不仅仅是简单的地域扩张，深入理解发展中国家的需求、技术以及塑造这些需求和技术的社会情境与产业基础同样重要。戈文达拉扬（V. Govindarajan）就系统地总结了催生反向创新的需求差异与情境差异。表 4－6 就对这五种差异进行了概括。

表 4－6　　反向创新开展维度

差异	描述	含义	例子	趋势
性能	发展中国家客户收入很低，他们情愿牺牲产品性能换取合适价格	以 15%的价格提供 50%的解决方案	诺基亚手机	·技术进步将提高产品的性能，让发达国家的用户也对产品产生兴趣； ·发达国家越来越紧缩的预算强迫他们考虑超低的价格选项
基础设施	发达国家的基础设施建设相当完备，而新兴经济体的基础设施则仍在建设当中	·发展中国家客户需要的解决方案不一定依赖可靠的基础设施； ·欠发达国家的基础设施建造者能马上采用前沿的解决方案	·在电力不可靠的情况下，便携式心电图仪得到应用； ·因为没有固定电话，印度电信直接跨越到无线技术	发达国家陈旧的基础设施需要更换
可持续性	欠发达国家面临着这个星球上最严峻的可持续性发展的挑战	比起发达国家，欠发达国家更渴望找到新一代的环境解决方案	中国的电动汽车	发达国家同样面临可持续发展的压力
监管	新兴经济体的监管系统不甚完备，因而当一个公司为市场提供创新解决方案时不会招致太多延误	新型产品可能首先在欠发达国家中跨越监管障碍	全民诊断公司	发达国家政府最终通过新的技术或者修改监管要求
偏好	各国客户都有特殊的品位和喜好	创新工作必须把这些区别考虑在内	印度扁豆食品的流行	发达国家的客户受到发展中国家客户的影响

创新者案例

打开反向创新的不同维度

凭借一款超低价手机，诺基亚曾经占领了印度 60%的市场份额。这种手机的折后价只有 5 美元，即便是挂牌价也不过是二三十美元。显然，相比于发达国家高端手机的零售价而言，这两个价格都堪称微不足道。做到如此低价的关键，是对手机进行重新设计。当全球竞争者都在提供十几个或更多种类的手机时，诺基亚一次只生产一些基本模型，这样公司的成本大幅降低。诺基亚还为手机做了一些个性化设计，如添加印地语的短信。但这些改变都是通过软件的创新而不是硬件的改变实现的，这就极大地控制了成本。诺基亚还为手机添加了各种功能，比如光线很强的手电筒，这在电力不稳定的农村地区颇受欢迎。诺基亚清楚地看到了需求差异，尤其是性能差异，并以一个实际的价格创造了一种符合实际需要的产品。

全民诊断公司是波士顿地区的一家新创企业，它研发了邮票大小的诊断试纸。

当试纸中的化学药品与血液、尿液、唾液或汗液起反应时，试纸就会改变颜色。这种测试方式快速、简单、价格低廉，解决了传统诊断手段成本昂贵、专业要求过高的问题。尽管诊断试纸在发达国家大受欢迎，但全民诊断公司还是首选在发展中国家将这项技术商业化，这样就可以绕过美国食品药品监督管理局冗长的审批流程，也可以在一定程度上回避那些在位企业的抵制和绞杀：这些在位者引进了昂贵的传统诊断设备，所以收费非常高。

资料来源：维杰伊·戈文达拉扬，克里斯·特林布尔. 逆向创新——源自新兴市场的逆袭. 钱峰，译. 北京：中国电力出版社，2013.

有些时候，反向创新并不是由发达国家企业引入发达国家市场的，发展中国家和地区的企业同样可以在这一过程中扮演非常积极的角色。正是由于发展中国家的企业有可能借助反向创新这条通道打入发达国家市场，所以，通用电气前任总裁伊梅尔特（J. Immelt）曾专门撰文总结 GE 在反向创新方面的经验，并提醒西方企业要注意反向创新这条新通道。

创新者案例

印度马恒达：打到美国迪尔家门口的拖拉机厂商

1994 年，当马恒达登陆美国海岸的时候，这家成立于 1945 年的企业在印度本土已经很强大了。创立之初，马恒达是一家钢铁制造商；大约在成立 20 年之后，它进入农机市场，与美国的国际收割机公司一起，在马恒达的名义下生产 35 马力的强劲拖拉机。

这些拖拉机因为价格公道、节能高效而在印度广受欢迎。尤其是随着马恒达不断创新，其拖拉机业务在印度广袤的农业地区增长迅猛。到 20 世纪 90 年代中期，马恒达成为印度顶尖的拖拉机制造商之一，并且时刻准备着迎接新的挑战——利润丰厚的美国市场正在召唤着它。

当马恒达美国分部开业时，美国老牌的农机制造商——迪尔公司仍在这一领域居于主导地位。迪尔的主打产品是一款为工业规模的农业综合企业生产的巨大机器，高达 600 马力。相比之下，马恒达决定避免与迪尔的正面冲突，尽可能发挥自己的优势。马恒达发现自己生产的红色小拖拉机对于种菜爱好者、园艺师及建筑承包商而言是个完美的选择，因为这种机器牢固可靠且价格合理。马恒达只要针对美国市场的特点对产品稍作修改即可，比如为了适应美国人的“大块头”，座椅和刹车踩板的尺寸都要更大些。

但是这个公司在美国没有什么知名度。在少数几个听过这个品牌的美国人眼中，马恒达给他们留下的印象无外乎“红色的”、“外国的”或者“便宜的”。美国本土竞争者甚至都没有注意到这个新来的品牌。迪尔更加关注的是凯斯、纽荷兰，而很少在意马恒达。马恒达刻意保持低调，决定通过个性化服务在美国市场上留下印象。它和小型代理商尤其是家庭式经营代理商建立亲密的关系，推动代理商以准时化为基础，在接到订单的 24～48 小时内为顾客发送拖拉机，并会提供一定的融资服务。马恒达还和美国顾客建立了紧密的关系：有 10%～15%的马恒达拖拉机买家接到了公司总裁的电话，询问他们的购买经历和产品满意度。公司还会为一些被忽略的细分市场群体——如女性种菜爱好者提供园艺奖学金等特殊激励。

这种密切接触的策略得到了丰厚的回报。1999—2006 年，马恒达美国分部在美国平均每年的销量增长都达到了 40%。

不论是朴素式创新，还是反向创新，都是发展中国家企业在全球化时代可以一展身手的重要方向。尤其是当西方在位企业对源自发展中国家的创新创意表现出日益浓厚的兴趣时，发展中国家的企业更要尽快找到自己的创新路径。特别是对中国企业来说，身为世界上最大的发展中国家，坐拥广阔的国内市场空间和丰富的市场层次梯度，这为中国企业自主创新甚至反向创新创造了得天独厚的试验场。从如此得天独厚的本土市场条件起步，踏踏实实走好“创新驱动发展”这条路，中国企业就一定能够在世界创新版图中占有一席之地，为中国和世界其他国家人民的福祉作出更大的贡献。

第五节　创新管理中的企业社会责任

创新总是有利的吗？这个看似不言自明的问题正在遭受日益严峻的挑战。熊彼特曾经将创新称为“创造性破坏（creative destruction）”，但今天我们却看到越来越多的“破坏性创造（destructive creation）”，比如，那些引发炫耀性消费和重复购买的创新，在很大程度上破坏了存量耐用品的使用价值，而且从环境影响和生态保护方面来看这种创新也是不可持续的；此次技术经济范式进入导入期以来花样不断翻新的金融创新，则为全球经济体系带来了难以估量的系统性风险，与此同时还侵蚀了社会公平和存量财富。因此，未来的创新型企业必须将企业社会责任放到创新评价体系的显著位置，并选择合适的创新战略以彰显企业社会责任。前面提到的破坏性创新与金字塔底层的战略以及朴素式创新等，都有这类社会责任的成分。这一节将从另外两个角度讨论这一问题：绿色创新和负责任的创新。

一、绿色创新

伴随着经济发展与环境保护之间的矛盾日益尖锐，创新与经济活动的负面影响日益显现，全球范围内对环境与生态议题的关注也达到了前所未有的热度，可持续发展逐渐成为需要全社会所有行业、所有企业长期努力的紧迫任务。

（一）绿色创新及相关概念的基本内涵

在企业追求可持续发展的过程中，既需要从战略层面回答很多关键问题，如“企业的长远规划是否朝着有利于社会及环境问题的解决方法前进，又是否能够促进新的技术、市场、产品和工艺的开发”，也需要在具体的操作层面直接应对矛盾与挑战。在应对这些挑战的过程中，不同时期的人们从不同视角出发，发展出与环境和生态创新相关的一系列概念，其中包括可持续创新（sustainable innovation）、生态创新（ecological innovation）、环境创新（environmental innovation）和绿色创新（green innovation）。

（1）可持续创新：这一概念出现于1980年国际自然保护联盟全球自然保护策略报告之中，呼吁以创新的手段实现社会可持续发展与人类需求的满足，实现保护与发展相结合，而不是以牺牲后代人的利益为代价来获取现代人的发展（"吃祖宗饭、断子孙路"）；

（2）生态创新：这一概念出现于20世纪90年代中期，强调创新（新产品和新工艺）在为顾客与业务创造价值的同时，可以显著降低其自身对于环境的影响，具体而言，生态创新是那些与产品、生产工艺、服务、管理手段、商业模式相关的生产、吸收、开发行为，这些创新行为在其全生命周期内能够显著降低对环境的污染和伤害，减少资源使用的负外部性；

（3）环境创新：包括新的与改进的工艺流程、创新实践活动、创新系统以及产品，这些创新能够最终有利于环境并对环境可持续产生价值；

（4）绿色创新：创新活动本身能够对环境创造积极意义与价值，而不是简单地降低环境压力，比如由技术创新所产生的能源节约、三废控制（针对废气、废水、废渣的减排、减污）、废弃物循环利用、绿色产品设计和公司环境管理改进等。

（二）绿色创新的过程管理

践行绿色创新的企业在实施产品与工艺创新、提升竞争优势的同时，也会关注其自身的创新活动对环境的影响。这就使得对创新过程的管理同样成为绿色创新的一项重要内容。

以汽车制造业的价值链为例，在传统的封闭链条中，在"零部件供应商—生产制造企业—分销商—最终用户"的价值链上，"环境友好与保护"并不是上下游沟通交流的重点，价值链上的核心企业、生产制造商也不会过问上下游环节的环境问题，甚至会给其他的价值链参与主体造成"环境问题与我无关"的错误思想，如图4-23所示。但正如图4-24所示，在一辆汽车从无到有、从生产到消费的全生命周期中，每个环节产生的环境问题都是无法回避的，这意味着需要将绿色创新嵌入到创新价值链和商业模式的全过程，适当延伸生产企业和其他行为主体环保责任，从而确保对环境要素的全程、全生命周期监控与管理。

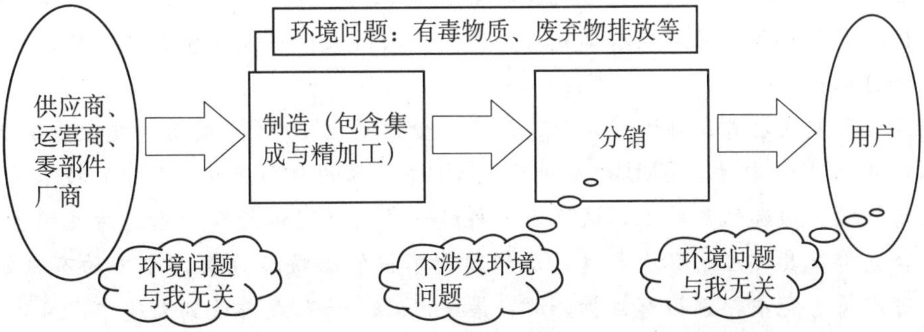

图4-23 传统观念中价值链上的绿色创新意识：以汽车价值链为例

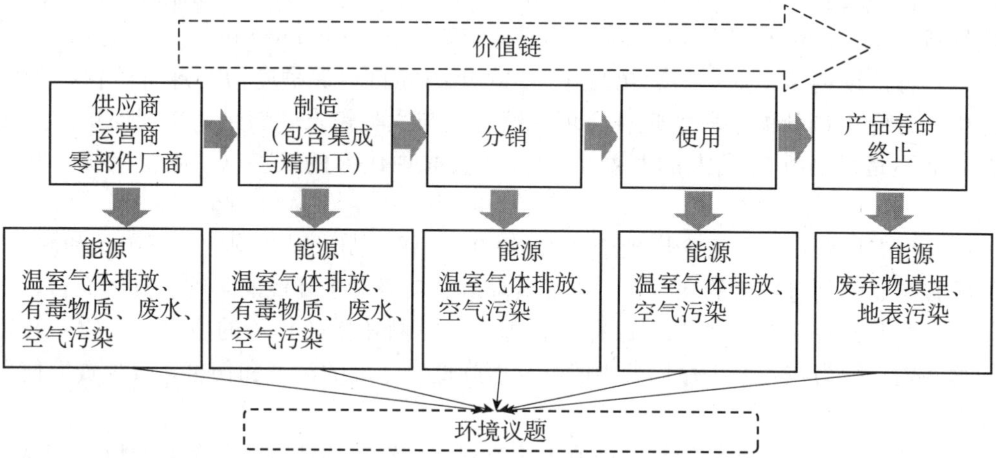

图 4－24　以汽车工业为例的全价值链绿色创新

创新者案例

金达莱：生活污水第三方治理

金达莱环保股份有限公司（以下简称“金达莱”）成立于 1993 年，起初是南昌市环保设计院的附属企业，后于 2004 年改制为独立法人企业，是以废水处理及资源化为主营业务，集环保研发、设计、施工、运营管理、设备制造、售后服务及环境咨询为一体的高科技环保企业。

成立以来，金达莱自主研发多项具有完全自主知识产权的高科技环保装备，如太阳能膜技术污水处理器、JDL－太阳能便携式净水器、一体化中水回用设备等。其中，分散式污水处理及回用一体化设备——JDL－膜技术污水处理器的技术水平达到国际领先水平。这套技术最大的特点就是综合利用生物、化学、物理等方法，将废水中的铜离子直接资源化回收利用。金达莱承建的重金属污水处理项目也在四川长虹、深圳富士康、深圳先进半导体和江铃汽车等企业落地。

进入 21 世纪以来，MBR（传统好氧膜生物反应器）技术因其出水优质稳定而逐渐替代传统生物处理方式，成为国内外有机废水处理的主流技术。但是，MBR 技术也有缺陷，例如：高效同时也高耗能，能耗为一般生物工艺的 2～3 倍；排放的有机污泥量较多，且必须人工完成，形成二次污染；不能同步脱氮除磷；难以实现完全自动控制。

经过反复的培育、筛选、比较、试验，金达莱在 2008 年成功开发出兼氧 MBR 技术，即 FMBR 技术。FMBR 是对常规 MBR 技术的全面提升，其中的技术关键是在反复试验、筛选的基础上，培育出一种能够高效且同步处理污水、污泥的生物化学复合菌群及其相应的环境条件，这种菌群不仅能够快速分解污水中的有机物质，而且可以将污泥中粗颗粒有机物分解，最终以 CO_2 的形式排放到大气中，且不产生异味。

在科研人员和工程技术人员的共同攻关下，金达莱最终成功研制出 FMBR 污水处理集成装置。在这套装置中，金达莱对装置结构进行了优化，从而大幅减少占地面积，节省土建投资；通过污水气化除磷及同步脱氮，有机污泥接近零排放，而不再需要每天处理污泥，泥沙清理与定期检修结合进行，对进水、出水的水量和污染物浓度实现自动控制、监测，从而大大减轻工作人员的劳动强度。与此同时，为了满足不同用户的需要，金达莱还设计了不同处理能力、不同型号的多种产品，实现污水处理定型化、批量化生产。公司负责定型设计，核心部件制作、总装、销售，非核心零部件则外包生产。

金达莱的努力获得了回报：联合国污水处理装置全球招标，金达莱一举中标，向联合国维和部队提供 300 多台各种型号的生活污水处理装置；云南大理治理洱海污染时，挑选全国 20 多种不同处理工艺的污水处理装置，金达莱的产品处理效果最好，脱颖而出，国家“水专项行动计划”先后采购了 80 余套，处理大理市排入洱海的生活污水。

互联网技术的发展为金达莱创造了新的发展空间。城镇生活污水处理过程中，普遍存在污水处理设施建设筹资难、污水收集和输送管网建设滞后、污水处理技术人员和管理人员缺乏、污水处理设备的运行不稳定和污水处理效率不高等问题。针对这些困难，金达莱及时调整生产经营模式，将过去为用户提供污水处理装置改变为直接提供污水处理服务，并开始尝试对设备的集中管理、一体化监控，以追求传统产品更加无法比拟的效率优势。根据用户需要，金达莱为其安装生活污水处理装置，利用“污水处理装置＋互联网”技术，公司直接管理、运行污水处理装置，集中监控，一个区域派驻一个维修小分队，及时解决装置运行中出现的问题；当地政府或政府环保部门通过互联网对各台污水处理装置运行进行监管，最后按照处理的污水数量、质量向金达莱环保公司支付处理费用。金达莱从一个生产型企业转变为生产和服务相结合的企业，率先迈出了环境污染第三方治理的步伐。

思考：我们可以从哪些不同方面理解金达莱的创新战略？

资料来源：黄晓杏．绿色创新的机理研究［D］．南昌大学，2016.

二、负责任的创新

随着技术和社会需求的发展，转基因技术、克隆技术等众多产品和技术的发展都面临着伦理困境，还有一些企业在创新产品的宣传上突破了社会底线。当“好创新”并不理所应当的时候，创新的责任议题就变得重要起来。以知识与创新驱动经济发展的“智慧增长”战略为背景，欧盟“地平线 2020”框架计划提出负责任的创新（responsible innovation），并将其重要性提高到全球战略高度，认为研发与创新活动必须有效地反映社会需求与社会意愿、体现社会价值与责任，政策制定者的职责在于建构治理框架以促进负责任的创新。

为了实现这一目标，创新应当表现为道德可接受、社会希望、安全与可持续。基于上述基本愿景，负责任的创新要求研发与创新活动能够反思两个基本问题：一是人类有能力界定创新活动的社会影响和社会结果吗？二是对于某一创新的支持能否引导其向社会满意的方向演进？在此背景下，西方主要国家在国家、区域和企业层面上展开了一系列实践，追求负责任的创新。表 4 - 7 是对西方部分做法的总结。

表 4 - 7　不同地区、国家、企业负责任的创新的政策与计划

政策与计划	核心目标与内容简述
欧洲纳米科学与纳米技术的管理规范研究	● 制定欧洲纳米科学与纳米技术的管理规范准则、概念以及价值； ● 探讨欧洲纳米技术发展的道德规范、研究活动、相关利益主体关系以及治理机制，实现对纳米科技的责任式发展； ● 探寻纳米技术与纳米科学管理规范对所有新兴技术责任式创新的可能性
英国工程与物流科学研究委员会责任式创新框架	● 责任式创新需要考虑创新的目的、远景、当下与未来的影响、动机、开放对话等，实现道德、自省与响应式的创新治理
美国"社会-技术整合研究"项目计划	● 实验室的技术研究整合社会期望与需求； ● 对实验室的创新实践与外部社会舆论压力进行对比与评估； ● 跨学科的协同研究对于责任式创新的响应机制的影响讨论
科学家的新"希波柯拉底誓言"	● 科学家关注科技之外的其他职责：帮助他人，尊重他人，保证科研工作的合法性与公平性，降低对他人、环境、生物的影响，关注社会对科学的重视程度，重新谨慎评估科研工作以防误导与危害
化学公司 BASF 纳米技术开放式论坛	● 讨论产生了纳米技术责任式创新的七条准则
欧洲委员会的 ETICA 项目	● 针对新兴的通信技术应用的道德议题探讨，包括技术分类、通信技术道德观察、研究与开发的道德价值探讨、通信技术开发实践的道德反馈； ● 引入多利益攸关主体的自省式方法，开展多主体参与的道德论坛

（一）基本内涵

"负责任的创新"是对传统创新研究范式面向创意到产品商业化正向过程的重新审视，是在承认创新行为主体认知不足的前提下，在预测特定创新活动可能的负向结果的范围内，通过更多成员参与和响应性制度建立，将创新引导至社会满意与道德伦理可接受结果导向，以实现最大限度的公共价值输出。

"责任"体现在创新过程的方方面面，涵盖了创新的产品、流程和目标（见表 4 - 8）。负责任的创新的基本特征主要包括：(1) 显著关注社会、生态与伦理价值的需求与挑战；(2) 将更大规模的利益相关者的参与作为一种承诺，并实施共同学习与决策机制；(3) 针对创新本身预测潜在问题，评估价值选择及审视潜在价值、假设基础、信仰与规范；(4) 提出并构建这个创新理念实施的共同参与的适应性机制。

表 4 - 8　负责任的创新涉及的产品、流程、目标问题

涉及产品的问题	涉及流程的问题	涉及目标的问题
如何区别危机与收益	标准如何拟定与应用	研究者做事的原因
产品可预测的其他影响	危机与收益如何界定与测量	行动的动机是清晰的、符合大众利益的吗
未来产品的变化	谁在控制流程	谁将受益
分析产品未知的内容	谁在参与流程	参与将会获得什么
永远无法预计的产品潜能	如果出现问题谁来承担责任	有没有其他的行动选择
	可行性与正确性的合理评估	

创新者案例

舜华鸭业：服务农民，报效社会

湖南临武舜华鸭业发展有限责任公司（以下简称“舜华鸭业”）始创于 1996 年，成立 20 余年一直致力于中国八大名鸭之一的临武鸭的种苗孵化、养殖、加工、销售一体化经营，并始终秉承“名在质量，利在创新，服务农民，报效社会”的经营理念。

在创业之初的六七年间，舜华鸭业尝试了“公司＋农户”和“公司＋基地＋农户”的经营模式。在“公司＋农户”时代，公司专事临武鸭的加工和销售，而农户利用池塘与农田散养临武鸭，双方签订的购销合同规定了所收购成鸭的品种规格以及收购的基准价格。但是，由于配套设施和专业结构方面的一些硬伤，企业和地方政府无法充分发挥其职能，也阻碍了鸭农生产与市场活动的顺利开展。为此，舜华鸭业在 1999 年引入了村委会的力量，发展起“公司＋基地＋农户”模式：以行政村为基础进行基地建设，村里农户将基本农田改造成水塘，“一家一户一口塘”连接形成基地，以此把分散的农民按原有的行政区划组织起来，形成“一村一基地，一个基地多农户”的养殖管理模式。基地的建立不仅方便了交易，而且方便了公司统一供应鸭苗与防疫抗病。但是，由于农户对基地内的公共资源以及鸭苗数量分配存在竞争关系，而村委会与农户的利益目标并不一致，两者之间的松散关系对农户根本无法形成制约，公司还是不得不介入农户的关系处理与协调。

为此，舜华鸭业在 2003 年彻底放弃了对村委会的依赖，构建了“公司＋养鸭协会＋农场”的产业化经营模式。其中农场代替了以行政村划分的基地成为临武鸭养殖的基本单位，一般由地理位置相邻的几家或十几家农户共同出资建成，采取合伙或股份合作的方式经营。同时，公司鼓励和引导农户以农场为依托按照自愿互利的原则组成临武鸭养殖协会，并由协会负责对养鸭户的技术培训、合同签订、信用担保、贷款保险等工作，公司与鸭农的生产经营联系则主要通过协会来完成，并通过协会的渠道推行“三统一”（统一供种鸭苗、统一调配饲料、统一免费提供防疫服务）政策，以保证产品质量。这样一来，各方利益相关者的关系彻底捋顺了，舜华鸭业也进入了发展的“快车道”。截至 2011 年，公司拥有种鸭场 3 个，养殖农场 169 个，现代化加工厂 2 座，年养殖加工临武鸭 750 万羽，年产业化产值逾 4 亿元，带动临武鸭养殖农户 3 260 户、辣椒和油茶种植农户 2.3 万户，是中国最大的麻鸭养殖加工企业。

资料来源：邢小强，葛沪飞，仝允桓．社会嵌入与 BOP 网络演化：一个纵向案例研究［J］．管理世界，2015（10）．

（二）负责任的创新：框架与评价

作为一个舶来概念，我们对“负责任的创新”的理解的发展经历了一个过程。

1．三维度框架

最初，在西方的语境下，斯塔尔（B. Stahl）从创新主体、创新规范和创新活动三个方面界定了“负责任的（研究与）创新”的整体框架（如图 4-25 所示）。

（1）创新主体：所谓的创新主体包括但不仅限于研究者个人、研究组织、恪守特定研究伦理的学术共同体、各级决策者和教育组织，对各级创新主体责任意识的教育有赖于建立一个法律框架，在这一过程中，各专业团体和教育机构都会投身其中。

（2）创新规范：负责任的创新需要明确特定类型的研究或创新是否可取或可接受，但在做出这一评价时的核心问题之一是道德权威的分裂；虽然有些研究与创新规范源自很早以前的哲学伦理，但研究与创新活动在新时期遇到的问题仍然很多。

（3）创新活动：通过教育提高研究者与创新者的责任意识，并通过制定道德和行为守则为期望的行为提供激励与指导，或通过某些仪式提醒研究人员考虑更为广泛的问题。

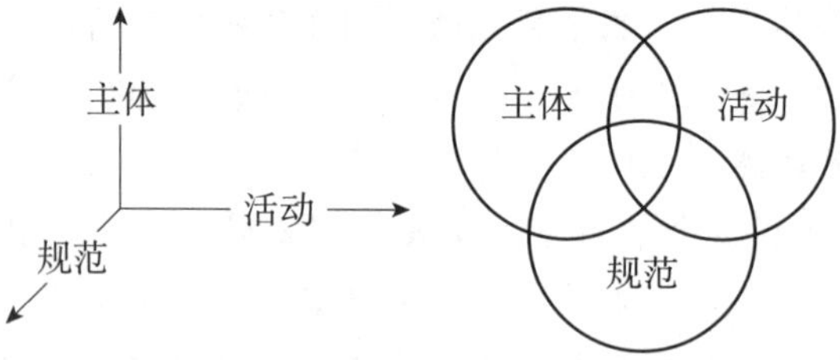

图 4-25　斯塔尔的负责任的创新：三维度框架

2. 四维度框架

与此同时，斯蒂格里（J. Stigloe）及其同事发展出负责任的创新的四维度框架（如图 4-26 所示），并对这四个维度所涉及的相关做法进行了展开（如表 4-9 所示）。其中的四个维度分别是：

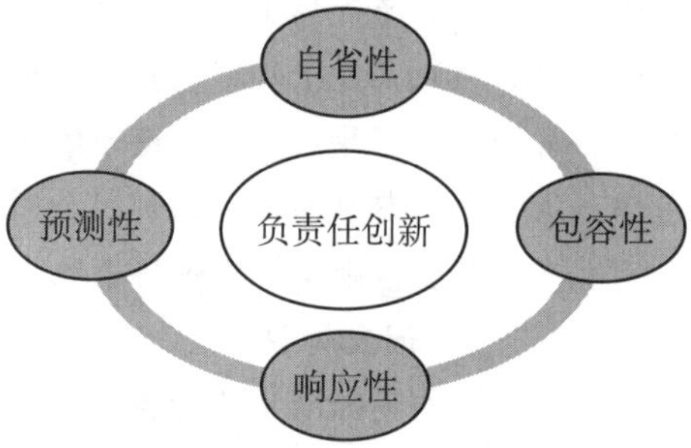

图 4-26　斯蒂格里的负责任的创新：四维度框架

（1）创新活动预测性：以往对创新活动负面影响的理解严重不足，这需要加强旨在增强复原力的系统思考，同时揭示创新的新机会，并以社会稳健发展为目的制定风险研究议程；

（2）创新主体对于自身知识与能力的自省性维度：自省意味着对自己的活动、承诺和假设保持一面镜子，意识到知识的局限，并意识到所选择的特定框架未必具有普遍性，此时往往需要在外部价值体系和科学实践之间建立某种联系来反映这些要求；

（3）反映创新主体构成多样性的包容性维度：控制甚至削弱“大专家”自上而下的权威，通过多种方式推动公共对话进程，从而能够使研究与创新能够积极回应社会关切，在这一过程中可以利用多方利益相关者的伙伴关系、论坛，将外行成员纳入对话；

（4）创新过程与治理的响应性维度：加强对技术评价、预见和治理的研究投入，并确保一定的弹性和适应性，以应对利益相关者和公众诉求的变化。

表 4-9 负责任的创新：四个维度的进一步展开

维度	具体技术和方法	影响因素
预测性	技术预见	利用现有的想象力
	技术评估	参与而非预测
	水平扫描	合理性
	情景规划法	对情景预案进行投资
	愿景评估	科学界的自主性和对预测行为的抵制
自省性	多学科合作与培训	重新思考道德分工
	社会科学家和伦理学家加入实验室	扩大或重新定义角色职责
	道德的技术评估	科学家和机构内部的自省能力
	行为准则	研究实践与治理之间的联系
包容性	共识会议	审议活动的合法性值得怀疑
	公民陪审团和事务委员会	需要明确对话的目的和动机
	焦点小组	框架假设的考虑
	科学商店	考虑权力不平衡的能力
	审议映射	能够质疑与新科技相关的社会和道德风险
	审议式投票	作为学习过程的高质量对话
响应性	宏大挑战的构成和专题研究方案	战略性政策与技术的“路线图”
	监管	科学政策文化
	标准	制度结构
	对社会公众透明的各种开放途径	现行政策话语
	利基市场管理	制度文化
	价值敏感性设计	制度领导力
	延期偿付	开放和透明
	阶段-门模型	知识产权制度
	其他知识产权制度	技术标准

但上述两种框架都是在西方发达国家的背景中提炼出来的。这决定了其具体机制的运行过程一定嵌入在特定的社会经济情境中。比如说，对行为规范的理解是从西方哲学奠基之日即告开始的，而在西方实现包容性的具体方式则与不同国家的政治体制和社会民主传统有着直接关系。但在（经济上）发展中国家和（政治上）转轨国家，启动这些具体运行机制必须考虑本国的政治、经济、文化传统。正是考虑到这一问题，以陈劲为代表的国内学者将情境因素同样纳入负责任的创新的框架中，从而形成了一个更为整合的分析框架（如图 4-27 所示）。

针对传统创新仅仅关注技术可行性与经济增长这两大关键指标的缺陷，对负责任的创新的评价有必要在传统评价导向的基础上做出进一步延伸与完善，其中的要害就是需要满足社会层面的有关要求，欧盟在解决这一问题时引入的两个基本评价准则是道德伦理层面的可接受性和社会需求与社会期望的实现。在此基础上，梅亮、陈劲等人构建了图 4-28 所示的负责任的创新的评价准则。

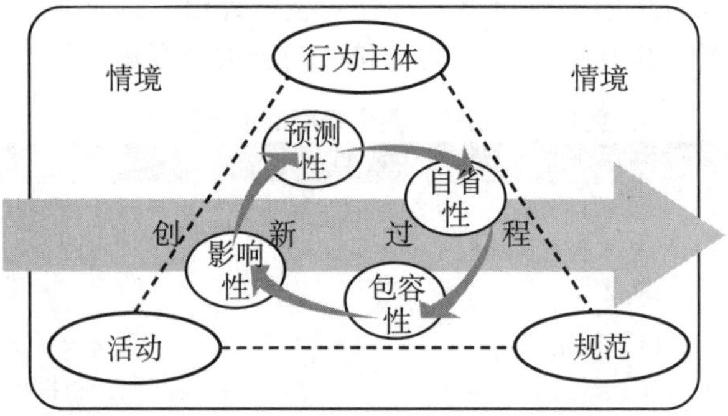

图 4-27 负责任的创新的整合框架

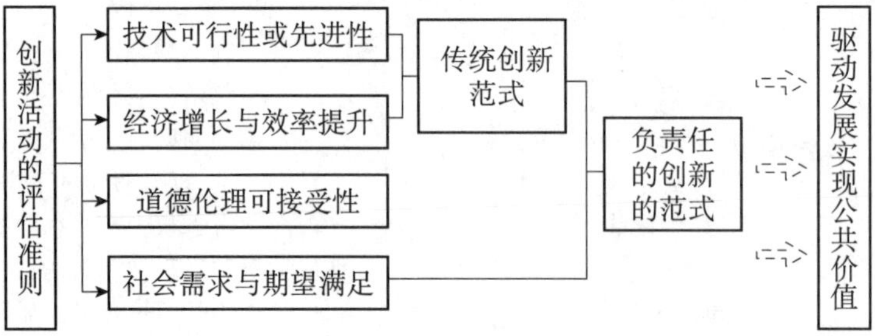

图 4-28 负责任的创新的评价模型

本章小结

技术创新在组织应对外部环境、改善内部条件的情况下发挥了重要作用，管理创新构成了技术创新实现其经济价值的必要条件，二者的协同构成了提升创新绩效的双核心驱动。

弗里曼和苏特依据企业在应对技术变化时所采用的各种资源与能力组合的差异，将企业的创新战略分为六种基本的战略类型：进攻型战略、防守型战略、模仿型战略、依赖型战略、传统战略和机会主义战略。

“干中学”是指在大规模商业生产或使用过程中，通过试错和反复实践积累的经验导致了生产与研发活动中更有效的问题解决。“干前学”则是在大规模商业化生产之前的学习战略：计算机仿真、实验室分析、原型测试和中试等一系列方式，为创新者在大规模商业化之前提供了充分的学习可能。

全面创新管理以构建和提高核心能力为中心，以价值创造和增加为目标，以战略为导向，以技术创新为核心，以组织的各种创新的有机组合与协同创新为手段，凭借有效的创新管理机制和方法，打破时间、层级、边界和分工的隔阂，做到人人创新，事事创新，时时创新，处处创新。其核心理念是强调对整个组织各方面的全面协同和系统化管理。

系统集成是使企业、政府机构、监管者和其他主体能够定义、组合一个系统所需的所有投入并确定系统未来发展路径的能力。但系统集成已不再只是简单的技术战略，还是制造业企业“向下游移动”的商业模式：企业在提供产品的同时，努力在产品生命周期内提供相应的服务，如运营维护、更新和融资；在这一过程中，系统集成商要确保各类构件在项目开始时就能够以系统整体设计的要求加以考虑。总体来看，系统集成商可以向客户提供的互补性服务包括助推型服务、改进型服务和替代型服务三类。

一些非常重要的新技术的出现，不仅会开辟一些新的产品系列（典型如静电复印机、汽车等），还有可能打乱在位企业的渐进开发，这种技术被称为能力摧毁型技术断裂；还有一类技术断裂则是基于现有产品系列的现有技术诀窍，对性价比做出了数量级的改进和提升，这种技术断裂被称为能力增强型的技术断裂。

产品知识可以分为两类，产品元件知识和产品构架知识。构架创新是在组件的核心设计概念没有发生重大变化的前提下，产品构架即组件之间的相互连接方式发生了变化。

破坏性创新所采用的技术在近期使产品性能变得更差，以此满足少数激进用户的特殊偏好。但这些技术在将来会有巨大的提升空间，尤其是在现有客户真正重视的性能属性方面提高很快，这使它们能够在后续的开发中成功地打入现有市场。

价值网络是指企业识别客户需求并对此作出反应、获得相关投入、应对市场竞争的情境。

朴素式创新意味着最大限度地利用自己所拥有的资源，即“就地取材”。这既包括为日常物品发现新的用途，也包括利用日常用品发明新的实用工具，以及任何巧妙的“利用规则”的方法。

反向创新是指首先被发展中国家所采用的创新，而且这些创新能够向上影响发达国家。

绿色创新本身能够对环境创造积极意义与价值，而不是简单的降低环境压力。

“负责任的创新”是在承认创新行为主体认知不足的前提下，在预测特定创新活动可能的负向结果的范围内，通过更多成员参与和响应性制度建立，将创新引导至社会满意与道德伦理可接受结果导向，以实现最大限度的公共价值输出。

复习思考题

1. 为什么说技术创新与管理创新是企业创新驱动的双引擎？
2. 简述创新战略的弗里曼分类。
3. 论述全面创新管理的概念和特点。
4. 如何理解作为一种技术战略的系统集成？
5. 资本品工业中的系统卖家是如何实践系统集成的商业模式的？
6. 试述系统集成过程中的两种创新网络。
7. 不同类型的技术变革是如何颠覆在位企业的优势地位的？
8. 简述朴素式创新的六条原则。
9. 论述反向创新的五种维度。
10. 试从不同角度讨论发展中国家企业采用金字塔底层战略的意义。

本章参考文献

1. ANDERSON P W, TUSHMAN M L. Technological discontinuities and organiza-

tional environments [J] . Administrative science quarterly, 1986, 31 (3): 439 - 465.

2. CHRISTENSEN C M, ROSENBLOOM R S. Explaining the attacker's advantage: technological paradigms, organizational dynamics, and the value network [J] . Research policy, 1995, 24 (2): 233 - 257.

3. DAFT R L. A dual-core model of organizational innovation [J] . Academy of management journal, 1978, 21 (2): 193 - 210.

4. HENDERSON R, CLARK K. Architectural innovation: the reconfiguration of existing product technologies and the failure of established firms [J] . Administrative science quarterly, 1990, 35 (1): 9 - 30.

5. HOBDAY M. Systems integration: a core capability of the modern corporation [J]. Industrial and corporate change, 2005, 14 (6): 1109 - 1143.

6. OWEN R, MACNAGHTEN P, STILGOE J. Responsible research and innovation: from science in society to science for society, with society [J] . Science & public policy, 2012, 39 (6): 751 - 760.

7. PISANO G P. Learning-before-doing in the development of new processtechnology [J]. Research policy, 1996, 25 (7): 1097 - 1119.

8. PRENCIPE A, DAVIES A, HOBDAY A (eds.) . The business of systems integration [C] . Oxford: Oxford University Press, 2003.

9. XIAOYANGAO, TYLECOTE A, LIU J. Why not greater catch-up by Chinese firms? The impact of IPR, corporate governance and technology intensity on late-comer strategies [J]. Research policy, 2013, 42 (3): 749 - 764.

10. 彼得·诺兰，刘春航，张瑾．全球商业革命：产业集中、系统集成与瀑布效应 [M]．天津：南开大学出版社，2007.

11. 克莱顿·克里斯坦森．创新者的窘境 [M]．北京：中信出版社，2014.

12. 克里斯·弗里曼，罗克·苏特．工业创新经济学 [M]．北京：北京大学出版社，2004.

13. 纳维·拉德友，贾德普·普拉胡，西蒙·阿胡亚．朴素式创新 [M]．北京：清华大学出版社，2015.

14. C. K. 普拉哈拉德．金字塔底层的财富：在 40 多亿穷人的市场中发掘商机并根除贫困 [M]．北京：中国人民大学出版社，2005.

15. 维杰伊·戈文达拉扬，克里斯·特林布尔．逆向创新 [M]．北京：中国电力出版社，2013.

16. 许庆瑞．全面创新管理 [M]．北京：科学出版社，2007.

第五章 创业管理与企业成长

本章要点提示

- 创业过程
- 企业成长的五阶段模型
- 拼凑
- 创业机会评估框架
- 商业模式创新
- 商业计划书
- 风险投资
- 边缘性产业

引例

欣航和几个同学一起在学校开办了一个专门服务在校生的水果店，他们从校外进货后，拣选、清洗、分切、配送一条龙服务，几个人忙得不亦乐乎，在同学中口碑也算不错，但无奈的是这个业务很快就吸引了一批竞争者的加入。随着校园内的竞争日趋激烈，欣航和他的小伙伴们开始遇到一些问题，比如怎样扭转财务指标下滑的趋势，以便在未来引入新的投资者，因为只有进一步投资才能提高服务质量或者开辟新的业务。面对这些问题，欣航决定给自己和团队其他成员“减薪”，但随即就有成员要求退出。欣航自己压力很大，还为此与女朋友大吵了一架……

“大众创业、万众创新”已经从 1.0 版走到 2.0 版，越来越多的人像欣航一样走上了创业道路。但并不是走上这条路的人都称得上“创业英雄”这四个字。有的人是脑袋一热，但对创业可能遭遇的问题缺少起码的预见，最终在“小钉子”面前浅尝辄止；有的人一心跳出“一个萝卜一个坑”，甚至梦想一夜暴富；有的人在工作中练出了一些“一招鲜”的本领，但真正拿它来创业又遇到了很多意想不到的情况；还有些人则是抱着更远大的抱负，找到对的人，组成自己的团队，并为此忍受了其他人无法想象的艰难、压力，最终破茧成蝶。很多人都是在创业失败之后才意识到，管理好创业团队甚至企业是一门很深的学问，这里面有很多现成的规律值得创业者认真学习。这一章的目的就是介绍有关创业过程的现成规律。

第一节　从创业管理到企业成长

第一章中曾经提到，“创业”一词的内涵非常丰富，我们可以从三种不同的视角，即职业性、结构性和职能性视角分别展开对“创业”的讨论。第一章的讨论就集中在职能性视角上，并因此将“企业家精神”作为“创业”讨论的关键词。而这一章对“创业”的讨论则更多从结构性视角即创办一个新企业的角度出发，来理解“创业”的有关问题。

创业，尤其是基于创新的创业，既不是一个一蹴而就的过程，也不是一个纯粹的“技术决定”的过程。在前面对“创新”的理解中，已经反复强调了这一问题。而在更加微观、具体的现实世界中，创业不仅是一个发展“过程”，而且涉及一系列业务“流程”，即通过一系列合规操作使新创企业合法化。企业真正成立之后，才正式开始了生老病死的组织过程。因此，这一节集中回答两个问题：创业的基本过程和流程是什么？企业成长的组织过程会经历哪些阶段，对其不同领域、不同环节的要求有何差别？

一、创业过程与流程

（一）创业过程的四个阶段

创业，从其职能来看，就是以创造价值、形成实际生产力为出发点的综合经济活动；而从结构性的角度来看，这一过程可以更加具体地表现为创建一个新企业，或者创建一种新的经营模式的过程。这个通过创建新企业来创业的过程可以大致分为以下四个阶段。

1. 发现和评估机会

在第一章中曾经提到，对“机会”的警惕性和判断力是企业家精神的本质特征，而上面提到的“创造价值”和“形成实际生产力”也是以特定的机会为源头。因此，“发现和评估机会”就成为创业过程至关重要的第一步，而评估的标准自然就是“价值”和“生产力贡献”。

2. 准备和撰写商业计划书

商业计划书是创业团队根据一定格式和内容要求而编辑整理的书面材料，它可以向受众全面展示创业项目的目前状况和发展潜力。对于创业者来说，完成商业计划书有很多项重要的功能，其中一项众所周知的功能是向投资者展示项目，从而获得投资和其他创业资源，这个过程又被称为“投资游说”。而编写商业计划书的另一项重要功能是帮助创业者理清思路，想清楚自己到底想做什么。

3. 确定并获取创业所需要的各种资源

前面提到的“三重投资”“互补资产”“进入壁垒”等术语已经充分说明资源投入在创业尤其是基于创新的创业过程中的极端重要性。当创业者通过梳理商业计划书、理清自己的创业思路（项目定位、团队特长、市场空间等）之后，就需要为了尽快建立先行者优势而快速筹措各种资源，注入自己的创业项目中。

4. 管理新创企业

各种资源的注入使创业活动内部的分工逐渐成熟，与此同时，在引入外部资源的过程中，从创业团队转变而来的新创企业也逐渐面临利益相关者多元化的问题：新进入的投资者有可能对公司治理结构有所诉求，供应商和早期用户的参与则要求新创企业管好自己的价值链和产业链。所有这些都意味着管理工作将在新创企业的发展过程中变得日益重要。

(二) 创业过程模型

在创业研究的早期阶段，对上述过程的理解还偏于线性化。到20世纪末，人们逐渐认识到创业过程的动态性与复杂性，并在此基础上逐渐发展出一些具有学科交叉特点的创业过程理论模型。下面简单介绍三种典型的创业过程模型，它们分别是吉尔布雷斯（J. Galbraith）的简单线性模型以及由蒂蒙斯（J. Timmons）和威科姆（P. Wickham）提出的两种动态调整模型。

1. 简单线性模型

吉尔布雷斯对创业过程的讨论是从两个角度展开的：一是企业“组织”的若干基本维度，二是新创企业发展的若干基本阶段。对于前者，他选择了五个角度来理解企业组织，分别是任务、人员、报酬、流程和（组织）结构。而对第二个问题，他将新创企业的发展过程概括为五个阶段：（1）原理验证阶段，此时新的组织还未出现，创业者的主要任务是验证创新技术的可行性。（2）雏形阶段，此时产品已经生产出来，组织结构也形成雏形。前两个阶段非常相似，没有太复杂的组织人事关系，尚不必考虑产品的营销问题。（3）模型销售阶段，主要是对产品的市场反应进行测试，以改进产品的可行性，组织规模得到扩大，出现了必要的专业性分工，开始出现财务、营销等必要的经营活动。（4）启动阶段，此时新创企业已进入较成熟的发展阶段，产品盈利性进一步提高，并开始出现第二代产品，组织进一步膨胀，出现了更多的管理问题，需要管理者投入更多的精力。（5）自然增长阶段，此时组织的增长率大大低于启动阶段，且更多由行业的增长率决定。当所有这一切都完毕时，创业者开始考虑新的战略调整，守住已有的市场份额，或者进入新的创业周期。在不同阶段的管理职能发展以及组织发展模型见图5-1和表5-1。

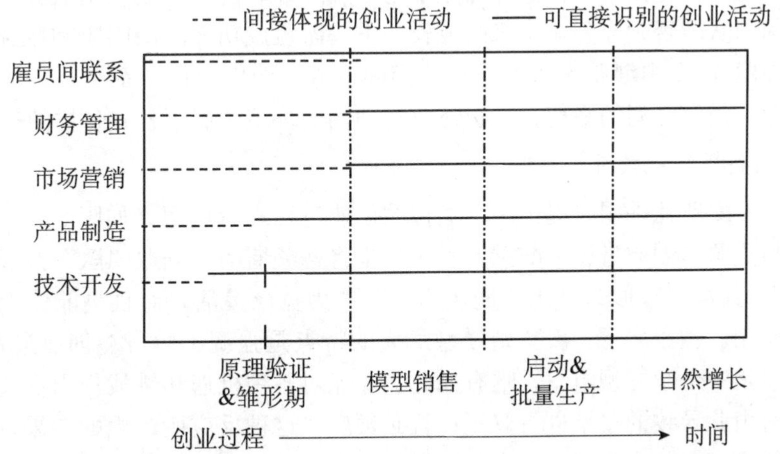

图5-1 简单线性模型中创业活动在不同管理职能上的表现

表 5-1　　组织发展模型

因素	原理验证；雏形期	模型销售阶段	启动、批量生产	自然增长	战略性转移
任务	发明创造	制造好它；测试它	制造并按产量分布	让它赚钱	主导一个利基市场
人	多面手；风险承担者	多面手和一些特别的冒险家	专家；非技术启动者	企业家和规划者	规划者和战略家
奖励	股票；非官僚氛围；做标记	非官僚氛围；逐步提升	逐步提升；职业	职业；工资	职业；工资；奖金
流程	非正式的当面接触；个人控制	非正式的；个人联系；会议	正式的系统和程序；预算	正式的控制；计划和预算；信息系统	五年计划；利润中心；多维计划
结构	非正式的；没有必要	功能和层次结构开始	功能性组织；劳动分工；集权	功能与覆盖；劳动分工；分权	矩阵；利润中心；分权
领导者	四分卫	球员/教练	教练	经理	战略家

2. 动态调整模型：蒂蒙斯模型

蒂蒙斯在 1999 年提出了一个影响深远的创业过程理论模型（如图 5-2 所示）。他认为创业过程是创业机会、创业团队和资源之间适当搭配的高度动态平衡过程，创业机会、资源与创业团队是创业过程的关键构成要素。其中，创业机会是创业过程的核心要素，创业过程的实质就是发现与开发创业机会的过程；资源是创业过程的必要支持，是开发机会、获取收益的基础；创业团队是发现和开发机会、获取和整合资源的主体。

由于时空变迁、机会模糊性、市场不确定性、资本市场风险以及外在环境的变化实时存在，创业过程因此充满了风险与不确定性。这意味着在三个要素之间的绝对平衡是不存在的，企业要保持发展，必须追求一种动态的平衡，即在创业团队的努力下，机会与资源之间经历一个“匹配→差距→匹配”的动态过程，而机会与资源之间进行沟通和匹配的重要手段就是商业计划。换句话说，创业团队是通过商业计划等手段调整活动重心以寻求“机会-资源”相对平衡的核心决策者，他们必须随时做好准备，迅速整合资源以抓住创业机会，并在企业成长的过程中紧盯竞争环境与市场环境的变化，合理配置资源以提高资源效率，构建规范的管理体系以抵抗外部竞争与不确定性。这要求创业团队必须思考下面的问题：目前的团队能否领导公司未来的成长？下一阶段成功面临的陷阱和瓶颈在哪里？这也是为什么在图 5-2 中创业团队处于三角形的下方：他们要像一个杂技表演者那样，一边保持着机会与资源之间的平衡，一边还要在动荡的环境中展开各式各样的表演。

3. 动态调整模型：威科姆模型

威科姆与蒂蒙斯几乎同时提出一个类似的创业过程理论模型（如图 5-3 所示）。他同样强调机会与资源在创业过程中的重要性，只是将蒂蒙斯的“创业团队”换成了更具一般性的“组织”：其范围和形式要比“创业团队”更为宽泛灵活，而且更能体现创业者在这一过程中的作用。相比之下，威科姆模型最大的特点是强调了学习在创业过程中的意义：创业组织必须是一个学习型组织，唯有如此它才能对各种机遇和挑战作出反应，也才能基于相关经验对由此导致的结果进行修正；且必须反映这种反应所产生的结果，并根据经验修改未来的反应。在这个过程中，由于组织的动态发展特征，创业企业通常很难从外部买到真正重要的资产，遑论通过市场方式建立起相应的结构和系统。这些资产和结构必须随着组织的成长和改变而不断改变，并从过往的成功和失败中学习。在此期间，企业家扮演着刺激进步的重要角色。

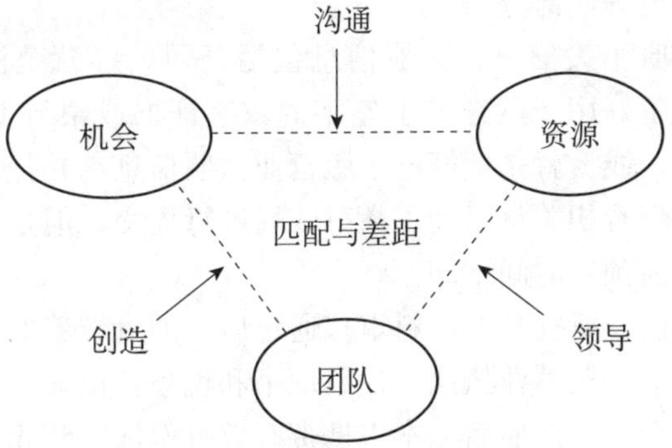

图 5-2　蒂蒙斯创业过程模型

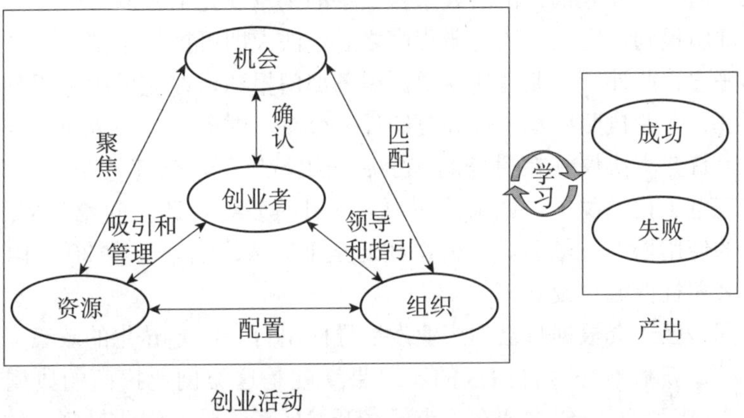

图 5-3　威科姆创业过程模型

机会-组织匹配度：发现和有意开发的机会的性质决定了组织必须采取的形式。企业家所建立的每一个组织都是不同的，而且都高度复杂。具体而言，机会需要和组织的一些关键维度保持一致，如资产、结构、流程和文化。

资源-组织配置度：在某种意义上，组织可以理解为某种资源集合。资源的配置方式就是将特定资源组合与组织的资产、结构、过程和文化相组合的方式。

资源-机会聚焦度：作为市场竞争的参与者，新创企业的资源更昂贵、风险也更大，即便创业者努力地吸引和管理资源，与在位企业相比，他们仍然无法获得相同的资源水平。这就要求他们更加努力地工作，专心致志，明确资源。

最后简单介绍一下创办一家新企业的流程。随着最近几年国家不断出台鼓励创新创业的相关政策，创办企业的相关流程已经越来越简单了，其中最重要的差别来自从验资制向认缴制的转变：新创企业已经不需要先到银行开设验资类临时存款账户，也就不需要在工商、税务等部门办理完营业执照、组织机构代码证和税务登记证之后再到银行开立基本账户，并将验资类存款账户的验资款转入公司基本账户。认缴制下的新企业创办流程包括如下几个步骤：

(1) 预先核准注册公司名称：创业者需将公司名称上报工商局核准，以避免出现重名的问题，创业者最好备好3～5个创业公司名称，而一般公司名称包括注册人所在地、公司名字、行业和公司性质等四部分。

(2) 确定并提交注册相关信息：注册信息包括公司的经营范围、注册资金、经营地址、股东人数等，并准备好用于股东网上签字的数字证书或银行U盾；提交注册信息分为线上和线下两种形式，线上就是填好电子版营业执照信息，并把所有材料拍照或者扫描后在线提交，线下就是带着相关材料到工商行政局进行提交，但是提交需要在工商网上进行预约，每个城市的提前预约时间不同。

(3) 审核通过、领证：所提交的材料审核通过后，即可带着准予设立登记的通知书和本人身份证到工商局领取公司营业执照、代码证书和税务登记证。

(4) 刻章备案：拿到营业执照后，本人携带有效身份证明和相关证件到指定部门进行公章刻制和备案（包括公司公章、财务章、发票章及法人私章）；如在刻章完成后，法人不能亲自领取，需要代领人携带由法人亲自签字的刻章委托书领取。

(5) 相关部门报到：完成上述注册程序之后，法人即可携带全部资料及法人身份证到银行开立基本账户；此外，创业者还需要到税务部门报到，在完成税务报到后，法人需持银行开户许可证、营业执照副本原件和复印件、公章、财务章、法人章，与税务局、银行基本户开户行签订三方协议（在税务局签字后交银行签字，全部签完后递交税务局），创业者就可以实现电子化缴税了；如果公司要自主开具发票，还需向税务部门申请税控机，并参加税控机的使用培训；最后，在公司注册全部完成之后，要在30天内到公司所在辖区社保局进行公司社保账户设立。

此外，不同地区还会根据自己的产业发展导向出台一些差异化的政策，有针对性地吸引相关企业入驻。新疆维吾尔自治区的霍尔果斯就是这类创业招商的典型。该市曾经承诺，对于在2010年到2020年之间在该市经济开发区新注册的创业投资、软硬件投资和影视传媒企业，从公司获得第一笔收入开始，实施“五（年）免五减半”的企业所得税减免政策。这一税收政策的优惠力度比国家在某些产业领域中实施的“两免三减半”政策大得多。正因如此，在短短几年的时间内，就有2万多家企业落户霍尔果斯这个仅有6万人口的边陲小城，其中仅影视传媒公司就多达3 000多家。

二、创业企业成长的不同阶段

创业管理取得成功的重要标志，是新创企业的不断成长壮大。那么我们应该如何理解创业企业成长壮大的过程呢？早在1983年，丘吉尔（N. Churchill）和李维斯（V. Lewis）就在《哈佛商业评论》上发表了有关这一问题的里程碑式作品。

丘吉尔和李维斯把新创企业（他们称为“小企业”）的成长过程分为以下五个阶段。

（一）创建

在这一阶段，新创企业必须时刻关注的问题就是要赢得顾客，按合同出售产品或者提供服务。为此，它们必须时刻关心的问题有：能否得到足够的顾客？能否出售产品、提供服务，成为一个可以生存下去的企业？是否能在一个主要顾客、小规模试验性生产程序的基础上，进一步扩大销售面、完善生产程序？是否有充足的启动资金应对上述所需？

（二）生存

跨过“创建”的门槛，成为一个可以运转的营业实体之后，新创企业已经拥有足够的顾客，向他们出售产品，提供服务，以此满足他们的需求。此时，企业面临的问题已经由单纯的“求生存”转向处理收入和支出的关系。因此，它们需要回答的问题包括：能否在短期内得到足够的资金以达到盈亏平衡点并支付固定资产维修和更新的费用？能否得到维持企业运转和扩大企业的资金？能否回收相关投资？

（三）成功

这个阶段企业主要面临的是决策问题，是保持企业的稳定盈利，还是进一步发展企业已经取得的成绩，向更高的目标迈进。此时的新创企业面临着两种选择，一种是有所保留的经营策略，另一种则是更加强有力地向成长进发。如果选择前者，创业者就会完全或部分地把企业交给其他人打理，自己去创办一个新的企业，让原有企业维持目前的经营状态。选择这一方向的企业如果能适应外界环境的变化，就可以继续经营下去；否则，创业者也可以把企业卖掉，或者同其他公司合并，从中获得一定利润。相比之下，如果选择更加激进的发展路线，进一步巩固现有新创企业，创业者需要进一步调整企业资源，建立借贷能力，甚至冒风险投资扩大企业。未来发展的需求要求创业者无保留地加大投入，战略规划也要更加深入。在这一阶段如能经营成功，就可以继续向第四阶段发展。

（四）起飞

这个阶段企业的主要问题是如何迅速发展，投资扩大企业。创业者需要考虑的重要问题包括：（1）授权，能否把管理企业的责任授予他人，以提高管理效率，适应迅速发展；（2）资金，有无足够的资金满足企业发展的需要；（3）建立职能部门，建立健全规章制度，以应付不断发展的复杂环境。在这一阶段，创业者已经基本上和企业分开，新创企业也不再是创业者的延伸。起飞阶段是企业成长发展的关键阶段，如果创业者能够应付相关的资金与管理，企业就可以发展壮大；如果创业者认识到自己能力有限，也可以卖掉企业，从中盈利。如果企业不能继续发展，就要采取收缩政策，稳定企业已经取得的成绩，保持平衡，也可以退到第三阶段；如果企业问题太多，就得退到生存阶段或者破产。

（五）成熟

此时的企业最重要的问题就是巩固和控制企业在高速发展中得到的资金，并保持企业规模小、机动灵活的优势，捍卫企业家精神。此时需要尽可能多地采取各种管理技术以消除由于发展而引起的管理不善。在这一过程中，创业者在财务上和工作方面已经完全和企业分开。如果此时的企业能够继续保持企业家精神，它就会发展成为市场上的一支劲旅；否则企业就会进入僵化：缺乏创新决策，怕冒风险。正是由于这种僵化，成批的小企业成为经济停滞的病毒之源，而大企业的僵化虽然可以隐藏一段时间，但它们的竞争者往往会在此时乘虚而入。

下面的图 5-4、图 5-5 和图 5-6 分别反映了新创企业成长过程五阶段模型中的各个节点、新创企业在上述五个阶段的特征，以及在不同阶段的管理要素组合。

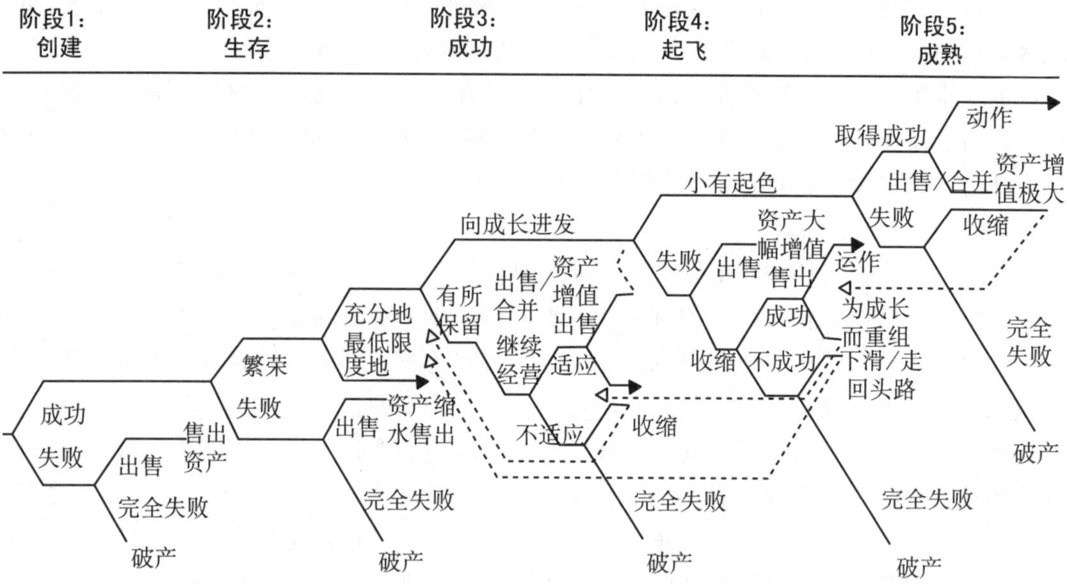

图 5-4　新创企业成长发展的五个阶段：关键节点与演进

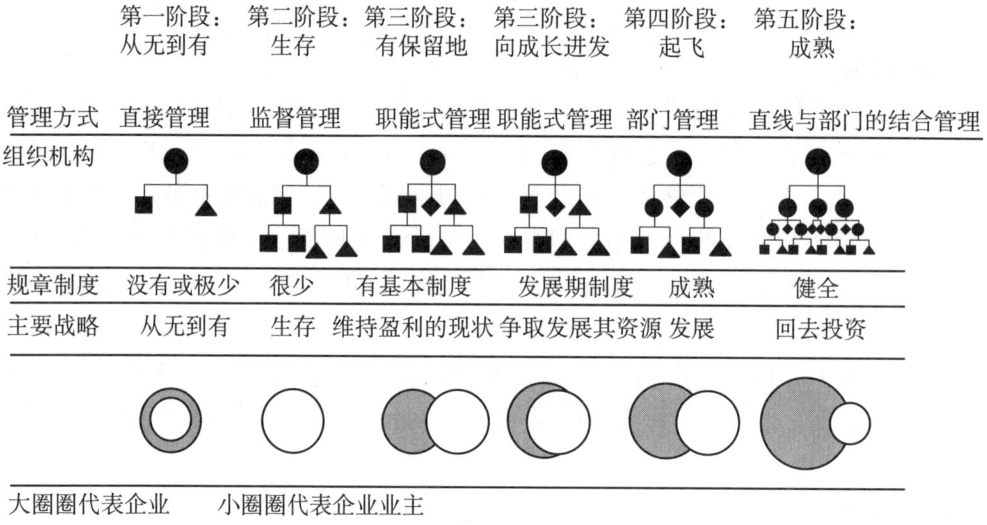

图 5-5　新创企业在五个发展阶段的特征

在图 5-6 中，我们不难发现，组织性的管理要素——如结构、战略计划、创业者的分权能力（相当于蒂蒙斯模型中的创业团队）等——会随着企业逐渐成熟而日益重要；相比之下，创业早期在蒂蒙斯模型中至关重要的创业者（所有者）、资源等要素的重要性急剧下降。其实这样的管理要素组合变化提醒我们，投资人的关注重点也会随着新创企业的演进与成长而逐渐发生变化。表 5-2 就是我们根据图 5-6 并结合实践经验给出的在新创企业生命周期中 VC（风险投资者）关注点的变迁，对这一问题我们还会在第四节进一步讨论。

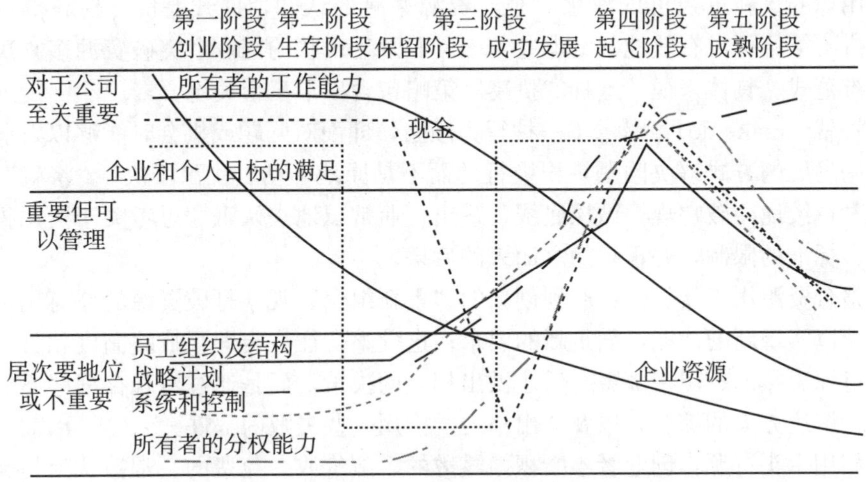

图 5-6 新创企业在不同阶段的管理要素组合

表 5-2 VC 的关注点：基于新创企业演进的变化

阶段	种子期	创业期	成功期	起飞期	成熟期
VC 关注点	● 创意 ● 创始人的商业经验 ● 产品或服务的市场需求	● 确认市场需求 ● 切入市场 ● 产品研发和制造 ● 制订和执行业务计划 ● 组建创业团队	● 营销渠道 ● 管理体系建立 ● 战略性资源和合作 ● 制定中期战略 ● 提升管理团队	● 战略的有效性（规模扩张和取得竞争优势） ● 体系驱动 ● 创始人授权	● 借用资本手段扩张 ● 战略转移 ● ……

正是由于在整个创业过程中，蒂蒙斯模型中各方面要素的重要性会随着企业演进而发生一些消长，因此，我们下一节将对蒂蒙斯模型进行进一步的剖解。

第二节 详解蒂蒙斯模型：创业过程中的资源、团队与机会

一、创业的资源拼凑策略

大多数创业企业都面临着资金、技术、人力等多方面的资源约束，而它们从外界获得资源的成本又远远高于在位企业。我们将新创企业的这种资源劣势称为“新进入者缺陷”(liability of newness)。由于“新进入者缺陷”的存在，新创企业不可能完全从外部环境获取相应的资源，也很难按照在位企业的行为方式去评价和利用资源，这就要求它们必须通过一些替代性方式来突破资源约束，其中就包括“拼凑（bricolage)”：暂时放低对资源质量的要求，将手边能够找到的一切资源尽快纳入自己的创业过程。

贝克（T. Baker）和纳尔逊（Reed Nelson）在 2005 年的代表作是研究“（创业）拼凑”的里程碑作品。他们以这一概念讨论了创业者“无中生有（*Creating Something From Nothing*)”的过程：组合手头资源并即刻行动，解决新的问题和发现新的机会。他们认为，对手头资源——包括物质资源、人力资源、技术、客户/市场、制度环境等多种

形式——用途的重新审视可以深化对企业资源禀赋的认知，提升廉价、易获得资源的价值，这种拼凑策略可以有效地帮助那些苦于资源匮乏现状的创业者突破资源多寡决定创业成败的思维范式。具体来说，这种“拼凑”策略包含以下三个关键要素。

（1）将就（make-do）：暗示了一种行为倾向，即面对问题或机会时能够以发展的眼光看问题，用发展的方式解决问题，积极行动而不是原地不动、犹豫不决。“将就”使企业有意识地、持续地突破常规，试探底线，跳出行业常识地去认识和思考关于资源投入、惯例、定义、标准的限制，并承担随之而来的后果。

（2）整合资源用于新目的：回到创新的“重新组合”观，打破资源的原有用途，将资源重新组合以实现新的功能，满足新的要求；这种整合往往与即兴战略高度相关：创业者并不是经过深思熟虑、周密部署之后才做出相应的决策，而是通过对现存程序不经意的整合，对各种解决方案的综合，以及“出格地”应用一些失败的部件。

（3）利用手头资源：创业者不断积攒零散的、廉价或者免费的、常被认为是无用的或是不合标准的资源，包括物质、技能、点子等，进而形成一个资源“百宝箱”，并可以随时根据问题和目标调用手头资源，而无须花费高成本、长时间去搜寻资源。

正是在这样一个“拼凑”的创业过程中，创业的结果——新产品或新服务的出现，表现为在已有产品（服务）结构与元素的基础上，对其中部分要素的不断替换。通过这种替换，创业者以“重新组合”的方式重新定义了产品意义和产业边界，这也恰恰反映了“拼凑”在西方语境中最早的含义。① 而类似于某种“破坏性创新”，这种重新组合和重新定义，从其起始点来看，往往是对现有产品的某种“降维”处理，即降低在某些维度和某些性能上的要求和水准。将就、利用手头资源，以实现重新组合与整合的创业目的，这种拼凑策略可以解释前面提到的很多问题，如：落后企业在确立战略意图之后如何以先行者意想不到的方式绕过其设定的进入壁垒，具有相同资源基础的企业如何开发出异质性的产品与服务，等等。

总之，拼凑策略就是要创业者突破习惯思维方式的束缚，充分发挥资源的杠杆效应。这种杠杆效应可以表现为多种不同形式：（1）能够比别人更加延长地使用现有资源；（2）充分利用别人没有意识到的资源；（3）利用其他企业或个人的资源完成自己的创业目的，即中国人所谓的“借鸡生蛋”，这与一国产业公地的发展与积累有关；（4）将一种资源补足另一种资源，产生更高的复合价值；（5）利用一种资源获得其他资源。

创新者案例

毕克畏巧卖八爪鱼：如何延伸使用现有资源

2004 年，毕克畏接管了父母创办的水产公司，主营鱼、贝和虾等产品加工出口，年销售额 2 000 多万元。但公司各种成本不断上涨，利润越来越薄。毕克畏开始努力寻找更多机会。

---

① 列维-斯特劳斯在 1967 年首次在人类学研究中提出“拼凑”概念。在这一研究中，拼凑指代一种与科学思维相对照的“神话思维方式”，即在蒙昧时代，人类通过神话与世界相处，但每当新的现象和规律不能被旧有的神话解释时，人类就需要不断回顾自己手头的神话元素，通过不断替换某些元素来解释新的现象或规律。

2006年，因为毕克畏有一条位于单独车间的闲置生产线符合日方生产要求，他拿下某日本企业50万美元的订单，以每吨6 000美元的价格向其供应成品章鱼。但是，大连本地的章鱼不能满足日方的要求，为了寻找原料，毕克畏赴福建收购了150吨章鱼，按照日方要求进行加工。这单生意让毕克畏赚了4万多美元，还拿到了每月20万美元的订单。在原有加工业务还照常生产的情况下，工厂产值翻了一番。

出口到日本的是章鱼头和章鱼爪，剩下的脖子和爪尖成了下脚料，只能积压在仓库里。2007年4月，毕克畏在逛街时发现当地有人卖章鱼丸子。他买了两盒品尝，发现是用鱿鱼爪子做的。代理商称，章鱼原料难找，只好用鱿鱼替代。于是毕克畏将下脚料卖给了销售商，每年又增加了20万的利润。毕克畏还了解到一盒章鱼丸子的成本不到3角，却可以卖到3元，这给他很大触动。他希望摆脱原来单纯的加工经营方式，开发自己的产品，直接销售。

2008年春节，毕克畏把鱼虾类产品装进礼品盒子组合销售。推销礼品盒时他认识了大连的海参经销商王振东。经过协商，以40%销售利润作为回报，毕克畏的产品进入王振东的10家海参专卖店。王振东卖高档海参鲍鱼，毕克畏销售低端海鲜休闲食品，一小袋卖两元，利润20%，与海参产品互相弥补，丰富店里的产品，不到一个月销售额突破10万元。

试分析：以上案例中涉及哪些不同形式的拼凑？

资料来源：http://www.ceccen.com/toutiaoxinwen/1455759110.html.

创新者案例

天士力复方丹参滴丸：从药剂科走出来的“明星药”

天津天士力制药股份有限公司生产的复方丹参滴丸在国内已连续十余年问鼎中成药单品年销量冠军。但谁也想不到，这款畅销大江南北、唯一赴美开展FDA三期临床的明星小药丸，竟然诞生在医院药剂科的实验台上。

20世纪90年代初，北京军区254医院（位于天津）药剂科中药房主任药师闫希军发现复方丹参品的临床需求量很大，但从药品吸收的角度来看，药片的起效速度并不快，与冠心病心绞痛的突发、急性特征并不匹配；相比之下，小粒的滴丸给药面积更大、药效发挥更快。他非常看好这一剂型创新，于是顶住压力，与自己的爱人一起全力以赴开发复方丹参滴丸。没有资金，他们面向社会寻求合作伙伴；没有设备，他们因陋就简，把药剂科里最寻常、最原始的漏斗、铝锅和玻璃滴头派上了用场，硬是拼出了他们的第一代滴丸机；他们与重点科研机构合作，完成药理实验。经过几个月的艰苦努力，闫希军夫妇自制的滴丸机终于“吐”出一粒粒形状、温度、干湿度都完全符合要求的滴丸。1994年5月，254医院与天津中央药业共同组建了天士力的前身——天使力联合制药公司，闫希军兼任总经理。自此之后，复方丹参滴丸开启了四年销售额破亿的传奇之路。

从上面的例子不难看出，实施资源拼凑的根本目的是将新产品或服务迅速推向市场，以尽快获得用户反馈，尽快获得回流资金，并在此基础上启动新一轮的改进升级。换句话说，拼凑帮助创业者在最短的时间内以最低的资源投入完成原型开发，建立新产品或服务的快速迭代通道，早日建立起往复实践的基础：在现有方案中被证明有用的成分被保留下来，可以进一步改进的部分则在最短时间内被替换发展，其最终目的还是正规化、系统化地改进和创新。但正如我们所知，并不是所有的创业项目或新创企业最终都成长为成功的领头羊。这意味着“拼凑”也存在不同的类型。贝克和纳尔逊就区分了以下两种“拼凑”：

(1) 全面拼凑。在同时进行的多个项目或多种资源中实施拼凑。这种拼凑模式过分重视“零碎”资源，容易习惯性地收集贮存各种素材并为其找到新用处。但这就使创业企业的人力资源、技术标准、规章制度迟迟不能向专业化、正规化的方向发展，而更偏重于自学和“野路子”式的个人经验，有些尝试甚至有违法之嫌。有时这种“拼凑”甚至表现出某种成瘾性和自我强化特征，并压制了正常的组织能力发展逻辑。因此采用全面拼凑的企业很难成长。

(2) 选择性拼凑。有选择地在不同资源领域实施拼凑。其重要特征就是压制全面拼凑中的那种自我强化的成瘾性，即在建立了稳定现金流或找到可供持续成长和发展的机会后，就会在某些甚至全部领域停止拼凑行为。在此基础上企业走向更加正规化的发展道路：服务于更广泛、更有需求的市场，制定日常制度规范形成惯例程序，从而建立例外原则，避免将精力用于应急性地解决一个又一个问题。

在上面提到的例子中，天士力就成功地采取了选择性拼凑的策略：在第一代滴丸机投产三年之后，天士力就顺应市场需求、扩大产能，以更加正规的方式投资开发了第二代滴丸机；截至2013年，天士力已经顺利开发完成第五代滴丸机：同在药剂科里拼凑出来的第一代设备相比，第五代滴丸机借鉴了欧洲的核材料成型技术，实现了150滴/秒的滴速，较传统技术提高生产效率150倍；这套设备还大大减少了滴丸生产中使用的辅料，提高了滴丸剂型的载药量，实现了滴丸微粒化，从而更加符合美国市场的技术要求。

创新者案例

比亚迪模式：机器＋人＝机器人

1995年，年仅29岁的王传福辞掉北京有色金属研究总院的工作，下海经商。他用借来的250万元在深圳注册成立了比亚迪科技有限公司，领着20多个人在旧车间里就开工了。比亚迪最初选择的产品是电池（王传福在有色院常年研究电池），并直接瞄准技术含量最高、利润最丰厚的充电电池核心部件——电芯。当时，电池工业的全球霸主还是三洋、索尼等日本大企业，而日本企业生产电池的特点是高度自动化：配备一间全干燥、设备全自动化的锂电池工作室就要十几亿元，属于典型的资本密集型产业，比亚迪根本做不到。王传福的办法是把资本密集度转化成劳动密集度，把自动化生产线变成半自动化生产线，然后再一点一点往高端爬：买不起日本分切机，就用中国裁纸刀配上一块长宽相等的挡板作夹具，保证裁剪尺寸；等条件好一点就用剪板机，再好一点就用自动分切机；做不起无尘车间，靠人将手伸进无尘箱里操作……就靠这种干法，创业仅仅两年，比亚迪的镍镉电池销量即排名世界第四；2003年即成为全球第二大充电电池生产商。此后，比亚迪以类似方式进入电动汽车工业，现已成为中国最大的电动汽车制造商之一。

二、创业者与创业团队

什么人能够成为创业者？创业者在什么状态下最倾向于启动创业过程？创业者与一般的职业经理人有何不同？从创业者到创业团队的变化需要考虑哪些因素？这是本部分内容要回答的一系列关键问题。

（一）对“创业者”的理解

在第一章对“创业”和“企业家精神”的解释中，提到三种不同的视角，即职业性视角、结构性视角和职能性视角，它们分别表现为自我雇佣、创建组织和勇于创新。从这三种不同的视角出发，不难看出创业者与职业经理人之间的一些基本差别（如表 5-3 所示）。

表 5-3　创业者与职业经理人的基本差别

特征变量	创业者	职业经理人
雇佣关系	雇佣者	被雇佣者
出资与否	出资或继承出资	不出资
承担企业风险	承担企业风险	与本人雇佣契约有关的风险
所有权与控制权	同时拥有	无所有权，有一定控制权
担任企业主管与否	担任	不一定担任
创新功能	更强调	强调

从表 5-3 中不难看出，与职业经理人相比，“创业者”是一份后路很窄甚至自绝后路的工作：他们为自己的创业项目（企业）承担着巨大的风险，而且这种投入与承担没有固定的或预设的截止期限，换句话说，他们将自己的全副身家甚至未来都绑定到这份事业上，承担无限责任；在这种情况下，这些企业的创立者和拥有者必须对组织保持绝对忠诚。这意味着，创业者之所以成为创业者并取得最终的成功，需要满足两方面的基本条件：一是敢于承担风险的意识，二是无限期持续跟进、学习与创新的能力。路江涌就根据这样两个维度将创业者同其他类似的人群区分开来（见图 5-7）。

大师观点

在这里，每一件事情的成功依靠直觉……。彻底的准备工作，以及专门的知识、理解的广度和逻辑分析的才智，在某种情况下却可能成为失败的根源。

——熊彼特（《经济发展理论》）

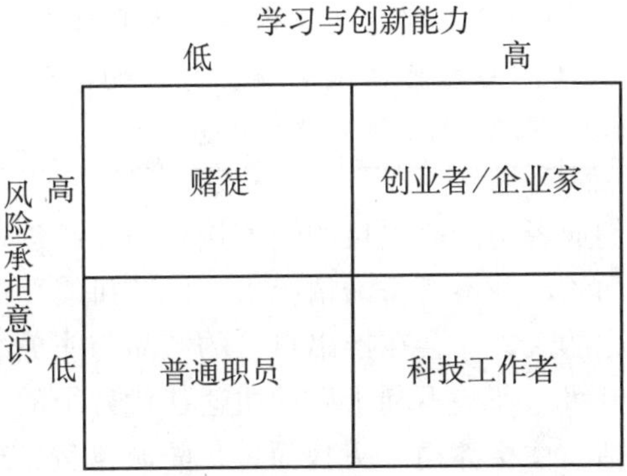

图 5-7　谁是创业者？

其中，风险承担意识或风险承担倾向是最早被识别出来的创业者的个性特征：奈特（F. Knight）就将创业者视为不确定性的管理者，需要在不具备完备知识的情况下应付诸如做什么和如何做的问题。创业者的这种风险承担倾向，集中反映为在明明可以选择安逸和稳定的时候，毅然进入不断变化的市场上，用“摸着石头过河”的方式去做以前没有做过的事，即便他们明知很多新创企业根本活不过最初的几年，明知一旦踏进这蹚浑水，很多事情根本由不得他们准备停当。在这种风险承担倾向的背后，创业者往往表现出“过度自信”的特征：受到主客观各种因素的影响，他们不能认识到自己知识的局限性。这些影响因素既包括他们自己的性格特征，也包括创业决策的情境特征和组织特征，比如：与大企业相对完善的组织结构和决策程序、部分受控的决策复杂性相比，创业者面临的决策情境完全不同，高度不确定性、时间压力、信息缺乏等决策特点，导致其根本没有理性化决策的可能，而只能更多地基于经验和直觉等启发式决策。从这个角度来看，创业者与职业经理人风险承担倾向的差异，从根本上源自他们对风险的不同感知。

学习与创新能力同样是创业者的必备素质。持续跟进的学习能够产生两方面效果：一是提升创业者的机会识别效率，二是提升创业者处理新事物的效率。在识别机会过程中，获取相关信息只是其中一方面，更重要的是发展出评价机会所需的专业能力；在处理新事物的过程中，相关的商业技能、良好的社会网络和商业信誉同样扮演着非常重要的角色，而上述两类创业知识的积累与发展都与创业者的职业经验直接相关。换句话说，创业在很大程度上是一个“在游泳中学会游泳”的学习过程，这也很好地解释了当前创业活动的“圈子化”现象：大多数创业者都有相关行业的工作经验，尤其是在有较强创业导向的领军企业或创业企业的工作经验，因为这类“母体”能够为创业者提供一个较好的平台去发展专业能力，理解行业演进，建立社会网络。当然，离开“母体”自主创业仍然不能停下学习的脚步，正因如此，乔布斯那句“求知若渴，虚心若愚（stay hungry，stay foolish）”才成为无数创业者的座右铭。

创新者须知

“拼娘”的创业者：中国互联网创业的圈子化

时至今日，中国在互联网创业方面已经走在了世界前列。而之所以取得这样的成绩，与过去二十多年间中国涌现的一批优质互联网企业密不可分：很多互联网创业者都或多或少地受到其前雇主，即上面所说的“母体”的影响与塑造。据 IT 桔子统计，仅 2017 年一年，BAT（百度、阿里巴巴和腾讯）三家就走出了超过1 500名创业者。而在中国进入互联网创业高峰期以来，几乎所有新“玩家”的背后都有 BAT 三家的身影：滴滴出行、快手、同程旅游、每日优鲜、蘑菇街、大疆科技、摩拜单车的创业团队都有深厚的 BAT 背景。而在 BAT 之前，还有一家改变了中国 IT 行业的老牌企业，同样是中国互联网创业的“摇篮”，那就是求伯君创立的金山软件。十多年来，从金山走出来的新兴企业包括：冯鑫的暴风影音、蒋涛的 CSDN、湛振阳的心游科技，而其中最有名的当数雷军在 2010 年创建的小米。

风险承担倾向和学习与创新能力的结合，为创业者与创业项目的快速迭代与升级创造了条件：只有高风险承担倾向的人，才会在各方面条件并不齐备的情况下，以“拼凑”的姿态快速进入创业状态；但只有高学习与创新能力的人，才会在推出自己的产品与服务之后不断收集各方面反馈意见，推进创业项目迭代升级。那些不利于启动快速迭代升级的个体特征往往会为创业失败埋下隐患，这些特征包括：性格莽撞、头脑简单、骄傲自负、缺乏经验、追求完美、性格懦弱、漫无目标、热衷发明。

(二) 创业团队：从“选出来”到“转起来”

创业者需要对自己的经验能力、社会关系、资本资源等各方面“储备”进行综合评估，如果缺乏相应的要件但这些要素又对创业初期的业务迅速开展有着重要的意义，创业者就需要考虑引入适当的创业伙伴（合伙人），与自己组建起相应的团队。通常情况下，除创业者之外，创业团队中还会包括以下几类成员（见图5－8）。

（1）核心员工：在回答“和谁创业”这个问题时，创业者首先需要开列一份技能目录清单，描述自己的创业项目最需要的技能以及目前最缺少的技能。这份清单未必是一张纸，但创业者自己必须做到心中有数，因为这个清单不仅能够帮助创业者“盘点”现有“储备”，而且按照这个清单找到的创业伙伴能够与创始人（创业者）形成互补关系。

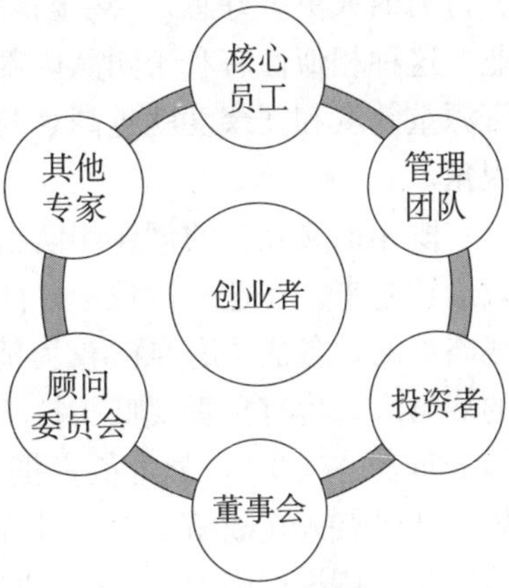

图5－8　创业团队构成

（2）管理团队：那些与创业者拥有共同价值观而且能力出众的早期核心员工将会成为新创企业发展的中坚力量，在企业的后续发展过程中扮演管理团队的角色。其实，组建管理团队同样是对创业者的一项考验，考验创业者灵活变通的能力，即他是否愿意承担企业中更有意义的角色，而不是坚持要求CEO的职位，这也将是投资人极为看重的问题。

（3）董事会：当新创企业组建为一家公司时，需要依法成立董事会。董事会由股东选举产生，其中心任务是监督企业管理。董事会有三项基本职责：任命企业的高管团队，公布企业经营状况（尤其是利润），监督公司重大事件。恰当构建公司董事会，引入合适的尤其是德高望重的外部董事，可以为新创企业提供巨大的支持，这种支持既包括具体的业务指导与建议，也包括无形之中的行业地位、信誉与合法性。表5－4是有效董事会与有效董事会成员的特征。

表5－4　有效董事会与有效董事会成员的特征

有效董事会成员特征	有效董事会的特征
● 与CEO沟通充分 ● 以顾客为导向 ● 技能互补 ● 决断力 ● 相互尊重 ● 支持CEO与管理团队 ● 遵守伦理	● 个人关系网络发达 ● 领域内有权威 ● 愿意推荐公司 ● 沟通技能强 ● 有洞察力 ● 有投资或运作经验 ● 有能力和意愿来监控CEO和管理团队

（4）投资者：投资者能够为新创企业提供有用的指导和行业知名度，并承担财务监管的作用；有时他们还会积极帮助企业组建管理团队，帮助企业完善薪酬结构，以便在招聘过程中协助新创企业。

（5）顾问委员会：是指企业管理层在经营过程中向其咨询并能得到建议的专家小组。但与董事会不同，顾问委员会不承担法定责任，只提供不具约束性的建议。

（6）其他专家：包括律师、会计师、企业咨询师等，由于新创企业往往规模较小，导致创业初期的很多管理职能都需要通过外包形式来获得，外包的途径既包括外部的专业事务所，也包括提供创业支持服务的孵化器。

在搭建创业团队的过程中，各成员的相似性与互补性是创业者始终需要考虑的问题。我们在前面着重强调了通过“技能目录清单”寻找互补技能与人才。而团队的相似性同样来自很多方面：价值观的相似性与排他性，招聘过程中的相似效应（对有相同经历、思想和行为的人更有好感），甚至很多创业团队成员就是来自同一个大学宿舍、同一家领军企业。这种相似性有利于团队内部的沟通，但各成员知识、经历的相似度越高，团队内部的资源重叠度和冗余度就越高，与此同时也越需要异质性的成员引入新鲜的思维方式和分析视角。

既相似又互补的创业团队搭建起来，下一步就是建立有效的工作关系，使整个团队高效运转起来。在这一过程中，团队内部需要适当分工：这种分工不完全是技术性的，更是战略性的。各成员有自己较为清晰的角色定位，既有负责“抬头看路”甚至“仰望星空”的战略家，也有负责“低头拉车”“脚踏实地”的实干家。在阿里巴巴有个通俗的比喻：马云负责“吹牛”，彭蕾负责把马云“吹的牛”变成现实。同时，马云这个战略家的心太软，如果有人在战略落地的过程中犯了错误，马云也只是以很委婉的方式提出批评，而彭蕾则是直接说“削他”。这种“梦想者＋建造者”的分工搭配是几乎所有成功创业团队的重要特征，即便是在更宏大的层次上也不例外：美国前总统尼克松在他的回忆录——《领袖们》一书中就曾经对新中国的“创业团队”作出过这样的总结：“如果没有毛泽东，中国革命之火可能不会燃烧起来；如果没有周恩来，中国的革命可能被烧毁，只剩下一堆灰烬。”

创新者案例

“梦想者＋建造者”模式

在Facebook，扎克伯格将重点放在产品开发和这个平台的全球扩张计划上，因为那是他所擅长的东西；与此同时，桑德伯格则负责带来运营技能，确保这家公司在执行扎克伯格的梦想时确保公司内部的稳定性和纪律。通过这种方式，Facebook把两个世界的模式——产品开发和卓越运营——整合到一起，公司由两个人负责领导，他们会彼此补足，这种模式提供了一个杰出的例子，可以说明一家公司正通过战略性合作来取得成功。Facebook将这种合作模式称为“梦想者和建造者”：“梦想者”是身为“梦想建筑师”的合作伙伴——他对公司的目的有着明确的理解，会基于这个目的来构建公司的长期战略前景，他通过灵感和蓝天梦想来领导公司；“建造者”则是身为“价值建筑师”的合作伙伴——她负责领导公司的各项职能，为“梦想者”的使命提供支持，确保这项使命会在运营上得到执行。这并非是说，这两个合作伙伴的岗位职能永远都不会重叠，或者说他们没有共同的梦想、兴趣或是技能。但是，为了这种模式能成功运作，正如Facebook所取得的成功那样，这两名合作伙伴就都需要拥有杰出的，同时又是对方所没有的技能组合。

“梦想者＋建造者”的模式是最常见的合作模式，我们已经看到了多个合作范例，这些范例来自两名企业家和构建庞大商业帝国的梦想：威廉·休利特（William

Hewlett）和戴维·帕卡德（David Packard）联手创立了惠普；麦格劳（McGraw）和希尔（Hill）联手创立了麦格劳-希尔出版公司，等等。但也有其他的例子，三名或更多的合作伙伴共同贡献他们的智慧以及/或专业知识，以及/或他们对一家企业的融资，比如由一家四兄弟联手创建的华纳兄弟（Warner Bros）。

已故苹果联合创始人乔布斯曾说过："我的业务模式就像是披头士乐队，他们有四个人，让彼此的负面趋势得到了控制。那就是我对商务的看法：商务领域中的伟大成就从来都不是由一个人完成的，而是由一个团队完成的。"在成立苹果公司时，乔布斯和沃兹尼亚克（S. Wozniak）就是那种能彼此之间完美互补的合作伙伴，沃兹尼亚克记得，那时他会努力进行创新，而乔布斯则"将找到一种方法来将其变成钱"。

资料来源：http：//tech. qq. com/a/20130115/000118. htm.

为了建立有效的工作关系，还需要在创业团队内部建立公平感。这需要有效解决一些负面因素，也需要恰当引入若干积极因素。这些负面因素包括：（1）明显的分配不公，即贡献与回报不平衡；（2）"成功归主观、失败怨客观"的自利性偏见，这些做法都会导致组织内部剑拔弩张式的冲突和紧张情绪，对创业团队的时间和精力造成无谓的浪费。

相对地，推动建立公平感、建立有效工作关系的积极因素包括：

（1）有效沟通。管理团队应从整个组织的层面努力减少消极反馈和破坏性批评，鼓励建设性批评，确保管理团队与核心员工之间信息交流的畅通；与此同时，管理团队内部也需要建立定期讨论机制，这不仅有助于提高员工的获得感和受重视程度，而且能够及时掌握行业、业务及人员心态等各方面动向。有些已经成熟的创新型企业早在创业初期就或有意或无意地建立起这类沟通机制：机床工业的明星企业、北京精雕科技集团早在创业之初就形成了一条不成文的规矩，凡是留在北京"家里"、不出差的管理团队成员，都会每天中午一起吃午饭，边吃边聊自己所负责工作的进展和问题。20 世纪 90 年代中期，常熟开关厂（现常熟开关制造有限公司）二次创业，工厂办公区进行了一次装修，工厂党委书记和厂长因此挤在一个办公室里坐上了对桌，反倒方便了很多工作讨论，结果装修完了，两位厂领导也没再调整办公室。

（2）合理报酬。有效沟通的另一个重要功能，是确保随着角色、责任及贡献变化，对股份、职位及其他报酬进行相应调整。在进行员工报酬设计的时候，管理团队需要掌握一定的灵活性。这种灵活性体现在很多方面，既包括建立员工收入隐私权的企业文化，也包括建立报酬与企业整体业绩相挂钩的评价机制：不能以成熟大企业的收入水平作为报酬设计的参考标的，否则不足以调动全体员工与组织同甘共苦、共同成长。当然，在报酬设计中需要认真考虑整个创业项目中某些特殊贡献的价值：整个项目的创意思路、商业计划书、标杆人物的敬业精神所起到的带动作用以及有特殊价值的资源投入（如对新创企业行业地位和合法性的重大支持），等等，都是需要考虑的因素。在这一过程中，创始人要用好股权这一工具，既要保证创始人和创始团队对公司的绝对控制力，又要学会通过股权的动态调整与分配帮助公司找到更多有力的合伙人和投资人，以便获得更为急需的资源。

最后我们给出容易导致创业团队失败的注意事项清单，其中包括：

（1）缺乏理智。整个创业项目和合作始于冲动，合作基础不够扎实。

（2）缺乏理念。团队成员价值观不同，有人按照初始目标按部就班，有人急于变现“挣快钱”，还有一些成员对项目的期望向更大的野心和目标发生了漂移（如电影《中国合伙人》中邓超饰演的角色孟晓骏就对项目有更大的期望）。

（3）缺乏秩序。只有默契，没有制度，走上正轨之后企业管理仍处于水泊梁山的状态。

（4）缺乏统一指挥。由于缺乏正式的管理秩序，整个企业运行中仍然有大量人格化的成分，决策和执行会受到个人面子和情绪的影响，久而久之甚至会出现宗派和山头。

（5）缺乏分工与协作。同样是由于正式制度的缺失，组织内部的分工协作缺乏正式依据，这会使决策过程充斥着无意义的争吵，而这又会反过来影响团队内部的人际关系。

（6）目标承诺与实际需求不匹配。组织对其成员的努力付出给出的激励与组织成员的需求不相匹配，从而动摇了员工投入的决心与承诺，这有可能是因为过度自信的创始人低估了创业风险和困难，使早期的允诺变成了“画饼”。

（7）团队过于同质化。思维方式和分析视角的单一以及深层次上知识基础的单一。

（8）贡献（出钱、出力）和分配（权力、金钱）的矛盾。

三、创业过程中的机会评估

我们一再谈到创业过程中的机会，那么到底创业机会是什么？张玉利在其主编的《创业管理》中将“创业机会”定义为“预期能够产生价值的清晰的目的-手段组合”。其中，目的是满足顾客的需求，解决顾客意识到或没有意识到的实际问题；手段则是价值实现的途径，在创业者识别机会之后，它至少应表现为有价值的创意和较为清晰的商业概念。在这里，“商业概念”是问题与解决方案的结合点：问题是顾客正在经历的问题，即“痛点”，这也应当成为创业者试图解决的对象；而解决方案不仅能够带来顾客利益，还能够帮助创业者获得商业回报。发展出恰当的创意和商业概念，是创业者进一步开发机会的必要条件。

关于创业机会的来源，我们将在本章第五节的“中国式创业”中结合中国的具体国情给出进一步讨论。这一节我们将聚焦于一个关键问题：创业者如何对创业机会做出准确评价？而回答这个问题必须首先回答的一个问题是：什么样的创业机会更适合新创企业？对这一问题的回答显然与前面提到的一系列关键概念有关，如互补资产、进入壁垒、技术体制，等等。创业学者对这一问题的回答见表 5－5。而蒂斯在有关“从技术创新中获利”的研究中也给出了一个创新者是否自建互补资产的决策框架，如图 5－9 所示。不难看出这二者在逻辑上的相通之处。

表 5－5　在位企业与新创企业各自适合的创业机会

机会的特点	有利于谁	理由	例子
非常依赖于信誉	现存企业	人们更愿意从他们了解和信任的企业那里购买产品	珠宝商店
强学习曲线效应	现存企业	现存企业沿学习曲线移动，更善于生产和销售产品	汽车制造商
需要大量资本	现存企业	现存企业可以使用已有现金流来生产新产品或服务	喷气式飞机制造商
要求规模经济	现存企业	当规模经济存在时，随着生产数量的增加，生产产品或服务的平均成本下降	钢厂

续前表

机会的特点	有利于谁	理由	例子
在营销和渠道方面需要互补资产	现存企业	满足顾客需求的能力经常要求获得零售分销渠道	跑鞋生产商
依赖于产品逐步改进	现存企业	同复制其产品或服务的新企业相比，现存企业能够更容易和更便宜地对产品进行逐步改进	DVD播放器制造商
利用能力摧毁型创新	新企业	现存企业的经验、资产和流程受到威胁	以生物技术为基础的计算机生产商
利用破坏性创新	新企业	现存企业关注于服务它们的主流顾客，而不愿意引入不能满足那些顾客需求的产品或服务	中低端电动车
建立在独立创新的基础上	新企业	新企业能够开发独立创新而不必复制现存企业的整个系统	手机游戏
存在于人力资本中	新企业	拥有知识的人能够生产满足顾客需求的产品或服务	厨师

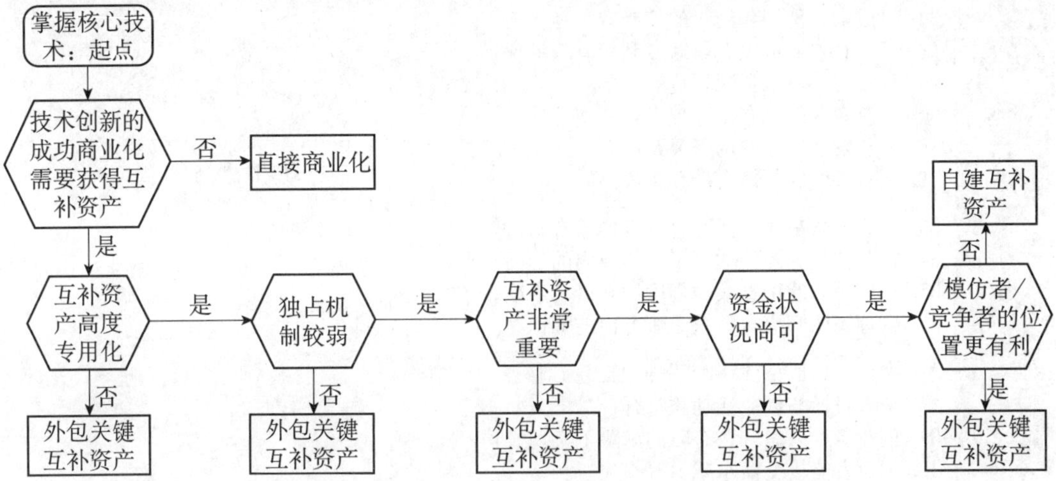

图5-9　获得互补资产的途径：自建与外包的决策流程

当基于创新的创业者确认自己的商业概念和技术创新可以而且需要一个独立自主的新创企业作为支撑的时候，创业者就需要对自己抓住的这个创业机会进行深入的评价。开展这项评价工作的一个重要工具就是蒂蒙斯开发的创业机会评价基本框架（如表5-6所示）。

表5-6　蒂蒙斯创业机会评价基本框架

行业和市场	1. 市场容易识别，可以带来持续收入； 2. 顾客可以接受产品或服务，愿意为此付费； 3. 产品的附加价值高； 4. 产品对市场的影响力高； 5. 将要开发的产品生命力长久； 6. 项目所在的行业是新兴行业，竞争不完善； 7. 市场规模大，销售潜力达到1 000万到10亿； 8. 市场成长率在30%～50%甚至更高； 9. 现有厂商的生产能力几乎完全饱和； 10. 在五年内能占据市场的领导地位，达到20%以上； 11. 拥有低成本的供货商，具有成本优势

经济因素	12. 达到盈亏平衡点所需要的时间在 1.5～2 年以下； 13. 盈亏平衡点不会逐渐提高； 14. 投资回报率在 25%以上； 15. 项目对资金的要求不是很高，能够获得融资； 16. 销售额的年增长率高于 15%； 17. 有良好的现金流量，能占到销售额的 20%～30%甚至更高； 18. 能获得持久的毛利，毛利率要达到 40%以上； 19. 能获得持久的税后利润，税后利润率要超过 10%； 20. 资产集中程度低； 21. 运营资金不多，需求量是逐渐增加的； 22. 研究开发工作对资金的要求不高
收获条件	23. 项目带来的附加价值具有较高的战略意义； 24. 存在现有的或可预料的退出方式； 25. 资本市场环境有利，可以实现资本的流动
竞争优势	26. 固定成本和可变成本低； 27. 对成本、价格和销售的控制较高； 28. 已经获得或可以获得对专利所有权的保护； 29. 竞争对手尚未觉醒，竞争较弱； 30. 拥有专利或具有某种独占性； 31. 拥有发展良好的网络关系，容易获得合同； 32. 拥有杰出的关键人员和管理团队
管理团队	33. 创业团队是一个优秀管理者的组合； 34. 行业和技术经验达到了本行业内的最高水平； 35. 管理团队的正直廉洁程度达到最高水准； 36. 管理团队知道自己缺乏哪方面的知识
致命缺陷	37. 不存在任何致命缺陷问题
个人标准	38. 个人目标与创业活动相符合； 39. 创业者可以做到在有限的风险下实现成功； 40. 创业者能接受薪水减少等损失； 41. 创业者渴望进行创业这种生活方式，而不只是为了赚大钱； 42. 企业家可以承担适当的风险； 43. 创业家在压力下状态依然良好
理想与现实的战略差异	44. 理想与现实情况相吻合； 45. 管理团队已经是最好的； 46. 在客户服务管理方面有很好的服务理念； 47. 所创办的事业顺应时代潮流； 48. 所采取的技术具有突破性，不存在许多替代品或竞争对手； 49. 具备灵活的适应能力，能快速地进行取舍； 50. 始终在寻找新的机会； 51. 定价与市场领先者几乎持平； 52. 能够获得销售渠道，或已拥有现成的网络； 53. 能够允许失败

可见，蒂蒙斯创业机会评价基本框架反映了前四章创新管理提到的很多基本规律，包括：

（1）战略性思维的重要性。创业者的创业思路要大气，具有成长性，体现出“站得高、看得远”的特点，而不是简单地满足生存需要（如上第5、7、8、23、41条）。

(2) 渐进改进、快速迭代的重要性。战略性思维与渐进式创新并不矛盾，创业者在起步阶段需要小打小闹、小修小补，在快速迭代过程中逐步升级，建立自己的往复实践经验，而不要总想一口吃个胖子，更不能“眼高手低”(如上第12、15、21、26条)。

(3) 立足本土产业公地。创业者切忌“包打天下”，而是要学会撬动资源（包括技术、产业、社会关系等各种资源)；实施拼凑策略，尽可能降低创业的进入壁垒（如上第11、22、31、34、52条)。

(4) 关注核心竞争力，发展内生的独特性。学习与创新能力始终是创业过程中不可或缺的能力投入，创业者要始终一只眼睛向外看市场，一只眼睛向内找特长（如上第29、48、50条)。

上述四点基本规律，同样可以成为投资者包括政府背景的创业支持基金去评价创业项目和创业者的基本点。如果一个创业项目无法达到这四项基本要求，或者无法确认其在短期内能够具备这四项特征，这个创业项目失败的风险就会大幅增加。此时的创业者要么没有想清楚自己的创业项目将会走向何处，要么就有PPT创业、收智商税、争抢大风口的嫌疑。

第三节 商业模式创新

商业模式创新是近年来随着创新创业热潮而日渐大火的词汇。什么是商业模式创新？如何理解和应用商业模式创新？尤其是在今天，各行各业都在“互联网+”或“+互联网”的时候，互联网几乎成了讨论商业模式绕不去的主题，那么互联网上的创新创业到底在竞争什么？如何竞争？这一节的中心任务就是尝试回答这些问题。

一、商业模式：内涵与创新过程

(一) 商业模式的概念

随着产业技术的不断发展，对发达国家的领先企业来说，竞争已经越来越不单纯表现为产品之间的竞争，而加入了商业模式竞争的成分。但长期以来，有关何为商业模式、何为商业模式创新的讨论一直都在进行，各方众说纷纭，见仁见智。表5-7就是有关商业模式的一些代表性定义。

表5-7 商业模式的定义：代表性观点

学者（时间）	定义或解释
Timmers (1998)	商业模式是产品、服务和信息流的一个体系架构，包括说明各种不同的参与者以及他们的角色，各种参与者的潜在利益，以及企业收入的来源
Chesbrough and Rosenbloom (2002)	商业模式是连接技术开发和商业价值创造的媒介
Magretta (2002)	商业模式是解释企业如何工作的“故事”，它必须回答管理者关心的一些基本问题：谁是顾客，顾客价值何在，如何在这个领域中获得收入，以及如何以合适的成本为顾客提供价值

续前表

学者（时间）	定义或解释
Voelpel et al.（2004）	商业模式表现为一定业务领域中的顾客核心价值主张和价值网络配置，包括企业的战略能力和价值网络其他成员（战略联盟及合作者）能力，以及对这些能力的领导和管理，以持续不断地改造自己来满足各种利益相关者的多重目的
Seddon and Lewis（2004）	商业模式是对一组活动在组织单位中的配置，这些单位通过在企业内部和外部的活动在特定的产品市场上创造价值
Osterwalder et al.（2005）	商业模式含有一组要素以及要素之间的联系，以此说明企业商业逻辑的概念性工具。它描述了企业向一个或多个顾客群提供的价值，企业为产生持续的赢利性收入的架构和创造、营销和移交价值的合作网络与关系资本
Morris et al.（2005）	商业模式是企业一系列关于风险投资策略、架构和经济学领域相关决策的变量集合，表明企业如何在既定市场中建立可持续的竞争优势，是有关价值创造和价值传递的战略性架构
Zott and Amit（2010）	商业模式是为了创造价值所设计的、通过利用商业机会进行交易的内容结构和治理的活动系统。这个活动系统是一个以焦点企业为中心的、相互依赖的组织活动集合，包括焦点公司、合作伙伴、供应商或客户等进行的组织活动。商业模式不仅反映了焦点企业与合作伙伴共同创造价值的方式，而且反映了其所嵌入的价值创造“生态系统”
George and Bock（2011）	商业模式是以机会开发为核心的组织结构设计，是由各种活动关联形成的结构及其服务的价值目标

从总体上看，无论从组织设计、交易活动，还是特定的能力与故事等不同角度出发去理解，商业模式所关心的核心问题就是企业通过创新的产品或服务实现盈利的方式与流程。这意味着创业者或创新者在设计商业模式时需要考虑的原则性问题包括：

（1）如何为顾客创造价值？

（2）如何为企业创造价值？

（3）如何将价值在企业与顾客之间传递？

这一系列问题都是在帮助创业者明确其运行和盈利的核心逻辑，即“价值发现→价值匹配→价值获取”的逻辑链条是如何步步推进、步步展开的。推进和展开这一逻辑链条，阐明企业的商业模式，可以帮助创业者：（1）对创业计划的可行性分析做进一步延伸；（2）将注意力集中于企业要素如何匹配以及如何构成企业整体；（3）解释使其创意具有可行性的参与者网络为何愿意合作的原因；（4）向所有利益相关者阐明企业的核心逻辑。

（二）商业模式的设计

在回答上述问题、搭建商业模式的过程中，创业者需要明确商业模式中某些特定的关系和要素。这就涉及商业模式的基本组成部分。奥斯特瓦德（A. Osterwalder）就给出了业内广为接受的商业模式九大要素，又称商业模式画布。

1. 消费者目标群体

即公司所瞄准的消费者群体，这些群体具有某些共性，从而使公司能够（针对这些共性）创造价值。定义消费者群体的过程也被称为市场划分，这一过程需要回答的基本问题包括：

（1）我们正在为谁创造价值？

（2）谁是我们最重要的客户？

2. 价值主张

即公司通过其产品和服务所能向消费者提供的价值，价值主张确认了公司对消费者的实用意义，明确价值主张需要回答以下根本问题：

（1）我们应向客户传递什么样的价值？

（2）我们正在帮助客户解决哪一类难题，满足他们的哪些需求？

3. 分销渠道

即公司用来接触消费者的各种途径，它阐述了公司如何开拓市场。它涉及公司的市场和分销策略，并需要明确以下问题的答案：

（1）通过哪些渠道可以接触我们的客户细分群体？

（2）哪些渠道最有效？成本效益最好？

（3）如何把我们的渠道与客户的例行程序进行整合？

4. 客户关系

即公司同其消费者群体之间所建立的联系类型，主要回答以下问题：

（1）每个客户细分群体希望我们与之建立和保持何种关系？

（2）我们建立了哪些关系？其成本如何？

（3）如何将之与商业模式的其余部分进行整合？

5. 盈利模式

即公司从每个客户群体中获得的各种收入流（从收入中抵扣成本），需要回答的问题包括：

（1）什么样的价值能让客户付费？

（2）他们是如何支付费用的？

（3）他们更愿意如何支付费用？

（4）每个收入来源占总收入的比例是多少？

6. 关键业务

即为了确保商业模式可行，企业必须做的最重要的事情，涉及以下问题：

实现我们的价值主张/分销渠道/客户关系/盈利模式需要哪些关键业务？

7. 核心能力与资源

即公司执行其商业模式所必需的因素，涉及以下问题：

实现我们的价值主张/分销渠道/客户关系/盈利模式需要哪些核心能力与资源？

8. 合作伙伴网络

即公司同其他公司之间为有效地提供价值并实现其商业化而形成的合作关系网络。这也描述了公司的商业联盟范围，其中涉及以下基本问题：

（1）谁是我们的重要伙伴？

（2）我们正在从伙伴那里获得哪些核心资源？

（3）合作伙伴能够执行哪些关键业务？

9. 成本结构

即运营一个商业模式所引发的所有成本，也就是用货币描述其使用的工具和方法，其中的基本点包括：

（1）什么是我们商业模式中最重要的固定成本？

（2）哪些核心资源花费最多？

（3）哪些关键业务花费最多？

在回答上述一系列问题之后，创业者就可以明确自己商业模式的基本构成。而这个商业模式一经明确，其价值创造的来源也就基本明确了。总体而言，帮助企业实现价值创造的商业模式基本包括以下四个基本类型：

（1）新颖型（novelty）：以新颖为中心的商业模式设计的本质是采用新的活动（内容）和/或连接活动（结构）的新方式和/或管理活动（治理）的新方法。

（2）锁定型（lock-ln）：商业模式也可以设计为锁定型，锁定即吸引第三方持续作为商业模式参与者的能力；锁定可以表现为交换成本，或作为从活动系统的结构、内容和（或）治理中获得的网络外部性。

（3）互补型（complementarities）：当商业模式内的活动比企业单独运转提供更多的价值时，互补性就成为价值的来源。例如，存款活动为银行的贷款活动提供了重要的资金来源。

（4）效率型（efficiency）：以效率为中心的设计是指企业利用其商业模式设计降低交易成本从而实现更高的效率。

（三）商业模式的创新与运转

> **大师观点**
>
> 人类历史上一切故事的核心事件可以概括为一句话：冲突颠覆生活。因此，故事的最佳定义如下：一系列由冲突驱动的动态递进事件，在人物的生活中引发了意义重大的改变。
>
> ——罗伯特·麦基
>
> （好莱坞“编剧教父”）

建立一种新的商业模式，或者一个商业模式创新的成功，归根结底反映为对现有方法的改进和突破。它或者能为一个零散的顾客群体带来更多的价值，或者能完全取代旧方法，成为有待下一代企业家去突破的新标准。从玛格丽塔（J. Magretta）给出的商业模式的定义来看，一次商业模式创新与撰写一个新故事有许多异曲同工之处：新故事是对老故事的改变，而商业模式创新则是对价值链和价值创造方式的改变。这种改变可能针对与生产相关的行为，如产品设计、原材料采购、制造等，也可能针对与销售相关的行为，如寻找并接近顾客、交易谈判、分销产品或者提供服务（如表5-8所示）。一个新商业模式的故事情节或是经济逻辑，可能始于设计一种新产品，以满足一项未满足的需求，也可能始于一个流程的创新，用更好的方法从事一种成熟产品或服务的生产、销售或分销。但无论如何，它都要直击痛点：传统商业模式和价值链无法满足的那些需求。用罗伯特·麦基的话说，要找准“冲突”。

表 5-8　商业模式创新的不同形式：寻找新的收入来源

价值链的重新定位	寻找尚未开发或者水平低下的市场，以及顾客不满意之处。如针对金字塔底层的创新创业
重塑价值链	颠覆现存的价值链，塑造一个全新的价值链。立足于其他行业通常是一个行业重塑价值链的灵感所在，如从软件角度重新定义机电一体化，用计算机的思维重新定义交换机
重新定义价值增值	改变产品或服务的价值评价标准，如中国企业以性价比为杀手锏的破坏性创新（西方企业更依靠"安全""绝对性能"），以及苹果公司和陕鼓这类"向下游移动"的系统集成商
重新定义分销	将产品投放在顾客花费大量时间的地方。如果顾客位于中介长链的末端，考虑直销方式

但商业模式创新同样是一个试错过程，其推出后需要经过不断的调整和打磨。在这一过程中，创新型企业需要努力跟踪顾客和价值链上其他成员的反馈信息，确定最有效的模式，进而实现收益的最大化。这个被确认为"有效"的模式可以为企业提供以下两方面的支持：(1) 产生互补性的产品和服务；(2) 增强顾客间的相互联系，借助这些顾客，有助于将企业及产品介绍给其他顾客。打磨出具备上述特征的商业模式之后，创新型企业就可以将"打造商业模式"本身视为一种往复实践，在不同层次和范围部分或全部地复制现有商业模式的合理成分。这种复制包括：

(1) 扩大商业模式推行的地理范围，进入新市场，或者改变产品与服务方式；

(2) 向现有顾客群出售新产品/服务，进一步锁定现有顾客群体，典型如苹果公司基于 iTunes 和 iOS 的产品线延伸都为锁定现有顾客作出了贡献；

(3) 将现有商业模式应用于新产品/服务，专业化电商平台向综合性电商平台的转型是这一类的典型，如 Amazon（从图书市场起步）、京东（从家电市场起步）的转变；

(4) 通过收购或建立战略联盟来扩大现有的商业模式，如滴滴和快的的合并、美团和大众点评的合并，都是相同或相似商业模式的联合与复制。

随之而来的问题是，商业模式创新是如何发生的？是在真空中发生的吗？与之直接相关的问题是，有希望的商业模式创新应当具备哪些特征？或者说，解决了既有商业模式中的哪些冲突？图 5-10 给出了商业模式创新的过程，一个四阶段八步骤的循环，反映了前面所说"往复实践"的特征。而这个往复实践中所找准的冲突与改进点往往反映为以下五个方面中的一条或者几条：(1) 现金流可以被观察；(2) 价值能够显著地被叠加；(3) 需求能够爆发性地增长；(4) 成本能够破坏性地降低；(5) 竞争优势能够获得系统性的锁定。作为这些改进的基础，还需要某些测试避免商业模式创新中的低级错误，其中包括：(1) 真实性测试，避免对未来的错误假设，甚至选定一个莫须有的市场和需求，这在大学生的创业项目中尤其常见；(2) 竞争性测试，企业相对于其顾客和竞争对手的位置；(3) 价值测试，创业项目能否为投资者提供一个可观的回报率。

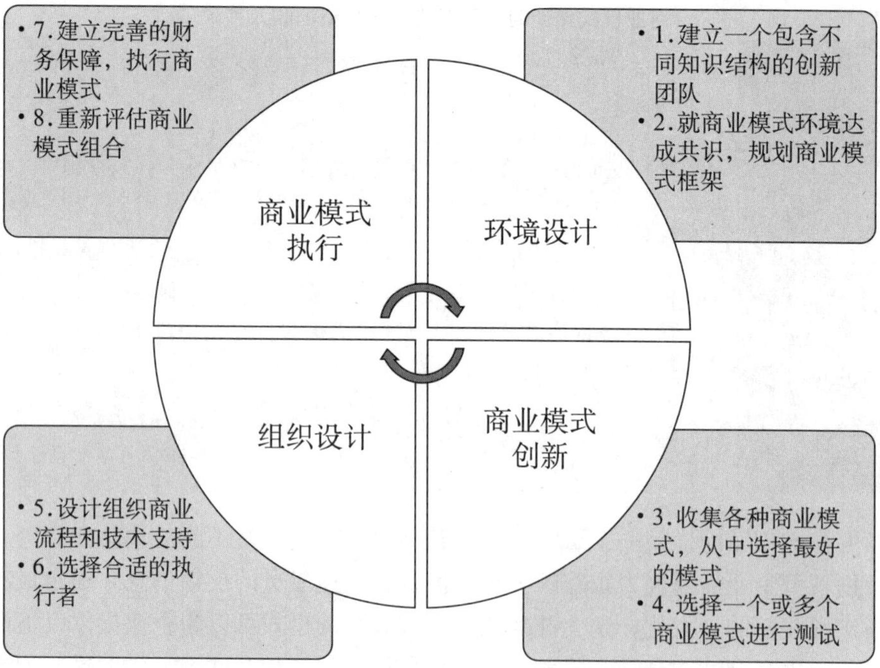

图 5-10　商业模式创新的过程：四阶段八步骤模型

创新者案例

打入“创业板”：立思辰的商业模式创新

1988 年，清华大学学生池燕明开始勤工俭学，在校内开办了一家复印社，唯一的资产是一台价值 1 000 元的二手复印机。他自己动手修理，“变废为宝”，用这台复印机给老师和同学复印资料。站稳脚跟之后，池燕明决定放弃国家统一分配，自主创业。1993 年之后，池燕明陆续成为日本东芝、美国雷立等进口办公设备代理商。但是，打印设备代理销售的利润率很低，而且很多厂商开始直接深度介入渠道，这进一步压缩了代理商的利润空间。

面对这种情形，池燕明决定转型。1999 年，池燕明创立立思辰品牌，从打印设备代理商转型为专业的设备零售商，此时美国雷立仍是立思辰的供货商。在与雷立洽谈合作的过程中，池燕明发现美国企业的打印业务已经流行采用文件管理外包模式，就是企业将打印服务业务交给专业服务供应商，采取“按需打印、按张收费”，企业无须自己采购设备，只需由专业的服务商通过一系列技术手段，监控所有设备，提供全面的设备运营管理，帮助企业节省费用、提高效率。池燕明随即考察国内市场，发现当时只有世界 500 强公司采用这种模式。他认为这个市场必将在国内爆发，于是，立思辰于 2004 年开始向文件管理外包服务商转型。

但新的模式不会从天而降：从设备销售转型管理外包服务，甚至帮助客户优化运营办公文印系统和视音频会议系统，这个转变跨度非常之大。池燕明决定以自主知识产权软件为核心，为客户提供优化组合了多个知名品牌设备的文件外包解决方案的策略，从而形成相对于单一品牌设备供应商的优势。利用这一策略开拓本土客户群体，发挥本土服务商优势。在这一过程中，立思辰以“高举高打”的策略从各行业高端大型客户做起，通过标杆客户的口碑与品牌效应向其他企事业单位渗透，进行行业复制。恰在此时，央企和政府机关开始推行节约办公政策，立思辰的这一新商业模式恰好顺应这一变化，而它又是业内唯一具有涉密资质的企业，这就为立思辰拓展这个高溢价市场细分创造了难得的机遇。随后，立思辰先后与国家工商总局、国航、中海油等国家机关和知名企业签约文件管理外包服务。在为这些高端机构客户服务的过程中，立思辰充分把握住现有客户的应用与需求走向，并开发出相应的产品和解决方案。立思辰研发的文件输出管理系统，就是源于大型企业和教育行业客户的启示；文档安全管理系统的创意则是来自政府、军队、军工等有保密需求的客户；视音频管理外包的理念和业务同样来自客户反馈，立思辰在2010年前后已在企业级视频会议市场处于领先。

立思辰将传统的设备销售业务模式，转变为“整合设计、专业外包、长期服务”的新商业模式，为客户实现节约办公费用、优化办公流程、加强信息安全、提高管理效率，并带来环保、健康的效益。立思辰与客户的关系也从传统的一次性交易关系转变为新型的长期合作伙伴关系，与客户一般签订3～5年的服务合同。由于服务期限较长，易于发现和满足客户不断发展变化的需求，为其持续提供系统与服务升级，长期绑定客户，从而确保收入稳定。作为本土最大的办公信息系统管理外包服务提供商，立思辰凭借突出的创新成果、高成长性以及持续创新能力，成为中国创业板首批企业之一，并于2009年1月3日在深交所成功上市。

尝试完成立思辰的商业模式画布，并思考其商业模式创新取得成功的条件。

资料来源：中国企业评价协会．中国企业自主创新评价报告2012．北京：中国发展出版社，2012．

二、创新创业中的互联网：当代商业模式的重要变量

时至今日，互联网在创新创业中所扮演的角色已经日益突出且重要。无论是“＋互联网”还是“互联网＋”，信息、通信与计算技术都已经成为创新创业的重要因素投入：今天几乎所有的创业活动中都有互联网的身影，它可能是作为一种渠道（网商平台），可能是作为一种生产要素（要素归集整合方式），也可能是作为一种最普通的基础设施而发挥作用。

作为一种渠道存在的时候，互联网的一个重要功能就是在重新定义分销的同时对现有价值链进行了重新定位与设计。基于互联网的单边或双边交易平台越来越多，不仅为人们的日常生活创造了极大的便利，也为创业者提供了“无线”商机。我们的生活中出现了越来越多的兼职微商和淘宝店主。与此同时，很多在位企业也把网络直营视为实体销售渠道之外的第二条腿，甚至将此看作“二次创业”的重要方式。当然，这种网络营销渠道的建设与发展，在很大程度上还没有改变互联网与原有产品（服务）之间的关系，换句话说，此时的互联网还处于“配角”的位置，“＋互联网”的色彩还非常明显。在全球范围内，用互联网重新定义企业销售渠道的先行者非美国戴尔公司莫属。

创新者案例

戴尔：用互联网重新定义 PC 行业的商业模式

1984 年，戴尔（M. Dell）从大学退学，决定在个人电脑领域开辟一番事业。早在上学的时候，戴尔就开始尝试了后来的直销生意：他从 PC 批发商那里将积压的计算机以批发价买回，再在机器上增加一些特性，如更多的内存和磁盘驱动器，再以低于市价 15%的价格销售这些改装电脑，并通过当地报纸的分类广告招徕顾客，以此解决传统 PC 销售模式中“供非所需、需不能供”的需求匹配问题（如图 5－11 所示）。从某种意义上讲，戴尔只是将沃尔玛在零售行业中的“低价直销”策略复制到了计算机行业。但这对整个行业的影响不容低估。进入 20 世纪 90 年代中后期，戴尔更是借势搭上了互联网发展的历史机遇：除了一贯的低价优质之外，为了将自己的订制优势发挥到极致，戴尔公司自主开发了供应链管理系统和客户关系管理系统；而且为了给顾客更多选择，戴尔公司还非常重视新产品创意的开发与执行；当意识到有些顾客有意愿以一定的代价换取 7×24 的在线技术支持的时候，戴尔公司在 2007 年、2008 年分配追加资源用于支持服务。

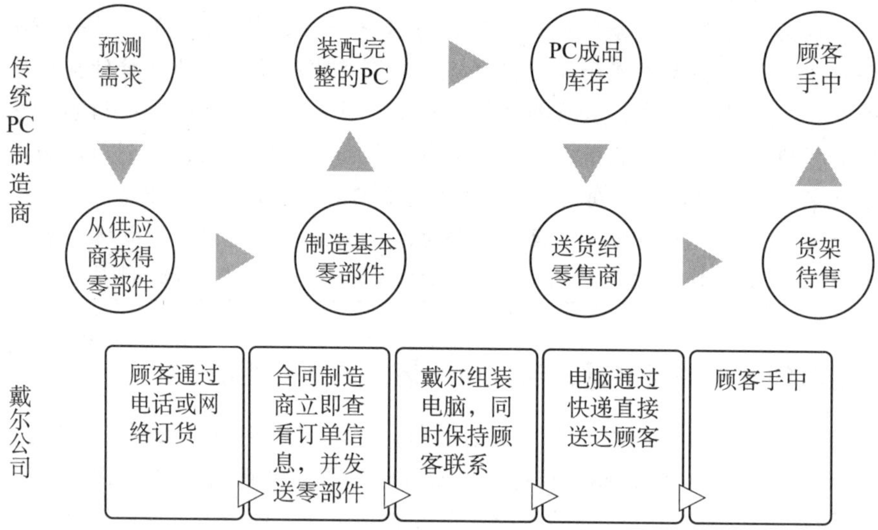

图 5－11　传统 PC 制造商与戴尔的商业模式比较

尤其是对于中国这样的发展中国家，以互联网为渠道的创新创业的重要性还体现在更多方面：农村地区出现的一大批“淘宝村”正在成为农村经济与电商经济“化和”的产物，而且它们天然地成为商业模式创新和转型的试验田。对中国的广大农民来说，以往的商业模式，做生意是从生产开始，继而销售、配送；而“淘宝村”的商业模式则是从消费者的需求开始，然后才是供货、生产、配送。此时的互联网已经不再只是简单的渠道，而是作为一种重要的基础设施和生产要素，将消费者的信息迅速传导给整个产业链，进而重构了原有的全部业务。顾淑林在 2017 年对中国 14 个最典型“淘宝村”的总结概括见表 5－9。

表 5-9 中国"淘宝村"：概况

	村庄及人口	所在省市	电子商务领域	创业者、创业时间及背景	当地资源	目前现状	对周边地区的影响	"白手起家"创业或现有业务的"转型"
1	青岩刘村 1 700	浙江	小商品	刘文高，2006年，媒体从业人员	靠近义乌，义乌是全国最大的小商品交易中心	2 000个网店，年销售额超过20亿元	非常巨大	造成浙江义乌地区出口小商品行业的转型
2	军埔村 2 600	广东	服装	黄海金，2012年，外出打工	位于揭阳市，服装和鞋业的产业基础好	3 000个网店，250个实体店	非常巨大	转型
3	东风村 4849	江苏	简易家具	孙燕，2006年，大学学历，外出打工	在农村产业化方面有一些经验	1 000多家网店，形成产业链	巨大，创造了数千个就业机会	基本上是"白手起家"型
4	丁楼村 1 107	山东	舞台和艺术服装	周爱华，2010年	自20世纪90年代就开始从事舞台和艺术服装	2014年销售额超过6亿元	巨大，160个高校毕业生和2 500名农民工返乡	转型和业务扩展
5	西山村 976	浙江	简易衣柜	刘国平，赖金伟，2010年，大学毕业	山区，林地资源丰富，从20世纪90年代开始就从事木材加工	50个网店，6个电子商务企业	很大	转型和业务扩展
6	湾头村 6 000	山东	草柳编	贾培晓，2008年，外出打工	广阔的湿地资源和植物资源，20世纪80年代就开始发展出口导向型草柳编工艺	700个网店，2013年网上交易额1.17亿元	在周边地区影响很大，2015年年初，3 000家网店吸纳2万名工人就业	从出口导向转型
	顾家村 1 423		粗布制品	王立军，龚春晓等，2010年	自20世纪90年代开始生产粗布制品	2013年网络销售额6 000多万元		转型与业务扩展
7	北山村 2 000	浙江	户外用品	吕振鸿，2006年，外出打工	相对发展完善的乡镇产业，在带锯床、缝纫机、工刃具等方面有基础	200个网店，1 000多人参与	巨大，在村子和周边发展出了一个新的产业	"白手起家"型
8	灶美村 1 650	福建	藤竹制品	李江斌，2007年，高中毕业 李志锋，2009年，外出打工	气候宜人，丰富的藤竹资源，1980年开始发展出口导向的竹制品工艺	1 000个网店，年销售1.8亿元	巨大，400个企业，当地藤铁行业产值超过40亿元	转型和业务扩展

续前表

	村庄及人口	所在省市	电子商务领域	创业者、创业时间及背景	当地资源	目前现状	对周边地区的影响	“白手起家”创业或现有业务的“转型”
9	培斜村 725	福建	竹制品、茶叶、农家旅行	华永良，2007年，大学毕业余俊亮，2010年，大学毕业	丰富的地区植被、竹子制品、家庭农场，农家旅游具有基础	58个网店	突出表现在村庄生活方式的转变	成功试验出一条生产和服务相结合的乡村现代化路径
10	阳澄湖镇	江苏	大闸蟹	龚志强，2006年，大学毕业	阳澄湖是著名的大闸蟹产区，20世纪90年代开始并已经形成大闸蟹完整的产业链	超过500家网店，网络销售超过3亿元，网上销售占总体销售额的50%	有力地改变了村镇的相关生产和生活方式	商业模式创新和产业转型
11	白牛村 1 528	浙江	坚果炒货	邵洁，2007年，外出打工	山区，盛产山核桃，坚果加工产业	30个家庭加工厂并有自己的网店，在线销售1亿元	改善了临安广大地区的生活方式	接近“白手起家”型，商业模式创新带来行业的转型
12	西岱村 870	浙江	教玩具	当地企业华夏游乐设备有限公司，2002年，很多个人在2006年、2008年跟进	教玩具是当地有名的产业，下桥镇被称为“中国教玩具之都”	500个网店，150个家庭工厂，在线年销售额达到1.2亿元	100个外地的网店，带动相邻村镇拓展电子商务	转型和业务扩展
13	颜集镇	江苏	花木	胡义春，2005年	过渡性气候，历史上有名的花木产业基地	3 200个网店，8 000个家庭花卉农场，年销售额10亿元	在乡镇影响巨大，120个高校毕业生参与	转型和大规模业务扩展
14	白沟镇	河北	箱包	知名的创业者超过12个，2008年	清末就发展的箱包产业，在20世纪八九十年代全面发展，2008年金融危机重组	8 000个网店，2013年总销售额的30%，通过在线交易完成	巨大，覆盖了好几个乡镇，吸纳100万人就业	向新的商业生态转型

当然，“淘宝现象”（包括“双11”）及“淘宝村”的出现，都是社会经济发展到一定阶段的产物，但这并不意味着它们会成为未来的必然趋势。从当前阶段来看，“淘宝现象”的出现一方面同中国在那些进入壁垒不太高的传统产业领域的巨大产能有直接关系，另一方面也同中国社会在收入分配、城乡差距等方面的现状有关。但是从历史长期发展走势来

看，“淘宝”及“淘宝村”本身的战略转型、向着更高技术密集度和更高附加值方向的转型，无疑是中国经济转型升级的内在要求。相反，如果“淘宝现象”持续高烧不退甚至愈演愈烈，则有可能预示着较大范围内消费降级的压力、转型升级的艰难与路径依赖的风险。

作为一种生产要素归集方式，互联网技术进步的车轮已经日益指向物联网（IoT，internet of things）。各种物联网和智能网的建立和发展，使万物互联和虚拟现实逐渐成为可能，这从根本上打破了以往诸多信息孤岛之间的屏障，为增值信息服务提供了关键生产要素。日常生活中开始出现智能家居，工业领域开始出现口袋工厂，能源领域开始出现智能电网，汽车、手机则在奋力争夺未来物联网世界“信息枢纽”和“遥控器”的入口（见第三章创新者案例“再不链上汽车，就被时代扔下车了”）。所有这些变化都为下一代商业模式创造了条件，都指向了交易成本的极大降低和经济活动效率的极大提高。

而作为当代经济发展最为重要的生产要素，信息的归集整合几乎天然地与信息网络密不可分。在这一背景下，从生产要素、营销渠道和信息基础设施三个方面同时加大对互联网的利用，从而使一种彻底的、基于互联网的商业模式的形成逐渐成为可能。此时，产品与互联网之间的因果关系变得模糊，“互联网＋”的商业模式逐渐成型。在这种商业模式中，互联网将生产企业与用户紧密联系在一起，产品的改进、需求的升级、产品线的发展、企业的扩张相互交织，而互联网则成为这些不同方面发生化学反应的“培养皿”。

创新者案例

小米：“互联网＋”商业模式创新的先行者

2007 年 1 月 9 日，美国苹果公司发布第一代 iPhone 手机；当年 12 月 20 日，北京金山软件公司 CEO 雷军宣布辞职。在这近一年的时间中，雷军开始考虑在手机行业创业的可能：当时的手机市场，苹果、三星等厂家主攻高端，诺基亚、摩托罗拉等老牌企业转型艰难，但移动互联网的发展趋势已被 iPhone 引爆。这意味着将来会有一大批中低收入的年轻人以中低端智能手机取代手头上的功能机；这批消费者极其看重性价比，而摩尔定律为此留足了空间，因为按照摩尔定律发展的核心元器件构成了智能手机的主要硬件成本，这一特征比早前的功能机显著得多。

在明确了手机行业的创业方向之后，雷军进一步借鉴了苹果公司的产品战略，实施“软件-硬件-互联网服务”三位一体的模式。而作为一个创业公司，雷军决定从软件着手建设智能手机产业生态。在这一过程中，雷军用近三年的时间找到六位创业伙伴，在 2010 年 4 月创建了小米科技（以下简称小米）。从 2010 年 4 月到 2011 年 8 月小米发布第一款手机小米 1，小米的核心任务就是开发专门针对目标用户使用习惯的手机操作界面 MIUI。刚开始做 MIUI 的时候，整个小米不到 20 人，绝大多数都是技术背景出身；更重要的是，小米充分利用互联网引导用户参与 MIUI 前期开发，小米甚至为此确立了“为发烧而生”的品牌战略。为了真正做到“让用户成为产品经理”，早期小米的 MIUI 工程师大部分时间都是泡在 MIUI 论坛里面，凡发烧友刷MIUI遇到问题，小米工程师都会无条件地火速支持，而得到用户肯定的工程师会获得“爆米花奖”，即一桶爆米花。在MIUI系统的发展过程中，存在三个产品版本来不断融合用户需求：日更的体验版、周更的开发版和一两个月发布一次的稳定版。通过这种强制开发节奏，小米确保了MIUI系统开发的资源投入，打造了比安卓原生系统更符合目标用户需求的操作界面。得益于此，在小米手机发布前，MIUI系统已经在超过50万其他手机用户的手机上运行了整整一年时间，这些用户成为小米手机的天使用户。

2011年8月16日，小米1正式发布，其高性价比特征和深度开发的MIUI系统迅速引爆市场，吸引了大量首次使用智能手机的年轻用户。在这一过程中，小米又把互联网营销做到了极致：通过用户的口口相传，利用F码等手段，把由产能不足造成的供货问题转变成吸引大众关注的“饥饿营销”策略。而在产品真正流向用户之后，售后服务就变得重要起来，此时小米仍然是从改善用户体验的角度来设计售后服务体系。小米将售后服务部门看成营销中心，并为此率先在手机行业服务领域做到了四个第一：(1) 率先实现7×24小时客服全天在线，热线接听时间控制在30秒以内；(2) 2011年12月即成立行业内第一个寄修服务中心，以解决创业初期购机用户的维修问题；(3) 率先在行业内推出“一小时快修”服务，从工单录入到维修完成的时间控制在一小时之内；(4) 推出业内第一个手机品牌的服务直营旗舰店“小米之家”。基于互联网的用户论坛和全方位的售后服务，小米在行业积累并不占优势的情况下能够以较低成本生产有较好用户体验的产品，并能完成持续的产品升级。

在智能手机爆发的机会窗口关闭后，小米又顺势搭上了智能互联网和大数据驱动消费升级的大趋势。2013年3月19日，小米盒子发布。机顶盒是手机用户在客厅场景下延伸手机功能的必要设备，选择机顶盒作为手机之外硬件产品延伸的尝试，标志着小米围绕用户需求的多个场景打造产品生态链思路的开始。自此之后，小米围绕着手机形成了包括手机周边（如充电宝、米兔玩偶）、智能产品（如扫地机器人、空气净化器、IH电饭煲）和生活耗材（如滑板车、签字笔等）的生态链，满足了用户居家、工作多个场景下的需求。产品生态链的不断健全能够形成自我强化的良性循环：很多用户出于对小米手机的认可而购买了手机的周边产品和智能设备，而这有可能引发继续购买的连锁反应。例如，小米盒子会带动小米电视的销售，空气净化器也会带动净水器、加湿器等产品的销售，而诸如门窗传感器、湿度温度传感器、人体传感器等智能家居设备也会带动其他可以相互连接的智能家居产品的销售。

在这个产品生态链的背后，手机中安装的App应用商店、米家、小米生活等软件是用户的入口，手机、周边产品等硬件是希望用户付费购买的产品，而以小米云为核心的互联网服务则是黏住用户的手段。购买小米生态链产品也不再是“低层次”的象征，1 699元的扫地机器人、449元的车载空气净化器、1 999元的小米净水器、999元的米家压力IH电饭锅等，其品质足以满足中产阶层的要求，成为一些白领的"心头好"。而在切入中高端市场的过程中，品控也日益成为小米商业模式的新的关键。正因如此，2016 年之后，小米开始了以雷军亲自掌控供应链为标志的转型。在 6 年的创业期间，小米经历了手机行业从混沌到蓝海、从蓝海到红海的过程，也正在开启智能家居的蓝冰市场。

资料来源：路江涌．共演战略．北京：机械工业出版社，2018.

小米在 2016 年开始的转型为我们理解互联网在创新创业中的角色提出了一个重要问题：互联网思维在创新创业中的重要性如何体现？互联网思维和基于互联网的商业模式，其条件是什么？瓶颈和天花板在哪里？有没有被颠覆的可能？

首先，当越来越多的产品和服务被"链"上网之后，网络性和互联网思维开始影响越来越多行业的创新和竞争。换句话说，越来越多的产业开始具备网络经济的特征。而典型的网络经济有一条基本规律，即"赢家通吃（winner takes all)"。我们用图 5－12a 来反映这一规律：简单来说，在那些具有网络外部性的产业中，那些优先获得 50％市场份额的赢家将成为整个市场的最终主宰者。在这里，网络外部性是指每个用户从使用某产品中得到的效用与使用该产品的用户总量——有学者将这种使用某种产品的用户总量称为这种产品的"安装基础"——正相关。导致"赢家通吃"的根本原因在于规模经济性、范围经济性与快速迭代的交互作用：主产品的安装基础越大，其迭代改进的用户基础越扎实，配套产品的供应也越丰富。那些在安装基础上占优的产品更容易启动这一交互作用过程，而那些处于劣势的产品则面临着市场份额被蚕食的厄运。在小米的例子中，这种网络外部性根源于 MIUI 系统（早期仅有手机）和小米云（产品生态链形成后）的安装基础上。在世界产业史中，这种赢家通吃的例子不胜枚举，其中的典型如在主导设计一节中曾经提到录像系统的早期竞争中，技术水平稍弱的 JVC 公司的 VHS 系统以"低姿态"战略尽快建立起在行业内的安装基础，从而成功淘汰了技术占优的索尼 Betamax 系统。

安装基础在具有网络外部性的产业的竞争中扮演如此重要的角色，那么这种重要性是否具有决定性？换句话说，那些在安装基础上不占优势的后来者又该如何参与网络竞争呢？在互联网行业，一度流行的观念是凯文·凯利在 20 世纪 90 年代末在《新经济、新规则》中总结的"（核心产品）免费模式"[①]，其盈利模式又可以分为两类：一是通过在核心产品中嵌入广告获益，即所谓"羊毛出在猪身上"的模式；二是提供收费的服务支持和周边产品，这也是红帽（Red Hat）等开源软件的盈利模式。但是，在现实中，真正依靠"免费模式"赢取竞争的挑战者寥寥无几。那么到底还有什么比免费更重要？

回答这个问题，需要我们仔细剖解网络经济中用户的选择是如何形成的，换句话说，采用某种具有网络外部性特征的产品时，用户的效用是如何构成的？卡茨（M. Katz）和夏皮罗（C. Shapiro）在他们有关信息经济学的研究中对网络经济中的用户效用进行了如下的分解：

$$U=\alpha+\beta X_t$$

① 国内这部作品的早期译本是 2000 年由广州出版社出版的《网络经济的十种策略》，较晚的译本则是电子工业出版社于 2014 年出版的《新经济、新规则》。

> **大师观点**
>
> 基于信息的市场中两条原则被广泛接受：进入市场越早越好，技术越先进越好。……一个新产品必须在某一个质量维度上超出目前处于锁定位置的对手两三倍才能有胜算。……凭借优势产品及早进入市场能够带来优势，但是作为一种战略，这仍旧过于保守。真正需要的是能带来递增收益的积极的管理：一项激进战略就是在建立安装基础的初始阶段疯狂打折。
>
> ——布莱恩·阿瑟
>
> （美国经济学家）

其中，α 为产品本身的效用；X_t 为 t 时刻使用该产品（网络）的用户数量（或网络规模），β 则表示与网络规模相关的效用系数，这意味着 βX_t 表示 t 时刻该产品的安装基础为用户带来的效用，我们可以称之为网络效用。这个效用公式告诉我们：当同样具有网络性的两种不同产品或服务展开竞争时，网络规模（或安装基础）固然重要，但来自网络性的效用仍然只是用户效用的一部分，产品本身的效用仍然至关重要。尤其是对于后发的挑战者来说，产品效用上的颠覆性创新完全有可能为他们创造巨大的优势，刺穿先行者构筑的用户网络和安装基础，从而造成产业格局的颠覆。我们用图 5－12b 来表示这种网络经济中以产品效用为基础的竞争的不确定性：虽然早期领先者有可能因为各种原因而建立了更庞大的安装基础，建立了市场优势地位并将早期竞争者赶出局；但后期颠覆者却有可能因为特殊的效用优势而异军突起地改变早期领先者主导的市场格局。而这种异军突起的背后往往是效用优势与另外两项战略选择的紧密结合：适当免费的价格策略以吸引用户“转网”，决不兼容的技术战略以迫使用户“转网”。

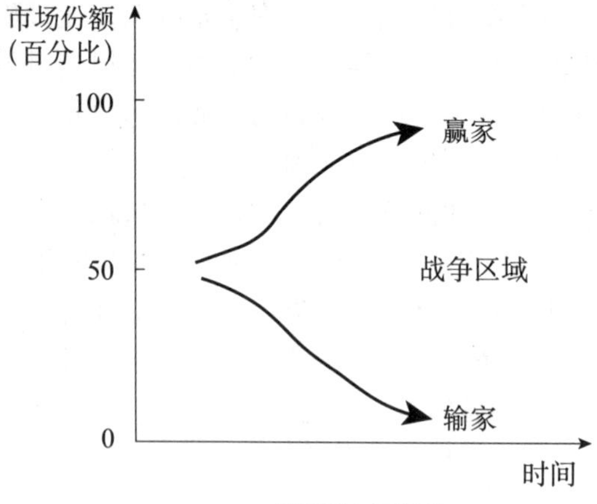

a 赢家通吃模型

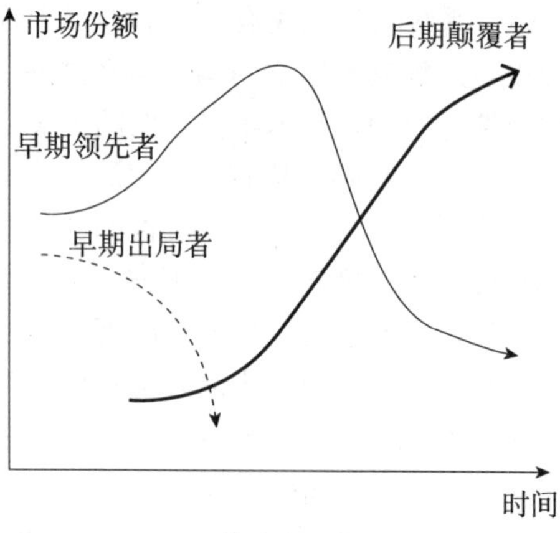

b 效用为王模型

图 5－12 网络经济中的“赢家通吃”与“效用为王”

对产品效用的强调为“互联网思维”和“基于互联网的商业模式”划定了天花板，也为工业思维与互联网思维的对话架设了重要的通道。正因如此，近年来凯文·凯利也在反思“免费模式”，并提出了“比免费更好”的八种关键效用。

（1）即时获得：比别人早得到的权利和时效性，如京东物流和视频网站会员服务；

（2）个性化服务：比如更具针对性的定制化服务，很多基于大数据的业务定制都是如此；

（3）解释性的内容服务：提供解释性的内容支持，以改善用户体验，如导游、用户手册；

（4）真实性：花钱买放心、花钱买可靠，而不是使用免费的盗版；

（5）易获得性：所需材料不必随身携带亦可随时获得，如各种云盘服务；

（6）实体化：能够使用户获得更加真实的使用体验，如各种现场演出（相比于网络音乐）；

（7）赞助与打赏：满足用户“表扬”和“感谢”创作者的心态；

（8）可发现性：作为内容生产者的自媒体用户肯定不希望自己的作品无人问津。

我们会发现这些关键效用在很大程度上仍然只是针对互联网上的各种内容生产活动。但是，在更加复杂的真实世界中，那些不可替代的产品效用始终是企业竞争力的源泉。同样是成立于 20 世纪末 21 世纪初的专业化电商平台，蔚蓝书店主打专业学术书籍，京东商城主打家电电子产品，孔夫子旧书网则专攻旧书市场；15 年之后，京东依靠庞大的物流体系在中国大型电商平台竞争中赢得一席之地，与此同时也极大地扩张了自己的经营品类（包括蔚蓝书店和孔夫子旧书网经营的新旧图书）；蔚蓝书店则“泯然众人”，甚至入驻京东开起自营店；孔夫子旧书网却在各方势力对图书电商市场的无休止争夺中奇迹般地活了下来，凭借强大的专业化和效率优势越做越大，依靠“珍本云集”“书全价廉”“不可替代性”这三件法宝成为“全球最大的中文旧书网上交易平台”。而这种独特性恰恰是互联网思维力所不及之处。

创新者案例

京东：成也物流……

京东商城（以下简称京东）起步于中关村零售柜台，2005 年以 B2C 的线上零售商身份进入电商领域，并秉承了零售企业的基因，采取自主采购和零售的线上销售模式。但单纯的低价策略无法持久。在考虑自建物流团队之前，京东与其他电商企业一样使用第三方快递，不仅配送成本不受控，服务品质也难以保证。B2C 的产业链下游控制问题成为制约京东发展的瓶颈。作为线上零售的电商，京东很大一部分销售的是自营采购商品，这一方面可以保证京东的“正品声誉”，另一方面也成为促使其进入下游物流配送领域的主要原因。

2009 年，京东开始自建物流体系，在北京、上海、广州、成都、武汉建立物流仓储和配送中心，一线城市的现代化配送中心使京东在中心城市物流配送速度和货款收付能力得到极大提高，但由于在二、三线市场自建物流的成本过于高昂，京东目前的物流网络尚不能满足非中心城市的需求。近几年，京东在物流领域不断提升客户体验，其推出的“211 限时达”服务已覆盖大部分北方一线城市。据中国电子商务研究中心发布的《2017 年（上）中国网络零售市场数据监测报告》，2017 年上半年京东交易总额达 5 184 亿元，活跃用户达 2.583 亿人；“6·18 大促”期间，京东商城累计下单金额达 1 199 亿元，累计卖出商品超过 7 亿件，其物流快速发展的贡献功不可没。正是由于看到京东在抓住物流"即时性"这一用户痛点所取得的巨大成功之后，阿里巴巴才在2013年联合物流业"三通一达"正式建立"菜鸟网络"，要与京东在物流正面战场展开"肉搏"。

自建物流体系的强大用户效用加上近乎免费的消费体验（2015年之前京东免运费门槛仅39元）成就了京东，但随着市场竞争的不断加剧，物流体系也逐渐成为巨大的成本中心。在客户网络与运营网络逐渐铺开之后，2015年之后的几年间京东免运费门槛水平不断提高。京东物流体系也不再封闭，开始承接非自营配送业务，以纾解成本压力。目前，京东还在尝试开展各种创新业务，以充分挖掘其物流体系的潜力，避免其成为鸡肋……

第四节　创业计划与融资

在明确了创业机会和相应的实现价值的商业模式的基础上，创业者需要准备创业计划书，又称商业计划书。对创业者来说，准备好商业计划书有多重功能，其中最为人熟知的就是向投资人介绍项目，争取投资，即所谓"投资游说"，但却远不止于此。"丑媳妇总要见公婆"，在准备好商业计划书之后，创业者就可以带着自己的想法去见投资人了。

一、撰写商业计划书：超越投资游说

（一）商业计划书的起草过程

前面讲到商业计划书的功能之一是用于投资游说，但其功能不止于此，简单来说，起草商业计划书的过程是创业者及其团队理清创业思路和商业逻辑的过程。概括来看，合格的商业计划书起草过程包括以下几个方面：

（1）让所有管理团队成员参与商业计划的准备；

（2）投入大量时间和一定资金准备计划，显示对企业的责任心；

（3）描述关键性的风险和假设，说明为什么在这些情况下可以创办企业、怎么办；

（4）向潜在员工、现有员工、投资商和产业链合作伙伴传播和沟通企业的愿景与使命；

（5）揭示并讨论创业项目中的所有现存问题或潜在问题；

（6）确定若干种可选择的融资源，为随后的投资游说找准方向；

（7）基于创造力地获得潜在投资者的关注与兴趣，包括明确合适的融资源目标及其偏好，以便投其所好；

（8）确切说明投资游说希望达成什么样的交易：创业者愿以多少股份获得这些外援，投资者又会因此获得什么利益。

（二）商业计划书的基本框架

随之而来的一个问题就是：具备这种功能的商业计划书应包括哪些基本组成部分？下面给出一个商业计划书基本框架，这个框架包括了前面提到的创业管理的大部分问题。

(1) 执行摘要：对创业项目的总体情况做出简短、清晰且有说服力的概括；

(2) 商业情形分析：介绍所选创业项目所在的行业以及这个行业的竞争环境，其中既包括行业层面的规模、成长性与基本竞争方式，也包括企业层面的各竞品公司的基本业务、背景、盈亏和优劣势分析；

(3) 市场调研与分析：包括对顾客的分析（who/why/where/what/how）、对市场规模与趋势的分析（市场的增长率和盈利率、本项目的增长率和影响因素，并综合考虑各竞品的情况估计本项目的市场份额和销售额）；

(4) 企业经济性：介绍本项目商业模式的可行性，包括对利润及其持续期的估计，对成本构成的分析以及对盈亏平衡点的估计；

(5) 营销计划：对本项目营销战略、定价策略、分销渠道、促销手段以及售后服务的介绍；

(6) 设计和开发计划：准确描述本项目在技术方面的状态和后续的设计开发任务，评估进一步开展技术工作的困难和风险，包括对项目研发成本构成的分析，并明确产品迭代改进、产品线扩张的方向，以及确认知识产权方面的安全；

(7) 制造和运营计划：明确生产活动的运营周期、地理位置、生产设施和改善情况，包括生产环节的外包计划等；

(8) 管理团队：需要介绍的内容包括本项目的组织结构、关键管理人员及其报酬与所有权，以及其他利益相关者（其他投资者、其他股东、董事会、外部专业服务）；

(9) 时间表和里程碑：包括本项目发展的每个阶段之间的内在联系，以及它们将分别在何时完成的信息，这一部分可以分解在上述各部分中，也可以作为一个独立章节；

(10) 关键风险：讨论支持以上计划的基本假设及其可靠性，通过这种方式理解本项目面临的各种风险（如资金不足、竞争激烈、市场变化等），并给出管理团队防范这些风险所采取的可能措施和步骤；

(11) 财务计划：给出本项目根据以上设想所形成的损益表、资产负债表和现金流量表，给出盈亏平衡分析和成本控制分析，这要求创业者在前面的部分中客观设计市场和销售预期，并从前往后推算财报，而不是相反（为了实现好看的财报而去粉饰市场和销售预期数据）；

(12) 预期融资和回报：创业项目期望获得的融资金额以及为此拿出的股权，项目目前的股本情况，同时还需介绍所募资金的预期使用情况和投资者可以由此获得的回报；

(13) 附录：提供详细的财务信息以及管理团队成员的个人简历，此外还可能包括产品说明书、现有的销售记录文件和媒体报道、专业市场分析报告、关键审批复印件、专有技术的证明文件（如专利证书）。

下面对执行摘要的写作稍作说明。执行摘要是整个商业计划书的“凤头”，一份好的执行摘要应起到引人注目、夺人眼球的作用。这就使得执行摘要的写作成为整个商业计划书起草过程中的“重头戏”。演好这部重头戏的关键是“想清楚”“说清楚”而且“有热情”。

所谓“想清楚”，就是要理清基本的创业思路和商业逻辑，准确判断项目团队的优势劣势和独特性，明确商业模式设计中各要素的基本情况。这意味着很多时候对执行摘要的全面梳理是在整个商业计划书完成之后进行的，即“画龙点睛”之笔。

所谓“说清楚”，就是要直奔问题的要害，在突出项目优势时说明故事的核心冲突和独特性，在突出投资者功能时说明项目的关键短板。对“说清楚”的高要求来自现实压力，尤其是在今天，投资人见到的项目越来越多，留给每个项目的游说时间越来越短，在这种情况下，很多创业项目的投资游说必须短小精干。在创投圈里，有两个非常著名的标准来说明对这种“短小精干”的要求，一是“最多三件事”，二是“电梯测验”，即一个投资游说应该在一趟电梯的运行时间内（最多三分钟）完成，这段时间创业者通常只能说明白三件事：痛点（创业机会）、商业模式和融资计划。

（三）商业计划书中需要避免的错误

在这一过程中，创业者一定要避免表 5-10 所罗列的低级错误。

表 5-10　商业计划书中需要避免的低级错误

错误	应该……
概要太长而且松散，未能说准要点	简明扼要而又全面
没有清楚回答“人们为什么想购买这种产品”	不仅清楚说明产品的价值，而且有对潜在顾客的调研
没有对管理团队资格给予清晰的陈述	以附录形式展示管理团队经历，否则准投资人会怀疑管理团队的经验
过于乐观的财务预期	根据实际调研做出合理预期，避免盲目乐观伤害项目可信度
界定的市场规模过于宽泛	严格限定于目标市场而不是产业市场
隐藏和回避不足与风险	勇于直面风险与不足，以免准投资人怀疑计划的深入性
没有清晰回答产品所处的阶段	清晰说明，以免使人怀疑产品开发工作的情况（是没有开展，还是缺乏合理性）
认为没有竞争者	需要列示竞品与竞争者，以免被认为市场调研缺乏深度
任何形式上的错误	尤其避免排版和语句错误，避免资产负债表的不平衡

除了这些低级错误，创业者还要在整个商业计划书中避免以下问题：

（1）管理团队中不要有无名的神秘人物，这往往会使投资人对项目的合法性、真实性和独占性产生怀疑；

（2）不要讲模棱两可、含糊不清和不能肯定的话，如根据期望产量来估计市场反应；

（3）不要用行话来描述技术产品或制造过程，要考虑到投资人的专业偏好和感受，而且技术问题几乎从来不是最重要的；

（4）不要华而不实地做展示，要抓出“干货”，什么都不如一份订单或客户反馈更能说明问题，就算没有订单至少要有展示样品（demo）；

（5）不应有不道德和潜在的法律问题，对中国企业来说尤其是知识产权问题；

（6）不应披露同进度、股东、预算、营销策划、专有产品、独有工艺等有关的详细资料和重要信息；

（7）不要脱离实际、目光短浅、好大喜功，比如急于打造自己的品牌、盲目向大企业看齐，以及自己包打天下的小农思想。

二、创业融资

我们以图 5－13 表示创业者（项目）进行创业融资的全过程，其中准备商业计划书被认为是这个过程中的一个环节。从该图中可见，很多时候创业者（项目）在起草商业计划书之前就有可能已经形成了一些募资意向，这也方便他们按照目标创投机构的风格去准备商业计划书。但“找钱”的过程很少一帆风顺，所以在最终确定创投机构之前往往要经历一些反复。

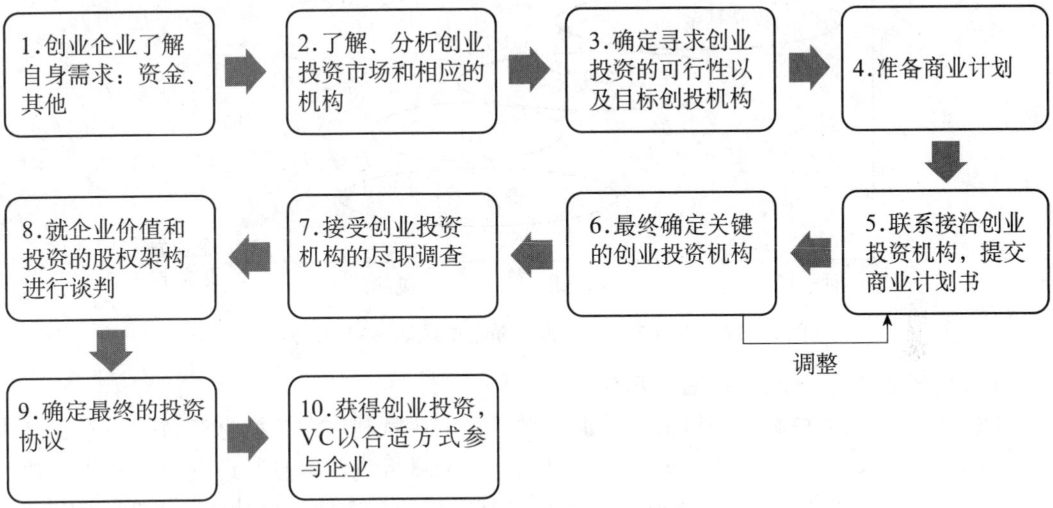

图 5－13　创业融资全流程图

（一）一次性融资还是分阶段融资

在创业融资的过程中，创业者需要首先考虑的问题就是如何进行融资，在确定融资方式时，一个重要的选择就是一次性融资和多次分阶段融资的选择，这一问题之所以重要，是因为它同我们前面提到的创业企业成长阶段有着直接的关系：创业企业在成长的不同阶段，创业风险和融资风险有着巨大的差异，由此导致的一个重要结果是在不同阶段适合的融资来源也不尽相同（如图 5－14 所示）。这意味着，不同的融资方式在（时间）战线、资金需求量等方面的差异会使其各有利弊。具体而言，不同融资形式在以下五个方面存在明显差异：

（1）融资难度：一次性融资所需金额相对更大，这在一定程度上加大了融资难度。

（2）创业者的股权与管理控制：一次性融资将大幅稀释创业者的股权，管理控制权有可能在这一过程中瞬间旁落；相比之下，在分阶段融资的过程中，创业者会一点一点地拿出自己的股权来引入不同的新的投资者，管理控制这一过程的难度大幅下降。

（3）融资战线上的精力与成本：分阶段融资意味着整个创业过程几乎就是一个融资过程，而且创业者要在其项目发展的不同阶段应对不同类型的创投机构，这种时间、精力上的投入和漫长消耗远远高于一次性融资。

（4）企业遭遇现金流枯竭的危险：一次性融资使得创业者在还没有盈利或者在企业快速成长阶段的资金充裕度更高，遭遇现金流枯竭的风险更小；而分阶段融资则容易因为突然出现的支出陡增（比如新出现的技术难题）而使项目现金流处于危险境地。

（5）对市场机会的把握：一次性融资能使创业项目更加从容地抓住市场机会，快速成长。

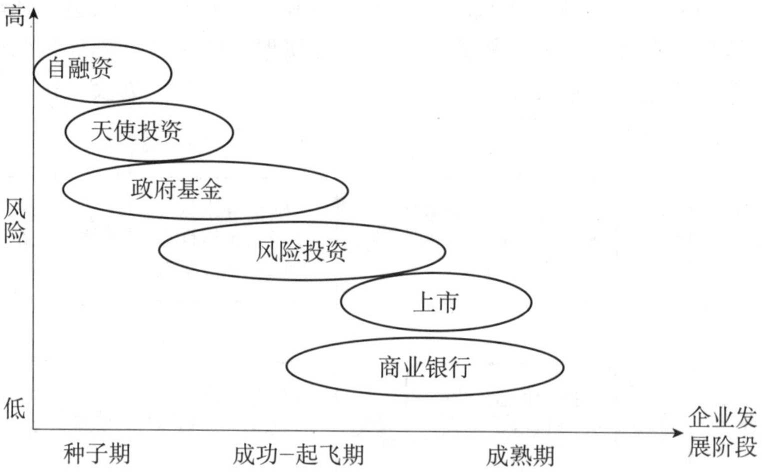

图 5－14　创业企业不同发展阶段的风险-融资来源匹配

（二）债务性融资还是权益性融资

顾名思义，债务性融资是以借债的形式融资：创业者利用涉及利息偿付的金融工具来筹集资金，即贷款，然后在约定的时间、以约定的利息将贷款本息归还资金所有人（典型如图 5－14 中的商业银行）。这意味着其偿付只是间接地与企业的销售收入与利润相联系，但资金所有人并不过问企业的经营情况，也不承担企业的经营风险，其所获利息也不因为企业经营情况的好坏而变化，而且在这一过程中通常需要创业者提供相应的资产抵押。

相比之下，权益性融资所获得资金则是投资性质的，创业者因此不需要提供资产抵押。此时，资金提供者拥有创业企业的股份，按照提供资金的比例享有企业控制权，参与企业重大决策，承担企业经营风险。这意味着此时的资金提供者变成了投资者，他们同样需要承担企业经营中的有限责任，并因此无法从企业抽回资金，其获得的报酬根据企业经营情况而变化。典型如图 5－14 中的天使投资、风险投资等形式。

显然，债务性融资和权益性融资同样是一对各有利弊的选项。相关的总结见表 5－11。

表 5－11　　债务性融资与权益性融资的差别

比较项目	债务性融资	权益性融资
本金	到期偿还资金所有者	不能从企业抽回，但可向第三方转让
报酬	事先约定的利率	根据企业经营情况而定
风险承担	出资人风险低	出资人风险高
对企业的控制权	不受影响	按比例分配

（三）不同类型的权益性融资对象：天使投资与风险投资

虽然都是权益性融资的对象，但如图 5－14 所示，天使投资与风险投资所对应的企业发展阶段和创业项目风险水平有较大差别。

> **大师观点**
>
> 天使投资人投的就是大风险，赌的就是不可能。优秀的投资人就是在别人说不可能的时候，你能够看到可能。这就是伟大的投资人和平庸的投资人之间的区别。从这个角度来讲，如果我们真格要想继续投到好项目的话，一定要坚持我们自己的信仰，看到优秀的人，就和他们一起做梦。
>
> ——徐小平（中国天使投资人）

所谓天使投资，是指富有的个人（天使投资人，angel investor）以自有资金直接对有发展前途的创业初期小企业进行投资，在体验创业乐趣的同时获得投资增值。从时间上看，“天使”是创业过程中的第一批投资人，而且由于他们通常不会涉足自己不熟悉的行业，所以“天使”还会利用其专业背景和自身资源帮助创业企业获得成功。天使投资是在产品或服务形成之前注入，此时企业尚处于很不成熟的种子期，因此投资规模不大但时效性极强，这也使它成为创业企业最初形成阶段的主要融资方式。对于同一个“天使”来说，他们通常不会把自己的资金孤注一掷地砸到一个项目上：他们需要为项目预留一部分后续投入资金，确保在公司陷入困境时仍有转圜余地，以尽可能保护自己的投资。而天使投资的“体验”特征也促使“天使”分散风险，从更多的创业项目中获得相应的乐趣。此外，由于创业者寻找天使投资的时候往往还没有拿出成熟的产品或服务，所以天使投资人在这个时候看的不是项目的成熟度，而是在对“人”进行判断：是不是可靠的人做伟大的事，是不是专业的人做专业的事。

相比之下，风险投资（venture capital）进入创业项目时，创业公司已经逐步进入正轨，换句话说，风险投资选中的都是“襁褓中的巨人”而不是小企业。虽然仍然存在一定的风险，但相较于天使投资的阶段其投资风险已初步得到控制；但也正是由于这样的原因，创业公司在这一阶段的融资规模往往更大。这就导致了风险投资与天使投资最重要的区别是：天使投资往往是“天使”们的自有资金（自家的或自己公司的），但风险投资的资金池却是融资形成的，是由专业的风险投资家代为管理资金所有者的投资，以一种概念明确且结构化的方式进行投资，并尤其偏好那些潜在市场规模大、高增长、高收益的项目。在投资创业公司之后，风险投资家与创业者之间的关系开始变得更像教练与运动员之间的关系：教练选择参赛的运动员，训练并鼓励他们，为他们的成功创造最有利的条件，风险投资家也要为创业公司提供一定的经营管理支持。而所有这些努力的最终目的是以更高的价格转让自己的股权（通常是经上市或被并购），以此获得投资回报，回馈上游的资金所有者。这意味着风险投资的运营过程包括以下四个基本步骤。

1. 融资

风险投资家吸收金融机构、企业、个人的资金形成风险投资基金，并由风险投资家牵头组建有限责任公司管理投资基金。

2. 投资

按照一定的评估程序，严格筛选项目，选择前景看好、预期回报高的创业企业。在风险投资家筛选项目的过程中，尤其关心以下四方面的问题：

（1）市场吸引力：由市场需求规模、增长潜力和市场可进入性（易接近性）决定；

（2）预期收益：由产品独特性和投资决策管理能力两方面决定，其中前者受到专利保护水平、边际利润水平和创业企业技术技能的影响，后者反映为创业企业管理团队的管理技能、营销技能、财务技能等各方面；

（3）预期风险：尤其需要考虑创业企业对环境威胁的抵抗能力，其中包括对进入壁垒的设计，以及对产业链专用性的保护，此外还需要考虑衰落的应对策略；

（4）项目兑现能力：关心的是风险投资的退出机会，在上市 IPO 机会有限的情况下，尤其关心创业企业被并购的潜力。

3. 管理

为了降低风险，风险投资家利用自己的资源和经验参与企业的经营管理。

4. 退出

通过上市、收购与出售、企业回购（创业企业重新私有化，尤其是被其创始人重新私有化）等方式退出。

（四）防范融资陷阱

在整个创业融资过程中，创业者和投资者都需要深入了解对方的情况。创业者要了解投资者的投资策略、投资专长和管理资源，投资者要分析创业者的融资策略、项目前景和退出方式。双方要紧密互动、交换信息，尤其是对于创业者来说，要高度提防以下融资陷阱：

（1）高估项目价值，低估项目风险：错误地估计自身的核心能力与优劣势，错误地估计行业竞争情况，尤其是对于创业新手来说，这类情形相当普遍。

（2）急于大笔融资：这是出现上述问题之后的正常现象，创业者认为自己干就干个“大手笔”，“大手笔”就值“大价钱”，结果错过了快速迭代的通道，也吓跑了投资者。

（3）融资时“病急乱投医”，甚至急于在“一棵树上吊死”：这同样是上述问题出现之后的连锁反应，而且一旦“一条路走到黑”，就会“碰壁”；但有经验的创业者更擅长于不断寻找合适的投资者，甚至会在与各色人等的不断讨论中激发出潜在的投资者。

（4）融资时过于“精打细算”：创业者和投资者都要学会用发展的眼光看问题，尤其是对于创业者来说，要学会用手头“拼凑”出来的资源去换取更有价值的其他资源，而不是紧盯眼前，抱残守缺；适度的财政冗余不仅能够有效规避现金流枯竭的风险，而且能够以更快的迭代改进服务于远大的战略意图。

（5）融资时创业团队的股权被过早稀释：创业团队不能完全放弃自己对项目的忠诚与承诺，更要避免自己对项目的战略设想在后期发展中被篡夺修改。

第五节　中国式创业

本节的中心议题是中国特色的宏观环境对创新创业的影响，以及由此导致的创业机会。在这里我们采用企业管理中最常用的 PEST 分析框架来讨论这一问题。PEST 分析涵盖了政治法律环境（political）、经济环境（economic）、社会文化环境（societal）和技术环境（technological）四方面的内容。下面我们按照上述顺序讨论这四方面宏观环境因素的内涵、其在中国的某些具体侧面及其对创新创业的影响。但需要说明的是，在现实中，这些因素并不会孤立地发生作用，而往往是以各种形式相互交织在一起，作为一个整体塑造着创新创业的机会与方向。

一、政治法律环境

政治法律环境是指一个国家或地区的政治制度、体制、方针政策、法律法规等方面。政治法律环境还表现为组织及其分支机构所在国的政治环境和国家的总体稳定性，以及政府官员对各类组织所持的态度。政治法律环境看似虚无，却实实在在地塑造着企业经营的制度框架，且其一旦产生影响，往往就会波及一大批企业（通常是以行业为单位）。在机构较为完整的大型企业中，法务、公关、税务、劳动人事（人力资源）、安全生产等部门的工作都直接受到政治法律因素的影响。

具体到中国，政治法律环境对创业活动的影响是一种全方位的塑造："大众创业、万众创新"的不断推进，各种政策利好的不断释放，都为创业者提供了前所未有的历史机遇。除此之外，我们会看到中国的政治法律环境其实也客观地创造了一些非常重要的创业方向。比如，由于与社会主义市场经济体制相适应的法律体系仍在建立健全过程中，中国的社会信用体系建设还在路上，整个市场经济的诚信基础还没有得到充分尊重与有力夯实，在这种情况下，第三节中提到的"真实性"往往会成为一种非常重要的效用，消除买卖双方信息不对称所造成的痛点有可能会在中国未来的创业大潮中成为一个非常重要的方向。

创新者案例

虫二：明明白白美发

虫二不是高岩的第一个创业项目。作为一名连续创业者，高岩仔仔细细地观察"美业"（他自己把美容美发行业统称为"美业"）已经有多年时间，他逐渐从一个旁观者变成了一个"搅局者"。高岩认为"美业"的痛点很明显：消费者进店之后只管掏钱，但对于自己所购买的产品和服务的各项细节却一无所知，这就必然为消费之后的纠纷和不满埋下了伏笔。而"一无所知"的原因也很简单：美业从来没有一个全行业公认的作业标准流程，而美业从业人员的文化素质又不高，他们大都没有接受过高等教育，准确地说，其中的绝大多数可能连高中都没上完。这两方面因素相结合，美业在中国的服务业中成了想当然的"黑箱"区域，买卖双方似乎天然地缺少了那点儿互信。对于高岩这种在 IBM 工作了十几年的 IT 民工来说，这种黑箱和不对称是无法接受的。他决定用软件行业的技术体系重新构造美业的作业流程和管理体系，虫二就是他的"试验田"。依托虫二这个平台，高岩和他的团队开发了美发标准流程和管理系统，通过软件手段最大限度地控制了美业从业人员的自由发挥空间，从而帮助经理人员把业务的管理控制权从美发师手里夺了回来；与此同时，他们还开发了一套美业 O2O 用户界面，实现了客户导流，这就为他们与线下实体店的合作创造了可能。虫二的这两个互为犄角的软件工具在合作的实体店反响不错，客单价和客户黏性都有明显提升。但高岩也面临着新的问题：他帮助消费者解决了信息不对称的问题，但他自己也正面临着与实体店之间的信息不对称问题。

如果你是高岩，你会怎么办？

二、经济环境

经济环境是指社会整体的发展形势和景气状况。宏观经济的发展状况和趋势是组织决策的重要依据，其对组织的影响主要表现为资金来源、人员供给、市场需求等方面，影响着组织的投入产出，从而制约着管理活动的进行。比如近年来我国政府就在下大力气鼓励“大众创业，万众创新”。从政策环境（政治法律环境）上讲，国家推出了一系列政策，希望激励尽可能多的有意愿、有能力的人投入到创业大潮中去，成为整个经济转型升级的新动能。但与此同时，我国的整体经济形势又与几年前发生了巨大变化：政府不再过多地强调经济发展中的高速度，转而接受中高速增长的“新常态”。但这种经济增长速度回调，又意味着就业压力加大、部分人群生活开支从紧、社会需求的总量和结构较之前会出现一些微调。在这种情况下，某些行业领域的大众创业就有可能面临需求萎缩的问题。

当我们深入到中国经济体系中去进一步理解由此导致的创新创业机会时，会发现这里面有一些非常有中国特色的成分。下面从制造业和服务业两个方面稍作介绍。

首先，中国拥有独具特色的本土工业体系，这为硬件创业提供了重要基础。

历经计划体制及此后几代产业（振兴）规划，中国已建成全世界最完整的国民工业体系：我国拥有 39 个工业大类、191 个中类、525 个小类，是全世界唯一拥有联合国产业分类中全部工业门类的国家。这样一个工业体系为硬件创业提供了绝大多数国家无法比拟的产业公地优势。而且，在这个工业体系的高端领域还存在着普遍的缺口和短板，这为工业创业尤其是在位企业向高端领域的内部创业创造了巨大的市场空间。与这个工业体系相配套的是另外两方面关键要素：一个庞大的人才培养体系和进入全球产业主流和全球市场的便利条件。直到今天，中国工程师的性价比水平和供给总量在全球范围内仍具有明显的优势，而改革开放为中国企业进入全球市场、贴近产业主流创造了前所未有的历史机遇。

在产业公地、人才供给和全球化三方因素的共同作用下，中国自 20 世纪末以来，在制造业领域出现了一批新兴企业，其中为数不少的企业抓住机会，迅速成长为全球范围内的“单打冠军”。直到今天，中国庞大而深厚的产业公地中仍然孕育着一大批工业小巨人，在近年新兴的创业独角兽企业中，大疆科技、宁德时代、银隆新能源、蔚来汽车等企业就是这类工业小巨人的典型，而它们的成功无一例外地都是对中国产业公地深度挖掘的结果。

其次，中国的经济发展历程决定了服务业的巨大成长空间。

理解这一问题需要首先了解西方学者对创业机会与创业活动的理解和分类。哈佛商学院的毕海德（A. Bhide）在其经典作品《新企业的起源与演进》中，以“投资-不确定性-利润”关系图作为分析基点（如图 5－15 所示），将美国的创业活动分为五种典型类型，即边缘型创业、与风险投资相结合的创业、有前途的创业、革命型创业和公司内部创业。在这五种类型的创业活动中，不确定性小、投资规模也小的边缘型创业导致了大量的边缘企业，这些企业广泛分布在所谓的“最受创业者欢迎的行业”之列，这些行业几乎全部是服务业，如美容、餐饮、零售、清洁服务、汽车服务和维修等行业。这些行业吸引了大批创业者的进入，但也使得他们自身变成了竞争的“红海”；从总体上看，在这些行业开辟蓝海业务的难度非常大。而究其原因，与美国等发达国家服务经济的长期发展所导致的市场饱和有直接关系。

但是，这一前提在中国却并不成立：一方面，中国经历了一个漫长的计划经济时期，服务业的发展在很长时间内受到了政策因素的抑制；另一方面，中国经历了当代世界经济史上独一无二的超常经济增长，改革开放40年的飞速发展极大地释放了人民群众的服务消费需求，也极大提升了老百姓的消费能力。这使中国的服务业在过去几年迎来了非常明显的消费升级现象，而且其未来的市场增长潜力仍非常巨大。这也正是过去几年中国餐饮食品业创新创业不断升级、日益活跃的根本原因，海底捞、盒马鲜生、永辉生活超市是其中的代表。

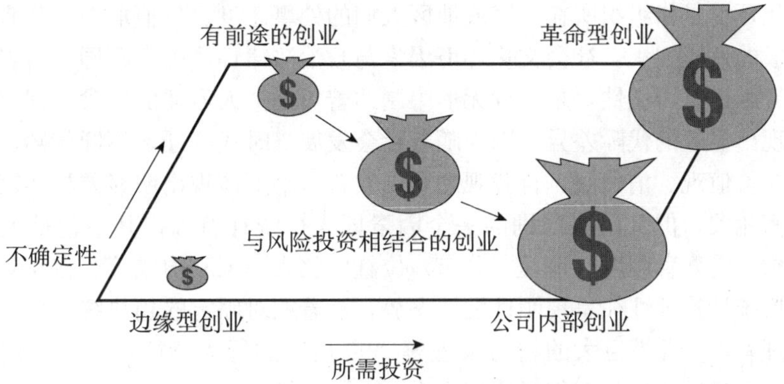

图5-15 典型的创业活动分类

但是，中国服务业的未来发展潜力并不仅仅源于需求端的强有力拉动，这同中国服务业自身的生产力发展水平同样有着直接关系。不管是在第四章提到的广田装饰还是本节中提到的虫二美业，都不同程度地反映了中国服务业发展过程中的一个重要短板：中国服务业的现代化水平和工业化水平甚至比中国工业的现代化水平和工业化水平还要低。正因如此，我们才会看到在过去十几年间中国服务业中快速崛起的新兴企业无一不是大面积引入现代技术的活跃分子（如以顺丰和“三通一达”为代表的物流业近年来就紧跟技术发展前沿），无一不是推动产业技术标准化的先行者（如以小肥羊、海底捞、西贝莜面村、黄记煌为代表的餐饮企业都在作业流程标准化和爆款产品打造上付出了巨大精力）。也正是这样的原因，中国服务业的未来发展绝不是简单的低水平重复投入，巨大的投资是中国服务业现代化、工业化的必要条件。

创新者案例

壹号土猪：猪肉零售的现代化

“壹号土猪”立足于“食品加工与零售”这个最传统的行业，但在这样一个行业中，没有互联网，没有高科技，壹号土猪却实现了30%的品质溢价。它是如何做到的呢？

(1) 建立“公司＋基地＋农户”的利益联合体，以此确保生猪品质可控；

(2) 作为上述做法的一个延伸，在建市场的同时建猪栏，在品牌进入地区一律实行向上游延伸的纵向一体化战略；

(3) 开发猪肉分割手册：用更加规范化、标准化的方式切割、搭配，最大限度地保证把肥肉卖出好价钱；

(4) 建立屠夫学校，确保用高水平的屠夫支持高水平的业务。壹号土猪的屠夫学校也是中国唯一的一所屠夫学校。

资料来源：张玉利．创业管理（第三版）．北京：机械工业出版社，2013.

三、社会文化环境

社会文化环境是指组织所在国家或地区人们的处事态度、价值取向、教育程度、风俗习惯等所构成的环境因素。社会文化环境因素与政治法律环境因素不同，后者一般带有强制性，而前者则带有习惯性，是一种无形中制约着每一个人习惯的因素。很多时候，社会文化环境表现出显著的代际差异：因为随着社会发展、时代变迁，不同年龄、不同时期的人群往往会在价值观、消费观、自我观念和受教育水平上体现出明显差异。因此，与社会文化环境紧密相关，但又稍有区别的一个因素即人口统计特征，其中包括人口的性别结构、年龄结构、受教育程度、地理（分布）位置、收入和家庭构成等。在相对稳定的社会条件下，人口统计特征往往呈现刚性发展态势，沿着相对固定的趋势缓慢发展。在今天所有企业的管理者都要花费巨大的精力来理解“90后”的行为特征，因为它们不仅是重要的消费人群，而且即将成为工作场所的主力。

我们从以下三个角度来理解中国未来的社会文化变迁及受其影响产生的创新创业机会。

(一) 老龄化：银发浪潮与老年经济

作为现代化进程的一个基本侧面，老龄化与少子化往往是同时发生的，在中国，这两个进程的推进都异常迅猛。目前来看，中国的老龄化将会以世界上任何一个国家都没有经历过的严峻形势加速推进。我们仅需用图5-16就足以说明这一问题以及由此导致的商业机会。

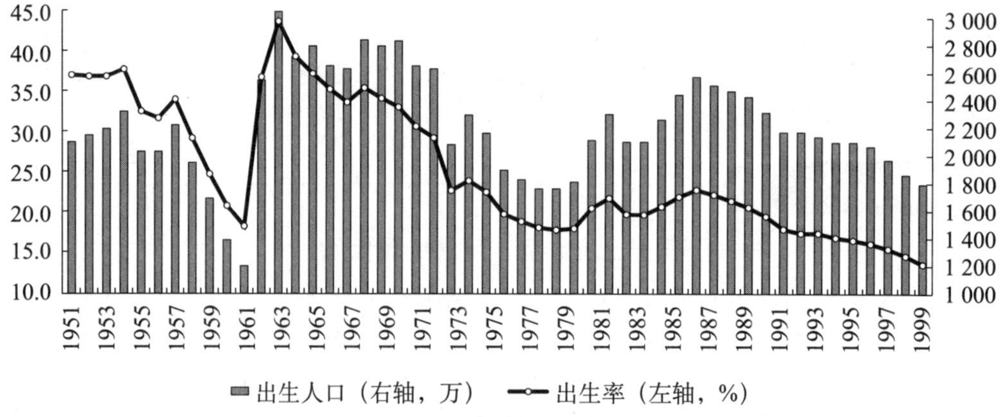

图5-16 1951—2000年中国人口出生率与新出生人口总量

据预测，到2050年中国的老年人口占总人口的比例将突破22%，而全社会的老年赡养比拐点将在2029年前后到来，届时对老年人的赡养压力将超过对少年儿童的抚养压力。这意味着未来20年甚至更长的时间内，社会化养老、老年生活用品（如老年服装）以及用于老年人生活辅助的生活机器人都有希望成为千亿级的巨大市场。

（二）与“富起来”相匹配的物质文化需要

从某种意义上讲，应对“老龄化”也是这类物质文化需要的一部分。但更为重要且更为紧迫的物质文化需求往往是那些与“富起来”不相匹配的“痛点”。这意味着满足那些“没有做好富起来的准备”的中国人的实际需求，将成为一门巨大生意。其中包括但绝不限于：

(1) 健康需求。众多“未富先老”“未富先病”的实例让中国人对身体健康的需求达到了新的历史高峰，“三高”（高血压、高血脂、高血糖）已经被“四高”（三高＋高尿酸）所取代，肥胖、近视等各种“生活方式病”日益低龄化。面对这些问题，人们越来越希望有更加定制化的健康与健身服务，包括健康食品与食材的供给。

(2) 社交需求。微信的成功反映了花式满足社交需求的道路永远没有尽头。但除此之外，经济发展、少子化与中国传统的“重男轻女”思想相结合，导致的一个重要后果就是中国年轻人群的男女比例严重失衡。据预计，截止到2020年，中国适婚年龄的男性数量将比女性多出3 000万，而社交领域的一个重要创业方向就是使用户避免成为这3 000万人，或即便成为这3 000万人中的一员也可以有丰富的精神世界，而百合网、世纪佳缘网恰恰是在这个方向上快速成长的新兴企业。

(3) 知识需求。教辅市场已在中国火爆二十余年，并将继续红火下去。但更重要的是，当21世纪是知识经济的观念深入人心而职场竞争压力不断增大的前提下，不断补充新知识就成为越来越多人的选择。这一趋势在过去几年表现得尤其明显，知识付费渐渐兴起，但也随之暴露出一些问题：“知识市场”的供给侧质量仍有待提升，由于教育/学习过程的信息不对称性和专业地位差异，“劣币驱逐良币”的现象仍较为普遍，新一代创业者们需要以有效的商业模式设计解决这一问题。

（三）“90后”“00后”的登场：加速的世代交替

中国社会经济的快速发展使得社会文化环境中的人口统计学特征非常明显。“生在新中国，长在红旗下”的“50后”，作为第一批独生子女、经历了“改革开放富起来”过程的“80后”，生在信息时代、对资源匮乏缺乏认知的“90后”，以及有着强烈自信、自带洪荒之力登上舞台的“00后”，不同人群之间存在着巨大差异。我们在这里着重说明“90后”人群的一些特点：他们也是当前很多创业项目的目标顾客群体。

在个人消费方面，“90后”高度偏爱移动购物（Apps)；在消费中最看重的是“我喜欢”，其次才是价格因素，自我观念强烈但又十分理性；对新事物、新思潮的接受程度较高；能够接受超前消费，对“是否值得”的理解更加多元。而作为职场新人的“90后”则表现出另一些特征：充满表达欲望且风格更加直接；自我认知强烈，不惜为此顶撞上司甚至辞职，不再逆来顺受；追求平等独立，有责任感和正义感；更愿意与众不同，做出自己的特色；生长在知识爆炸的环境中，对真知灼见反而更加敏感和敬佩。

四、技术环境

技术环境是过去几十年变化最为迅猛的一般环境因素，同时也是一般环境因素中最容易受到企业（尤其是领头企业）活动影响的。现在，世界各国越来越重视技术进步与创新。技术进步的速度不断加快，核心技术融合与渗透的产业领域不断拓宽，各种产品上集成的不同技术种类越来越多，同一技术跨界应用的情形也与日俱增。这种技术发展趋势，对越来越多的传统产业部门造成了前所未有的影响，但也为勇于尝试的企业创造了更多机会。在这一过程中，企业不仅可以被动地适应技术发展趋势，更可以在看准技术整体走向的情况下放手一搏，成为新技术趋势的引领者和塑造者。

而具体到今天，最重要的技术环境就是我们在第三章中提到的：当今世界正处于 ICT 技术经济范式从导入期到展开期的历史转折点上。正如我们在本书中一再强调的那样，以互联网为代表的信息与通信技术正在以无孔不入的强大渗透力改造整个社会经济体系和观念常识。从这个意义上看，今天以及今后很长一段时间内的创业项目大体可以分为两类：一类是和 ICT 直接相关的深度开发和颠覆性创新；另一类是利用 ICT 改造传统产业、改造生活面貌。而本书中提到的绝大多数案例都在这两类之中。

更重要的是，总会有新的技术从现有工业体系中“长”出来：植根其内、发乎其外，以产品形态进入市场，在改进中不断成熟。正是由于这一马尔科夫过程更多的基于简洁、迅速的市场竞争，“技术”才成为人类发展最快的知识领域，这使得对未来技术制高点的全球竞争日益激烈，对技术优势的信仰也成为各发达国家的普遍选择。这也正是本书以“技术”创新为对象、对创新管理和基于创新的创业展开一系列讨论的根本意义所在。

本章小结

创业过程是创业机会、创业团队和资源之间适当搭配的高度动态平衡过程，创业机会、资源与创业团队是创业过程的关键构成要素。其中，创业机会是创业过程的核心要素，创业过程的实质就是发现与开发创业机会的过程；资源是创业过程的必要支持，是开发机会、获取收益的基础；创业团队是发现和开发机会、获取和整合资源的主体。

在创业企业从创建到成熟的发展过程中，结构、战略计划、创业者的分权能力等会随着企业逐渐成熟而日益重要；相比之下，创业早期至关重要的创业者（所有者）、资源等要素的重要性急剧下降。

“拼凑”是一种在创业过程中暂时放低对资源质量的要求，将手边能够找到的一切资源尽快纳入创业过程的资源组织策略。通过对手头资源用途的重新审视可以深化对企业资源禀赋的认知，提升廉价、易获得资源的价值，也可以有效地帮助创业者突破资源多寡决定创业成败的思维范式。“拼凑”策略包含三个关键要素：将就、整合资源用于新目的和利用手头资源。拼凑可以分为全面拼凑和选择性拼凑，二者对创业过程的影响有巨大差别。

创业者之所以成为创业者并取得最终的成功，需要满足两方面的基本条件：一是敢于承担风险的意识，二是无限期持续跟进、学习与创新的能力。

除创业者外，创业团队中还会包括核心员工、管理团队、投资者、董事会、顾问委员会和其他专家。

蒂蒙斯创业机会评价基本框架包括以下八个方面：行业和市场、经济因素、收获条件、竞争优势、管理团队、致命缺陷、个人标准、理想与现实的战略差异。

商业模式所关心的核心问题就是企业通过创新的产品或服务实现盈利的方式与流程。在设计商业模式的过程中涉及以下九个方面：消费者目标群体、价值主张、分销渠道、客户关系、盈利模式、关键业务、核心能力与资源、成本结构。

"赢家通吃"是网络经济的基本规律。导致"赢家通吃"的根本原因在于规模经济性、范围经济性与快速迭代的交互作用。但这并不能否定产品本身效用的重要性。

创业融资需要在一次性融资和分阶段融资、权益性融资和债务性融资之间做出选择。

复习思考题

1. 试述蒂蒙斯创业过程模型的基本要素及动态性。
2. 为什么拼凑策略对创业者非常重要？创业者如何实施拼凑策略？
3. 创业团队如何建立有效的工作关系？
4. 试述蒂蒙斯创业机会评估基本框架。
5. 商业模式设计包括哪些要素？这些要素的具体内容是什么？
6. 京东商城、蔚蓝书店和孔夫子旧书网成立时期相近，但发展却大相径庭。试就此作出分析。
7. 创业融资分为哪些类型？
8. 试对比风险投资与天使投资。
9. 如何理解服务业创业在中国的前景？

本章参考文献

1. AMIT R，ZOTT C. Business model innovation：creating value in times of change [R]. Social science electronic publishing，2010. https：//papers. ssrn. com/sol3/papers. cfm? abstract _ id=1701660.

2. BAKER T，NELSON R E. Creating something from nothing：resource construction through entrepreneurial bricolage [J] . Administrative science quarterly，2005，50（3）：329－366.

3. LEWIS V L，CHURCHILL N C. The five stages of small business growth [J]. Harvard business review，1983，61（3）：30－50.

4. KATZ M L，SHAPIRO C. Product introduction with network externalities [J]. Journal of industrial economics，1992，40（1）：55－83.

5. OSTERWALDER A. Business model generation：a handbook for visionaries，game changers，and challengers [M] . Hoboken，N J：John Wiley & Sons，2010.

6. WICKHAM P A. Strategic entrepreneurship（4th edition） [M] . Essex：Pearson Education，2006.

7. 阿玛尔·毕海德. 新企业的起源与演进 [M] . 北京：中国人民大学出版社，2004.

8. 布鲁斯·R. 巴林格，R. 杜安·爱尔兰．创业管理：成功创建新企业［M］．北京：机械工业出版社，2010.

9. 路江涌．共演战略［M］．北京：机械工业出版社，2018.

10. 张玉利．创业管理（第3版）［M］．北京：机械工业出版社，2013.

11. 张玉利．创业研究经典文献述评［C］．北京：机械工业出版社，2018.

图书在版编目（CIP）数据

创新与创业管理/孙喜著．—北京：中国人民大学出版社，2019.7
新编21世纪远程教育精品教材·公共基础课系列
ISBN 978-7-300-27058-6

Ⅰ.①创… Ⅱ.①孙… Ⅲ.①企业管理-远程教育-教材 Ⅳ.①F272

中国版本图书馆CIP数据核字（2019）第131238号

新编21世纪远程教育精品教材·公共基础课系列
创新与创业管理
孙　喜　著
Chuangxin yu Chuangye Guanli

出版发行	中国人民大学出版社		
社　　址	北京中关村大街31号	**邮政编码**	100080
电　　话	010－62511242（总编室）		010－62511770（质管部）
	010－82501766（邮购部）		010－62514148（门市部）
	010－62515195（发行公司）		010－62515275（盗版举报）
网　　址	http://www.crup.com.cn		
经　　销	新华书店		
印　　刷	北京密兴印刷有限公司		
规　　格	185 mm×260 mm　16开本	**版　　次**	2019年7月第1版
印　　张	16.75	**印　　次**	2019年7月第1次印刷
字　　数	384 000	**定　　价**	42.00元
